Steve Tempus

Die unfreiwilligen Zeitreisen der Rossburger Ritter

Band 1 - Gefangen im Mittelalter

Zeitreise-Roman

Erstellt mit Papyrus Autor
Lektorat und Korrektorat: Jana Färber
Coverdesign: Steve Tempus

ISBN Softcover: 978-3-347-90048-6
ISBN E-Book: 978-3-347-90049-3

Druck und Distribution im Auftrag des Autors:
tredition GmbH, An der Strusbek 10, 22926 Ahrensburg, Germany

Über dieses Buch

Thomas und Claudia gehören zur Mittelaltergruppe »Rossburger Ritter«. Auf einem Mittelaltermarkt, der auf einer Wiese am Fuß der Burgruine Liebstein stattfindet, geraten sie zusammen mit ihren Freunden durch ein rätselhaftes Ereignis ins Jahr 1325. Dort wird die Gruppe getrennt und die einzelnen Mitglieder müssen, zeitweise auf sich gestellt, eine ganze Reihe teils lebensbedrohlicher Situationen meistern. So werden sie unter anderem mit Zeitreisenden aus dem zweiundzwanzigsten Jahrhundert konfrontiert, die mit aller Macht den Lauf der Geschichte zu ihren Gunsten verändern wollen und dabei im wahrsten Sinne des Wortes über Leichen gehen.

Gelingt es den Rossburger Rittern, wieder in die Gegenwart zurückzukehren? Schafft es Thomas, seine Angebetete, die bildhübsche Gundhild vom Lerchenberg, aus den Fängen des Raubritters Florian vom Mühlental zu befreien? Was hat es mit der mysteriösen Gruft auf sich und welches dunkle Geheimnis hütet Stefan Heilmann, der Veranstalter des Mittelaltermarkts?

Lassen Sie sich vom ersten Band dieses turbulenten Zeitreiseabenteuers zu einer aufregenden Reise ins vierzehnte Jahrhundert entführen und hoffen Sie, dass Ihnen auf dem nächsten Mittelaltermarkt nicht das gleiche Schicksal widerfährt.

Inhalt

Wichtige Hinweise

Die in diesem Buch vorkommenden Personen und Schauplätze der Handlung sind fiktiv. Ähnlichkeiten mit tatsächlich existierenden lebenden oder toten Personen oder Institutionen, sofern vorhanden, sind rein zufällig und nicht beabsichtigt.

Der Autor übernimmt keine Haftung für jegliche Schäden, die aus der Anwendung der im Buch gemachten Angaben zu Pflanzen, Kräutern und Rezepturen entstehen würden. Von einer Nachahmung ist auf jeden Fall abzuraten.

Aufgrund der in der Handlung geschilderten Gewalt - Kämpfe, Vergewaltigung, Folter und Hinrichtungen im Mittelalter - ist dieses Buch für Kinder nicht geeignet.

Verzeichnis der wichtigsten Personen

Da die Handlung in verschiedenen Zeitebenen stattfindet, soll dieses Verzeichnis der Leserin/dem Leser helfen, den Überblick über die beteiligten Personen zu behalten.

Mittelaltergruppe »Rossburger Ritter«:
Thomas Meiselbach *(Protagonist)*
Claudia Meiselbach *(Thomas' Schwester)*
Sven Kruschinsky *(Chef der Gruppe)*
Mirjam Birkner *(Svens Verlobte)*
Karsten Kluge
Swenja Pfeil *(Karstens Verlobte)*
Bernd Fürbringer
Holger Fügmann

Mittelaltergruppe »Liebsteiner Landsknechte«:
Stefan Heilmann *(Organisator des Mittelaltermarkts)*
Dagmar Heilmann *(Stefans Ehefrau)*
Mario Heilmann *(Sohn von Dagmar und Stefan)*
Bettina Heilmann *(Tochter von Dagmar und Stefan)*

Mittelaltergruppe »Legio Aurea« (Goldene Legion):
Claus Steinel
Tamara Steinel *(Claus' Ehefrau)*
Lydia Steinel *(Tochter von Tamara und Claus)*

Musikergruppe »Die Schandgeigen«:
Ulrich Jarosinski
Günther Preusche
Karl-Heinz Feldmann

Weitere Person auf dem Mittelaltermarkt:
Narkaja *(Märchenerzählerin)*

Polizisten aus Blankental und ihre Familien:
Polizeihauptkommissar Siegfried Schmidt *(Dienststellenleiter)*
Polizeioberkommissar Horst Ketzel
Ramona Ketzel *(Horsts Ehefrau)*
Paul Ketzel *(Sohn von Ramona und Horst)*
Tanja Ketzel *(Tochter von Ramona und Horst)*
Polizeikommissar Klaus Schneider *(guter Freund von Horst)*
Polizeioberkommissar Max Baldauf
Polizeikommissar Tobias Grünbaum
Harry Fritzsche *(Laborleiter der Polizeidienststelle)*

Mitarbeiter der Universität Blankental:
Prof. Dr. Falk Lorenz *(Studienrat, Lehrstuhl für Geschichte)*
Prof. Dr. Susanne Dombrowski *(Lehrstuhl für Geschichte des Mittelalters)*
Dr. Udo Frank *(Chemiker)*
Dr. Ralph Braumann *(Forensischer Schriftsachverständiger)*
Rachel Klingenberg *(schreibt gerade ihre Doktorarbeit über Zeit und Zeitreisen)*

Burg Liebstein:
Arnulf vom Lerchenberg *(Raubritter)*
Gundhild vom Lerchenberg *(Arnulfs Schwester)*
Helmtraud von Merxheim *(Magd, gute Freundin von Gundhild, Zeitreisende aus dem Jahr 2198, Professorin für Geschichte am Institut für Zeitreisen, richtiger Name: Erika Stenzel)*
Kuntz von Hedenthal *(Kastellan/Anführer der Wache)*

Rossburg:
Florian vom Mühlental *(Raubritter)*

Swanhilda vom Mühlental *(Florians Schwester)*
Gelfrid von Eulenbruch *(Zeitreisender aus dem Jahr 2198, richtiger Name: Joachim Wagner)*
Herwyg von Nassau *(Zeitreisender aus dem Jahr 2198, richtiger Name: Frank Neubert)*
Nicolaus von Löwenstein *(Zeitreisender aus dem Jahr 2198, richtiger Name: Andreas Junghans)*
Olbrecht von Berwartstein *(Zeitreisender aus dem Jahr 2198, richtiger Name: Dieter Ettig)*
Theodricus von den Eichen *(Zeitreisender aus dem Jahr 2198, richtiger Name: Jürgen Petzold)*

Einwohner von Dornstein im Mittelalter (1325):
Kräuterfrau Mechthild *(Zeitreisende aus dem Jahr 2198, Physikerin am Institut für Zeitreisen, richtiger Name: Sarah Neuberger)*
Schmied Gernot *(Zeitreisender aus dem Jahr 2198, Arzt, richtiger Name: Uwe Horn)*
Jakob Rump *(Müller)*
Hans Weber *(Müllergeselle)*
Clewin von Grumbach *(Pfarrer)*
Erhardt Schiller *(Wirt der Taverne)*
Martin Schiller *(Erhardts Sohn)*
Agnes Bolender *(Weberin)*
Dietrich Trippel *(Schuhmacher)*
Wolff Nunnemann *(Bäcker)*
Veit Gelzenleichter *(Metzger)*
Sewolt Bierschneider *(Bürstenbinder)*
Kilian Gölzer *(Bierbrauer)*
Auberlin Leichter *(Böttcher)*
Ewalt Berenstecher *(Papiermacher)*
Wernlin Nabholz *(Seifensieder)*
Bestlin Stauber *(Seiler)*
Hug Hartnagel *(Steinmetz)*

Karel Meyer *(Weber)*
Alba Schulz *(Schneider)*
Hennsel Bernschneider *(Sattler)*

Weitere Person aus dem Jahr 1325:
Simon *(Händler)*

Anführer der Räuberbanden:
Ulman der Graue
Wigant der Rote *(Ulmans Sohn)*
Hubert von Starkenburg *(Wigants Stellvertreter)*

Weitere Zeitreisende aus dem Jahr 2198:
Prof. Dr. Margitta Brecht *(Wissenschaftliche Assistentin/ Wissenschaftsbereich Geschichte des Mittelalters am Institut für Zeitreisen)*
Dr. Saskia Roth *(Programmiererin am Institut für Zeitreisen)*
Dr. Eric Bauer *(Programmierer am Institut für Zeitreisen)*

Familien der »Rossburger Ritter«:
Bernhard und Christine Meiselbach *(Eltern von Thomas und Claudia)*
Benno und Johanna Kruschinsky *(Svens Eltern)*
Gisbert und Maria Birkner *(Mirjams Eltern)*
Pierre und Katharina Kluge *(Karstens Eltern)*
Leon und Petra Pfeil *(Swenjas Eltern)*
Willy und Klara Fürbringer *(Bernds Eltern)*
Gerald und Jacqueline Fügmann *(Holgers Eltern)*

Prolog

Thomas starrte durch das schmale, rechteckige Fensterloch in der Mauer, das sich knapp unterhalb der Decke seiner Zelle befand. Draußen war pechschwarze Nacht. Nur ein einziger leuchtender Stern war zu sehen. Bewegen konnte er sich kaum. Seine Füße und Hände hatte man mit schweren Eisenketten gefesselt, deren Enden an massiven, in der drei Meter dicken Wand verankerten Mauerhaken befestigt waren. Die Ketten reichten gerade so weit, dass er sich halbwegs hinlegen konnte. Der feuchte Strohsack unter ihm war modrig und stank furchtbar, doch das störte ihn kaum. Vielmehr dachte er daran, was in wenigen Stunden geschehen würde. Gleich nach Sonnenaufgang würde man ihn zusammen mit seinen Freunden dem Scharfrichter übergeben. Und das war seine Schuld. Warum hatte er sich vorhin nicht im Griff? Seine Gefühle fuhren Achterbahn. Um ihn herum drehte sich alles. Thomas begann zu husten. Der Husten wurde immer heftiger. Schließlich musste er sich neben seinem Lager übergeben.

Nach einer Weile legte er sich wieder hin und grübelte. Man hatte sie alle in getrennte Zellen gesperrt. So hatten sie nicht einmal mehr Gelegenheit, die letzte Nacht ihres Lebens gemeinsam zu verbringen und sich voneinander zu verabschieden. Jeder war auf sich allein gestellt.

Klar, wären sie jetzt in einer Zelle beisammen, würde das nichts an ihrer Situation ändern. Doch wie heißt es so schön: Geteiltes Leid ist halbes Leid. Immerhin hätten sie sich gegenseitig Trost spenden können. Aber gab es überhaupt so etwas wie Trost, wenn man nur noch wenige Stunden zu leben hatte? Er dachte an seine Schwester. Wahrscheinlich war es gut, dass sie in einer anderen Zelle saß. Thomas hätte es nicht ertragen, sie so leiden zu sehen. Er hasste diese Hilflosigkeit. Am liebsten würde er jetzt laut schreien. Doch was würde das bringen? Niemand würde ihn hören. Tränen liefen ihm übers Gesicht.

Zu gerne hätte er gewusst, ob Polizeioberkommissar Horst Ketzel wieder zurück ins einundzwanzigste Jahrhundert gelangen würde. Ob Uwe, Sarah und Erika nach ihnen suchten? Schon durch ihre Anwesenheit hatten sie den Lauf der Geschichte verändert, aber wie schwerwiegend würden die Konsequenzen für die Zukunft sein? All das waren Fragen, auf die er offenbar nie mehr eine Antwort erhalten würde.

Das Allerschlimmste war jedoch, dass die Frau, in die er sich unsterblich verliebt hatte, morgen Mittag einen anderen Mann heiraten musste und er völlig machtlos dagegen war. Im Grunde konnte ihm das egal sein, denn zu diesem Zeitpunkt würde er längst tot sein. Doch es war ihm nicht egal. Der Gedanke daran zerfraß ihn.

Wie hatte es nur so weit kommen können? Er, der aus dem einundzwanzigsten Jahrhundert stammte, würde im Jahr 1325 den Tod finden, genau wie seine Freunde.

Bilder seines bisherigen Lebens liefen vor seinem inneren Auge ab. Er erinnerte sich an frühere Abenteuer, die er zusammen mit seiner Schwester erlebt hatte. Sie war damals gerade sieben und er neun Jahre alt, als sie an einem sonnigen Nachmittag im Hochsommer draußen spielten. Er war schon als Kind sehr abenteuerlustig und so überredete er sie, mit ihm in den nahegelegenen Wald zu laufen. Es herrschte brütende Hitze und in der kühleren Waldluft machte das Spielen mit Sicherheit mehr Spaß. Claudia war das ganze Gegenteil von ihm, eher vorsichtig und ein wenig ängstlich, ja sogar überängstlich. Deshalb bedurfte es einer gehörigen

Portion Überredungskunst seinerseits, bis sie einwilligte und mitkam.

Nachdem sie eine ganze Weile durch den Wald spaziert waren, kamen sie an einen kleinen Weiher. Thomas hatte Lust zu baden, also zog er seine Sachen aus und ging ins Wasser. Seine Schwester setzte sich ans Ufer. Im Gegensatz zu ihrem Bruder konnte sie noch nicht richtig schwimmen. Er versuchte sie zu überreden, ins kühle Nass zu kommen. Sie zögerte lange, doch schließlich zog sie ihr Kleid aus und folgte ihm.

In Ufernähe war der Weiher ziemlich flach. Die Kinder konnten ohne Probleme darin stehen, aber Thomas wollte ins tiefere Wasser. Mit kräftigen Zügen schwamm er los. Plötzlich merkte er, dass er seine Beine nicht mehr frei bewegen konnte, weil er sich in Schlingpflanzen verfangen hatte. Sie hielten ihn fest und er drohte zu ertrinken. Er bekam Panik, ruderte wild mit den Armen und rief um Hilfe. Mehrmals schluckte er Wasser.

Als Claudia sah, dass ihr Bruder in Lebensgefahr schwebte, war sie für einen kurzen Moment erschrocken, doch dann reagierte sie sofort. Sie rannte aus dem Wasser und suchte mit den Augen das Ufer ab. In einigen Metern Entfernung sah sie einen langen Ast liegen. Der kam ihr gerade recht. Sie lief hin und zog ihn ins Wasser. Er war schwer, doch unter großer Anstrengung schaffte sie es.

Sie schob ihn zu ihrem Bruder und umklammerte mit ihren kleinen Händen das raue Holz. Er bekam das Ende des Asts zu fassen. Sie lehnte sich mit ihrem ganzen Gewicht dagegen und zog, so fest sie konnte. Tatsächlich gelang es ihm nach einiger Zeit, seine Beine aus den Schlingpflanzen zu befreien. Bis zum heutigen Tag war er seiner Schwester dankbar, dass sie ihm damals das Leben gerettet hatte.

Einige Jahre später, Thomas war vierzehn, waren die Geschwister gut zwanzig Kilometer von zu Hause entfernt mit ihren Fahrrädern unterwegs, als es zu regnen begann. Weit und breit gab es kein Gebäude, wo sie sich hätten unterstellen können. Deshalb suchten sie Schutz unter einer knorrigen alten Eiche mit ausladender Krone. In der Ferne grollte Donner. Das Gewitter kam immer näher. Thomas war die Sache nicht geheuer. Die ersten Blitze zuckten schon am Himmel. Er versuchte seine Schwester davon zu überzeugen, dass es jetzt unter der Eiche zu gefährlich wurde, doch sie weigerte sich, den schützenden Unterstand zu verlassen. Da packte er sie energisch am Arm und zog sie von dem Baum weg hinaus in den strömenden Regen. Claudia wehrte sich nach Leibeskräften. Sie wollte nicht nass werden, schimpfte mit ihm und versuchte sich zu befreien. Nachdem sich die Geschwister schon etliche Meter von der Eiche entfernt hatten und im Regen miteinander rangelten, gab es hinter ihnen einen ohrenbetäubenden Knall. Drei riesige Äste stürzten zu Boden. Ein Blitz war in den Baum gefahren und hatte den Stamm in zwei Hälften gespalten.

Sofort hörte Claudia mit ihrer Gegenwehr auf und fiel ihrem Bruder zitternd um den Hals. Eng umschlungen standen sie im Regen und starrten auf den vom Blitz getroffenen Baum, aus dem immer noch Rauch aufstieg.

Diese und viele weitere Erlebnisse hatten die beiden zusammengeschweißt. Bis zum heutigen Tag waren sie unzertrennlich. Zwar gab es hin und wieder kleine Auseinandersetzungen, aber unter Geschwistern war das schließlich normal.

Sie hatten keine Geheimnisse voreinander. Alles vertrauten sie sich an. Als Thomas mit siebzehn seine erste richtige Freundin hatte, fragte er seine Schwester um Rat. Umgekehrt verhielt es sich genauso, auch sie holte hin und wieder die Meinung ihres Bruders ein, wenn es um Jungs ging.

Ein paar Jahre später war Claudia zu einer jungen, schlanken Frau herangewachsen. Sie trug ihr rotes Haar schulterlang. Die Sommersprossen auf ihrer kleinen Stupsnase, die sie schon als Kind hatte, waren geblieben, was ihrer Attraktivität jedoch keinen Abbruch tat. Die Männer drehten sich reihenweise nach ihr um. Sie zeigte allerdings wenig Interesse, wenn es um das männliche Geschlecht ging.

Als Thomas zwanzig Jahre alt war, stellten die Geschwister fest, dass sie mittlerweile ähnliche Hobbys entwickelt hatten. Beide begeisterten sich für Geschichte. Im Gegensatz zu ihrem Bruder, der sich ohnehin keine Jahreszahlen merken konnte, war Claudia ein wandelndes Geschichtslexikon. Sie interessierte sich für alle Epochen. Ob man sie etwas über die Slawen, den Dreißigjährigen Krieg, die Weimarer Republik oder das Dritte Reich fragte, war völlig egal. Stets hatte sie eine Antwort parat.

Ihre gemeinsame Leidenschaft war jedoch das Mittelalter. Sie schauten sich Dokumentationen und Filme im Fernsehen an, gingen zusammen ins Kino und fuhren zu sämtlichen Mittelalterveranstaltungen, die in ihrer Nähe stattfanden.

Beim Besuch des letzten Mittelaltermarkts unterhalb der Burgruine Liebstein war ihnen dieses Hobby nun zum Verhängnis geworden. Dabei wollten sie doch nur Zeit mit ihren Freunden verbringen und Spaß haben. Der Markt hatte ganz normal begonnen, dann jedoch einen völlig irrationalen Verlauf genommen.

Ein Wassertropfen fiel von der Decke der Zelle genau auf seinen Kopf und holte ihn in die Gegenwart zurück. In der Ferne erklang der Ruf eines Käuzchens. Wie spät mochte es sein? Bestimmt war es schon weit nach

Mitternacht. Hoffnung auf Rettung hatte er keine mehr. In ein paar Stunden würde die Sonne aufgehen. Er hatte Angst. Wie würde es sich wohl anfühlen, das Schafott zu betreten? Würde er den Schlag spüren, wenn das Schwert seinen Hals berührte, um ihn zu durchtrennen? Würde er mitbekommen, wie sein Kopf herunterfiel? Er hatte Berichte darüber gelesen, dass bei dieser Art der Hinrichtung Delinquenten noch die Augen und den Mund bewegten, so als würden sie sich ein letztes Mal mitteilen wollen. Momentan saß sein Kopf fest auf den Schultern, doch die Gedanken, die darin kreisten, machten ihn fast wahnsinnig. Bis zum Morgengrauen würde er wohl keine Ruhe mehr finden, aber das war auch nicht nötig. Bald würde er für immer schlafen.

Wieder kreisten seine Gedanken. Diesmal dachte er an seine Freunde, die bald zusammen mit ihm sterben würden. Zwei waren bereits tot. Sven und Mirjam hatte er schon gekannt, bevor er Mitglied bei den Rossburger Rittern wurde. Die anderen hatte er erst später dort kennen und schätzen gelernt.

Die Mittelaltergruppe traf sich regelmäßig, um den Schaukampf zu trainieren, der eine gute Körperbeherrschung erforderte. Thomas hatte sich das Kämpfen mit dem Schwert zuvor immer leichter vorgestellt. Seine Konstitution war nicht die beste. Deswegen war er kein erfolgreicher Schwertkämpfer, doch das störte ihn nicht. Er hatte seinen Spaß und das war es, was für ihn zählte.

Überdies mussten die Zelte und die anderen Ausrüstungsgegenstände regelmäßig gewartet werden und dabei halfen sich die Mitglieder der Gruppe gegenseitig. Tiefe Freundschaften waren so im Laufe der Zeit entstanden, nicht zuletzt durch viele gemeinsame Erlebnisse, die nicht immer positiv waren. Unwillkürlich musste er an das mittelalterliche Stadtfest denken, an dem sie im letzten Jahr teilgenommen hatten.

Am Freitagabend waren die Freunde angereist und hatten ihre Zelte aufgebaut. In der Nacht sollte eine Security-Firma das Lager bewachen und gegebenenfalls für Ordnung sorgen. Der Veranstalter hatte sich zwar darum gekümmert und das Unternehmen dazu vertraglich verpflichtet, doch an jenem Freitag erschien kein Wachschutz. Auf Nachfrage redete sich der Chef der Firma heraus und behauptete, nie einen Vertrag erhalten zu haben. Angeblich war ihm nicht einmal dieser Termin bekannt.

Deshalb wurde das Lager an jenem Wochenende nicht bewacht. In der ersten Nacht blieb alles friedlich, aber in der zweiten randalierten betrunkene Jugendliche und schafften es, das Zelt des Chefs der Rossburger Ritter und seiner Verlobten anzuzünden. Als diese schlaftrunken herauskamen, wurden sie mit Baseballschlägern angegriffen. Auch Thomas, der durch den Lärm aufgewacht war und sein Zelt verließ, wurde attackiert. Er bekam glücklicherweise sein Schwert zu fassen und schlug nun seinerseits auf die Angreifer ein. Diese konnten nach kurzer Zeit überwältigt und der inzwischen gerufenen Polizei übergeben werden. Das Resultat war, dass Thomas eine verstauchte Hand und Sven einen ausgekugelten Arm davontrug.

Doch all das war nichts im Vergleich zu der Lage, in der sie sich jetzt befanden. Nie hätten sie damit gerechnet, einmal in eine derart ausweglose Situation zu geraten. Ob die Freunde im Moment auch über all diese Dinge nachdachten? Er wusste es nicht und würde es nie mehr erfahren. Ohne es zu wollen, seufzte er laut.

Thomas lehnte sich an die kalte, feuchte Wand. Er schloss die Augen und dachte daran, wie dieses verhängnisvolle Wochenende, das sein ganzes bisheriges

Leben verändern und sogar erheblich verkürzen würde, begonnen hatte.

Der Zeitsprung

17. Juni 2017

»Los, raus aus den Federn!«

Claudia musste lachen, als sie in das verschlafene Gesicht ihres Bruders schaute. Dabei schien es, als hüpften die Sommersprossen auf ihrer kleinen Stupsnase hin und her, was ihr ein recht kesses Aussehen verlieh. Wie so oft war Thomas erst nach Mitternacht ins Bett gegangen. Garantiert hatte er wieder stundenlang mit seinen Internetfreunden gechattet oder zusammen mit ihnen am Computer irgendwelche sinnlosen Rollenspiele gespielt. Claudia war, was diese Dinge betraf, ganz anders. Chats und Computerspiele interessierten sie nicht. Der Schlaf war ihr wichtiger. Überhaupt lebte sie wesentlich gesundheitsbewusster als ihr Bruder.

»Komm endlich raus da!«, wiederholte sie ihre Forderung mit Nachdruck und schon nicht mehr ganz so freundlich. »Wir haben gut eine Stunde Fahrt vor uns und das Auto muss noch beladen werden.«

Müde blickte Thomas auf den Wecker. Es war 4 Uhr. In sieben Stunden würde der Mittelaltermarkt auf der Burgruine Liebstein beginnen. Heute war Samstag. Die meisten Marktleute waren schon gestern angereist. Da Claudia diese Woche jedoch Spätdienst hatte, konnten sie erst heute früh starten. Umso größer war dafür die Hetzerei, denn schließlich wollten sie nicht zu spät kommen. Deswegen hatte er die letzte Nacht bei seiner Schwester verbracht. Sie hatten gehofft, dadurch etwas Zeit zu sparen. Er quälte sich mühsam aus dem Bett und schlurfte ins Bad. In der Zwischenzeit deckte sie den Frühstückstisch.

Nachdem sie ausgiebig gefrühstückt hatten, ging Claudia in ihr Schlafzimmer, um sich für die Fahrt fertig zu machen. Es dauerte nicht lange und sie rief nach ihrem Bruder, der sich inzwischen schon umgezogen hatte. Wie so oft hatte sie Probleme mit ihrem Mittelalterkleid, das auf dem Rücken geschnürt war. Bereitwillig half er ihr. Mit seiner Tunika und seiner Hose hatte er es weitaus leichter. Nachdem die Schnürung endlich perfekt saß, machte sie ihre Haare zurecht und er schnallte seinen Gürtel um, an dem ein Trinkhorn, seine Tasche und ein kleines Messer hingen. Nun waren sie startklar und konnten das Haus verlassen.

Sie liefen zu Thomas' Wagen und fuhren zu seiner Garage. Dort lagerten all die Dinge, die sie für den Markt benötigten. Sie räumten das Zelt, mehrere Schaffelle, Wolldecken, ihre Schlafsäcke und die anderen Sachen ins Auto. Zum Schluss kramte Thomas in der Schublade der Werkbank und versuchte, ein kleines schwarzes Kästchen unauffällig in die Tasche zu stecken. Doch Claudias Blick entging so schnell nichts.

»Was ist das?«, fragte sie ihn und zog dabei eine Augenbraue hoch.

Ob er wollte oder nicht, er musste es ihr sagen, denn sie hätte nicht locker gelassen und ihn während der ganzen Fahrt damit genervt.

»Du weißt doch noch, was letztes Jahr im August auf dem mittelalterlichen Stadtfest passiert ist?«

Das wusste sie sehr genau.

»Natürlich kann ich mich daran erinnern«, antwortete sie. »Eigentlich hätte eine Security-Firma den Markt bewachen sollen, doch dummerweise ist da so einiges schiefgelaufen. In der Nacht zum Sonntag haben betrunkene Jugendliche das Lager angegriffen. Es gab mehrere Verletzte, auch dich hat es damals erwischt.«

Er nickte.

»Und was hast du denn nun eingesteckt?«, bohrte sie weiter.

»Hm, na ja, also ich habe mir gedacht, falls sowas wieder passiert, will ich mich ordentlich wehren können. Und unsere Schaukampfwaffen sind im Zelt ziemlich unpraktisch. Deshalb habe ich mir einen Elektroschocker gekauft.«

»Du hast was?!« Sie war außer sich. »Die Dinger sind saugefährlich! Das Teil bleibt hier!«

»Das Teil kommt mit! Wenn du dich verprügeln lassen willst, ist das deine Sache. Ich werde mich im Ernstfall verteidigen«, entgegnete er entschieden.

Es hatte keinen Sinn, mit ihm zu diskutieren. Nach einer Weile gab Claudia zähneknirschend auf und Thomas steckte ein paar Reservebatterien ein. Dann fütterte er das Navi mit der Zieladresse.

Er war noch nie auf diesem Mittelaltermarkt gewesen und schon sehr gespannt, wie die nahegelegene Burgruine wohl aussehen würde. Zumindest hoffte er, dass es dort halbwegs vernünftige Sanitäranlagen gab. Die hygienischen Bedingungen waren für die Marktleute oftmals nicht optimal, um es vorsichtig auszudrücken.

Laut Navi würde die Fahrt eine Stunde und acht Minuten dauern. Hoffentlich kamen ihnen unterwegs keine Unfälle, Umleitungen oder Staus in die Quere. Viel Zeit für den Aufbau des Zelts würde vermutlich nicht mehr bleiben. Darum fuhren sie sofort los.

Auf der Autobahn kamen sie recht gut voran. Das Wetter war ausgezeichnet, kein Wölkchen trübte den strahlend blauen Himmel. Heute würde es sicher wieder sehr heiß werden. Zum Glück waren kaum LKWs unterwegs. Die Geschwister hatten gute Laune, der Streit von vorhin war vergessen. Sie freuten sich auf den Markt, auf die vielen Händler, die sie kannten und besonders auf die anderen Mitglieder der Rossburger Ritter. In diesem

Jahr fuhren sie zu ihrem ersten Markt, obwohl es bereits Mitte Juni war.

Vor zwei Jahren war die Mittelaltergruppe von Sven, einem gleichaltrigen Kumpel von Thomas, gegründet worden. Die Mitglieder hatten diesen Namen ausgesucht, weil sie in der Nähe der Ruine der Rossburg wohnten, einer ehemaligen Raubritterburg. Dort trafen sie sich einmal in der Woche zum Schwertkampftraining. Ihre Vereinsfahne hatten sie nach dem Wappen von Florian vom Mühlental gewählt, einem Raubritter, der auf dieser Burg gelebt hatte. Auf blauem Grund war ein schwarzes Ross zu sehen, der Rand war gelb. Bei jedem Mittelaltermarkt zierte diese Fahne seitdem ihr Lager.

Die letzte Viertelstunde mussten die Geschwister auf der Landstraße fahren. Nach wenigen Minuten kam eine Umleitung, die aber dank Navi kein Problem war. Doch kurz vor ihrem Ziel hatten sie plötzlich einen Traktor vor sich, der mit einer Geschwindigkeit von knapp zwanzig Kilometern pro Stunde entlangzuckelte. Überholen war auf dieser kurvenreichen Strecke völlig unmöglich. Thomas war nur am Fluchen und Claudia hatte alle Mühe, ihn zu beruhigen. Trotzdem kamen sie pünktlich auf dem Markt an.

Die anderen Mitglieder ihrer Gruppe waren beim Frühstück versammelt. Sven, Gründer und somit auch Chef der Rossburger Ritter, saß an der Stirnseite der Tafel und stand nun auf, um die beiden zu begrüßen. Er war groß, schlank und hatte kurze dunkelbraune Haare. Rechts neben ihm saß Mirjam, seine Verlobte. Sie war vierundzwanzig Jahre alt, hatte eine ziemlich stämmige Figur und trug ihr blondes Haar ebenfalls kurz. Dann folgten Karsten, ein rothaariger Bäckergeselle, und Swenja, seine zwanzig Jahre alte, zierliche Freundin, die ihm gerade einmal bis zur Schulter reichte. Das war auch kein Wunder, denn er war über zwei Meter groß. Da er obendrein einen roten Vollbart trug und ständig eine zerzauste Frisur hatte, wurde er von allen nur »Barbar« genannt. Die beiden waren schon längere Zeit zusammen und hatten vor, sich heute Abend im Lager offiziell zu verloben. Karsten und Swenja gegenüber saßen Bernd und Holger, zwei Elektriker. Bernd war mit neunundfünfzig Lenzen das älteste Mitglied der Gruppe. Holger kam mit seinen zweiundvierzig Jahren auf den zweiten Platz. Beide waren hervorragende Bogenschützen und betreuten auf den Mittelaltermärkten einen Bogenschießstand. Außerdem wohnten sie schon seit Ewigkeiten zusammen, was bei einigen Marktleuten genügend Raum für diverse Spekulationen und abfällige Bemerkungen bot. Die Gruppenmitglieder tickten da anders. Sie waren tolerant und akzeptierten Bernd und Holger so, wie sie waren.

Thomas und Claudia setzten sich an die Tafel zu den anderen.

»Und? Wie war die Fahrt?«, wollte Sven wissen.

»Es ging einigermaßen«, antwortete Thomas, und seine Schwester ergänzte lachend: »Bis auf den Traktor vor uns.«

»So kurz vor dem Ziel ist das schon ärgerlich«, grummelte Thomas, musste dann aber auch lachen, als er in die grinsenden Gesichter seiner Freunde schaute.

Nachdem sie sich über den neuesten Klatsch und Tratsch in der Mittelalterszene unterhalten hatten, fragte Thomas: »Habt ihr eigentlich schon mal den Veranstalter gesehen, diesen Stefan Heilmann?«

Sven schüttelte den Kopf.

»Ich habe nur am Telefon mit ihm gesprochen, aber ich kann dir seine Visitenkarte zeigen. Da ist auch ein Foto drauf.«

Er griff in die Tasche und hielt ihm die Karte hin. Claudia warf ebenfalls einen neugierigen Blick darauf.

Noch bevor Thomas etwas erwidern konnte, mischte sich Karsten in das Gespräch ein: »Ich habe ihn schon gesehen. Gestern Abend haben wir sogar ein paar Worte miteinander gewechselt.«

Die Rossburger Ritter beendeten ihre Mahlzeit und waren im Begriff aufzustehen, als Karsten noch etwas einfiel.

»Ach, fast hätte ich es vergessen«, rief er. »Ich habe gestern Vormittag, bevor wir losgefahren sind, ein wenig im Internet recherchiert, um etwas zur Burgruine Liebstein zu erfahren. Dabei habe ich durch Zufall eine Sage über den Raubritter Florian vom Mühlental gefunden, der im vierzehnten Jahrhundert auf ›unserer‹ Rossburg lebte. Ich habe sie mal ausgedruckt.«

Er zog einen Zettel aus der Tasche und räusperte sich. Alle lauschten gespannt, als er zu lesen begann:

»***Raubritter Florians Ende***

Einst lebte der verwegene Raubritter Florian vom Mühlental zusammen mit seiner Schwester Swanhilda auf der Rossburg. Die Jungfrau war nicht mit Schönheit gesegnet. Sie war klein, rundlich, hatte einen Buckel und zog das linke Bein nach.

Der Herr der Rossburg war in der ganzen Umgebung verhasst und gefürchtet. Er und seine Männer machten als Wegelagerer die vorbeiführende Handelsstraße unsicher. Unzählige Händler wurden von ihnen ausgeraubt und nur wenige kamen mit dem Leben davon.

Nun geschah es, dass sich Florian in die Schwester seines Verbündeten Arnulf vom Lerchenberg, einem ebenso grausamen Raubritter, verliebte. Sie hieß Gundhild, war blutjung und wunderschön anzuschauen. Doch sie erwiderte seine Liebe nicht. Sie war einem einfachen jungen Burschen zugetan, der auch sie von Herzen liebte. Aber das hinderte Florian nicht, er wollte sie um jeden Preis zur Frau. Arnulf war zuerst gegen diese Verbindung, denn er kannte seinen Verbündeten recht gut und wollte seine Schwester nicht ins Unglück stürzen. Doch dann wetteten die beiden Männer um den Sieg bei einem Turnier. Florian gewann und Arnulf musste versprechen, ihm zu helfen. War Gundhild nicht willig, so sollte sie mit Gewalt vermählt werden.

Eines Tages, als Florian ein großes Gelage auf der Rossburg gab, weilte Arnulf unter den Gästen. Und so geschah es, dass sich Swanhilda in ihn verliebte. Als sie hörte, dass seine Schwester mit ihrem Bruder verheiratet werden sollte, träumte sie von einer Doppelhochzeit. Doch Arnulf lachte sie aus. Was sollte er mit solch einem entstellten Weibe anfangen? Swanhilda war anfangs tief betrübt, aber dann sann sie auf grausame Rache.

Um Gundhilds Willen endgültig zu brechen, nahm Florian ihren Geliebten und einige seiner Freunde gefangen. Sie sollten als Krönung der Hochzeitsfeierlichkeiten hingerichtet werden.

Als der Tag der Vermählung endlich gekommen war, schlich Swanhilda im Morgengrauen mit einer Karaffe in der Hand heimlich in den Weinkeller. Dort lagerten reichlich Fässer mit lieblichem Wein. Eines war besonders groß und genau dieses hatte ihr Bruder für das Festgelage ausgewählt. Der Moment der Vergeltung war gekommen. Sie öffnete den Deckel und schüttete den Inhalt der Karaffe in den Wein.

Als die Hochzeitszeremonie zu Ende war, begann das große Festgelage. Die Gäste becherten fröhlich und prosteten sich zu. Doch plötzlich kippten sie einer nach dem anderen tot von ihren Stühlen oder fielen vornüber auf die reich gedeckte Tafel. Swanhilda triumphierte, aber ihr Plan ging nicht völlig auf. Arnulf, Florian und einige seiner Gefolgsleute tranken nichts von dem Wein, denn sie wurden just zu dieser Zeit im Burghof in einen Kampf verwickelt. Mehrere Männer aus dem Dorf waren gekommen und hatten die Burg angegriffen, um den jungen Burschen und seine Freunde zu befreien. Auch Gundhild blieb am Leben, weil Florian sie mit nach draußen gezerrt hatte.

Obwohl sie den Giftanschlag überlebt hatten, war das Schicksal den beiden Raubrittern nicht hold. Sie fielen im Kampf und der junge Bursche konnte seine Braut endlich heimführen.

Florian und Arnulf fanden jedoch selbst im Tod keine Ruhe. In klaren Vollmondnächten wandeln sie klagend und stöhnend durch die alten Gemäuer, immer auf der Suche nach jemandem, der ihre gequälten Seelen befreien kann, damit sie endlich Frieden finden.«

»Oh Mann! Jetzt hab ich ne Gänsehaut«, sagte Claudia.

Thomas grübelte.

»Was wird wohl aus der hässlichen Frau geworden sein? Ob sie sich anschließend selbst vergiftet hat? Vielleicht hat man sie ja auch hingerichtet.«

»Das sind doch nur Spekulationen«, entgegnete sie.

»Keine Ahnung«, antwortete Karsten. »Darüber war nichts in dem Forum, in dem ich die Sage gefunden habe. Aber über die Burg Liebstein standen ein paar interessante Dinge drin. Das muss ich mir aber alles noch mal genauer durchlesen. Es war gestern schon ziemlich spät. Ich kann dir ja den Link geben, wenn du möchtest.«

Natürlich interessierte es Thomas. Er tippte die Internetadresse in sein Smartphone.

Nach diesem kurzen Plausch zeigte Sven ihnen den Platz, wo sie ihr Zelt aufbauen sollten. Für die Geschwister war das reine Routine. Es dauerte nicht lange, bis alles stand und eingerichtet war. Sie hatten sogar noch knapp eine Stunde Zeit bis zur Eröffnung des Markts.

Thomas nutzte die Gelegenheit, um sich die Gegend anzuschauen. Der Mittelaltermarkt fand auf einer großen, von Buschwerk durchzogenen Wiese statt. Dadurch entstanden viele kleine Flächen, was den Vorteil hatte, dass jede Gruppe für sich lagern konnte. Auch die Rossburger Ritter hatten ihr eigenes Areal. Dort hatten sie ihre Zelte im Kreis aufgestellt. In der Mitte stand ein großer Tisch, an dem sie gemeinsam essen konnten. Daneben befand sich eine Feuerschale, die sich außerdem als Grill eignete.

Neben ihnen lagerte die Gruppe Legio Aurea. Übersetzt bedeutete der Name Goldene Legion. Thomas hatte bisher sehr wenig über diese Leute gehört. Er wusste nur, dass es sich um eine LARP-Gruppe handelte. LARP war die Abkürzung für Live Action Role Playing. Solche Gruppen beschäftigten sich hauptsächlich mit Rollenspielen und hatten den Ruf, es mit der Authentizität nicht so genau zu nehmen. Ihre Schwerter und Schilde waren zum Beispiel aus Schaumstoff mit Latexbeschichtung. Im Gegensatz zu ihnen waren die Rossburger Ritter eine Reenactment-Gruppe. Sie stellten historische Ereignisse möglichst originalgetreu nach, was sich auch in ihrer Ausrüstung widerspiegelte. Im Unterschied zu den Rossburger Rittern belächelten viele Reenactment-Leute die sogenannten Larpis. Legio Aurea nahm das erste Mal an einem so großen Markt teil. Bisher waren sie nur auf kleineren mittelalterlichen Stadtfesten und ein paar Weihnachtsmärkten dabei gewesen.

Im Süden schlängelte sich ein schmaler Bach am Rand der Wiese entlang. Hinter diesem erhob sich ein langgestreckter Hügel, der mit allerlei Büschen und niedrigen Bäumen bewachsen war. Im Osten ragte die Kirchturmspitze der nahegelegenen Ortschaft Liebstein empor. Den Ort selbst sah man nicht, weil eine kleine Baumgruppe den Blick darauf versperrte. Dahinter befand sich ein großer Parkplatz, auf dem die Autos der Marktleute und der Besucher standen.

Im Westen erstreckte sich dichter Wald. Am Horizont konnte man, da die Sicht heute klar war, eine malerische Hügelkette erkennen. Allerdings wurde die Idylle durch eine Hochspannungsleitung getrübt, die quer über die Wiese führte. Die Ruine, die auf einer kleinen Erhebung nördlich des Lagers inmitten eines Mischwaldes thronte, war von hier aus nicht zu sehen. Thomas hatte im Internet gelesen, dass von ihr nicht mehr viel erhalten war und es keine Hinweise auf die Existenz einer Vorburg gab. Da er noch ein wenig Zeit hatte, wollte er sich selbst davon überzeugen und machte sich auf den Weg nach oben.

Unmittelbar am Fuß der Anhöhe, hinter einer leichten Rechtskurve, befand sich eine kleine Höhle im Felsen. Vor dem Eingang stand eine Schautafel. Thomas erfuhr, dass die Höhle etwa fünfzig Meter in den Berg hineinführte. In vorchristlicher Zeit war sie ein heiliger Ort gewesen und für Rituale genutzt worden. Sogar Menschen wurden hier geopfert, wie Ausgrabungen auf dem Gelände bestätigt hatten. Bei diesem Gedanken konnte einem schon mulmig werden. Leider war es nicht möglich, die Höhle zu betreten. Ein Eisengitter versperrte den Zugang. Zwar waren die beiden mittleren Gitterstäbe leicht auseinandergebogen, doch ein erwachsener Mann passte trotzdem nicht hindurch. Gesichert wurde das Gitter mit einem massiven Vorhängeschloss.

Ein schmaler Pfad wand sich in Serpentinen zwischen Büschen und Bäumen hoch zur Ruine. Hauptsächlich wuchsen hier Laubbäume, nur vereinzelt standen dazwischen einige Fichten. Der Pfad führte oben am Gipfel zu einer Holzbrücke, die sich über den Burggraben spannte. Im Graben, der nicht sehr tief war, lagen einzelne Steine. Sie waren aus der Burgmauer herausgebrochen. Ansonsten schien die Mauer halbwegs intakt zu sein. An den beiden Wänden des Torbogens sah man Beschläge und Reste von Umlenkrollen aus Eisen. Vermutlich stammten sie von einem Fallgitter und anstelle der Brücke aus Holz hatte es hier im Mittelalter mit Sicherheit eine Zugbrücke gegeben.

Inmitten der Burganlage befand sich der Bergfried. Er war nur noch schätzungsweise zehn Meter hoch. Zinnen oder ein Dach fehlten. Eine schräge Bruchstelle an der Spitze ließ darauf schließen, dass er früher deutlich höher gewesen sein musste. Thomas überlegte, ob man da wohl irgendwie hinauf käme, verwarf diesen Gedanken aber schnell wieder. Dafür hatte er heute leider absolut keine Zeit. Vom Palas fehlte ebenfalls das Dach und Teile einer Wand waren eingestürzt. Wenige Meter daneben standen die Reste eines weiteren Gebäudes. Dazwischen befand sich ein Mauerfragment mit einer Öffnung, die mit einem Eisengitter gesichert war. An diesem hing ein altes, verrostetes Vorhängeschloss. Er spähte hindurch und sah eine Treppe, die hinunter in die Dunkelheit führte. Zu gerne hätte er gewusst, was es dort unten zu sehen gab.

Weitere Mauerreste sowie einige Steinhaufen im Burghof ließen vermuten, dass hier mehrere Gebäude gestanden hatten. Er lief umher und überlegte. Gleich hinter der Brücke war sicher die Torhalle gewesen. Bestimmt hatte es hier auch eine Kemenate, ein Zeug- und ein Gesindehaus, eine Küche, ein Kornhaus, Unterkünfte für Bedienstete und Stallungen gegeben, so wie er es von anderen Burganlagen kannte. Im hinteren Teil des Hofs bedeckte eine große Steinplatte den Boden. Wahrscheinlich hatte sich dort einmal der Brunnen befunden.

Mitten im Burghof lag ein großer Stein. Auf diesen setzte sich Thomas und begann darüber zu grübeln, von wem die Burg damals wohl erbaut worden war. Hatten hier edle Ritter gelebt? Oder waren es vielmehr Raubritter gewesen, die Reisende überfallen, gemeuchelt und sich anschließend an deren Besitztümern bereichert hatten? Er dachte an die Sage, die Karsten ihnen vorgelesen hatte. Sagen beinhalteten ja immer ein Körnchen Wahrheit.

Er versetzte sich in Gedanken in die Zeit, in der die Burg errichtet wurde. In seiner Fantasie hörte er die Hammerschläge der Schmiede und Steinmetze. Vor seinem geistigen Auge sah er, wie wuchtige Steine mithilfe von Baumstämmen, die als Rollen dienten, transportiert und dann mit Seilen, die an große Laufräder gebunden waren, auf Holzgerüste hochgezogen wurden. Arbeiter trieben diese Räder an, indem sie sich einzeln oder zu zweit in ihnen vorwärts bewegten. Er stellte sich vor, wie der Mörtel für die Mauern gemischt wurde und er spürte die Hitze des Brennofens, in dem die Lehmziegel gebrannt wurden. Wie gerne wäre er damals beim Bau der Burg dabei gewesen! Das war natürlich nicht möglich, denn niemand konnte in der Zeit reisen. Aber wenigstens hatte er genug Vorstellungskraft, um es sich auszumalen.

Zu Hause hatte sich Thomas im Internet informiert. Leider war über die Burg nur sehr wenig bekannt. Sie wurde im Jahr 1086 erstmals urkundlich erwähnt und im siebzehnten Jahrhundert, während des Dreißigjährigen Krieges, verlassen. In all dieser Zeit hatte man sie vermutlich nie geplündert oder gebrandschatzt. Sonst hatte er nichts gefunden, auch nicht darüber, aus welchem Grund man sie aufgegeben hatte. War der letzte Besitzer, ein Adliger aus dem Geschlecht derer von Rodenberg, gestorben, ohne Nachkommen zu hinterlassen? Auf diese Fragen würde man wohl nie mehr eine befriedigende Antwort finden, weil auch von dieser Adelsfamilie so gut wie nichts bekannt war.

Thomas hatte noch etwas Zeit, also nahm er sein Smartphone und öffnete das Internet. Die Verbindung hier oben war ausgezeichnet. Mit dem Link, den er von Karsten erhalten hatte, gelangte er schnell zu dem erwähnten Mittelalterforum. Dort beschäftigte sich eine Gruppe von Personen mit der Burgruine Liebstein und ihrer Geschichte. Jemand hatte einen fast fünfzig Jahre alten Zeitungsartikel online gestellt, der Thomas' Interesse weckte. Damals hatten hier Ausgrabungen stattgefunden. Unter einem kleinen Anbau zwischen Palas und Kemenate, der offensichtlich als Kapelle genutzt worden war, hatte man einen Kreuzgewölbekeller freigelegt. Darin befand sich eine Gruft. In ihrer Mitte standen zwei große Sarkophage aus Marmor. Um diese herum waren mehrere kleine Steinsärge im Kreis angeordnet.

Einer der Sarkophage gab der Fachwelt Rätsel auf. In ihm fanden die Archäologen unter den Grabbeigaben ein stark verrostetes Schwert, dessen Klinge nicht geschmiedet, sondern gewalzt worden war. Auch wies das männliche Skelett darin nicht die üblichen Mangelerscheinungen auf, wie sie typisch für diese Gegend in jener Zeit waren. Vermutlich stammte der Verstorbene also nicht von hier. Und wenn man davon ausging, dass das Schwert gleichzeitig mit dem Mann in den Sarkophag gelegt worden war, konnte die Beisetzung noch gar nicht so lange her sein, wahrscheinlich höchstens einhundert Jahre. Nur war die Burg zu dieser Zeit schon längst nicht mehr bewohnt. Wie war er also hierher gekommen und wer hatte ihn beigesetzt? Lag hier eventuell sogar ein Verbrechen vor? Vom Namen des Verstorbenen waren nur ein senkrechter und an dessen oberem Ende ein Teil eines waagerechten Strichs erkennbar, was auf ein E, ein F oder ein T als Anfangsbuchstabe hindeuten konnte. Das Geburts- und das Sterbedatum fehlten komplett. Der andere große Sarkophag daneben enthielt die Gebeine einer Frau. Von der Inschrift waren Name und Geburtsdatum noch lesbar. Bei der Verstorbenen handelte es sich um Gundhild vom Lerchenberg, geboren am 13. Juli 1302.

Manche Wissenschaftler interessierten sich außerdem für einen weiteren Sarkophag, der in einiger Entfernung unmittelbar an einer Wand stand. Auf der Innenseite des Deckels prangte eine Inschrift. Übersetzt lautete sie: Von Perun gesandt. Darunter war eine Axt in den Stein gemeißelt. Wieso wurde hier der oberste Gott der slawischen Mythologie erwähnt? Bei dem darin Bestatteten handelte es sich um einen Mann. Sein Schädel und die Oberschenkelknochen lagen auf der einen und der gesamte Rest des Skeletts auf der anderen Seite. War er dadurch zu Tode gekommen oder hatte jemand den Leichnam im Nachhinein geschändet? Die Sache wurde immer mysteriöser.

Einer der kleinen Steinsärge beinhaltete ein weiteres Rätsel. In ihm fand man die Knochen eines Mannes, der definitiv geköpft worden war. Die Reste seiner Kleidung ließen darauf schließen, dass es sich nicht um einen reichen Edelmann handelte. Außerdem fehlten jegliche Grabbeigaben. Aus welchem Grund war ein einfacher Mann dort bestattet worden?

Und letztlich fand man in der Gruft verschiedene Holzteile, die zusammengesetzt eine Art Altar ergaben. Unter den Gegenständen, die daneben lagen und möglicherweise zur Anbetung benutzt wurden, war auch eine Axt, die der auf der Innenseite des Sarkophagdeckels glich.

Den folgenden Forumsbeiträgen konnte Thomas entnehmen, dass man vor kurzem damit begonnen hatte, die Knochen, die Schwertklinge und die restlichen Grabbeigaben erneut zu untersuchen. Als der Zeitungsartikel verfasst worden war, steckte zum Beispiel die Radiokarbonmethode noch in den Kinderschuhen. Heute war sie bedeutend präziser. Auch DNA-Tests waren damals nicht möglich. Leider waren die neuen Ergebnisse bisher nicht veröffentlicht worden.

Das klang ja richtig spannend! Thomas war hellauf begeistert. Er überlegte: Die Gruft befand sich also unter der Kapelle und diese stand ursprünglich zwischen dem Palas und der Kemenate. Noch einmal ging er zu dem Eisengitter mit dem Vorhängeschloss. Er betrachtete die Stufen, die in die Tiefe führten. Da unten musste die Gruft sein! Als er genauer hinsah, bemerkte er, dass jede Menge Schutt und Geröll am Fuß der Treppe lagen. Hoffentlich war dort nicht die Decke eingebrochen.

Er rüttelte am Gitter, doch es bewegte sich keinen Millimeter. Dann untersuchte er das Schloss. Er kramte in seinen Taschen, fand aber nichts darin, womit man es hätte knacken können. Allerdings kannte er einen Trick. Wenn man auf eine bestimmte Stelle eines solchen Vorhängeschlosses schlug, würde es mit etwas Glück aufspringen. Voraussetzung war natürlich, dass man genau wusste, wie es funktionierte und dass es sich nicht um ein hochwertiges Schloss handelte. Beide Bedingungen waren hier erfüllt. Er würde morgen wiederkommen und sein Schwert oder seine Streitaxt mitbringen. Höchstwahrscheinlich konnte er es damit öffnen. Sein Ehrgeiz war geweckt.

Er schaute auf die Uhr und erschrak. In zehn Minuten würde der Markt beginnen! Claudia und die anderen warteten garantiert schon auf ihn. Er nahm die Beine in die Hand und rannte zurück ins Lager.

»Mann, wo warst du denn so lange!«

Seine Schwester warf ihm einen verärgerten Blick zu, als er keuchend und völlig verschwitzt bei ihr ankam.

»Ich habe mir nur die Ruine angesehen«, erwiderte er schuldbewusst und mit gesenktem Kopf.

»Los, beeil dich! In einer halben Stunde beginnt der Schaukampf.«

Thomas nahm fast immer an diesen Kämpfen teil. Dafür musste er sich natürlich entsprechend vorbereiten. Als Schwertkämpfer trug er einen Gambeson, den manche auch Rüstwams nannten, darüber ein Kettenhemd, Kettenhandschuhe und einen Nasalhelm. So ausgerüstet konnte ihm nicht viel passieren. Obwohl, ab und zu gab es durchaus ein paar blaue Flecken. Er zog sich schnell um, denn die Zeit drängte.

Hoffentlich musste er heute nicht wieder gegen Karsten antreten. Der war ein richtiges Raubein, was durch seine Statur eindrucksvoll unterstrichen wurde. Er kämpfte wie kein anderer. Wo er hinschlug, wuchs kein Gras mehr. Vor allem beherrschte er das Fechtsystem des I.33 Manuskripts, eines Fechtbuchs aus dem Spätmittelalter. Thomas hatte dagegen keine spezielle Kampftechnik. Er kämpfte, wie es ihm gerade einfiel. Meistens verlor er sowieso. Außerdem war sein Schwert ziemlich schwer. Es war ein sogenannter Bastard, ein Mittelding zwischen einem normalen Langschwert und einem Zweihandschwert. Gekauft hatte er es als Schaukampf-Übungsschwert. Es war zwar recht preiswert gewesen, aber aufgrund des hohen Gewichts konnte man in der anderen Hand kaum einen Schild halten und wenn doch, dann war man beim Kämpfen viel zu langsam. Das alles machte ihm jedoch nichts aus, er hatte seinen Spaß dabei und genau das war für ihn das Wichtigste.

Thomas war gerade fertig mit dem Umziehen, als Sven seinen Kopf ins Zelt steckte, um nach ihm zu sehen.

»Kommst du bitte, es geht los. Du kämpfst gegen Karsten.«

Oh Mann! Er hatte es geahnt. Aber egal. Er setzte den Helm auf, nahm sein Schwert und folgte Sven zum Kampfplatz, der sich zwischen ihrem Lager und der Anhöhe befand, auf der die Burgruine stand. Gedankenversunken starrte er zur Kuppe hinauf, während Sven, der nicht nur Chef, sondern auch Herold der Gruppe war, dem Publikum die einzelnen Kämpfer vorstellte. Die Gruft ging Thomas nicht mehr aus dem Kopf. Zu gerne wollte er dort noch einmal hin. Wenn er morgen früh zeitig genug aus den Federn kam, konnte er das vielleicht schaffen.

So schnell, wie der Kampf begonnen hatte, war er für ihn schon wieder zu Ende. Nach nur wenigen Sekunden traf ihn Karsten mit seinem Schwert am Helm. Natürlich passierte dabei nichts Dramatisches. Thomas nahm den Kopftreffer an und ließ sich den Regeln gemäß zu Boden fallen. Das Publikum applaudierte. Er war besiegt, was ihn aber nicht im Geringsten anhob. Mit seinen Gedanken war er ohnehin bei der Gruft.

Claudia hatte den Kämpfern zugeschaut. Nach dem Schaukampf schlenderte sie gemeinsam mit ihrem Bruder zurück ins Lager. Thomas zog sich sofort wieder bequemere Kleidung an. Es war Mittag und die Hitze wurde langsam unerträglich. Er verschwand im Zelt, um etwas zu trinken.

Nachdem er seinen Durst gestillt hatte, half er seiner Schwester, die einen Kräuterstand betreute. Bisher hatte er sich nicht für ein Handwerk entschieden, das er auf den Märkten ausüben wollte. Ursprünglich hatte er im letzten Jahr vorgehabt, eine Seilerei aufzubauen. Sein Auto war aber zu klein, um diese zu transportieren. Brettchenweben schien ihm eher ein Handwerk für Frauen zu sein. Zum Schnitzen hatte er kein Geschick und Papierschöpfen gefiel ihm genauso wenig wie die Herstellung von Seife. Das Ziehen von Kerzen begeisterte ihn zwar, aber Kerzenzieher gab es auf den Märkten, zu denen sie fuhren, wie Sand am Meer.

Da momentan nur wenige Besucher Interesse an den Kräutern hatten, konnte er sich mit Claudia ausgiebig unterhalten. Er erzählte ihr von der Ruine und was er über sie herausgefunden hatte. Sie war sichtlich erstaunt, vor allem als sie von dem Schwert erfuhr, das nicht geschmiedet worden war.

»Hast du eine Erklärung dafür?«, fragte sie.

»Nun, ich denke, dass dieser Leichnam viele Jahrhunderte später beigesetzt wurde«, entgegnete er.

»Okay, das ist möglich, nur warum gerade dort? Die Burg war zu dieser Zeit schon lange verfallen. Kein Mensch kommt auf die Idee, jemanden in einer Ruine zu bestatten.«

»Wieso nicht? Vielleicht musste die Leiche beseitigt werden. Dort sucht bestimmt keiner danach.«

»Hm, aber warum hat man das Schwert auch mit rein gelegt?«

Darauf wusste Thomas nichts mehr zu erwidern und grübelte vor sich hin.

Nach einer Weile dachte er laut: »Von Perun gesandt ... hm ... wer ist Perun?«

Claudia, die sich schon vor längerer Zeit sehr intensiv mit den verschiedenen Götter-Pantheons beschäftigt hatte, überlegte kurz.

Dann antwortete sie: »Perun ist die oberste Gottheit in der slawischen Mythologie. Er ist, soweit ich weiß, der Gott des Gewitters. Zu seinen Symbolen zählt unter anderem die Axt.«

Was seine Schwester alles wusste! Er blickte sie voller Bewunderung an.

»Tja, mein liebes Brüderlein, lesen bildet«, lachte sie, als sie sein verdutztes Gesicht sah.

Er schluckte. Sie hatte ja recht, doch er war keine Leseratte. Er sah sich viel lieber Filme an.

Nach einer kurzen Pause fragte er: »Aber warum wurde die Schrift an der Innenseite des Deckels angebracht?«

»Das ist zwar höchst ungewöhnlich«, entgegnete Claudia, »jedoch durchaus logisch. Wer auch immer das geschrieben hat, wollte kein Risiko eingehen. Als diese Inschrift in den Deckel gemeißelt wurde, war die Christianisierung vermutlich weitgehend abgeschlossen. Neben dem christlichen wurde kein weiterer Glaube mehr geduldet. Sich mit Perun oder einem anderen heidnischen Gott zu beschäftigen wäre Götzendienst gewesen, und Götzendiener wurden von der Kirche verfolgt und getötet.«

Das leuchtete Thomas ein. Sie diskutierten noch ein Weilchen über die Wirkung verschiedener Kräuter. Dann wollte er wissen, ob sie am nächsten Morgen mit zur Ruine kommen würde. Diese Frage verneinte Claudia entschieden, was ihn jedoch nicht wunderte. Zwar war sie durchaus neugierig, aber auch sehr vorsichtig und sie hatte Angst, in solch alten Gemäuern herumzuklettern. Schließlich konnte irgendwo der Boden einbrechen oder, was noch schlimmer war, man wurde von herabfallenden Steinen verletzt. Deswegen musste er ihr hoch und heilig versprechen, gut aufzupassen.

Gegen 14 Uhr traten die Schandgeigen auf. Thomas schlenderte hin, um sich das Programm anzuschauen. Er fand die Musik recht gut. Auch die drei Spielleute waren ihm sympathisch und so kam es, dass er sich nach dem Auftritt längere Zeit mit ihnen unterhielt. Er erfuhr, dass sie Ulrich, Günther und Karl-Heinz hießen und erst seit diesem Jahr gemeinsam musizierten. Zuvor hatten sie in verschiedenen anderen Gruppen gespielt.

Auf die Frage, ob sie Berufsmusiker waren, schüttelte Ulrich den Kopf.

»Nein, wir haben ganz gewöhnliche Berufe. Ich bin Fahrradkurier, Günther ist Zahnarzt und Karl-Heinz arbeitet als Tischler.«

Thomas war erstaunt.

»Sogar einen Zahnarzt habt ihr dabei? Na, dann kann ja nichts mehr schiefgehen.«

Alle mussten lachen. Anschließend plauderten sie eine Weile über das Mittelalter. Dieses Thema faszinierte die drei Hobbymusiker am meisten. Zum Schluss erzählte ihnen Thomas alles, was er von der Ruine wusste. Nun hatte er ihre Neugier geweckt. Leider hatten sie an diesem Wochenende keine Zeit, einen Ausflug dorthin zu unternehmen, was sie sehr bedauerten. Doch sie nahmen sich vor, den Besuch so bald wie möglich nachzuholen. Damit verabschiedeten sie sich vorerst voneinander.

Mittlerweile war es später Nachmittag geworden. Thomas hatte sich noch ein wenig auf dem Markt umgesehen und stand nun vor Mirjams Schmuck- und Edelsteinstand. Sven war nicht da, er saß bestimmt mit Karsten in der Taverne. Auch zu Mirjam waren heute nur wenige Besucher gekommen, daher freute sie sich über einen kurzen Plausch. Thomas stellte ihr viele Fragen, denn er wusste, dass sie sich mit Edelsteinen bestens auskannte. Zu guter Letzt kaufte er ihr einen kleinen schwarzen Turmalin ab, der an einem Lederband hing. Dieser konnte, wie sie ihm erklärt hatte, negative Energien abwehren. Er glaubte fest an die magischen Kräfte der Edelsteine. Seiner Schwester würde er aber lieber nichts davon erzählen. Sie hielt so etwas für Humbug und würde ihn vermutlich nur auslachen.

Karstens und Swenjas Zelt stand gleich neben dem von Sven und Mirjam. Im Vorbeigehen fiel Thomas ein kleiner Stein auf, der vor dem Eingang im Gras lag und in der Abendsonne glitzerte. Er hatte es nicht eilig, also blieb er bei Swenja stehen. Sie saß an ihrem Brettchenwebrahmen und arbeitete. Dieses Handwerk war, wie schon erwähnt, nichts für ihn. Aber der funkelnde Stein hatte sein Interesse geweckt und er sprach sie darauf an.

»Das sind Halit-Kristalle. Insgesamt liegen fünf Stück rings um unser Zelt. Sie bilden die Spitzen eines Pentagramms und schützen uns. Ich habe sie von ihr«, sagte sie und deutete dabei auf Mirjam.

Thomas war begeistert. Es gab offensichtlich noch weitere Leute hier, die der Kraft der Edelsteine vertrauten.

»Genau genommen sind Halit-Kristalle keine Steine, sondern Halit ist Steinsalz«, erklärte Swenja. »Früher wurde es häufig verwendet, um negative Energien fernzuhalten. Selbst heute schützen viele Menschen ihr Heim damit oder benutzen es bei Ritualen, um die Wirkung des Bannkreises zu verstärken.«

Das überzeugte ihn. Er ging zurück zu Mirjam, kaufte fünf Halit-Kristalle und steckte sie in seine Tasche zu dem Turmalin-Anhänger.

Langsam wurde es Zeit, zurück zum Kräuterstand zu gehen. Er musste sich um das Abendessen kümmern. Claudia hatte gerade Kundschaft und von Weitem sah es so aus, als würde es länger dauern, denn vor ihrer Auslage drängte sich eine beachtliche Menschentraube. Er lief an den Zelten von Bernd und Holger vorbei geradewegs zu seiner Schwester. Die beiden waren vermutlich in der Taverne, denn er konnte sie nirgends entdecken. Auch an dem zwischen ihren Zelten aufgebauten Bogenschießstand waren sie nicht.

Am Kräuterstand angekommen, holte er einige Holzscheite, die an der Seite aufgestapelt waren. Er trug sie zur Feuerschale in der Mitte ihres Lagers. Schnell war das Feuer entfacht. Als genügend Glut vorhanden war, legte Thomas einen Grillrost auf die Schale und holte Würstchen und ein paar Steaks aus der Kühltasche. Nachdem er einen Teil davon auf dem Metallgitter platziert hatte, schlenderten Bernd und Holger direkt zu ihm herüber. Sie wollten beim Grillen helfen. Er hatte nichts dagegen. So konnte er sich wenigstens in Ruhe eine Flasche Bier aus dem Zelt holen. Durst hatte er ohnehin mehr als genug.

Nach und nach kamen die anderen Mitglieder der Gruppe vorbei, um sich Würstchen und Steaks zu holen. Thomas, Bernd und Holger sorgten fleißig für Nachschub. Es dauerte nicht lange und die letzte Wurst verließ den Grill, der nun in aller Ruhe abkühlte.

Um 21 Uhr traten die Schandgeigen heute zum letzten Mal auf. Da Thomas das Programm bereits kannte, blieb er beim Zelt. Zuhören konnte er auch von hier. Um 22 Uhr sahen sich alle gemeinsam die Feuershow an. Thomas bewunderte die Akteure. Er fand es faszinierend, wie sie mit brennenden Schwertern und Feuerpois hantierten.

Eine halbe Stunde später, gerade als die Show zu Ende war, begann es zu regnen und er setzte seine Gugel auf, eine kapuzenartige mittelalterliche Kopfbedeckung. Sie hatte ihm schon oft gute Dienste geleistet. So auch jetzt, denn mittlerweile schüttete es wie aus Eimern. Sämtliche Mittelalterleute hatten sich in ihre Zelte zurückgezogen und die letzten Besucher verließen kurz vor 23 Uhr fluchtartig den Platz.

So schnell wie der Regen begonnen hatte, war er wieder vorbei. Claudia und Holger wischten mit Papiertüchern alles trocken. Karsten legte seine Prunkkette um, an der in der Mitte ein Thors Hammer aus reinem Silber und an den Seiten je zwei Wildschweinhauer, zwei kleine Axtblätter und zwei Rabenanhänger aus Messing symmetrisch angebracht waren. Swenja hatte sich inzwischen umgezogen. Sie trug ein beigefarbenes Unterkleid aus Leinen, darüber ein dunkelbraunes Überkleid, das an den Seiten geschnürt war, eine weiße Haube und einen silbernen Armreif. An einer ledernen Halskette hing ein Yggdrasil-Anhänger.

Nun setzten sich die Rossburger Ritter an den Tisch in der Mitte ihres Lagers.

»Und jetzt wird Verlobung gefeiert!«, freute sich Thomas. »Wollt ihr erst ein Ritual machen oder gibt es gleich Alkohol?«

Dabei grinste er in die Runde.

»Du hast anscheinend nur das Saufen im Kopf«, maßregelte ihn Karsten, musste allerdings lachen. »Um jedoch deine Frage zu beantworten: Eigentlich wollten Swenja und ich gemeinsam über ein Feuer springen, aber das ist ja im wahrsten Sinne des Wortes ins Wasser gefallen, denn jetzt ist hier alles nass.«

»Das wäre auch nicht ganz stilecht«, mischte sich Claudia ein. »Zwar haben unsere Vorfahren ein solches Ritual durchgeführt, jedoch nicht Mitte Juni, sondern in der Nacht zum 1. Mai.«

»Richtig, zu Beltane«, ergänzte Mirjam, »aber ich habe mal gehört, dass man mit einem Band die Hände des Paares aneinandergebunden hat. Ich glaube, das war bei den Kelten so.«

»Korrekt«, bestätigte Claudia, »das wurde beim sogenannten Handfasting gemacht, aber Karsten und Swenja wollen nicht heiraten, sondern sich verloben.«

»Ach Leute«, schimpfte Thomas, »habt ihr denn gar nichts vorbereitet?«

»Doch«, rief Karsten mit fester Stimme, stand auf und hielt sein Horn in die Höhe, das er zuvor mit Met gefüllt hatte. »Ich gelobe feierlich bei Odin, unserem höchsten Gott, dass ich Swenja zu allen Zeiten vor jeglichen Gefahren beschützen und ihr treu sein werde. Ich werde sie lieben und ehren, solange ich lebe.« Dann drehte er sich um, lief zu einer kleinen Eiche, die neben einem Gebüsch wuchs, bückte sich, schüttete den Met langsam an die Wurzeln und fuhr fort: »Zum Zeichen meines Schwurs opfere ich diesen Trunk den Göttern.«

Swenja, die ihn die ersten Sekunden überrascht mit großen Augen angeschaut hatte, beeilte sich, ihr Horn mit Met zu füllen und es ihm gleichzutun. Dabei sprach auch sie ein paar Worte und gelobte vor den Göttern, für immer mit ihm verbunden zu bleiben. Anschließend küssten sich die beiden unter dem Baum und gingen danach wieder zurück an ihre Plätze.

Nachdem ihnen alle gratuliert hatten, meinte Karsten: »Und nächstes Jahr zu Beltane springen wir übers Feuer und feiern ein richtig schönes Handfasting.«

Dagegen hatte natürlich niemand etwas einzuwenden und man ging zum gemütlichen Teil über. Es wurde viel getrunken und geredet und alle hatten Spaß. Thomas wollte eigentlich noch die Leute von Legio Aurea besuchen, doch er war heute definitiv zu müde dafür. Deswegen war er der Erste, der sich kurz vor Mitternacht verabschiedete und allen eine gute Nacht wünschte. Claudia folgte ihm.

Als sie eingeschlafen war, holte er die Halit-Kristalle vorsichtig aus seiner Tasche, schlich nach draußen und ordnete sie rings um das Zelt an. Dann nahm er den kleinen schwarzen Turmalin und hängte ihn mit dem Lederband an eine Schlaufe, die am Eingang befestigt war. Jetzt waren sie gegen alle möglichen negativen Energien geschützt. Zufrieden legte er sich hin und schlief sofort ein.

Er hatte gerade einmal zwei Stunden geschlafen, als er von einem ohrenbetäubenden Knall geweckt wurde, dem eine Art lautes Zischen folgte. Im Dunkeln suchte er nach seiner Taschenlampe. Endlich fand er sie, hob sie auf und knipste sie an. Auch Claudia wachte von dem Lärm auf.

»Was war das?«, flüsterte sie erschrocken.

Thomas hatte keine Ahnung. Er schälte sich aus seinem Schlafsack, rappelte sich auf und steckte den Kopf aus dem Zelt. Draußen war es jetzt wieder still, aber über dem Wald bemerkte er einen rötlich fluoreszierenden Lichtschein, der langsam heller wurde und der Umgebung ein unheimliches Aussehen verlieh.

Plötzlich zuckten grellrote Blitze durch den Nachthimmel und beleuchteten das gespenstische Szenario zusätzlich. Gleichzeitig krachte es gewaltig, dann kehrte schlagartig wieder Ruhe ein. Was hatte das zu bedeuten? Unwillkürlich musste Thomas an Perun denken, den Gott des Gewitters.

Inmitten der Lichterscheinung bildete sich ein blassroter Schlauch, der zuerst sehr dünn und extrem kurz war, dann aber immer länger und dicker wurde und schließlich bis zum Boden reichte. Nun sah er aus wie der Rüssel eines Tornados. Dieser bewegte sich langsam auf ihr Lager zu. Claudia war inzwischen auch aufgestanden. Ängstlich lugte sie neben Thomas aus dem Zelt heraus und schmiegte sich zitternd an ihn.

Nach wenigen Minuten wurde das Lager der Rossburger Ritter völlig von dem Rüssel umhüllt, der mittlerweile einen beachtlichen Durchmesser erreicht hatte und anscheinend weiter wuchs. Kein Lüftchen wehte, kein Laut war zu hören. Alles leuchtete in diffusem Rot. Die Geschwister schauten sich an. Was würde als Nächstes passieren?

Der Boden begann leicht zu zittern. Allmählich wurden die Vibrationen immer stärker. Thomas legte den Arm um Claudia. Beide verharrten völlig reglos.

Der Rüssel wanderte weiter in Richtung Ruine und blieb genau über der kleinen Höhle stehen. Die Erschütterungen wurden schwächer, bis sie endlich ganz aufhörten. Das fluoreszierende Licht wurde blasser und der Rüssel löste sich langsam von oben nach unten auf. Es hatte den Anschein, als würde er in die Höhle gesaugt. Kurze Zeit später war er komplett verschwunden. Der Spuk hatte ein Ende und die Dunkelheit hüllte sie wieder ein. An Schlaf war natürlich vorerst nicht mehr zu denken.

Nachdem alles vorbei war, öffnete Thomas ein Bier, setzte es an und trank es hastig bis zur Hälfte aus. Claudia hatte inzwischen eine Flasche Met geöffnet und ihren Holzbecher gefüllt. Zuerst sprachen sie kein Wort und grübelten vor sich hin.

Nach einer Weile brach er das Schweigen: »Was glaubst du, was das eben war?«

»Ich habe absolut keine Ahnung«, entgegnete sie, »Vielleicht so etwas wie Wetterleuchten?«

»Hm ... möglich«, antwortete er.

Wieder schwiegen sie.

»Ob die anderen das auch mitbekommen haben?«, fragte sie nach einiger Zeit nachdenklich.

»Ich denke schon«, meinte er. »Laut genug war es ja.«

Inzwischen war eine knappe Stunde vergangen. Claudia füllte ihren Becher zum zweiten Mal und Thomas öffnete sein drittes Bier. Sie diskutierten noch eine Weile über diese eigenartige Lichterscheinung, kamen letztlich aber zu keinem richtigen Ergebnis.

Nachdem Claudia ausgetrunken hatte, schlüpfte sie wieder in ihren Schlafsack. Wenige Minuten später war von ihr nur noch ein gleichmäßiges, ruhiges Atmen zu hören. Sie war eingeschlafen.

Thomas konnte lange keine Ruhe finden. Erst nachdem er die vierte Flasche Bier geleert hatte, schlief auch er endlich ein.

* * *

Es war sehr früh am Morgen, als er erwachte. Oh Mann, wie sein Schädel brummte! Er hatte wohl doch zu viel getrunken. Eigentlich hatte er gar keine Lust, so zeitig aufzustehen, aber er wollte ja unbedingt noch einmal zur Ruine hinauf. Diesmal würde er dort etwas mehr Zeit verbringen können. Vielleicht würde er sogar die in dem Zeitungsartikel beschriebene Gruft finden, falls der Raum nicht verschüttet worden war. Dazu musste es ihm natürlich erst einmal gelingen, das Schloss zu knacken. Der Gedanke daran trieb ihn vorwärts.

Thomas kletterte aus seinem Schlafsack und zog sich schnell an. Er überlegte, ob er sein Schaukampf-Übungsschwert mitnehmen sollte, entschied sich dann aber für die Streitaxt. Diese war handlicher als das Schwert und eignete sich besser zum Knacken des Vorhängeschlosses. Frühstücken würde er nach seiner Rückkehr.

Er blickte zu Claudia. Sie hatte eine Decke über ihren Schlafsack gezogen und murmelte etwas im Schlaf. Er wollte wissen, wie spät es war. Als er auf sein Handy schaute, bemerkte er, dass das Internet ausgefallen war, was ihn im Moment aber nicht weiter störte. Sicher würde es bald wieder funktionieren.

Es war kurz nach 7 Uhr. Leise öffnete er das Zelt, trat ins Freie und verschloss den Eingang sorgfältig. Er blickte sich um. Irgendetwas stimmte hier nicht, er wusste nur nicht was. Außerdem fror er erbärmlich. Vermutlich lag das an dem Restalkohol, der noch in seinen Adern zirkulierte. Egal, dachte er und lief schnurstracks in Richtung der Anhöhe, auf der die Ruine thronte.

Nach wenigen Schritten blieb er erstaunt stehen. Zwischen dem Weg und dem Eingang zur Höhle stand ein hölzerner Pfahl, der mit allerlei Schriftzeichen versehen war, deren Sinn er nicht verstand. Unmittelbar am Höhleneingang lag ein flacher Stein. Dieser hatte in der Mitte eine Vertiefung, die mit einer roten Flüssigkeit gefüllt war. Ringsherum waren große schwarze Federn verstreut, die vermutlich von einer Krähe oder einem Raben stammten. Was war hier geschehen? Wurden hier Tiere geopfert? Hoffentlich waren es keine Marktleute gewesen. So etwas konnte richtig Ärger geben.

Er war schon im Begriff weiterzugehen, da bemerkte er, dass das Eisengitter am Höhleneingang fehlte. Wie konnte das sein? Er ging hin und untersuchte den Felsen. Dieser war völlig unberührt. Nichts deutete darauf hin, dass es hier jemals ein Gitter gegeben hatte. Er sah sich weiter um und stelle fest, dass auch die Schautafel verschwunden war.

Während er nach einer logischen Erklärung suchte, vernahm er plötzlich Stimmen. Vorsichtig pirschte er sich näher heran und versteckte sich hinter dem dicken Stamm einer großen Eiche. Auf einmal hörte er ein Rasseln. Es klang, als würden Nägel in einer Blechdose geschüttelt. Zwei Gestalten in voller Rüstung kamen den Weg herunter in seine Richtung gelaufen. Er sah, dass sie lange Bärte trugen.

»Kein anderer Herr bezahlt seine Soldaten so hundsföttisch schlecht wie Arnulf vom Lerchenberg«, grummelte einer von ihnen und umfasste dabei sein Schwert noch fester. »Es wäre besser, sich als Steckenknecht beim Burgenbau zu verdingen, als um diese Zeit Weibsbilder zu fangen.«

»Da ist selbst Bauern hauen kurzweiliger«, brummte der andere mürrisch und nickte. »Wäre er nicht vor zwei Jahren wegen Florian vom Mühlental bei seinem Lehnsherrn in Ungnade gefallen, ginge es uns heute weitaus besser!«

Sie liefen nahe an Thomas‘ Versteck vorbei und verschwanden hinter der nächsten Wegbiegung. Er amüsierte sich prächtig. Die beiden wirkten verdammt echt. Aber was war hier eigentlich los? Warum hatten sie ausgerechnet Florian vom Mühlental erwähnt, den Burgherrn der Rossburg? Wurde etwa ein Film gedreht? Diesen Gedanken verwarf er jedoch sofort wieder, denn nirgendwo waren Kameras oder gar ein Regisseur zu sehen.

Thomas kam hinter der Eiche hervor und ging weiter bergauf. Als er etwa auf halber Höhe angelangt war, hörte er von oben die Schreie einer Frau und das Wiehern von Pferden. Vermutlich spielten die Mitglieder der LARP-Gruppe Legio Aurea ein spannendes Rollenspiel und die Geräusche der Pferde kamen von einem MP3-Player. Oft waren diese Spieler auf dem neuesten Stand, was die Technik betraf. Aber so früh am Morgen? Als er in unmittelbarer Nähe ein Rascheln vernahm, duckte er sich instinktiv und lugte vorsichtig hinter einem Gebüsch hervor. Dabei fiel ihm auf, dass die Sträucher um ihn herum fast kahl waren und auf dem Boden jede Menge Laub lag. Langsam wurde ihm mulmig. Hatte der seltsame Tornado letzte Nacht dieses Phänomen ausgelöst? Als in einiger Entfernung erneut Pferde wieherten, schob er den Gedanken beiseite. Er musste herausfinden, was diese Leute hier aufführten.

Bei einem solchen Rollenspiel hatte er noch nie mitgemacht. Er spielte ausschließlich mit seinen Freunden am Computer. Das hier war schon ein anderes Kaliber! Es wirkte wesentlich realer und machte mit Sicherheit mehr Spaß. Gespannt wartete er, was als Nächstes passieren würde.

Auf einmal knackte es hinter ihm. Er drehte sich blitzschnell um und schaute in die schreckgeweiteten Augen einer jungen Frau. Sie trug ein cremefarbenes Kleid, welches wie das seiner Schwester hinten geschnürt war. Früher sah es bestimmt einmal prächtig aus, doch nun war es schmutzig und an manchen Stellen von Dornen zerfetzt.

»Bitte, Herr, verratet mich nicht«, stieß sie leise mit bebender Stimme hervor und sah ihn flehend an.

»Ach, mach dir keine Sorgen«, flüsterte er zurück. »Ich habe nicht vor, bei eurem Spiel mitzumachen.«

Offen gesagt hatte er keine Lust, hier weiter Verstecken zu spielen. Er wollte die Zeit sinnvoller nutzen.

»Spiel? Das ist kein Spiel! Mein Bruder ist hinter mir her und wenn er mich findet, liefert er mich an seinen Kumpan aus«, antwortete sie ängstlich.

Oh Mann, die steigerte sich ja mächtig in ihre Rolle hinein. Er beschloss, freundlicher zu sein und sich wenigstens zum Schein auf diesen Dialog einzulassen.

»Keine Sorge, ich verrate Euch nicht! Warum will Euch Euer Bruder denn töten?«, fragte er mit ernstem Gesicht und tat so, als würde es ihn interessieren.

»Er wettete mit Florian vom Mühlental bei einem Turnier um den Sieg und verlor diese Wette.«

Schon wieder Florian vom Mühlental, dachte Thomas. Was hatte das zu bedeuten?

»Und was hat das mit Euch zu tun?«, fragte er.

»Der Wetteinsatz war ich«, entgegnete sie zögernd. »Nun soll ich Florian zum Manne nehmen. Aber ich will ihn nicht! Er ist grob, er säuft und er stinkt. Ich sagte das meinem Bruder. Wir stritten und er drohte, mich zu töten, wenn ich mich weigere. Heute wird Florian mit seinem Gefolge auf der Burg eintreffen. Er kommt, um mich zu holen. Deshalb bin ich weggelaufen.«

»Wie ist Euer Name?«, fragte er weiter.

Allmählich fesselte ihn die Geschichte nun doch.

»Ich heiße Gundhild vom Lerchenberg.«

Ah, jetzt dämmerte es ihm. Dieser Name stand auf einem der beiden großen Sarkophage in der Mitte der Gruft. Sie musste diesen Artikel also auch gelesen haben.

Kannte sie etwa die Gruft? Außerdem hatte sie von dem Turnier gesprochen. Wahrscheinlich wusste sie sogar von der Sage, die Karsten ihnen vorgelesen hatte. Tolle Geschichte, so ergab alles einen Sinn. Thomas musste lächeln.

»Cool, dann hast du diesen Artikel im Internet wohl gelesen?«, rief er begeistert.

Fragend blickte sie ihn an.

»Artikel? Internet?«

»Und die Sage habt ihr in eure Story auch mit einfließen lassen.«

»Sage? Story?«

Er musste noch mehr grinsen.

»Schon gut. Wie gesagt, mach dir keine Sorgen. Ich verrate niemandem, dass ich dich hier getroffen habe. Jetzt muss ich aber weiter. Ich will unbedingt die Gruft finden, die sich in der Burg befinden soll.«

Sie sah ihn verwundert an.

»Ihr wisst von der Gruft?«

Langsam wurde es ihm zu nervig.

»Klar, darum ging es doch in dem Artikel.«

Misstrauisch fragte sie ihn: »Und was wollt Ihr in der Gruft? Wie gedenkt Ihr überhaupt in die Burg zu gelangen?«

Ohne ihre letzten Fragen zu beantworten, verabschiedete er sich von Gundhild, lächelte ihr noch einmal zu und ging den Weg zügig weiter bergauf. Sie würde sicher verstehen, dass er sich aus diesem Spiel wieder zurückzog. Allmählich lief ihm die Zeit davon.

Als er fast oben bei der Ruine angekommen war, vernahm er hinter sich Atemgeräusche. Erschrocken drehte er sich um. Sie war ihm gefolgt.

»Herr, Ihr müsst Euch verstecken!«, stieß sie abgekämpft hervor und zog ihn in ein Gebüsch. »Wenn man Euch entdeckt, seid Ihr verloren!«

Er schüttelte den Kopf. Das Ganze ging ihm mittlerweile eindeutig zu weit. Es reichte ihm! Musste man sich wirklich so in eine Rolle hineinsteigern? Er wollte mit diesem komischen Spiel nichts mehr zu tun haben, denn er hatte Wichtigeres vor. Wütend riss er sich los. Er bog die Zweige auseinander, trat ein paar Schritte aus dem Gebüsch heraus - und erstarrte.

Vor ihm lag die Burg Liebstein. Die Ringmauer der trutzigen Wehrburg war mit Zinnen besetzt. Auf dem Wehrgang dahinter sah er Bogenschützen. An den vier Ecken der Mauer stand je ein kleiner Wachturm. Das Haupttor war sehr schmal. So konnte es, wie Thomas irgendwo gelesen hatte, besser verteidigt werden. Die Zugbrücke hatte man heruntergelassen. Etwa ein Dutzend bewaffnete Männer passierten sie in diesem Augenblick und verließen die Burg. Der Trockengraben war viel tiefer und breiter, als er ihn von gestern in Erinnerung hatte, und es lagen keine Steine mehr darin. Stattdessen ragten angespitzte Holzpfähle in die Höhe, die man in zwei Reihen in die Grabensohle getrieben hatte. Die Böschungen fielen extrem steil ab. Der ebenfalls mit Zinnen besetzte Bergfried war schätzungsweise fünfundzwanzig Meter hoch. In der Mitte wehte eine Fahne. Auf rotem Grund prangten zwei gelbe Drachen, die sich anblickten. Zwischen ihnen befanden sich zwei gekreuzte blaue Schwerter, deren Griffe nach oben zeigten.

Thomas konnte das alles nicht glauben.

Er drehte sich zu Gundhild um, die ihm gefolgt war, und fragte mit zitternder Stimme: »Welches Datum haben wir?«

Erstaunt antwortete sie: »Heute ist Sonntag, der 10. November 1325.«

Das war zu viel für ihn. Die Streitaxt fiel ihm aus der Hand. Der Boden schwankte unter seinen Füßen. Er fühlte noch, wie er zurück in das Gebüsch gezerrt wurde, dann schwanden ihm die Sinne.

Gefangennahme

18. Juni 2017

Es war Sonntag früh, kurz vor 7 Uhr. Die Sonne stand schon seit gut zwei Stunden am Himmel, als Stefan Heilmann, ein großer, breitschultriger Mittdreißiger und Chef der Liebsteiner Landsknechte, durch das Lager lief. Er wollte nach den Dixi-Klos schauen, die am Rand der Wiese standen. Als Veranstalter des Mittelaltermarkts musste er unter anderem für die Leerung und Reinigung derselben sorgen und kontrollierte nun, ob alles reibungslos funktioniert hatte. Bei dieser Gelegenheit begrüßte er die Marktleute, die schon so zeitig aufgestanden waren, und hielt hier und da einen kurzen Plausch mit ihnen. Als er zum Lager der Rossburger Ritter kam, traute er seinen Augen kaum. Der Platz war komplett leer. Das verschlug ihm die Sprache. Bei seinem Rundgang gestern Abend hatten die Zelte noch gestanden. Die Leute waren so beschäftigt, dass sie ihn nicht bemerkt hatten. Alles schien in bester Ordnung zu sein. Was war passiert? Wann und vor allem warum waren sie abgereist?

Er nahm sein Handy und rief seine Frau an. Vor über zwei Jahren hatten er und Dagmar geheiratet. Sie gehörte ebenfalls zu den Liebsteiner Landsknechten und organisierte den Markt zusammen mit ihrem Mann. Das Lager der Landsknechte befand sich am anderen Ende der Wiese und so dauerte es einige Zeit, bis sie bei ihm ankam. Auch sie wirkte ratlos und konnte sich nicht erklären, was hier geschehen war.

Inzwischen hatte sich eine Gruppe von Marktleuten gebildet, die alle durcheinanderredeten. Sie standen auf dem Platz, wo sich vorher die Zelte der Rossburger Ritter befunden hatten, und suchten nach Spuren. Stefan Heilmann versuchte verzweifelt, sie zu beruhigen, was ihm aber nicht gelang.

Kurze Zeit später kam Claus Steinel angelaufen. Er gehörte zur LARP-Gruppe Legio Aurea, die neben den Rossburger Rittern lagerte. Ihm folgte weinend seine sechsjährige Tochter Lydia. Claus war völlig außer sich. Vor wenigen Minuten hatte er festgestellt, dass ihr Versorgungszelt weg war. Als er das Stefan mitteilte, ging dieser sofort mit ihm zu ihrem Lager. Die anderen folgten. Dort bot sich ihnen das gleiche Bild. Wo gestern das besagte Zelt gestanden hatte, sah man heute nur die leere Wiese.

Mittlerweile hatte sich Tamara zu ihnen gesellt. Die Dreißigjährige war Claus' Frau und Lydias Mutter. Nachdem ihr Mann das Fehlen des Versorgungszelts bemerkt hatte und losgelaufen war, hatte sie mitbekommen, dass die Rossburger Ritter ebenfalls weg waren. Sie vermutete natürlich, dass das Verschwinden ihres Zelts etwas mit ihnen zu tun hatte, und rannte zum Parkplatz. Dort musste sie allerdings feststellen, dass die Autos der Gruppe noch da waren.

Die Sache wurde immer mysteriöser. Was war mit den Rossburger Rittern geschehen? Stefan versuchte, Ruhe zu bewahren. Zuerst fragte er in die Runde, ob irgendjemand letzte Nacht etwas bemerkt hatte. Die Zelte konnten sich ja nicht einfach so in Luft aufgelöst haben. Er und seine Frau hatten nicht im Lager übernachtet. Sie wohnten in dem kleinen Ort Liebstein, dessen Kirchturmspitze man von hier aus sah. Da Dagmar im Moment gesundheitliche Probleme hatte, waren sie abends nach Hause gefahren und erst um 6 Uhr früh hierher zurückgekehrt.

Wieder redeten alle durcheinander und Stefan blieb nichts anderes übrig, als nacheinander jeden einzeln zu befragen. Die meisten der Umstehenden konnten bezeugen, dass es mehrmals laut geknallt hatte. Auch Claus war davon wach geworden. Er hatte darüber hinaus eine Art dumpfes Grollen bemerkt, so als würde in unmittelbarer Nähe die Erde beben. Da die meisten Zelte handgenäht waren, hatten einige außerdem ein rötliches Licht durch die Nähte schimmern sehen. All das erklärte jedoch nicht das Verschwinden der Rossburger Ritter samt ihrer Zelte und des Versorgungszelts der LARP-Gruppe. Alle waren ratlos.

Als sich die Menschentraube gerade auflösen wollte, gesellte sich Mario zu ihnen, Stefans sechzehnjähriger Sohn, den er mit in die Ehe gebracht hatte. Im Gegensatz zu seinen Eltern hatte er im Zelt übernachtet, war wie die meisten durch das Knallen aufgewacht, hatte den Reißverschluss geöffnet, hinausgeschaut und das rötlich fluoreszierende Licht bemerkt. Da er deswegen die halbe Nacht wach gewesen war, hatte er bis eben geschlafen. Mario erzählte seinem Vater von dem roten Rüssel, der wie ein Tornado ausgesehen hatte und auch, dass dieser zu der Anhöhe gewandert und dort in der Umgebung der Höhle verschwunden war. Interessiert hörte sich dieser an, was sein Sohn berichtete, äußerte sich aber nicht weiter dazu.

Die kleine Lydia schluchzte noch immer. Stefan wollte wissen, was mit ihr los war. Claus erklärte ihm, dass sie gestern Abend nach dem Spielen ihre Lieblingspuppe im Versorgungszelt vergessen hatte. Mit dem Zelt war natürlich auch die Puppe verschwunden, was sie unendlich traurig machte.

Inzwischen war es fast 10 Uhr. In einer Stunde würde der Mittelaltermarkt öffnen und die meisten mussten dafür einige Vorbereitungen treffen. Im Moment vermochten sie ohnehin nichts auszurichten, also löste sich die Gruppe allmählich auf. Stefan wollte versuchen, die Rossburger Ritter über ihre Handys zu erreichen. Sie konnten schließlich nicht vom Erdboden verschluckt worden sein. Irgendeine Erklärung musste es geben.

Dagmar hatte schon angefangen, die Stände vorzubereiten. Sie selbst bot auf den Märkten verschiedenen Schmuck an. Stefan handelte mit Kleidung und Schnitzereien. Sie legten großen Wert auf Authentizität und das spiegelte sich in den Waren wider, die sie verkauften. So waren die Kleidungsstücke handgenäht und aus reinem Leinenstoff. Die geschnitzten Gegenstände waren selbstverständlich handgefertigt, genau wie der Schmuck. Selbst eingefleischte Marktleute kamen oft aus dem Staunen nicht heraus, wenn sie die Stände der beiden besuchten. Einige Dinge stellte Stefan selbst her, aber niemand wusste, woher er den Großteil der Waren bezog. Seine Quellen hielt er stets geheim.

Kurz bevor der Markt begann, kam er noch einmal bei Legio Aurea vorbei und überreichte Lydia eine kleine geschnitzte Holzpuppe.

»Hier, die schenke ich dir. Sie ist zwar kein Ersatz für deine Lieblingspuppe, aber vielleicht tröstet sie dich trotzdem ein bisschen.«

Artig bedankte sich die Kleine bei ihm, doch so richtig freuen konnte sie sich nicht.

Kaum war der Markt eröffnet, hatten alle reichlich zu tun. Dagmar musste vorerst den Stand ihres Mannes zusätzlich betreuen, da er mit Telefonieren beschäftigt war. Bei den Handys der Rossburger Ritter hatte er kein Glück. Sie waren entweder ausnahmslos ausgeschaltet oder in einem Funkloch. Überall schaltete sich sofort die Mailbox ein. Mit den Festnetzanschlüssen sah es etwas besser aus. Hier meldete sich Bernhard Meiselbach, der

Vater von Thomas und Claudia. Er versprach, so schnell wie möglich zu kommen. Seine Frau Christine wollte er mitbringen. Von den anderen erreichte Stefan niemanden, also widmete er sich wieder seinem Stand.

Die Sonne brannte. Im Zelt war es brütend heiß und der Lärm des Markttreibens drang durch den dünnen Stoff. Lydia war froh, dass sie deshalb keinen Mittagsschlaf halten musste. Ihre neue geschnitzte Puppe hatte da weitaus weniger Glück. Weil die Kleine mit ihr ohnehin nicht wirklich spielen konnte, legte sie sie auf ihren Schlafplatz und deckte sie zu. Dann setzte sie sich vor das Zelt und beobachtete das bunte Treiben. Ihr war langweilig. Nach einer Weile erhob sie sich und lief zum Nachbarstand. Dort hatte sie die Märchenerzählerin Narkaja entdeckt, die gerade beim Aufräumen war. Nebenbei verkaufte diese außerdem Märchenbücher, Handpuppen und allerlei Spielzeug. Normalerweise stand auf dem Auslagentisch neben all den anderen Dingen eine große Holzkiste mit Sand, in der kleine Edelsteine versteckt waren. Daneben lag eine Schaufel. Hier konnten die Kinder auf Schatzsuche gehen. Heute stand diese Kiste jedoch auf dem Fußboden in der hintersten Ecke. Die Schaufel steckte im Sand und Lydia schaute immer wieder dorthin.

Als Narkaja das bemerkte, sagte sie: »Ich war gestern mit meinen Sachen in einem Kindergarten zu Gast. Die Kinder haben schon alle Edelsteine rausgeholt. Ich muss nachher erst einmal neue Steine besorgen. Wenn du möchtest, kannst du trotzdem gerne im Sand graben, aber du wirst nichts finden.«

Das ließ sich die Kleine nicht zweimal sagen. Vielleicht hatte sie ja Glück. Tatsächlich fand sie schon nach kurzer Zeit einen Edelstein, der aussah, als wäre er aus Glas. Stolz zeigte sie ihn Narkaja.

»Das ist ein Bergkristall. Er ist ganz klar und hat fast keine Einschlüsse«, erklärte die Märchenerzählerin erstaunt. »Du musst ihn gegen das Licht halten und hindurchgucken. Sieh mal, so.«

Sie hielt den Kristall vor das rechte Auge und schaute hindurch. Dabei kniff sie das linke Auge zu. Dann reichte sie ihn Lydia. Diese hatte sie genau beobachtet und tat es ihr nun gleich. Sie drehte den Edelstein hin und her und bewunderte das Farbenspiel.

Narkaja lächelte sie an und sagte: »Du kannst ihn behalten, ich schenke ihn dir.«

Lydia bedankte sich freudestrahlend, rannte los und zeigte jedem, der ihr über den Weg lief, stolz ihren Schatz.

Am Nachmittag kamen Bernhard und Christine Meiselbach im Lager an. Es dauerte eine ganze Weile, bis sie sich durchgefragt und Stefan Heilmann gefunden hatten, der gerade an seinem Stand beschäftigt war. Er hängte einige Kleidungsstücke wieder ordentlich auf einen Ständer und strich sie glatt.

Bernhard trat auf ihn zu, streckte ihm die Hand entgegen und sagte: »Guten Tag, mein Name ist Meiselbach. Wir haben heute Vormittag miteinander telefoniert.«

Dann stellte er seine Frau vor. Stefan bat Thomas' Eltern ins Zelt, um sich mit ihnen zu beratschlagen.

Wie sich herausstellte, hatte Bernhard bereits mit der Polizei gesprochen. Diese konnte aber noch nichts tun, da alle Mitglieder der Rossburger Ritter volljährig waren und erst seit wenigen Stunden vermisst wurden. Es hieß also abwarten. Die Meiselbachs wollten vorerst bis zum Abend bleiben in der Hoffnung, dass ihre Kinder und deren Freunde doch wieder auftauchten. Gegen 21 Uhr würden die Zelte sowieso abgebaut werden, da heute der letzte Markttag war.

Lydia war inzwischen bei ihrer Mutter angekommen. Freudig zeigte sie ihr den Bergkristall. Dann fragte sie, ob sie noch ein wenig herumtollen dürfe. Tamara war einverstanden.

»Bleib aber auf der Wiese in der Nähe des Lagers und sei zum Abendessen zurück«, schärfte sie ihrer Tochter ein.

Sie durften heute Abend nicht so spät mit dem Abbau beginnen, denn sie mussten morgen früh wieder arbeiten.

Die Kleine wollte schon los, da erinnerte sie sich plötzlich an die Holzpuppe, die ihr Stefan Heilmann geschenkt hatte. Schnell schlüpfte sie ins Zelt, um sie zu holen. Als sie sie in die Hand nahm, verletzte sie sich an einer kleinen scharfen Kante. Ihr Finger begann leicht zu bluten und etwas Blut tropfte auf die Puppe. Lydia überlegte: Wenn sie das jetzt ihrer Mutter zeigte, würde diese wahrscheinlich schimpfen. Schlimmstenfalls durfte sie dann nicht mehr außerhalb des Lagers spielen. Also beschloss sie, den Vorfall für sich zu behalten und das Blut in dem Bächlein abzuwaschen, das im Süden dahinplätscherte. Sie zog los und hüpfte ausgelassen über die Wiese. Ganz fest umfassten ihre kleinen Finger den Bergkristall. In der anderen Hand trug sie die Puppe. Immer wieder hielt sie den kostbaren Stein abwechselnd vor das linke und das rechte Auge.

Als sie am Bach ankam, stellte sie fest, dass dieser gar nicht so klein war. Am Ufer wuchsen allerlei Büsche, von denen die meisten mit spitzen Dornen übersät waren. Sie schaute sich nach einem geeigneten Platz um. Die Uferwände waren fast überall extrem steil, doch bald hatte sie die richtige Stelle gefunden. Um das Wasser zu erreichen, musste sie sich jedoch auf den Bauch legen. Trotzdem berührten nur ihre Fingerspitzen die Wasseroberfläche. Sie packte die Holzpuppe an den Füßen und versuchte den Kopf, der das Blut abbekommen hatte, ins

Wasser zu tauchen. Dabei entglitt sie ihr und schwamm davon. Zuerst rannte Lydia auf der Wiese nebenher, doch schon bald sah sie ein, dass das nichts brachte. Hier standen einfach zu viele Büsche. Sie blieb stehen und schaute der Puppe traurig hinterher.

Ihre Betrübtheit dauerte allerdings nicht lange. So toll war die Holzpuppe nun auch nicht. Zum Glück hatte sie ja noch den Bergkristall. Wieder hielt sie ihn abwechselnd vor beide Augen und lief immer weiter. Dabei beschrieb sie einen großen Bogen und landete schließlich am Ende der Wiese.

Sie war am Fuß der Anhöhe angekommen, als sie wieder durch ihren Kristall blickte und dabei auf den Pfad geriet, der zur Ruine führte. Wenige Meter vor ihr befand sich die Höhle. Neugierig lief sie hin. Da sie nicht auf den Weg achtete, stolperte sie über eine Wurzel. Zwar fiel sie nicht hin, aber der kostbare Stein rutschte ihr aus der Hand und rollte durch das Eisengitter am Eingang. Nun war guter Rat teuer. Sie wollte ihn mithilfe kleiner Zweige, die sie von den umstehenden Büschen abriss, durch die Gitterstäbe hindurch angeln. Doch das misslang und er rollte noch tiefer in die Höhle hinein.

In ihrer Verzweiflung versuchte sie sich durch das Gitter zu zwängen. Da die mittleren Stäbe ein wenig auseinandergebogen waren, gelang es ihr nach einiger Anstrengung. Sie atmete auf. Endlich hatte sie ihren Bergkristall wieder. Freudestrahlend hob sie ihn auf und blickte sich um. Die Höhle weckte ihre Neugier. Mutig ging sie ein paar Schritte weiter. Vom Eingang her fiel noch genug Sonnenlicht herein. Erst nach einer leichten Linkskurve wurde es dunkler.

Langsam gewöhnten sich ihre Augen an die Dunkelheit. Da bemerkte sie am Ende des Gangs ein rötlich fluoreszierendes Leuchten, das aus einer Mulde im Boden zu kommen schien. Lydia hielt ihren Kristall vor die Augen und lief darauf zu. Es war fantastisch! Dieses Licht sah durch den Stein betrachtet viel schöner aus als das Tageslicht. In ihrer Begeisterung merkte sie nicht, dass sie die Mulde erreicht hatte. Sie stolperte und fiel hinein. Zum Glück war die Kuhle nur etwa so tief wie eine Treppenstufe und der Boden mit einer dicken Schicht aus feinem Sand bedeckt. Deshalb kam sie mit dem Schrecken davon. Sie stand auf, stieg heraus und putzte ihre Knie ab. Ihren Stein hatte sie diesmal festgehalten.

Sie spielte noch ein wenig, doch bald wurde ihr langweilig. Außerdem wusste sie nicht genau, wie spät es schon war, und sie wollte auf keinen Fall Ärger bekommen. Deswegen beschloss sie, zurück ins Lager zu gehen. Sie lief Richtung Eingang, hielt wieder ihren Bergkristall ans rechte Auge und blickte hindurch, als sie die Höhle verließ. Dabei war sie so vertieft, dass sie das Fehlen des Eisengitters gar nicht bemerkte.

Lydia trat ins Freie und fröstelte. Sie wunderte sich, dass es so kalt geworden war. Die Sonne schien und überall lag Laub auf dem Boden. Das war natürlich toll. Es machte ihr riesigen Spaß, wenn die Blätter unter ihren Füßen raschelten. Schnell rannte sie los. Doch schon nach den ersten paar Metern blieb sie wieder stehen. Es roch eigenartig. Sie kannte diesen Geruch. Wenn ihr Vater Gartenabfälle verbrannte, stank es ähnlich. Sie steckte den Bergkristall in die Hosentasche und ging langsam weiter. Als sie am Rand der Wiese ankam, erschrak sie. Dort standen nur wenige Zelte oder besser gesagt die Reste davon. Was war hier nur geschehen?

Vorsichtig näherte sie sich dem Platz. Sie lief an verkohlten Holzlatten vorbei direkt zu den Überbleibseln eines einzeln stehenden Zelts. Es war das Versorgungszelt ihrer Mittelaltergruppe. Ringsherum lagen verbeulte Konservendosen, geplatzte Zuckertüten, Salz, ein Sack

Holzkohle und andere Gegenstände, die für den täglichen Gebrauch bestimmt waren. Aber was war denn das! Inmitten des ganzen Chaos entdeckte sie ihre Lieblingspuppe! Sie konnte ihr Glück kaum fassen. Freudig hob sie die Puppe auf und presste sie an sich. Dann sah sie sich um. Wo waren ihre Eltern? Was sollte sie jetzt nur tun?

Plötzlich hörte sie aus der Ferne eine Männerstimme rufen: »Hallo, Mädchen, was machst du denn hier? Du bist doch von dieser LARP-Gruppe, oder?«

Sie spähte zu dem Mann hinüber. Irgendwie kam er ihr bekannt vor, sie hatte ihn schon einmal gesehen. War das nicht gestern auf dem Markt gewesen? Sie war sich jedoch nicht sicher. Was wollte er von ihr? Sie bekam Angst und rannte, so schnell sie konnte, Richtung Höhle. Ehe der Mann mitbekam, was sie vorhatte, war sie verschwunden.

Lydia hatte es geschafft. Sie erreichte die Höhle, ohne dass er sie weiter verfolgte. Geschwind lief sie bis ans Ende und hockte sich in die Mulde. Hier, in dem rötlich fluoreszierenden Licht, fühlte sie sich einigermaßen sicher.

Nach einer ganzen Weile stieg sie wieder heraus und setzte sich an den Rand. Dann überlegte sie, was sie nun tun könnte. Sie beschloss, erst einmal hierzubleiben und abzuwarten.

10. November 1325

Langsam kam Thomas wieder zu sich. Was war geschehen? Er fühlte, wie eine Hand sachte über seinen Kopf strich.

»Oh Mann«, murmelte er mit geschlossenen Augen, »ich hatte vielleicht einen blöden Traum, Claudia. Ich habe geträumt, ich bin im Jahr 1325 und die Ruine ist noch gar keine Ruine, sondern eine intakte Burg und ich habe Gundhild vom Lerchenberg getroffen, die von ihrem Bruder verfolgt wurde.«

Mühsam öffnete er die Augen. Gundhild beugte sich über ihn.

»Wer ist Claudia?«

Er zuckte zusammen und fuhr hoch. Schlagartig war er hellwach. Es war also kein Traum gewesen! Er befand sich im Jahr 1325 und lag in einem Gebüsch. Doch wie konnte das passieren? Es musste mit diesem tornadoähnlichen, rötlichen Rüssel zusammenhängen. Handelte es sich dabei um eine Art Wurmloch?

Warum war es eigentlich so kalt? Fröstelnd blickte er sich um und auf einmal begriff er, was ihm vorhin, als er das Lager verlassen hatte, so komisch vorgekommen war. Die Bäume und Sträucher hatten fast kein Laub mehr und das lag nicht an diesem Phänomen, sondern es war schlicht und ergreifend Herbst. Na toll! Er musste unbedingt zu den Zelten zurück und den anderen schonend beibringen, was geschehen war. Schon jetzt malte er sich aus, wie sie reagieren würden. Eine Sache quälte ihn jedoch am meisten: War es überhaupt möglich, wieder ins einundzwanzigste Jahrhundert zu gelangen?

Gundhild schaute ihn immer noch erwartungsvoll an.

Er erinnerte sich an ihre Frage und antwortete: »Claudia ist meine Schwester.«

Um ihre Mundwinkel spielte ein Lächeln.

»Und was habt Ihr jetzt vor?«

»Ich muss runter zur Wiese, die anderen warnen«, entgegnete er.

Eilig stand er auf und war schon im Begriff zu gehen, als sie seinen Arm festhielt.

»Wartet!«

Abrupt riss er sich los.

»Was ist denn noch?«

»Ihr müsst vorsichtig sein. Ich habe Euch doch schon erzählt, wozu mein Bruder fähig ist. Bitte lasst mich Euch begleiten.«

Er hatte nichts dagegen.

»Okay, von mir aus«, sagte er kühl.

Auf dem Weg nach unten fragte sie ihn, wer die anderen seien, die er warnen wollte. Er überlegte angestrengt, denn er musste sich schnell etwas einfallen lassen. Die Wahrheit konnte er ihr unmöglich sagen, sie hätte sie mit Sicherheit nicht verstanden. Also griff er zu einer Notlüge.

»Das sind meine Freunde. Wir waren viele Monate lang in fremden Ländern unterwegs und sind nun auf dem Rückweg. Im Moment haben wir auf der Wiese unsere Zelte aufgeschlagen, um zu rasten. Und jetzt muss ich sie warnen. Schließlich könnten sie jederzeit von Arnulf vom Lerchenberg oder Florian vom Mühlental überrascht werden.«

Das leuchtete ihr natürlich ein und sie gab sich vorerst mit der Antwort zufrieden.

Nach einer Weile bemerkte er, dass sie nachdenklich geworden war. Er schaute sie an, doch sie erwiderte seinen Blick nicht. Im Gegenteil, sie schien mit ihren Gedanken ganz woanders zu sein.

»Was ist los?«, fragte er neugierig.

»Ich weiß nicht, wie ich das sagen soll«, begann sie zögernd. »Ich will Euch auch nicht verletzen, aber ...«

Wieder schwieg sie. Man sah ihr deutlich an, dass sie intensiv grübelte.

»Ach, sag doch einfach, wo dich der Schuh drückt«, versuchte er sie aufzumuntern.

Sie zog die Stirn in Falten und blickte ihn verständnislos an.

»Wie kommt Ihr darauf, dass meine Schuhe drücken? Sie wurden extra für mich angefertigt und passen wie angegossen.« Sie hielt kurz inne und fügte nachdenklich hinzu: »Das hat mein Bruder schon einmal gesagt und ich habe es damals auch nicht verstanden.«

Thomas musste lachen.

»Das sagt man doch nur so. Ich habe gemeint, du sollst kein Blatt vor den Mund nehmen und mir einfach sagen, was dich bedrückt.«

Nun war sie vollends verwirrt.

»Wieso sollte ich ein Blatt vor den Mund nehmen? Das werde ich ganz gewiss nicht tun. Ich stehe schließlich nicht auf der Bühne und muss mein Gesicht nicht verstecken. Aber gut, mich würde interessieren, wovon Ihr gesprochen habt, als wir uns vorhin begegnet sind. Ihr habt Worte benutzt, deren Sinn ich nicht kenne.«

»Worauf willst du hinaus? Welche Worte denn?«

Er wurde unsicher und überlegte, was sie wohl meinte. Hatte er sich mit irgendetwas verraten?

»Nun, das waren Internet ...« Sie dachte eine Weile nach und redete schließlich weiter: »Artikel ... und ... Moment, ich versuche mich zu erinnern ... Story.«

»Ach das meinst du!«

Erleichtert tat er so, als wären diese Begriffe absolut normal, was ja eigentlich auch stimmte. Dabei war ihm jedoch völlig klar, dass Gundhild damit nichts anfangen konnte. Fieberhaft suchte er nach einer Erklärung. Ihm musste schnellstens etwas einfallen. Da kam ihm die rettende Idee.

»Wie ich dir schon gesagt habe, waren wir lange Zeit in fremden Ländern unterwegs. Unsere Mission war streng geheim. Du wirst hoffentlich verstehen, dass ich dir darüber nichts weiter erzählen kann. Nur so viel: Im Laufe der Zeit mussten wir eine Geheimsprache entwickeln, da wir immer wieder verfolgt wurden. Und diese Worte gehören dazu.«

Sie schien zufrieden und nickte.

Thomas staunte langsam über sich selbst und klopfte sich insgeheim auf die Schulter. Wenn es darauf ankam, fiel ihm immer etwas ein. Nun ja, Fantasie hatte er ohnehin mehr als genug.

Doch nun beschäftigte ihn eine Sache und er fragte Gundhild: »Du hast eben gesagt, du stehst nicht auf der Bühne und musst kein Blatt vor den Mund nehmen, um dich zu verstecken. Was hast du damit gemeint?«

»Habt Ihr nie ein Theaterstück gesehen?«, entgegnete sie verwundert.

»Nein«, log er, »noch nie.«

»Wenn die Schauspieler unangenehme Dinge aussprechen oder etwa über die Obrigkeit spotten, halten sie ein Blatt Papier vor das Gesicht, um nicht erkannt und später dafür bestraft zu werden.«

»Ach so!«, erwiderte er erstaunt.

»Ja. Es wundert mich, dass Euch diese Sitte unbekannt ist. So viel ich weiß, gibt es sie schon sehr lange.«

Sie waren fast auf der Wiese angekommen, als Gundhild durch die Bäume hindurch die Fahne der Rossburger Ritter sah.

Ihr Blick verfinsterte sich und wütend schimpfte sie: »Von wegen, Ihr müsst die anderen warnen! Euer Wappen hat Euch verraten! Ihr steckt mit meinem Bruder unter einer Decke! Sicherlich nehmt ihr mich jetzt gefangen und liefert mich an ihn aus. Oder wollt ihr mich gleich an Florian übergeben? Daraus wird nichts!«

Unvermittelt bekam Thomas einen kräftigen Tritt zwischen die Beine und brach zusammen. Während er sich vor Schmerzen krümmte und nach Luft schnappte, rannte sie davon.

Als es ihm etwas besser ging, setzte er sich mühsam auf. Er musste das Ganze erst einmal sacken lassen. Na klar, sie benutzten die gleiche Fahne wie Florian vom Mühlental. Aber selbst wenn sie diese als Vereinsfahne für ihre Mittelaltergruppe gewählt hatten, machten sie doch mit dem Raubritter keine gemeinsame Sache. Warum schätzte Gundhild ihn so falsch ein! Er war enttäuscht, aber er verstand ihre Reaktion durchaus. Woher sollte sie denn wissen, dass sie ihm vertrauen konnte? Aus ihrer Sicht hatte sie völlig recht. Wahrscheinlich hätte er genauso reagiert. Nur der Tritt zwischen die Beine wäre wirklich nicht nötig gewesen. Den nahm er ihr ziemlich übel.

Langsam ließen die Schmerzen nach und Thomas überlegte, ob er Gundhild suchen oder lieber zuerst die anderen warnen sollte. Er entschied sich für Letzteres, das war definitiv wichtiger. Falls sie recht behielt, würde Florian vom Mühlental mit seinem Gefolge heute hier auftauchen. Was würde wohl passieren, wenn er die Fahne erblickte? So schnell er konnte, rannte er weiter zur Wiese.

Dort angekommen sah er, wie seine Freunde im Lager miteinander diskutierten. Claudia hielt ihr Handy hoch über ihren Kopf, lief hin und her und starrte dabei angestrengt auf das Display. Bestimmt war ihr aufgefallen, dass sie kein Netz hatte.

Erst jetzt bemerkte er, dass nur die Zelte der Rossburger Ritter und ein weiteres, ihm unbekanntes Zelt auf dem Platz standen. Der gesamte Rest des Mittelaltermarkts fehlte.

Noch bevor er die Gruppe erreichte, näherten sich aus westlicher Richtung mehrere Reiter im Galopp. Sie schienen direkt aus dem dichten Wald gekommen zu sein, sonst hätte Thomas sie schon viel früher gesehen.

Der Erste schwenkte eine Fahne. Sie sah genauso aus wie die, welche im Lager hing. Das musste Florian vom Mühlental mit seinem Gefolge sein. Die Männer trugen leichte Rüstungen und waren mit Schwertern bewaffnet. Einige Bogenschützen waren auch dabei. Thomas versteckte sich hinter einem Busch und lugte vorsichtig aus seiner Deckung hervor. Gerne hätte er die Freunde durch lautes Schreien gewarnt, aber im letzten Moment hielt er sich zurück. Er würde nichts mehr verhindern können, sondern sich dadurch nur selbst in Gefahr bringen.

Er beobachtete, wie Sven und Karsten, die den Trupp auf sich zukommen sahen, ihre Handys zückten, um die Reiter zu fotografieren oder zu filmen. Doch dazu kam es nicht mehr, denn bevor die beiden so weit waren, sprangen zwei Männer von ihren Pferden, rannten zu ihnen und rissen ihnen die Telefone aus den Händen. Sven, der sich lauthals darüber beschwerte, wurde mit einem Faustschlag niedergestreckt. Dann gaben sie die Geräte einem anderen Soldaten. Der untersuchte sie eine Weile und drehte sie hin und her. Von Weitem sah es so aus, als würde er auf ihnen herumdrücken. Plötzlich ertönte Musik. Thomas musste grinsen. Das Lied kannte er sehr gut: Hey wir sind Heiden von Rabenschrey. Leise summte er es mit. Der Soldat dagegen starrte mit schreckgeweiteten Augen und offenem Mund auf die seltsamen flachen Kästchen, die er in den Händen hielt. Auf einmal warf er sie erschrocken auf den Boden. Er riss seinen Kriegshammer vom Gürtel und drosch damit so lange auf sie ein, bis die Musik verstummte und die Handys nur noch ein Haufen Schrott waren.

Dabei schrie er entsetzt: »Das ist Teufelswerk! Sie stehen mit dem Satan im Bunde!«

Dann schaute er sich um und erblickte die Fahne der Rossburger Ritter. Das brachte das Fass zum Überlaufen.

»Seht, sie haben sogar unser Wappen gestohlen! Ergreift sie!«, brüllte er.

Pferde wieherten, Männer redeten laut und plötzlich klirrten Schwerter. Hilflos musste Thomas mit ansehen, wie die Rossburger Ritter zuerst verprügelt und dann gefangen genommen wurden. Es war grausam. Karsten wehrte sich nach Leibeskräften, doch was sollte er mit seinem Schaukampfschwert schon ausrichten. Gegen diese erdrückende Übermacht hatte er keine Chance. Einer nach dem anderen wurden seine Freunde an den Sätteln der Tiere festgebunden. Auch Claudia blieb diese grobe Behandlung nicht erspart. So verzweifelt und traurig hatte er seine Schwester nie zuvor gesehen. Allerdings erging es Mirjam wesentlich schlimmer. Sie wurde bäuchlings auf ein Pferd gelegt, ihre Arme und Beine hingen schlaff herunter. Ein Pfeil ragte aus ihrem Rücken. Ob sie noch lebte, konnte er nicht mit Bestimmtheit sagen, denn die Entfernung war zu groß. Die Bogenschützen zündeten Brandpfeile an und schossen damit auf die Zelte. Danach setzten sich die Reiter mit den Gefangenen, die neben ihnen herlaufen mussten, in Bewegung. Sie zogen nahe an Thomas' Versteck vorbei in Richtung der Burg. Oh Mann, was für eine vertrackte Situation! Gundhild war weg, weil sie dachte, er wollte sie verraten. Seine Freunde waren Gefangene, deren Schicksal nun in Arnulfs und Florians Händen lag, und er hatte keine Ahnung, wie es jetzt weitergehen sollte. Angestrengt überlegte er.

Nach einer Weile hatte er eine Idee: Es würde sich bestimmt lohnen, die Reste der Zelte zu untersuchen. Vielleicht war nicht alles verbrannt und er fand etwas Brauchbares. Gesagt, getan. Vorsichtshalber lief er in einem leichten Bogen um die Anhöhe herum. Hier fühlte er sich zumindest ein wenig sicherer. Florian vom Mühlental und sein Gefolge waren weit genug entfernt.

Thomas wollte gerade von dieser Seite der Wiese aus zu den zerstörten Zelten gehen, als er dort ein Mädchen entdeckte. Er schätzte ihr Alter auf etwa fünf bis sechs Jahre. Die Kleine kam ihm bekannt vor. Hatte er sie nicht gestern im Lager der benachbarten Gruppe Legio Aurea gesehen? Er beschloss, sie zu rufen und bildete mit den Händen einen Trichter um seinen Mund.

Dann schrie er, so laut er konnte: »Hallo, Mädchen, was machst du denn hier? Du bist doch von dieser LARP-Gruppe, oder?«

Erschrocken drehte sie sich zu ihm um und rannte dann schnell in Richtung der Anhöhe davon. Auch er erschrak. Wie konnte er nur so dumm sein und so laut brüllen! Hoffentlich hatte ihn außer dem Kind niemand gehört.

Thomas entschied sich dafür, ihr zu folgen. Er lief am Rand der Wiese entlang zum Weg. Kurze Zeit später war er am Eingang der Höhle angekommen und blieb stehen. Bestimmt versteckte sie sich im Inneren. Er durchsuchte seine Taschen, denn obwohl er nicht rauchte, hatte er meistens ein Feuerzeug dabei. Mit diesem in der Hand betrat er die Höhle.

Weil er das Mädchen nicht erschrecken wollte, sprach er leise: »Du brauchst keine Angst vor mir zu haben. Ich will dir wirklich nichts tun.«

Er ging weiter, die Kleine fand er jedoch nicht. Am Ende des Gangs stieß er auf eine Mulde. Er leuchtete hinein. Der Boden war mit Sand bedeckt, in dem deutlich die Abdrücke von Kinderschuhen zu erkennen waren. Sie war also hier gewesen.

Er verließ die Höhle und eilte zurück zu den Überbleibseln des Lagers der Rossburger Ritter. Das Kind würde er sowieso nicht finden, es konnte überall sein. Zuerst lief er zu seinem eigenen Zelt. Es sah schlimm aus. Die Plane war komplett verbrannt. Von den

Brettern und ihren Sitzhockern sah man nur noch verkohlte Reste im Gras. Auch die Decken und Felle hatten das Feuer nicht überstanden, nur ein paar Klumpen waren davon übrig. Ihre Trinkbecher, Schüsseln und Flaschen lagen zerschlagen am Boden. Zwischen all den Scherben und verbrannten Gegenständen entdeckte er seinen Rucksack. Dieser war zwar stark beschädigt, aber der Inhalt war wie durch ein Wunder unversehrt. Er fand seine Taschenlampe, den Elektroschocker mit den Reservebatterien, Schnur und ein Messer und verstaute alles in der Umhängetasche seiner Gewandung. Mit dem Fuß stieß er einige verkohlte Bretter beiseite. Er glaubte, darunter etwas Glänzendes zu sehen. Und tatsächlich, es war sein Schwert! Thomas war überglücklich. Es handelte sich zwar nur um ein Schaukampf-Übungsschwert, aber hier konnte es durchaus nützlich sein. Also nahm er es mit. Er lief weiter und durchsuchte die restlichen Zelte oder besser gesagt das, was davon übrig geblieben war. Aber viel mehr als eine Schere und ein weiteres Messer fand er nicht, alles andere war unbrauchbar.

Neben Mirjams Stand lag eine Holzkiste. Er öffnete sie und fand jede Menge Edelsteine darin. Sie waren alle ordentlich in kleinen Beuteln sortiert und beschriftet. Er nahm einige Tüten in die Hand. Rosenquarz, Hämatit, Achat, Amethyst, Bernstein ... stand darauf. Er legte sie zurück in die Kiste und trug diese zum Rand der Wiese. Dort versteckte er sie im Gebüsch. Vielleicht würde er den Inhalt noch brauchen.

Wie sollte es nun weitergehen? Allein war er so gut wie verloren. Das vierzehnte Jahrhundert war ihm fast völlig fremd. Er hatte keine andere Wahl, als Gundhild vom Lerchenberg zu suchen und sie zu überzeugen, dass er nichts mit Florian vom Mühlental und seinen Leuten zu tun hatte. Nur wo würde er sie finden? Sie war zwar in Richtung der Burg gerannt, hatte sie aber bestimmt nicht betreten, denn dort hielten sich ihr Bruder und mittlerweile auch dieser Florian auf. Hoffentlich war sie ihnen nicht in die Arme gelaufen.

Also machte er sich auf den Weg nach oben. Weit war er noch nicht gekommen, als auf einmal eine stämmige Frau vor ihm aus dem Gebüsch trat. Sie schaute ihn grimmig an. In der Hand hielt sie einen großen, starken Ast.

Hinter ihr tauchte plötzlich Gundhild auf und schrie: »Nein, Helmtraud, tu das nicht!«

Doch es war bereits zu spät. Die Frau holte weit aus. Thomas sah für den Bruchteil einer Sekunde den Ast auf sich zukommen, dann wurde es schwarz ...

18. Juni 2017

Auf dem gesamten Mittelaltermarkt herrschte große Aufregung. Die kleine Lydia Steinel war verschwunden. Spätestens zum Abendessen um 18 Uhr hätte sie zurück sein müssen. Nun war es bereits nach 20 Uhr und von ihr fehlte jede Spur. Ihre Eltern, Claus und Tamara, waren krank vor Sorge. Wo konnte ihre Tochter nur stecken? Hoffentlich war ihr nichts Schlimmes zugestoßen! Fast täglich hörte man in den Nachrichten von Entführungen, Missbrauch und sogar von Mord, doch immer erschienen einem diese Vorfälle weit entfernt. Wenn es dann auf einmal das eigene Umfeld oder die Familie betraf, fühlte sich das gleich ganz anders an.

Umgehend wurde die Suche organisiert. Alle halfen mit. Tamara hatte zum Glück ein aktuelles Foto der Kleinen zur Hand. Dieses wurde Besuchern und Marktleuten, die Lydia nicht kannten, gezeigt und sie wurden gefragt, ob sie sie gesehen hatten. Hin und wieder gab es einen Hinweis, aber eine heiße Spur war nicht dabei. Die meisten erwiesen sich später ohnehin als Verwechslungen, schließlich waren mehrere kleine Mädchen in ihrem Alter auf dem Markt unterwegs. Zelte wurden durchsucht, die Wiese durchkämmt, doch das Kind blieb verschwunden. Kurz vor 21 Uhr hielt es Tamara nicht mehr aus.

Mit zitternder Stimme sagte sie: »Ich rufe jetzt die Polizei an.«

Sie nahm ihr Handy und wählte die 110. Etwa eine halbe Stunde später rückte eine Mannschaft mit mehreren Fahrzeugen an. Da es bereits dunkel wurde, installierten sie Scheinwerfer und schlossen sie an die mitgebrachten Notstromaggregate an. Auf der Wiese wurde es taghell. Nun begann ein Dutzend Polizisten damit, das Gelände systematisch nach der Vermissten abzusuchen.

Polizeioberkommissar Horst Ketzel, ein fünfundvierzig Jahre alter, sportlicher Beamter mit kurzen dunkelbraunen Haaren, befragte inzwischen die Marktleute und die letzten noch anwesenden Besucher. Unterstützt wurde er dabei von Polizeikommissar Klaus Schneider. Dieser war nur unwesentlich kleiner und ein Jahr jünger als sein Kollege, hatte ebenfalls einen durchtrainierten Körper und kurze schwarze Haare.

Ein Großteil des Markts war bereits abgebaut worden. Allerdings durfte vorerst niemand das Areal verlassen. Das Zelt von Stefan und Dagmar Heilmann stand noch da. Als Veranstalter verließen sie den Platz sowieso erst, wenn alle anderen weg waren, und ließen sich deswegen beim Zusammenpacken immer etwas mehr Zeit. Außerdem waren sie diesmal nur knapp drei Kilometer von ihrem Wohnort entfernt. Sie wurden ebenfalls befragt. Stefan konnte den beiden Beamten jedoch nicht weiterhelfen. Er hatte Lydia am Vormittag das letzte Mal gesehen, als er ihr die geschnitzte Holzpuppe geschenkt hatte.

Polizeioberkommissar Ketzel wollte überdies einiges zum Verschwinden der Rossburger Ritter wissen. Vielleicht gab es ja sogar einen Zusammenhang. Doch auch hier musste Stefan passen. Die rote Lichterscheinung erwähnte er vorsichtshalber nicht. Er hatte sie ohnehin nicht selbst gesehen.

Während Horst Ketzel die Befragung durchführte, hatte er ständig das Gefühl, niesen zu müssen. Sein Kollege Klaus Schneider hatte nicht nur das Gefühl, er nieste am laufenden Band. Den beiden Polizisten kam das merkwürdig vor. Deshalb sahen sie sich etwas genauer im Zelt um.

Nach kurzer Zeit fand der Polizeioberkommissar den Grund für ihre gereizten Nasen. In einer Ecke standen zehn Stoffsäckchen, in denen sich Pfeffer befand. Jedes wog gut ein Kilogramm. Auf die Frage, wofür er denn so viel Pfeffer brauche, hatte Stefan keine Antwort parat und versuchte krampfhaft, das Thema zu wechseln. Während Horst Ketzel immer weiter bohrte, betrat eine Kollegin das Zelt, die ihn unbedingt sprechen wollte. In der Hand hielt sie einen Asservatenbeutel, in dem die geschnitzte Holzpuppe steckte. Sie hatte sie zuvor Lydias Eltern gezeigt und diese erkannten sie wieder. Der Suchtrupp hatte die Puppe aus dem Bach gefischt. Das Schlimmste allerdings war, dass sich Blut an ihr befand, was die Sorge um das Mädchen enorm verstärkte.

Nachdem der Polizeioberkommissar die Information erhalten hatte, übergab er Polizeikommissar Schneider die Puppe. Er sollte sie umgehend ins Labor bringen. Bevor er losfuhr, musste er noch einmal zu Claus und Tamara Steinel gehen, um die Zahnbürste ihrer Tochter für einen DNA-Abgleich mitzunehmen.

Inzwischen wurde die Suche nach dem Mädchen mit allen Mitteln fortgesetzt. Horst Ketzel griff zum Telefon und unterrichtete die Dienststelle über den Stand der Dinge. Da man mittlerweile das Schlimmste befürchtete, wurden Spürhunde und ein Hubschrauber angefordert. Ein Notarztwagen wurde ebenfalls zum Einsatzort bestellt. Tamara war indes völlig verzweifelt. Claus versuchte zwar, seine Frau zu beruhigen, doch in Wahrheit fühlte er sich nicht viel besser als sie.

Fürs Erste verabschiedete sich Polizeioberkommissar Ketzel. Die Säckchen mit dem Pfeffer gingen ihm jedoch nicht mehr aus dem Kopf. Was wollte Stefan Heilmann damit? Mit ziemlicher Sicherheit würde er die Befragung zu gegebener Zeit fortsetzen. In dieser Sache war das letzte Wort noch nicht gesprochen, das war klar. Und dass dieser Kerl Dreck am Stecken hatte, stand für ihn felsenfest. In den vielen Jahren seiner Dienstzeit hatte er ein Gespür für solche Menschen entwickelt.

Inzwischen war der Hubschrauber eingetroffen, der eine Wärmebildkamera an Bord hatte. Somit konnte die Fahndung auf den dichten Wald im Westen ausgedehnt werden. Außerdem durchkämmten einige Polizisten mit Spürhunden den Ort Liebstein. Doch weder der Einsatz der Kamera noch die Suche in Liebstein brachten den gewünschten Erfolg. Von Lydia fehlte weiterhin jede Spur.

Es war bereits nach Mitternacht, als Horst Ketzel feststellte, dass die Anhöhe, auf der die Burgruine stand, bisher nicht abgesucht worden war. Auch die Höhle am Fuß hatte man nicht in Augenschein genommen. Umgehend schickte er mehrere Kollegen dorthin.

10. November 1325

Nachdem Thomas das Bewusstsein wiedererlangt hatte, vernahm er Stimmen. Zwei Frauen unterhielten sich. Mühsam versuchte er die Augen zu öffnen, was ihm nach einer Weile auch gelang. Sein Schädel brummte. Langsam erinnerte er sich wieder daran, dass ihn die stämmige Frau mit dem großen Ast niedergeschlagen hatte.

Vorsichtig richtete er sich auf und blickte sich um. Er war in einem düsteren Raum, der nur von einem winzigen länglichen Fenster ein wenig erhellt wurde. Tatsächlich handelte es sich eher um einen schmalen Schlitz in der dicken Mauer, der sich fast oben an der Decke befand. An den Wänden standen verschiedene Särge. Nun sah er auch die beiden Frauen, die miteinander sprachen, und erkannte sie sofort. Es waren Gundhild vom Lerchenberg und die stämmige Frau. Sie saßen auf zwei Holzsärgen und hatten noch nicht bemerkt, dass er aufgewacht war und sie beobachtete.

Letztere redete unentwegt auf die junge Dame ein. Gespannt hörte Thomas zu. Schon nach kurzer Zeit bekam er mit, dass es um ihn ging. Sie versuchte Gundhild zu überzeugen, dass er und seine Freunde unmöglich mit Florian vom Mühlental unter einer Decke stecken konnten. Das wunderte ihn. Wieso nahm sie ihn in Schutz? Er hatte keine Erklärung dafür. Interessiert verfolgte er das Gespräch weiter. Mittlerweile hatte er den Eindruck, dass Gundhild der anderen Frau größtenteils glaubte. Das Problem schien nur die Fahne zu sein. Fieberhaft überlegte er, was er sagen sollte, falls er nach deren Herkunft gefragt wurde. Er musste sich umgehend etwas einfallen lassen.

Als Gundhild vom Lerchenberg bemerkte, dass er wach war, sagte sie: »Verzeiht, Herr. Helmtraud wollte mich nur vor Euch beschützen, weil sie fürchtete, Ihr würdet mir Böses tun. Sie ist Magd auf unserer Burg und außerdem meine einzige Freundin.«

Zuerst grinste Thomas die beiden an, dann brach er in schallendes Gelächter aus. Die junge Frau war entsetzt.

»Was ist mit Euch?«

Bevor er antworten konnte, meinte die Magd: »Bestimmt ist er übergeschnappt!«

»Mit mir ist gar nichts«, lachte er, »nur ist das alles ziemlich kurios und ich muss es erst einmal verarbeiten. Wo sind wir hier eigentlich?«

Gundhild sah ihn erstaunt an.

»Ihr erkennt nicht, wo wir sind? Wir befinden uns in der Gruft. Ihr wusstet doch von ihr und wolltet hin.«

Das war ja interessant. Zwar wollte Thomas die Gruft ursprünglich im einundzwanzigsten Jahrhundert auskundschaften und nicht im vierzehnten. Aber spannender war es jetzt im Mittelalter auf jeden Fall, dafür allerdings auch wesentlich gefährlicher.

Gundhild vom Lerchenberg schaute ihm in die Augen und fragte zögernd: »Eine Sache verstehe ich noch nicht. Woher habt Ihr Florians Fahne?«

»Ach die«, winkte er ab und versuchte absolut cool zu bleiben. »Vor einigen Tagen wurden wir von einer Räuberbande überfallen. Glücklicherweise waren sie uns unterlegen und flüchteten nach kurzer Zeit. Als sie weg waren, fanden wir die Fahne. Sie müssen sie wohl auf der Flucht verloren haben. Wir nahmen sie mit und stellten sie in unserem Lager auf, ohne uns dabei etwas zu denken.«

»Das war dumm!«, erwiderte sie. »Schließlich wusstet ihr nicht, um wessen Fahne es sich handelte. Das hätte euch großen Ärger einbringen können.«

Er nickte und antwortete: »Den haben wir - oder besser gesagt meine Freunde - auch bekommen.«

Dann erzählte er ihr von den Ereignissen auf der Wiese. Sie war bestürzt, sagte aber nichts dazu. Der dumpfe Schmerz in seinem Schädel hatte sich verstärkt. Er fasste sich an den Kopf. An der Stelle, an der ihn der Schlag getroffen hatte, war eine beachtliche Beule entstanden.

Um keine weiteren Fragen beantworten zu müssen, wechselte er schnell das Thema. Schließlich wollte er selbst etwas über die Zeit erfahren, in der er gelandet war.

Deswegen fing er nun seinerseits an, Fragen zu stellen: »Ich hatte doch erwähnt, dass ich sehr lange weg war. Mich würde interessieren, was es für Neuigkeiten in unserem Land gibt. Könnt ihr mir dazu etwas sagen?«

»Nun«, begann Gundhild, »unlängst brachte ein Bote die Kunde, dass Friedrich III. endlich wieder frei ist. Er durfte Burg Trausnitz im Tal verlassen. Ludwig IV. hat Friedrichs ritterliche Haft beendet.«

»Und warum war er gefangen?«, wollte Thomas wissen.

»Das wisst Ihr nicht?«, fragte sie erstaunt und zog die Stirn in Falten. »Er wurde in der Schlacht bei Mühldorf geschlagen.«

»Schlacht bei Mühldorf?«

Sie blickte ihn kopfschüttelnd an.

»Wie lange wart Ihr eigentlich fort?«

»Viele Monate«, antwortete er ausweichend.

»Gut, also die Schlacht bei Mühldorf fand im September vor drei Jahren statt. Seit 1314 gab es bereits Streit um die Nachfolge des römisch-deutschen Königs. Und dieser Zwist wurde nun zwischen dem Habsburger Friedrich III. und Ludwig IV. ausgetragen. Ludwig gewann. Viele sagen, Friedrich hatte zum einen Pech und hätte außerdem noch warten sollen. Er konnte seine

Truppen nicht rechtzeitig zusammenziehen und nahm die Schlacht trotzdem an.«

»Mich interessiert diese ganze Politik überhaupt nicht«, meldete sich Helmtraud zu Wort. »Sollen sie sich gegenseitig die Köpfe einschlagen!«

Thomas musste lachen.

»Das sagt genau die Richtige. Du schlägst doch anderen auch gerne mal den Schädel ein.«

Dabei strich er demonstrativ mit der Hand über die Beule auf seinem Kopf. Die Magd sagte dazu nichts und schaute betreten zu Boden.

»Gebracht hat Ludwig der Sieg am Anfang nicht viel, da man ihn allgemein nicht als König anerkannte«, fuhr Gundhild unbeirrt fort. »Dennoch übernahm er die Regierungsgewalt. Der Bote berichtete weiter, dass es im September zu einer Aussöhnung zwischen Ludwig und den Habsburgern kam und dass er nun gemeinsam mit Friedrich regiert.«

»Das ist ja alles ziemlich kompliziert«, meinte Thomas. »Hat das Auswirkungen auf euch?«

»Das vermag ich nicht zu sagen«, erwiderte sie. »Mein Bruder ist jedenfalls nicht erfreut darüber. Warum, weiß ich jedoch nicht.«

Er war mit dieser Erklärung zufrieden. Details interessierten ihn nicht im Geringsten. Viel lieber wäre er wieder im einundzwanzigsten Jahrhundert gewesen. Bezüglich der Gruft hatte er aber noch einige Fragen.

Darum wandte er sich erneut an Gundhild: »Ist das hier eure Familiengruft?«

»Ja und nein«, antwortete sie. »Jetzt wird sie von uns genutzt, doch es gab sie schon, bevor die Anlage in unseren Besitz fiel. In diesen Särgen«, sie deutete in eine Ecke des Raums, »liegen die sterblichen Überreste der ehemaligen Herren, die die Burg vermutlich auch erbaut haben. Ihre Vorfahren waren Wenden, die zwar vorgaben, den christlichen Glauben angenommen zu haben, aber heimlich weiterhin ihren Göttern huldigten. Das Schlimme daran ist, dass mein Bruder nun ihre heidnischen Bräuche pflegt.«

Thomas stutzte kurz. Dann fiel ihm ein, dass Wenden die altdeutsche Bezeichnung für die Slawen war. Claudia hatte es ihm vor einiger Zeit erklärt. Er folgte Gundhilds Blick und gewahrte so etwas wie einen kleinen Altar, der ebenfalls in der Ecke stand. Unter den Gegenständen, die darauf lagen, fiel ihm vor allem eine Axt auf. Sofort schoss ihm ein Gedanke durch den Kopf: Perun! Als er diesen Namen erwähnte, nickte sie.

»Ja, er betet ihn an. Vor längerer Zeit erklärte er mir, dass Perun der Gott des Gewitters, des Donners und der Blitze ist. Neben der Axt, die Ihr auf dem Altar seht, zählen zu seinen Symbolen auch die Schwertlilie und die Eiche. Arnulf sagte mir außerdem, man dürfe den Namen dieses Gottes nie aussprechen. Er selbst ruft ihn nur in größter Not. Seit er sich mit diesen Dingen beschäftigt, sind wir vom Pech verfolgt. Er ist zum Verbrecher geworden. Nichts ist ihm mehr heilig. Durch Arnulfs Handeln hat Perun Macht über uns erlangt. Als ich mit meinem Bruder darüber reden wollte, hörte er mir nicht zu. Er lachte mich aus und schlug mich sogar.« Sie verstummte kurz und wischte sich eine Träne aus dem Gesicht. Dann fuhr sie fort: »In meinen Augen ist das Schwarze Magie, die Arnulf betreibt. Ich bin eine gute Christin und müsste es eigentlich der Kirche melden. Aber er ist doch mein Bruder!«

Traurig schaute sie Thomas an. Der sagte nichts dazu.

Stattdessen fragte er: »Sind wir hier wirklich in Sicherheit? Arnulf kann ja jederzeit zur Tür hereinspaziert kommen.«

»Die Gruft ist das einzig mögliche Versteck, denn draußen suchen Arnulfs Leute überall nach mir«, erwiderte sie, »und solange Florian mit seinen Männern bei ihm weilt, sind wir hier absolut sicher. Er ist ein treuer Christ und mein Bruder will bestimmt nicht, dass er von dem Altar erfährt.«

Das leuchtete Thomas ein.

»Nur einer weiß davon«, redete sie weiter, »und zwar ein Händler, der gleichzeitig ein guter Freund von ihm ist. Arnulf hält hier mit diesem Mann oft irgendwelche Rituale ab. Außerdem macht er Geschäfte mit ihm. Mir erzählte er einmal, dass dieser Handelsmann aus einem fernen Land kommt. Er bringt meinem Bruder allerlei Gewürze mit und wird dafür fürstlich entlohnt. Von dem Geld kauft er den Einheimischen Stoffe, Gewänder, Schnitzereien und andere Dinge ab, die im Dorf hergestellt werden. Dann verschwindet er wieder für längere Zeit.«

Das war ja echt interessant! Arnulf musste zu diesem Händler absolutes Vertrauen haben. Wie schnell konnte der ihm gefährlich werden, wenn er ihn an die Kirche verriet. Letztendlich würde ihn das im wahrsten Sinne des Wortes den Kopf kosten! Und was waren das für Rituale, die die beiden abhielten? Er beschloss, die Sache auf jeden Fall weiter im Auge zu behalten. Zuerst musste er jedoch versuchen, seine Freunde zu retten, doch allein hatte er keine Chance. Er würde definitiv Gundhilds und Helmtrauds Hilfe benötigen. Das Ganze würde sicher nicht einfach werden. Ein Plan musste her!

Thomas schaute zu dem kleinen Fenster. Draußen war es stockdunkel. Es sah so aus, als müsste er die Nacht zusammen mit den beiden Frauen in der Gruft verbringen. Nun, es gab Schlimmeres. Zumindest schienen sie hier relativ sicher zu sein, wenn man Gundhilds Worten glauben konnte.

18. Juni 2017

Lydia schreckte hoch. Sie musste wohl eingeschlafen sein. In der Höhle war es stockfinster, das rötliche Licht in der Mulde war erloschen. Sie hatte großen Hunger. Bestimmt lagen beim Versorgungszelt noch einige genießbare Lebensmittel herum. Hoffentlich hielt sich der fremde Mann nicht mehr dort auf. Sie presste ihre Lieblingspuppe an sich und tastete sich vorsichtig Richtung Höhleneingang. Es war bereits Nacht. Der Mond schien und erleuchtete die Umgebung schemenhaft. Doch was war das? Wieso befand sich dort wieder ein Gitter? Sie zwängte sich zwischen den mittleren Stäben hindurch, wie sie es schon einmal getan hatte, und schlug vorsichtig den Weg zur Wiese ein. Dabei schaute sie sich ängstlich um.

Plötzlich hörte sie in unmittelbarer Nähe Stimmen und wollte schon wegrennen. Doch bevor sie sich verstecken konnte, wurde sie vom grellen Licht einer Taschenlampe geblendet.

»Wir haben sie!«, rief eine tiefe Männerstimme.

Der Mann mit der tiefen Stimme trug eine Polizeiuniform. Neben ihm standen zwei weitere Männer und eine Frau, die ebenfalls Uniformen anhatten. Die Kleine war erstaunt. Waren die etwa ihretwegen hier?

Die Polizisten brachten das Mädchen zur Wiese, die von Scheinwerfern hell erleuchtet wurde. Mehrere Dieselaggregate liefen und versorgten diese mit dem nötigen Strom. Viele Menschen eilten geschäftig hin und her. In der Nähe parkten etliche Polizeiautos. Lydia verstand die Welt nicht mehr.

Die Mittelalterzelte waren inzwischen abgebaut worden und die Marktleute standen neben ihren beladenen Autos. Sie durften nicht abreisen, da die Befragung noch in vollem Gange war. Zum Glück hatte sich das jetzt erledigt, denn die Kleine war wohlbehalten wieder aufgetaucht.

Da kam auch schon Tamara angelaufen und schloss ihre Tochter in die Arme.

»Wo warst du denn so lange? Hast du etwa in dieser Höhle gespielt?«

Lydia verneinte. Sie erzählte ihrer Mutter von den verbrannten Zelten, von dem Mann, der sie gerufen hatte und dass sie ihre Lieblingspuppe wiedergefunden hatte. Zum Beweis hielt sie ihr die Puppe vor die Nase.

Tamara war außer sich.

Natürlich glaubte sie dem Mädchen kein Wort und schimpfte sofort los: »Du weißt doch genau, dass man nicht lügen darf! Warum sollen die Zelte denn verbrannt sein? Du und deine Phantasie, langsam wird es wirklich Zeit, dass du vernünftiger wirst!«

Lydia sagte zu all dem kein Wort mehr. Traurig senkte sie ihren Blick. Warum glaubte man ihr nicht? Sie hatte doch die Wahrheit gesagt! Polizeioberkommissar Horst Ketzel, der inzwischen dazugekommen war, nahm ihr die Puppe aus der Hand und roch daran. Er bemerkte einen starken Rauchgeruch. Hatte das Mädchen etwa recht? Und wenn ja, wie konnte das sein? Es gab unendlich viele Fragen, aber keine Antworten. Die Sache wurde immer rätselhafter.

Das Wichtigste war auf jeden Fall, dass man die Kleine gefunden hatte und dass es ihr gut ging. Somit wurde der Einsatz beendet. Die Marktleute durften endlich den Platz verlassen und nach Hause fahren. Auch Lydia und ihre Eltern reisten wieder ab.

* * *

Der Morgen begann für Horst Ketzel wie immer mit Routinearbeiten. Montage hasste er sowieso und diesen ganz besonders. Wegen der Suche war er erst weit nach Mitternacht ins Bett gekommen und hatte deshalb Mühe, die Augen offenzuhalten. Er war hundemüde und hätte sich am liebsten gleich wieder hingelegt.

Als Erstes schrieb er den Bericht über die gestrige Suchaktion. Darin erwähnte er unter anderem das Verschwinden der Rossburger Ritter. Nach gut zwei Stunden war er damit fertig und widmete sich der nächsten Aufgabe. Von früheren Fällen türmten sich jede Menge Unterlagen in seiner Ablage, die in die jeweiligen Ordner einsortiert und abgeheftet werden mussten. Immer wieder hatte er diese in seinen Augen stumpfsinnige Tätigkeit vor sich hergeschoben. Heute war es aber höchste Zeit, sie endlich zu erledigen, also machte er sich an die Arbeit.

Kurz vor der Mittagspause wurde er zu seinem Chef gerufen. Polizeihauptkommissar Siegfried Schmidt war einundsechzig Jahre alt und schon lange bei der Polizei. Seit mehr als einem Jahrzehnt leitete er die Polizeidienststelle in dem Städtchen Blankental, das ungefähr vierzig Kilometer von Liebstein entfernt war. Die lange Dienstzeit hatte sein Haar grau werden lassen. Er war nicht gerade schlank, was jedoch durch seine Größe von einem Meter neunzig nicht weiter auffiel.

Kaum hatte Horst Ketzel das Büro betreten, fragte sein Vorgesetzter ihn nach dem vollständigen Einsatzbericht der vergangenen Nacht. Er war froh, die unliebsame Aufgabe bereits erfüllt zu haben, und reichte ihm das Dokument.

Der Polizeihauptkommissar nahm den Bericht entgegen und meinte nur: »Ich lese ihn später.«

Dann legte er das Papier auf seinen Schreibtisch und Horst durfte wieder gehen. Draußen auf dem Gang atmete er erleichtert auf. Zum Glück waren ihm weitere Fragen erspart geblieben, aber das konnte sich rasch ändern. Sobald der Dienststellenleiter den Einsatzbericht gelesen hatte, musste er mit Sicherheit wieder bei ihm antreten.

Kurz vor Dienstschluss fiel Polizeioberkommissar Ketzel ein, dass die geschnitzte Holzpuppe wegen der Untersuchung der Blutspuren noch im Polizeilabor war. Dort wurde sie sicher nicht mehr gebraucht. Lydia war von ihr zwar wenig begeistert, doch trotzdem musste sie die Puppe wiederbekommen. Deswegen ging er schnell zum Labor, um sie zu holen. Die Tür dort war allerdings schon verschlossen und er traf niemanden an. Das war jedoch nicht weiter schlimm. Auf einen Tag mehr oder weniger kam es nicht an. Er würde sich gleich morgen früh darum kümmern.

Selbst auf der Heimfahrt ließ ihn dieser merkwürdige Fall nicht los. Irgendetwas hatte er übersehen, er fragte sich nur, was. Von den Rossburger Rittern fehlte weiterhin jede Spur, es gab keinerlei Lebenszeichen von ihnen. Der Veranstalter, Stefan Heilmann, war ein extrem eigenartiger Mensch, der Pfeffer hortete, und die kleine Lydia hatte von verbrannten Zelten gesprochen. Er wusste wirklich nicht, was er von all dem halten sollte.

Es war schon ziemlich spät, als er seine Wohnung erreichte. Das Abendessen stand längst auf dem Tisch und alle warteten wie immer nur auf ihn. Seine Frau Ramona, eine drahtige, energiegeladene Mittdreißigerin mit braunen Augen und schulterlangen brünetten Haaren, werkelte in der Küche herum und räumte die Geschirrspülmaschine aus.

»Du bist ja heute wieder mächtig spät dran, Horst«, begrüßte sie ihren Mann. »Tanja hat schon gegessen, sie wollte anschließend zu ihrem Freund. Paul ist in seinem Zimmer. Ich hole ihn gleich.«

Tanja war die siebzehnjährige Tochter von Horst und Ramona. Sie war nur noch selten zu Hause, da sie sich die meiste Zeit bei ihrem Freund aufhielt. Paul war dreizehn Jahre alt und besuchte die sechste Klasse. Für Mädels interessierte er sich bisher nicht, was seinen Eltern durchaus recht war. Dafür verbrachte er viel Zeit vor seinem Computer. Vor allem begeisterte er sich für Geschichte und da speziell für das Mittelalter. Umso mehr gefiel ihm, dass dieses Thema jetzt im Geschichtsunterricht behandelt wurde.

Wie immer hatte Ramona zum Abendessen einen Salat gemacht. Heute gab es Tomatensalat, den alle gern aßen. Zum Nachwürzen standen Pfeffer und Salz auf dem Tisch.

Während Paul den Pfefferstreuer in die Hand nahm, fragte er: »Du, Papa, weißt du eigentlich, dass dieses Gewürz im Mittelalter mit Gold aufgewogen wurde? Das hat unser Geschichtslehrer heute erzählt.«

Sein Vater schüttelte den Kopf.

»Nur reiche Leute konnten ihn sich damals leisten«, fuhr der Junge fort. »Er wurde zu einem der wichtigsten Handelsartikel und oft als Zahlungsmittel eingesetzt. Steuern, Abgaben, Zölle und sogar Lösegelder wurden zum Teil in Pfeffer entrichtet.«

Horst war verblüfft darüber, was sein Sohn alles wusste. Unwillkürlich musste er an die Pfeffersäckchen in Stefan Heilmanns Zelt denken.

11. November 1325

Als Thomas erwachte, war es draußen bereits hell. Gundhild und Helmtraud schliefen neben ihm auf dem kalten Steinfußboden. Sie hatten sich mit ein paar alten Wolldecken zugedeckt, die sie gefunden hatten. Zwar rochen diese modrig und waren dreckig, aber sie wärmten und das war das Wichtigste.

Er nutzte die Gelegenheit und betrachtete Gundhild ausgiebig. Wie wunderschön sie doch war! Eine Locke der langen dunkelbraunen Haare hatte sich über die linke Wange gelegt und bildete so einen Kontrast zu ihrer vornehm blassen, makellosen Haut. Um die Länge ihrer sanft geschwungenen Wimpern wurde sie sicher von vielen anderen Frauen beneidet. Die zierliche kleine Nase wirkte irgendwie süß und die leicht geöffneten Lippen waren die Versuchung selbst. Von ihrer schlanken Figur war durch die alten Wolldecken zwar nichts zu sehen, aber Thomas hatte eine lebhafte Fantasie. Minutenlang starrte er sie an. Der Mann, der diese Frau einmal bekommen würde, durfte sich glücklich schätzen! Wie gerne wäre er dieser Mann, doch das war unmöglich. Er konnte weder hierbleiben noch Gundhild mitnehmen, denn er gehörte nicht in ihre Zeit und sie nicht in seine.

Nach einer Weile wandte er seinen Blick ab und schaute zum Fenster. Er überlegte: Falls er sich nicht verrechnet hatte, war heute Montag. Ob ihn schon irgendjemand im einundzwanzigsten Jahrhundert vermisste? Und wenn ja, was würde derjenige unternehmen? Die Polizei informieren und eine Suchaktion starten? Das wäre erfolglos, denn keiner wusste, dass es sie ins Mittelalter verschlagen hatte. Vorausgesetzt er schaffte es, die anderen zu befreien, wie sollten sie dann wieder in ihre Zeit zurückkehren? Nüchtern betrachtet war die Lage aussichtslos. Er versuchte, die negativen Gedanken beiseitezuschieben. Schließlich musste er die Freunde erst einmal finden, dann würde man weitersehen.

Während er grübelte, bemerkte er aus dem Augenwinkel, dass Gundhild aufgewacht war und ihn ansah.

Als er sich zu ihr umdrehte, lächelte sie und sagte: »Guten Morgen!«

»Guten Morgen«, erwiderte er und lächelte verträumt zurück.

Da begann Helmtraud sich zu recken und zu strecken. Dann gähnte sie herzhaft. Nun war auch sie munter und die Magie des Augenblicks war dahin.

Thomas lief in der Gruft hin und her. Das machte er immer, wenn er nachdachte. Es half ihm, den Kopf freizubekommen. Er brauchte eine Strategie. Helmtraud interessierte das weniger. Sie hatte Hunger und kramte in ihrem Beutel, um etwas Essbares zu finden. Gundhild tat es ihr gleich. Als er die beiden Frauen essen sah, bekam er ebenfalls Appetit. Zum Glück hatten sie seine Sachen mitgenommen. Die Umhängetasche und das Schwert lagen in einer Ecke. Doch so sehr er auch in der Tasche wühlte, er fand nur die Taschenlampe, den Elektroschocker, Batterien, zwei Messer, Schnur, eine Schere und diversen Kleinkram. Etwas zu essen war nicht dabei. Als Gundhild das bemerkte, brach sie ein Stück von ihrem Brot ab und gab es ihm. Dankbar nahm er es an, biss herzhaft hinein und stellte erschrocken fest, dass es wesentlich härter war als das Brot im einundzwanzigsten Jahrhundert. Zwar verzog er das Gesicht, doch das hielt ihn nicht davon ab, es aufzuessen.

Nachdem sie sich halbwegs gestärkt hatten, beratschlagten sie, wie es nun weitergehen sollte. Ein Plan zur Rettung der Rossburger Ritter war nötig. Außerdem konnten sie nicht ewig hierbleiben, nur welche Versteckmöglichkeiten gab es? Zudem galt es herauszufinden, wo Thomas‘ Freunde gefangen gehalten wurden. Wieder ging er in der Gruft auf und ab.

Helmtraud machte das nervös und sie äußerte sich lautstark darüber: »Kann er nicht einfach auf seinem Arsch sitzen bleiben? Das regt mich auf!«

Gundhild musste lachen.

»Lass ihn doch. Er braucht das eben.«

Die Magd warf ihr einen mürrischen Blick zu und sagte nichts mehr. Thomas trat wieder zu seiner Umhängetasche und steckte beide Messer, den Elektroschocker und die Reservebatterien in die Taschen seiner Kleidung. Es war ihm lieber, diese Utensilien bei sich zu haben. Zu Helmtrauds Verdruss begann er erneut, ruhelos in der Gruft herumzulaufen.

Dabei dachte er laut nach: »Wo könnten sie meine Leute hingebracht haben?«

»Bestimmt haben sie sie ins Verlies geworfen«, meinte Gundhild.

»Wo befindet es sich?«, fragte er.

»Im Boden des Turms ist eine Falltür. Dort unten ist der Kerker.«

»Und wie bekommen wir sie da raus?«

Sie sah ihn an.

»Überhaupt nicht! Tut mir leid, aber an den Wachen kommt niemand vorbei und wenn doch, müsste man sie mit einer sehr langen Leiter heraufholen oder mit einem Seil hochziehen. Beides haben wir aber nicht. Es gibt nur eine einzige große Leiter und die hat mein Bruder zusammen mit den Seilen weggeschlossen. Die Sachen befinden sich irgendwo in der Burg.«

Thomas schwieg. Die Lage schien aussichtslos. Waren sie wirklich dazu verdammt, im vierzehnten Jahrhundert gefangen zu bleiben und hier vielleicht zu sterben? Abrupt blieb er stehen. In einer Ecke bemerkte er eine große Holztruhe mit schweren Eisenbeschlägen, die ihm vorher noch gar nicht aufgefallen war. Zielstrebig schritt er darauf zu.

Als Gundhild sah, was er vorhatte, meinte sie nur: »Darin bewahrt mein Bruder all die Dinge auf, die ihm der fremde Händler mitbringt. Sie ist sowieso abgesperrt.«

Er hörte nicht auf sie, sondern griff nach dem Deckel. Ohne Probleme ließ sich die Truhe öffnen. Doch er wurde enttäuscht, denn sie war leer.

»So ein Mist«, schimpfte er verärgert, »aber wonach riecht es hier? Das könnte ...« Weiter kam er nicht. Es kribbelte in seiner Nase und er musste herzhaft niesen. »... Pfeffer sein«, beendete er seinen Satz und lachte schallend.

Plötzlich ging alles sehr schnell. Die Tür zur Gruft flog auf und ein hünenhafter Kerl, der von zwei Wachposten flankiert wurde, stand im Türrahmen. Grimmig starrte er Thomas und die beiden Frauen an.

Dann wandte er sich an Gundhild: »Hier versteckst du dich also!« Mit einem Satz war er bei ihr und griff sie an ihren Haaren. Während er sie nach draußen zerrte, schrie er Helmtraud an: »Und du sieh zu, dass du in die Küche kommst. Dort wartet genug Arbeit auf dich. Über die Sache hier reden wir später. Deiner Strafe entgehst du nicht!«

Gundhild versuchte sich zu wehren.

»Lass mich sofort los, Arnulf! Ich werde Florian niemals heiraten!«

Ihr Bruder zog sie zu sich heran.

Mit den Worten: »Du tust, was ich sage!«, schlug er ihr mit der freien Hand ins Gesicht und ließ sie wieder los.

Der Schlag hatte eine solche Wucht, dass sie der Länge nach hinfiel und reglos liegen blieb. Man hörte nur noch ein leises Schluchzen.

Als Thomas das sah, packte ihn die nackte Wut. Mit einem Sprung war er bei Arnulf und prügelte auf ihn ein.

Doch der lachte nur und streckte ihn mit einem einzigen gezielten Fausthieb zu Boden.

Dann drehte er sich zu den Wachen um und rief: »Werft ihn zu den anderen!«

20. Juni 2017

Am Dienstagmorgen begab sich Polizeioberkommissar Ketzel gleich nach Dienstbeginn zum Labor, um die Puppe zu holen. Diesmal war die Tür offen. Der Laborleiter Harry Fritzsche, ein korpulenter Mann mit kurzen hellbraunen Haaren und graubraunen Augen, war in seine Arbeit vertieft und untersuchte eine Probe, als Horst eintrat. Die beiden kannten sich schon seit ihrer Kindheit. Sie waren gemeinsam zur Schule gegangen und hatten später zusammen das Abitur gemacht. Danach hatten sie sich für eine Weile aus den Augen verloren. Nun waren sie in derselben Dienststelle beschäftigt. In Anknüpfung an ihre frühere Freundschaft trafen sie sich hin und wieder in der Freizeit, da sie immer noch große Fußballfans waren. Wenn der hiesige Verein spielte, waren sie stets darauf bedacht, kein Match zu verpassen.

»Guten Morgen, Harry«, begrüßte Horst seinen alten Kumpel, »ich möchte die Holzpuppe des kleinen Mädchens abholen, die ihr hier zum DNA-Test hattet. Der Fall ist ja mittlerweile erledigt.«

Harry blickte von seiner Arbeit auf.

»Die kann ich dir im Moment nicht geben. Sie ist im Labor der Uni. Die haben bessere Möglichkeiten als wir.«

»Bessere Möglichkeiten? Könnt ihr nicht mal mehr einen einfachen DNA-Test machen?«

»Es geht nicht um den DNA-Test, der ist längst erledigt. Es geht um etwas völlig anderes: Wir hatten gestern früh eine Gruppe von Geschichtsstudenten hier.

Die wollten sich mit der Arbeitsweise eines Polizeilabors vertraut machen. Wir waren gerade dabei, die Puppe zu untersuchen, als einer von ihnen meinte, das Aussehen und die Art der Herstellung ließen vermuten, dass sie schon sehr alt sei. Daraufhin entbrannte eine Diskussion, an deren Ende sich die Studenten in zwei Parteien gespalten hatten. Die eine vertrat die These, die Puppe sei erst kürzlich mit historischen Werkzeugen nach einer alten Vorlage gefertigt worden. Die andere Partei meinte, sie sei etwa im Mittelalter entstanden, dafür allerdings extrem gut erhalten, was bei diesem Alter eigentlich unmöglich sei. Es wurden sogar Wetten abgeschlossen. Das Resultat war, dass ich ihnen die Holzpuppe für eine Analyse zur Verfügung gestellt habe. Für eine präzise Altersbestimmung fehlen mir hier leider die Geräte.«

Horst war zwar erstaunt, doch er sagte dazu nichts. Zweifellos würde die Untersuchung ergeben, dass das Holz allerhöchstens fünf Jahre alt und die Puppe demzufolge in diesem oder im letzten Jahr hergestellt worden war. Damit wäre die Diskussion beendet und er könnte sie zurückgeben. Lydia vermisste sie ja ohnehin nicht wirklich, deswegen konnte es ruhig etwas länger dauern.

Also verabschiedete er sich von Harry, der ihm versprach anzurufen, sobald die Puppe wieder da war, und ging in sein Büro. Dort warteten die üblichen Schreibtischarbeiten auf ihn. Heute waren darüber hinaus ein paar Vermisstenanzeigen dazugekommen. Ausnahmslos stammten sie von den Angehörigen der Rossburger Ritter, von denen seit über achtundvierzig Stunden jegliche Lebenszeichen fehlten. Kaum hatte er mit der Arbeit begonnen, klingelte auch schon das Telefon. Thomas Meiselbachs Vater Bernhard wollte wissen, ob es Neuigkeiten zu den Ermittlungen gab. Polizeioberkommissar Ketzel verneinte dies und widmete sich anschließend wieder den Vermisstenanzeigen.

Als er damit fertig war, erstellte er eine E-Mail mit allen bekannten Handynummern der Rossburger Ritter und schickte sie an einen Spezialisten. Eine Ortung der Mobiltelefone erschien ihm im Moment am sinnvollsten. Eines der Mitglieder musste doch sein Handy eingeschaltet haben. Aber Horst irrte sich gewaltig. Schon nach kurzer Zeit erhielt er die Antwort, dass keines der Telefone geortet werden konnte. Was war da los? Wieso waren sie wie vom Erdboden verschluckt? Es musste doch eine logische Erklärung dafür geben.

Das Verschwinden einer ganzen Mittelaltergruppe schlug mittlerweile mächtige Wellen. Eine Streifenwagenbesatzung hatte vor einer Stunde gemeldet, dass die Autos der Rossburger Ritter immer noch auf dem Parkplatz bei der Burgruine Liebstein standen. Da man ermittlungstechnisch keinen Schritt weiter war, wurde eine Sonderkommission gebildet. Die Verwandten der Vermissten mussten unbedingt einzeln befragt werden. Es bestand durchaus die Option, dass die ganze Gruppe bewusst untergetaucht war. Nur wie hatten sie es dann geschafft, ohne Autos alle Zelte gleich mit verschwinden zu lassen? Fragen über Fragen, aber keine Antworten.

Kurz vor Dienstschluss rief Harry Fritzsche an. Am Klang seiner Stimme merkte Horst sofort, dass etwas nicht stimmte.

»Du musst dringend zu mir ins Labor kommen. Es ist wichtig!«, rief Harry ins Telefon, dann legte er auf.

Polizeioberkommissar Ketzel machte sich umgehend auf den Weg. Der Laborleiter hatte seine Neugier geweckt und nun wollte er wissen, was passiert war. Nur drei Minuten später betrat er das Labor. Auf dem Tisch lag die geschnitzte Holzpuppe. Harry hatte ein Schreiben in der Hand, er war außer sich.

»Das musst du dir unbedingt anschauen. Zuerst haben sie die Puppe dendrochronologisch untersucht, doch das Ergebnis erschien ihnen unrealistisch. Allerdings war die Anzahl der Jahresringe verdammt knapp. Deswegen haben sie es noch einmal mit der Radiokohlenstoffdatierung versucht und die C14-Methode angewandt. Das Resultat ist eindeutig und steht nun felsenfest. Es hat mich umgehauen. Der Baum, aus dessen Holz die Puppe geschnitzt ist, wurde im Jahr 1323 gefällt.«

Horst konnte kaum glauben, was er da hörte.

»Und es besteht kein Zweifel?«, fragte er argwöhnisch.

Der Laborleiter schüttelte den Kopf. Woher zum Teufel hatte Stefan Heilmann diese Puppe? Und wie kam er dazu, ein solch einmaliges Stück einem sechsjährigen Kind zu schenken?

Harry unterbrach seine Gedanken.

»Schau sie dir doch genau an. Die sieht aus, als wäre sie gestern geschnitzt worden. Aber in Wirklichkeit ist sie fast siebenhundert Jahre alt! Das ist völlig unmöglich!«

Was hatte das alles zu bedeuten? Polizeioberkommissar Ketzel war ratlos.

12. November 1325

Thomas war noch benommen von dem Faustschlag, den Arnulf ihm verpasst hatte. Er registrierte, dass er nach draußen gebracht und über den Burghof gezerrt wurde. Die beiden Wachposten hatten ihn an den Oberarmen gepackt. Er versuchte die Augen zu öffnen, was ihm jedoch nicht vollständig gelang. Mit halb geschlossenen Lidern nahm er wahr, wie er zuerst eine Holztreppe hinauf und danach durch eine Tür in einen

Raum geschleppt wurde. Dann machten sie eine Klappe im Boden auf, ergriffen seine Schultern und ließen ihn so weit in die Öffnung hinabgleiten, wie ihre Arme reichten. Als sie ihn losließen, fiel er wie ein Sack hinunter und blieb regungslos liegen.

Langsam kam er wieder zu sich. Hier unten war es stockdunkel, verdammt kalt und es stank fürchterlich. Sein Bauchgefühl sagte ihm, dass er nicht allein war. Nach einiger Zeit hörte er leises Schluchzen aus einer Ecke des Raums. Mühsam kroch er in die Richtung, aus der die Geräusche kamen. Plötzlich flackerte ein Licht. Es war ein Feuerzeug, jemand zündete damit eine Kerze an. Nun sah er, mit wem er sein Schicksal teilte. Es waren die Rossburger Ritter.

Zusammengesunken saßen sie in der Ecke und starrten apathisch vor sich hin. Das Schluchzen kam von Sven. Er hielt Mirjam im Arm. Ein Teil des Pfeils steckte immer noch in ihrem Rücken. Auf ihrer Stirn standen Schweißperlen. Sie hatte Fieber, vermutlich hatte sich die Wunde entzündet. Thomas rückte näher an die beiden heran. Mühsam bewegte sie den Mund, doch es kam kein Laut über ihre Lippen.

Mit tränenerstickter Stimme flüsterte Sven: »Wenn wir ihr nicht helfen, stirbt sie.«

Thomas erwiderte darauf nichts. Er schaute sich um. Im fahlen Schein der Kerze betrachtete er die Gesichter der anderen Gruppenmitglieder. Aus ihren Augen sprachen Hoffnungslosigkeit, Verzweiflung und Resignation. Kraft für Wut und Protest hatten sie nicht mehr.

Lange schwiegen sie, dann brach Karsten als Erster das Schweigen: »Leute, das war's. Ich weiß zwar absolut nicht, wo wir sind und was passiert ist und ich werde es wahrscheinlich auch nie erfahren, aber Fakt ist, hier kommen wir nicht mehr lebend raus.«

Thomas traute seinen Ohren nicht. Dieser Hüne, der noch dazu bärenstark war, gab auf? Das konnte doch nicht wahr sein! Und warum meldete sich Claudia nicht zu Wort? Das war er von ihr überhaupt nicht gewohnt.

Er blickte in die Runde. Erst jetzt bemerkte er, dass sie nicht bei den anderen war. Er erschrak.

»Wo ist meine Schwester?«, fragte er mit zitternder Stimme.

Keiner vermochte seine Frage zu beantworten. Karsten erinnerte sich aber, dass er sie im Burghof das letzte Mal gesehen hatte, als sie auf dem Weg zum Verlies waren. Hoffentlich ging es ihr gut.

Thomas versuchte sich etwas bequemer hinzusetzen. Nachdem ihm das auf dem harten Boden halbwegs gelungen war, erzählte er seinen Freunden, was seit der Nacht vom Samstag zum Sonntag alles passiert war.

»Wir brauchen einen Plan«, beendete er seine Ausführungen.

Die anderen sahen ihn mit großen Augen sprachlos an.

Nach einer Weile brach Swenja das Schweigen: »Na klar, wir haben ne Zeitreise gemacht und heute ist der 12. November 1325. Hast du irgendwelche Drogen genommen?«

Sie tippte sich mit dem Zeigefinger an die Stirn.

»Vielleicht hat er ja recht«, fiel ihr Karsten ins Wort, »zumindest würde das alles erklären.«

»Gesetzt den Fall, es stimmt, was können wir dann tun?«, wollte Bernd wissen.

»Ja, das würde mich auch mal interessieren. Haben wir überhaupt eine Chance, wieder in unser Jahrhundert zu gelangen?«, ergänzte Holger.

Swenja schüttelte noch immer den Kopf.

»Ihr seid doch völlig bescheuert. Zeitreisen ... so ein Unsinn!« Alle blickten sie vorwurfsvoll an. »Okay, okay«, lenkte sie schnell ein. »Mal angenommen, es ist wahr, dann haben wir wirklich ein echtes Problem. Aber schaut, was ich gefunden habe!«

Sie hielt zwei Sprayflaschen hoch.

»Was ist das?«, fragte Thomas.

»Pfefferspray«, antwortete sie.

»Und wieso hast du das dabei?«, staunte er.

Sie lächelte.

»Erinnert ihr euch an das Stadtfest letztes Jahr im August? Sowas passiert mir kein zweites Mal. Seitdem habe ich immer welches dabei. Im Zelt ist es zwar ungeeignet, aber draußen durchaus praktisch.«

Sie zwinkerte Thomas zu.

»Und warum hast du zwei Flaschen mit?«, fragte Holger.

»Ach, das ist Zufall. Eine war mal weg, da musste ich Ersatz besorgen und jetzt ist sie wieder aufgetaucht, als wir unser Zelt aufgebaut haben. Ich hatte sie beim Zusammenpacken versehentlich in ein Schaffell eingerollt. Nun besitze ich zwei.«

Thomas schlug sich mit der flachen Hand an den Kopf.

»Mann, das hätte ich beinahe vergessen. Ich hab doch auch was.«

Er griff in die Tasche und holte den Elektroschocker heraus.

»Nun müssen wir nur noch hier rauskommen«, sagte Bernd sarkastisch.

Thomas ließ seinen Blick schweifen und antwortete: »Hier unten nützen uns diese Waffen ohnehin kaum etwas. Wir könnten damit zwar einige Wachen ausschalten, nur müssten wir dann trotzdem irgendwie nach oben gelangen und ohne Hilfe ist das kaum zu schaffen. Außerdem würden wir uns mit dem Pfefferspray nur selber schaden. Ich schlage vor, wir warten damit, bis sie uns hier rausholen. Ewig werden sie uns nicht in Ruhe lassen.«

Die anderen sahen das genauso.

»Wie spät wird es wohl sein?«, fragte Holger.

»Ich denke, es ist Nacht«, sagte Sven. »Jetzt wird sowieso nichts weiter passieren. Mirjam scheint es etwas besser zu gehen. Sie fühlt sich nicht mehr so heiß an. Wir sollten uns ein wenig ausruhen und unsere Kräfte schonen. Vielleicht kommen wir morgen hier raus.«

Alle nickten. Allerdings war Thomas skeptisch, was Mirjams Zustand betraf. Die Wunde war entzündet und die Pfeilspitze steckte noch in ihrem Rücken. Angeblich sank das Fieber. Hoffentlich bedeutete das nicht, dass ihr Körper aufgegeben hatte. Doch er behielt diesen Gedanken für sich und legte sich schlafen.

Plötzlich schreckte er hoch. Was war geschehen? Nur langsam realisierte er, dass er sich mit seinen Freunden im Verlies befand und total verrücktes Zeug geträumt hatte. Jeder Knochen tat ihm weh. Der Boden, auf dem sie liegen mussten, war verdammt hart und uneben. Einzelne Bruchstücke seines Traums fielen ihm ein: Seine Eltern hatten den Mittelaltermarkt auf der Burgruine Liebstein besucht, weil die Rossburger Ritter verschwunden waren. Auch einen Mann hatte er gesehen, den er nicht kannte. Dieser stand in der Höhle und drehte sich abrupt um, als Thomas von hinten an ihn herantrat. Sein Gesicht sah nicht menschlich aus, sondern erinnerte eher an das eines Dämons. Er zuckte zusammen und war schlagartig hellwach. Wie verwirrend das alles war! Allmählich wachten auch die anderen auf. Jeder reckte und dehnte sich. Die Kerze brannte noch. Sie war ziemlich dick und es war ein Rest übrig. Lange würde dieser aber nicht mehr reichen.

Auf einmal vernahmen sie über ihren Köpfen Geräusche, dann wurde die Luke geöffnet. Kurz darauf baumelten Beine von der Decke herab. Schnell löschte Thomas die Kerze. Unmittelbar neben sich hörten sie einen dumpfen Aufschlag. Anscheinend war eine weitere Person ins Verlies geworfen worden. Danach wurde die Luke geschlossen. Bernd nahm sein Feuerzeug und zündete die Kerze wieder an. In der Mitte des Raums lag eine Frau. Thomas trat zu ihr und beugte sich über sie.

Plötzlich schrie er laut: »Claudia!«

Seine Schwester war ohne Bewusstsein. Man hatte sie fürchterlich zugerichtet: Ihr Gesicht und ihre Haare waren blutverschmiert, das Kleid hing in Fetzen. Sie lag auf der Seite. Ihr Körper war entblößt und mit blauen Flecken und Schnitten übersät, der Rücken über und über mit blutigen Striemen bedeckt. Thomas konnte nicht glauben, was er sah. Seine Augen füllten sich mit Tränen.

»Was haben dir diese verdammten Schweine angetan!«, flüsterte er.

Langsam kam Claudia zu sich. Sie war sehr schwach und hatte starke Schmerzen.

Ihr Bruder schaute sie besorgt an.

»Was haben sie mit dir gemacht?«

Unter Tränen hauchte sie: »Die Wachen haben mich zuerst geschlagen und dann vergewaltigt.«

Sie schloss die Augen und sagte nichts mehr.

Unbändige Wut stieg in ihm hoch.

»Das werden diese verfluchten Dreckskerle büßen!«, knurrte er und ballte die Fäuste.

Sven nickte zustimmend. Auch Mirjam ging es wieder schlechter. Das Fieber war zurückgekehrt und zehrte an ihren Kräften. Nicht mehr lange und ihr Körper würde den Dienst versagen.

Nach einer Weile hörten sie Schritte. Es klang, als würden mehrere Personen den Raum über ihnen betreten. Die Luke wurde geöffnet und ein Seil heruntergelassen, an dem zwei Wachsoldaten herabkletterten.

»So«, sagte der eine leutselig, »jetzt geht's auf Wanderschaft.« Er lachte laut und entblößte dabei seine faulen Zähne. »Die bleibt hier«, fuhr er fort und zeigte auf Mirjam, »sie ist sowieso bald tot.« Dann drehte er sich zu Claudia um. »Die lassen wir auch hier. Sie würde die Reise wohl kaum überstehen und außerdem hatten wir ja schon unseren Spaß mit ihr.«

Wieder lachte er schallend und trat mit dem Fuß nach ihr. Das war zu viel für Thomas.

»Du verdammte Drecksau!«, schrie er und stürzte sich blind vor Wut auf den Mann.

Der drehte sich geschickt weg, zog dabei sein Schwert und rammte es ihm in die Seite. Als Sven das sah, wollte er seinem Kumpel zu Hilfe eilen. Doch der zweite Wachsoldat, der bisher nur ruhig in der Ecke gestanden hatte, war schneller und stach ihn mit einem Dolch nieder.

Die anderen Mitglieder der Gruppe waren starr vor Entsetzen. Vier ihrer Leute lagen blutend und sterbend vor ihnen auf dem Boden.

»Nun, dann reist ihr wohl nur noch zu viert«, sagte der erste Wachposten höhnisch. »Wir brechen sofort auf zur Rossburg. Ich freu mich jetzt schon! Eine Hochzeit und vier Hinrichtungen - das wird ein Fest!«

Swenja, Karsten, Bernd und Holger wurden nach oben gezogen. Thomas spürte, wie das Leben langsam aus seinem Körper wich. Er lag in einer Blutlache, die sich ständig vergrößerte. Auch aus seinem Mund sickerte Blut. Alles um ihn herum verschwamm. Die Kerze flackerte ein allerletztes Mal, dann erlosch sie. Das Letzte, was er hörte, war sein Name. Gundhild schrie ihn aus

Leibeskräften, während sie im Burghof auf ein Pferd gebunden wurde.

Unter Räubern

21. Juni 2017

Polizeioberkommissar Horst Ketzel hatte die ganze Nacht hindurch kein Auge zugetan. Die Puppe ging ihm nicht mehr aus dem Kopf. Woher stammte sie? War sie eine geschickte Fälschung? War es überhaupt möglich, so etwas zu fälschen und damit präzise Untersuchungsmethoden zu überlisten? Er musste unbedingt diesen Stefan Heilmann aufsuchen. Der würde mit Sicherheit Licht ins Dunkel bringen, vorausgesetzt, dass er kooperierte.

Als der Polizeioberkommissar das Büro betrat, saß sein Kollege, Polizeikommissar Klaus Schneider, gerade am PC. Zwar hatte er einen eigenen Raum, doch die meiste Zeit verbrachte er in Horsts Zimmer. Dort standen zwei Computer und zudem konnte man sich bei der Arbeit austauschen. Wenn aber Protokolle aufgenommen wurden, zog er sich in sein Büro zurück, um Personen, die ihre Aussage machten, nicht zusätzlich zu verunsichern.

Nachdem sie sich begrüßt hatten, brachte Horst gleich sein Anliegen zur Sprache. Klaus sollte sich mit dem Einwohnermeldeamt in Verbindung setzen, um die Wohnanschrift von Stefan Heilmann herauszubekommen, und im Polizeicomputer nach diversen Vergehen dieses Mannes suchen. Bestimmt hatte der sich schon einmal etwas zu Schulden kommen lassen. Der Polizeikommissar machte sich umgehend an die Arbeit. Kurze Zeit später hatte er die Adresse und stellte außerdem fest, dass Herr Heilmann bisher noch nie strafrechtlich in Erscheinung getreten war. Sogar seine Knöllchen hatte er immer pünktlich bezahlt.

Horst notierte sich die Anschrift und fuhr sofort los. Die Fahrt dauerte nicht sehr lange. Etwa eine Dreiviertelstunde später stand er vor dem Gehöft der Familie Heilmann in Liebstein. Wie er befürchtet hatte, war niemand zu Hause. Von einer Nachbarin, die gerade mit dem Fahrrad vorbeikam, erfuhr er, dass Stefan Heilmann im Gemeindeamt war, wo er als Verwaltungsfachangestellter arbeitete. Seine Frau war Lehrerin und hielt sich zu diesem Zeitpunkt in der Schule auf, genau wie sein Sohn Mario, der dort die zehnte Klasse besuchte. Diesen kannte Horst schon vom Mittelaltermarkt auf der Burgruine Liebstein. Die Tochter wohnte nicht mehr bei ihren Eltern, sie studierte an der Uni in Blankental. Dass Heilmanns eine Tochter hatten, war ihm neu. Auf seine Nachfrage hin erzählte die Nachbarin, dass sie nicht Stefans leibliches Kind war, sondern Dagmar sie mit in die Ehe gebracht hatte.

Er zückte sein Diensthandy, suchte im Internet die Nummer des Gemeindeamts und rief an. Von einer Mitarbeiterin erfuhr er, dass Stefan Heilmann heute dienstlich unterwegs war. Ihn würde er also vorerst nicht befragen können. Das war zwar schade, doch dass niemand zu Hause war, hatte natürlich auch einen großen Vorteil. So konnte er sich erst einmal in Ruhe allein umsehen.

Das Anwesen der Familie war ein Dreiseitenhof aus dem achtzehnten Jahrhundert. Über dem großen Haupttor prangte die Jahreszahl 1743. Horst lief im Hof herum, spähte durch einige Fenster im Erdgeschoss und probierte mehrere Türen an den Gebäuden, aber sie waren alle fest verschlossen. Als er schon aufgeben und gerade wieder gehen wollte, entdeckte er eine kleine unscheinbare Seitentür. Er ging hin und drückte auf die

Klinke. Knarrend sprang die Tür auf. Ihm war natürlich klar, dass er nicht das Recht hatte, sich ohne Durchsuchungsbeschluss Zutritt zu verschaffen, doch das war ihm im Moment egal. Außerdem war hier weit und breit kein Mensch, der ihn beobachten konnte. Vorsichtig betrat er den kleinen Raum und schaute sich um. Der Boden war mit unbrauchbarem Gerümpel bedeckt. Er musste aufpassen, dass er nicht stolperte. In einer Ecke lagen alte Flaschen, von denen gut die Hälfte zerbrochen war. Gegenüber waren Reifen aufeinandergestapelt. An einer Wand hing ein schiefes Regal. Abgesehen von ein paar rostigen Schrauben und einigen verbeulten, mit einer öligen Flüssigkeit gefüllten Blechbüchsen war es jedoch leer. Allerdings gab es in dieser Rumpelkammer zwei weitere Türen, von denen sich eine öffnen ließ. Die andere war zwar verschlossen, aber oben in der Mitte fehlte ein Brett. Horst nahm sein Handy, hielt es hoch über den Kopf vor diese Stelle, an die er gerade noch herankam, und fotografierte einfach drauflos. Die Bilder würde er später im Büro am Computer auswerten. Jetzt war er erst einmal gespannt, was sich hinter der offenen Tür verbarg. Vorsichtig drückte er die Klinke herunter und betrat den dahinterliegenden Raum.

Das Erste, was er sah, waren jede Menge Strohballen, die man zu einer Wand aufgestapelt hatte. Er folgte dieser Strohwand bis zu einer Lücke, ging hindurch und stand plötzlich in einer riesigen Scheune. Ringsherum waren Strohballen bis zur Decke hochgeschlichtet. Dadurch wurden die Fenster verdeckt und niemand konnte von außen hineinsehen, und das hatte einen Grund: Dicht an dicht standen in diesem Raum Oldtimer-Autos und einige Motorräder. Wohin er auch blickte, überall glänzten Lack und Chrom.

Polizeioberkommissar Ketzel staunte nicht schlecht. Zwar kannte er sich mit alten Autos nicht wirklich aus, doch eins war klar: Der Wert dieser Sammlung ging garantiert in die Hunderttausende, wenn nicht sogar höher. Woher hatte ein kleiner Verwaltungsfachangestellter so viel Geld?

Sein Kollege Klaus Schneider sammelte auch Oldtimer, allerdings nur Modelle. Das war ein großes Hobby von ihm und er war auf diesem Gebiet ziemlich bewandert. Horst nahm sein Handy und fotografierte akribisch alle Fahrzeuge aus den verschiedensten Perspektiven zusammen mit den dazugehörigen Kennzeichen.

Als er damit fertig war, hatte er weit über einhundertfünfzig Bilder auf der Speicherkarte. Heute würde er Stefan Heilmann nicht mehr mit seinen Fragen konfrontieren. Zuerst mussten die Nummernschilder der Fahrzeuge, die ausnahmslos H-Nummern, also Oldtimer-Kennzeichen waren, überprüft werden. Klaus würde Augen machen! Horst freute sich jetzt schon auf sein Gesicht. Schnellen Schrittes verließ er das Gehöft, setzte sich in sein Auto und fuhr zurück ins Büro.

Wie er vermutet hatte, war sein Kollege völlig von den Socken.

Nachdem er sich die Fahrzeugbilder auf dem Handy angeschaut hatte, sagte er: »Also das ist viel mehr, als du angenommen hast. Der Gesamtwert der Oldtimer geht weit in die Millionen!« Er tippte mit dem Finger auf ein Foto, auf dem ein Mercedes zu sehen war, hielt es Horst vor die Nase und fuhr fort: »Das ist ein Mercedes 300 SL. Der alleine ist schon, je nach Zustand, mindestens eine Million Euro wert!« Dann scrollte er weiter und zeigte auf ein Bild mit einem stattlichen schwarzen Auto. »Und das hier«, erklärte er, »ist ein Horch 853. Für den legt man auch etwa ne Million hin.«

Horst war fassungslos. Woher nahm dieser Heilmann so viel Geld! Oder waren das gar nicht seine eigenen Fahrzeuge? Vielleicht vermietete er die Scheune ja nur an die Besitzer.

Die anderen Bilder, die er blind durch die Öffnung in der Tür fotografiert hatte, waren nicht weniger interessant. Sie zeigten Schnitzereien. Meist waren es Heiligenfiguren, wie man sie aus Kirchen kannte. Außerdem lag in dem Raum jede Menge Schmuck und an mehreren Ständern hingen erstaunlich viele altertümliche Gewänder.

»Ich denke, das wird die Experten interessieren«, meinte er. »Und du«, er wandte sich an seinen Kollegen, »kümmerst dich bitte zuerst um die Fahrzeugkennzeichen.«

Klaus nickte und Horst kopierte die Fotos mit den Schnitzereien, dem Schmuck und den Kleidungsstücken auf einen USB-Stick. Dann verließ er das Büro. Sein Handy ließ er liegen.

Den Stick brachte er zum Labor. Vielleicht konnte sein alter Kumpel Harry mit den Aufnahmen etwas anfangen.

Doch als sich dieser den Fall angehört und sie angeschaut hatte, sagte er: »Ich fürchte, hier kann dir diesbezüglich niemand helfen. Aber ich habe noch einen leeren Stick und fertige gleich eine Kopie an. Die bringe ich nachher auf dem Heimweg schnell zur Uni. Dort kennt man sich mit solchen Dingen wesentlich besser aus und sie unterstützen uns sicher gerne.«

Horst war einverstanden. Er verabschiedete sich von Harry, verließ das Labor und fuhr nach Hause. Zwar waren es bis Dienstschluss noch knapp zwei Stunden, doch zum einen würde heute in dieser Sache nicht mehr viel passieren und zum anderen hatte er jede Menge

Überstunden. Jetzt bekam er endlich einmal die Chance, wenigstens zwei davon abzusetzen.

13. November 1325

Thomas spürte, wie ihm allmählich die Sinne schwanden. Da er schon sehr viel Blut verloren hatte, war ihm klar, dass das Ende nahte. Wer hätte ihm auch jetzt noch helfen können? Alle waren fort und selbst wenn jemand käme, könnte derjenige nichts mehr für ihn tun. Die Verletzungen waren für das vierzehnte Jahrhundert einfach zu schwer. So fühlte es sich also an, wenn man auf der Schwelle zwischen Leben und Tod stand. Geboren im einundzwanzigsten Jahrhundert, würde er in einem Verlies im Jahr 1325 sein Dasein beenden. Das Schicksal schlug manchmal seltsame Wege ein. Mittlerweile waren die Schmerzen unerträglich geworden und er verlor gänzlich das Bewusstsein.

Auf einmal verschwand die Schwärze um ihn herum. Es wurde gleißend hell und Thomas nahm wahr, dass er seinen Körper verließ und hoch zur Decke flog. Alles war sonderbar leicht und er hatte keine Schmerzen mehr. Aufmerksam schaute er sich um. Er sah sich selbst am Boden in einer riesigen Blutlache liegen. Auch seine Gefährten konnte er erkennen. Sie gaben keinen Laut von sich und bewegten sich nicht, ihre Augen waren geschlossen. Was ging hier vor? Er musste an Gundhild denken und im selben Moment glitt er direkt über ihr durch die Luft. Sie saß gefesselt auf einem Pferd, schluchzte leise und flüsterte immer wieder seinen Namen. Ihre Trauer übertrug sich auf ihn. Es brach ihm das Herz, sie so zu sehen. Er streckte seine Hand nach ihr aus, um ihre Schulter zu berühren und sie so auf sich aufmerksam zu machen, doch das gelang ihm nicht, denn er hatte keinen Körper mehr. Schmerzlich wurde ihm bewusst, dass er nur noch aus reiner Energie bestand. Es war unmöglich, mit ihr zu kommunizieren. Nie wieder würde er sie in die Arme nehmen können. Im Geiste verabschiedete er sich von ihr. Unwillkürlich dachte er dabei an den Ort seines Todes und im selben Augenblick schwebte er wieder im Verlies an der Decke.

Genau in diesem Moment ging im Boden des Kerkers eine geheime Falltür auf, die er vorher nicht bemerkt hatte, und zwei Frauen und acht Männer kletterten heraus, betraten den Raum und schlossen die Klappe hinter sich. Er sah, dass sie seinen Körper auf eine Trage legten und festschnallten. Eine der Frauen beugte sich über ihn und gab ihm eine Spritze. Mit Mirjam, Claudia und Sven verfuhren sie ebenso. Dann öffnete einer der Männer erneut die verborgene Falltür im Boden. Sechs von ihnen stiegen hinab und nahmen die Tragen, die von den beiden anderen hinuntergelassen wurden, in Empfang. Thomas schwebte hinterher. Nun befanden sie sich in einem unterirdischen Gang. Nachdem der Rest der Gruppe ebenfalls nach unten geklettert war, wurde die Klappe wieder verriegelt. Die Männer liefen mit den Tragen gebückt durch den langen engen Gang, was gar nicht so einfach war. Thomas schwebte nach wie vor über seinem Köper, aber er spürte, dass er immer heftiger von diesem angezogen wurde. Nun bog die Gruppe in einen kleinen Raum ab. Eine der Frauen sperrte die Tür zu. Nur wenige Augenblicke später wurde er zurück in seinen Körper gezogen. Er kniff die Augen zusammen. Das Schaukeln hatte ihn offenbar seekrank gemacht. Durch die geschlossenen Lider nahm er einen grellen Lichtblitz war, dann wurde es schwarz.

Kurz darauf sah er Bilder und Szenen seines bisherigen Lebens. Er erblickte seine Eltern. Die Mutter nahm ihn auf den Arm und trug ihn durch einen Raum. Das musste ihr altes Wohnzimmer sein, er erinnerte sich kaum noch daran. Plötzlich hielt er eine Zuckertüte im Arm, war Sekunden später im Krankenhaus und schlenderte danach über einen Mittelaltermarkt. So schnell, wie die Bilder gekommen waren, verschwanden sie wieder. Die Dunkelheit umfing ihn erneut.

Als er das Bewusstsein wiedererlangte, hatte Thomas einen komischen Geruch in der Nase. Es roch nach Desinfektionsmittel, so wie vor einigen Jahren in der Klinik. Der Traum, oder was immer das war, nahm langsam beängstigende Ausmaße an.

Verzweifelt versuchte er die Augen zu öffnen, doch es gelang ihm nicht. Was war überhaupt passiert? Bruchstückhaft kam die Erinnerung zurück. Er wollte Claudia beschützen und hatte den Wachposten angegriffen. Dieser war weggesprungen, hatte sich dabei gedreht und ihm sein Schwert in die Seite gestoßen. Zuerst hatte er fast nichts gespürt, nur seine Beine hatten versagt und er war auf den Boden gestürzt. Dann waren die Schmerzen gekommen, so heftig, dass er sie kaum aushalten konnte. Bevor er ohnmächtig geworden war, hatte er das viele Blut gesehen, das aus der Wunde schoss.

Und jetzt? War er etwa tot? Die Schmerzen waren weg. Er spürte nichts, absolut nichts. Ein Gefühl der Leichtigkeit umfing ihn und hüllte ihn ein. Arme und Beine gehorchten ihm nicht mehr, so als wären sie gar nicht vorhanden. Sein Kopf lag auf der rechten Seite, er vermochte ihn nicht zu bewegen. Nur hören, das konnte er. Und er hörte, wie sich mehrere Personen unterhielten.

Nach unendlich langer Zeit - es kam ihm wie eine Ewigkeit vor - schaffte er es, zu blinzeln. Er lag in einem hellen Raum. Alles war weiß: die Wände, die Decke, die Fensterrahmen, die Bettgestelle und die Bettwäsche. Als

Nächstes sah er die Leute, die miteinander sprachen. Sie liefen an seinem Bett vorbei. Auf dem Kopf trugen sie grüne Hauben und hatten gleichfarbige Kittel an. Außerdem hatten sie OP-Masken vor dem Gesicht. Neben sich erblickte er einen kleinen Tisch mit allerlei chirurgischen Instrumenten. Daneben stand ein weiteres Bett, auf dem jemand lag. War das etwa Claudia?

Thomas versuchte sich irgendwie bemerkbar zu machen, doch er brachte keinen Ton heraus. Er konnte nicht einmal mit Bestimmtheit sagen, ob sich seine Lippen überhaupt bewegten. Angestrengt konzentrierte er sich auf das Gespräch der Anwesenden.

»Du musst sie retten, Uwe, hörst du, du musst!«, rief eine Frau.

Es klang fast, als würde sie ihren Gesprächspartner anflehen.

»Du weißt, dass ich mein Möglichstes tue, Sarah«, antwortete der Mann. »Ich denke, sie wird es schaffen.«

Sarah schluchzte: »Wenn sie stirbt, ist es auch aus mit mir!«

»Das ist mir bewusst«, hörte Thomas eine andere weibliche Stimme sagen. »Bitte reg dich nicht so auf und vertrau ihm. Uwe tut, was er kann.«

»Ich weiß, Erika«, erwiderte Sarah. Nach einer Weile ergänzte sie: »Aber versteh bitte, dass ich Angst habe. Schließlich würde ich dann gar nicht geboren werden. Und das betrifft nicht nur mich, sondern auch meine Mutter Annegret und ihre Mutter, also meine Großmutter Annette. Unsere ganze Linie würde auf einen Schlag ausgelöscht werden. Sie ist immerhin meine Ururururgroßmutter!«

»Das weiß ich doch«, antwortete Erika, »deswegen sind wir ja hier. Außerdem gäbe es wesentlich mehr Probleme, denn Claudias Aufzeichnungen wären für alle Zeiten verloren.«

»Das stimmt so nicht«, entgegnete Uwe. »Sie würden nämlich nie geschrieben werden!«

Thomas glaubte, die weibliche Stimme schon einmal gehört zu haben, doch er kannte definitiv keine Erika.

Plötzlich drehte sich die Frau namens Sarah zu ihm um und kam auf ihn zu.

»Ich fürchte, ihr Bruder kommt zu sich«, sagte sie laut, nahm eine Narkosemaske und drückte sie ihm auf Nase und Mund.

Für den Bruchteil einer Sekunde sah er ihr Gesicht, weil ihr Mundschutz nach unten gerutscht war. Er schätzte sie auf Mitte vierzig. Sie wirkte besorgt. Was, verdammt noch mal, war hier los? Und was hatte Claudia damit zu tun? Wo war er überhaupt? Wie im Mittelalter sah es hier jedenfalls nicht aus. Ganz im Gegenteil, die Einrichtung war hochmodern. Lange konnte er jedoch nicht darüber nachsinnen, denn die Narkose begann zu wirken und innerhalb kürzester Zeit war er eingeschlafen.

Wieder kamen die Bilder. Diesmal stieg er zur Burgruine Liebstein hinauf und erkundete das alte Gemäuer. Er wusste, dass er wenig Zeit hatte. Die anderen warteten auf ihn, deshalb beeilte er sich und trat bald den Rückweg an. Bevor er das Lager erreichte, kam ihm seine Schwester entgegen. Sorgenvoll schaute sie ihn an. Thomas wollte sich mit ihr über die Ruine unterhalten, doch auf einmal wurde sie immer größer und ihre Augen begannen zu glühen. Sie verwandelte sich in eine riesige Statue, die drohend auf ihn herabsah. In der rechten Hand schwang sie eine Axt und kam unvermittelt auf ihn zu. Gleichzeitig ertönte eine tiefe Männerstimme: Ich bin Perun!

13. November 1325

Swenja, Karsten, Bernd und Holger waren am Ende ihrer Kräfte. Man hatte ihnen die Hände gefesselt und jeden an ein Pferd gebunden, sodass sie gezwungen waren, nebenher zu laufen. Gundhild hatte es etwas bequemer, sie durfte reiten.

An der Spitze ritt Florian vom Mühlental auf seinem schwarzen Hengst. Ihm folgte seine unglückliche Braut, die man auf eine braune Stute gebunden hatte. Links und rechts wurde sie jeweils von einem Reiter flankiert. Hinter ihr liefen Swenja, Karsten, Bernd und Holger zu Fuß. Wenn sie nicht mehr Schritt halten konnten und anfingen zu stolpern, bekamen sie die Peitsche des Reiters zu spüren. Sie waren die ganze Zeit außer Atem und hatten zu wenig Luft, um miteinander zu reden, doch eine Unterhaltung hätten ihre Peiniger ohnehin nicht geduldet. Den Schluss des Trupps bildete Arnulf vom Lerchenberg mit seinem Gefolge.

So waren sie bis zum Einbruch der Dämmerung unterwegs. Meist führte ihr Weg durch unwegsames Gelände, was sehr anstrengend war. Solche extremen Märsche waren sie nicht gewohnt, ganz zu schweigen von den Blasen, die sie schon jetzt an den Füßen hatten. Für derartige Touren eigneten sich die Mittelalterschuhe, die sie normalerweise nur zu den Veranstaltungen trugen, überhaupt nicht.

Als die Sonne unterging, waren sie am Rand einer Lichtung angekommen.

Plötzlich rief Florian vom Mühlental: »Hier machen wir Rast, baut die Zelte auf!«

Swenja, Karsten, Bernd und Holger atmeten erleichtert auf und sahen sich um. Auf dieser Wiese würden sie also die Nacht verbringen.

Während Gundhild in Arnulfs Zelt gebracht wurde, band man die vier Freunde gemeinsam an eine große Eiche, die am Rand der Lichtung stand. Die Stricke waren gerade einmal lang genug, um sich einigermaßen zu bewegen und auszustrecken. Dafür hatte man auf einen Wachposten verzichtet und so war es ihnen wenigstens möglich, sich leise miteinander zu unterhalten. Fieberhaft überlegten sie, wie sie sich aus dieser Situation befreien konnten. Doch so sehr sie auch diskutierten, ihre Lage schien aussichtslos. Sie hatten gegen ihre Peiniger nicht den Hauch einer Chance. Dann rätselten sie noch, wer die andere Gefangene war. Im Burghof hatte sie Thomas‘ Namen gerufen. Was hatte er mit ihr zu tun? Es war bereits nach Mitternacht, als sie sich hinlegten und erschöpft von den Anstrengungen des Tages einschliefen.

Nur wenige Stunden später wachten sie klatschnass und frierend auf. Es regnete in Strömen. Der Wind peitschte und es war eiskalt geworden. Swenja war vor Kälte kaum in der Lage zu sprechen.

»Wir w ... w ... werden d ... das hier be ... be ... bestimmt n ... nicht über ... überleben«, stieß sie zähneklappernd hervor.

Den drei Männern ging es nicht viel besser, auch sie froren erbärmlich und konnten sich fast nicht mehr bewegen. Karsten versuchte seine Verlobte und die anderen zu beruhigen, indem er ihnen Hoffnung auf Rettung machte. Doch er wirkte dabei wenig überzeugend, denn er glaubte selbst nicht daran.

Es war schätzungsweise eine Stunde vergangen, als die Gefangenen dreimal hintereinander den Ruf eines Käuzchens vernahmen. Kurz danach ertönte aus der entgegengesetzten Richtung ebenso oft der Ruf eines Uhus. Was hatte das zu bedeuten? Es schüttete noch immer wie aus Eimern und die vier hatten sich mittlerweile ihrem Schicksal ergeben. Lethargisch starrten sie zur Mitte der Lichtung. Dort standen die Zelte von Florian, Arnulf und ihrem Gefolge.

Wieder erklang der Ruf eines Käuzchens, diesmal allerdings nur zweimal und dafür ziemlich nahe. Die Antwort ließ nicht lange auf sich warten: Unmittelbar darauf folgte genauso oft der Ruf eines Uhus. Das konnte kein Zufall sein! Es vergingen etwa fünf Minuten, dann ging alles sehr schnell. Nur noch einmal rief das Käuzchen, nur noch einmal antwortete der Uhu, danach hörten die vier ein Rascheln hinter sich. Sekunden später wurden sie geknebelt und somit am Schreien gehindert. Jemand schnitt die Stricke durch, mit denen sie an der Eiche festgebunden waren. Anschließend bekam jeder von ihnen einen Sack über den Kopf gezogen. Der Gestank, den diese Säcke verströmten, war fürchterlich. Sie versuchten sich lieber nicht vorzustellen, was zuvor darin aufbewahrt worden war. Vielmehr mussten sie sich zusammenreißen, um sich nicht zu übergeben, denn das konnte durch den Knebel lebensgefährlich werden.

Als Nächstes packte man sie und brachte sie weg. Hinfallen war unmöglich, da sie von je zwei Entführern flankiert wurden, die sie an den Armen hielten. Wieder einmal ging es über Stock und Stein. Ihre Füße brannten wie Feuer. Vor Schmerzen waren sie kaum in der Lage zu laufen. Weil die Säcke ihnen die Sicht nahmen, wussten sie nicht, wohin dieser Marsch sie führte. Zum Glück währte er nicht allzu lange. Nach gut einer halben Stunde endete das Martyrium. Der Regen hatte aufgehört. Ringsum hörten sie Stimmen. Anscheinend waren sie am Ziel angekommen. Die Säcke und die Knebel wurden ihnen abgenommen.

Das Lager ihrer Entführer befand sich mitten im Wald. Zwischen den Bäumen waren Seile gespannt. Darüber hingen teils große Tücher aus grobem Stoff, teils aber auch nur Reisig. Dadurch waren einige Bereiche des Lagers geschützt. Da es noch dunkel war, brannten etliche Fackeln. Diese erschufen flackende Schatten, die der ganzen Szenerie eine gespenstische Atmosphäre bescherten.

Swenja, Karsten, Bernd und Holger wurden wieder an einen Baumstamm gebunden. Dann ließ man sie allein. Zum Glück hatten sie diesmal eine Art Dach über dem Kopf. Ganz in der Nähe brannte an einer nicht überdachten Stelle ein Feuer. Die Wärme, die es ausstrahlte, war höchst angenehm und mit der Zeit trocknete sogar ihre Kleidung.

Mittlerweile war es hell geworden und die Fackeln waren erloschen. Nachdem man sie mehrere Stunden nicht beachtet hatte, trat ein großer kräftiger Mann zu ihnen. Sein langes graues Haar fiel bis über die breiten Schultern. Der ungepflegte, ebenfalls graue Vollbart verlieh ihm ein wildes Aussehen. Sein Blick verhieß nichts Gutes.

»Ich bin Ulman der Graue«, begann er. »Wollen wir doch mal schauen, wie viel Florian zahlt, um euch wiederzubekommen.«

Er lachte und entblößte dabei seine gelben, lückenhaften Zähne. Einige davon hatten hässliche schwarze Stellen.

Als Swenja das sah, entfuhr ihr ein: »Igitt! Pfui!«

Erst jetzt bemerkte Ulman, dass sich auch eine Frau unter den Gefangenen befand. Er beugte sich zu ihr hinunter.

»Und wen haben wir denn da?«

Angewidert drehte sie den Kopf zur Seite. Sein Atem stank abscheulich. Karsten ballte im Stillen die Fäuste, ließ sich aber nichts anmerken.

Stattdessen versuchte er Ulman abzulenken und fragte ihn: »Und wie geht es jetzt weiter?«

»Wie es weitergeht?«, wiederholte Ulman und grinste Karsten an. »Ganz einfach, entweder Florian vom Mühlental zahlt den Betrag, den ich von ihm verlange, dann bekommt er euch zurück. Oder er zahlt ihn nicht und ich hänge euch eigenhändig hier an den Bäumen auf. Aber zuvor«, wieder näherte er sich Swenja, »werden wir beide noch sehr viel Spaß miteinander haben.«

Er strich ihr mit seiner riesigen, dreckigen Hand übers Haar, dann ging er lachend zu seinen Kumpanen zurück. Die vier sahen sich bestürzt an. Ihre Lage hatte sich nicht im Geringsten verbessert. Ganz im Gegenteil: Sie waren vom Regen in die Traufe gekommen.

22. Juni 2017

Polizeioberkommissar Horst Ketzel hatte wieder einmal die ganze Nacht kein Auge zugemacht. Der Fall ließ ihn nicht zur Ruhe kommen. Ständig hatte er darüber nachgedacht, doch seine Gedanken drehten sich nur im Kreis. Nicht einmal ansatzweise war er zu einer Lösung gelangt. Es mussten weitere Fakten her.

Gott sei Dank war heute schon Donnerstag. Morgen noch einmal früh beizeiten aufstehen und dann war endlich das wohlverdiente Wochenende heran. Vielleicht hatte er bis dahin Glück und es kamen ein paar Ergebnisse zustande. Vor allem war er gespannt darauf, welche Informationen von der Uni zu den Bildern kommen würden. Allzu große Hoffnungen machte er sich jedoch nicht. Sie hatten die Fotos ja erst gestern Nachmittag erhalten und fanden möglicherweise nicht sofort die Zeit, diese anzuschauen. Schließlich hatten sie auch andere Dinge zu tun. Vor morgen Vormittag würde er wohl keine Resultate bekommen. Mit den Fahrzeugkennzeichen hatte er bestimmt mehr Erfolg. Wenn sich sein Kollege, Polizeikommissar Schneider, gleich darum kümmerte, könnte er nach der Mittagspause die Ergebnisse auf dem Tisch haben.

Er verließ die Wohnung und ging zu seinem Auto. Heute war er früh dran, aber egal. Sein Schreibtisch hatte es bitter nötig, wieder einmal aufgeräumt und entrümpelt zu werden. Er stieg ein und legte seine Aktentasche auf den Beifahrersitz. Als er den Wagen startete, bemerkte er, dass der Bordcomputer tot war. Der Anlasser gab keinen Mucks von sich. War etwa die Batterie zusammengebrochen? Das fehlte gerade noch. Er versuchte es erneut, doch vergeblich. Der Motor ließ sich nicht starten.

Eilig lief er zurück ins Haus und hängte den Autoschlüssel leise ans Schlüsselbrett. Ramona schlief um diese Zeit tief und fest und er wollte sie nicht wecken. Später würde er sie anrufen und bitten, die Werkstatt zu informieren. Jetzt musste er erst einmal ein Taxi bestellen. Er griff in seine Tasche, doch die war leer. Verdammt, sein Handy lag ja noch in der Dienststelle. Er nahm das Festnetztelefon zur Hand.

Zum Glück traf das Taxi eine Viertelstunde später ein und er schaffte es rechtzeitig zum Dienstbeginn. Das Chaos auf seinem Schreibtisch würde wohl weiterhin bestehen bleiben. Im Moment hatte er weit Wichtigeres zu tun, denn Klaus Schneider wartete bereits auf ihn. Schon am Vortag hatte er kurz vor Dienstschluss die Kennzeichen an die Kfz-Meldestelle weitergeleitet und vor wenigen Minuten waren die Ergebnisse eingetroffen.

»Halt dich fest«, begann er, nachdem er seinen Kollegen begrüßt hatte. »Alle Fahrzeuge sind auf Stefan Heilmann zugelassen!«

Horst konnte kaum glauben, was er da hörte. Er zog die Stirn in Falten und schüttelte den Kopf.

»Übrigens«, fuhr Klaus fort, »habe ich die Fotos von den Fahrzeugen an einen Sachverständigen geschickt, den ich persönlich kenne. Er ist auf Oldtimer spezialisiert und arbeitet präzise und schnell. Ich denke, dass wir in ein bis zwei Stunden wissen werden, wie viel die zweiundzwanzig Autos und die fünf Motorräder in etwa wert sind.«

Damit war Horst vorerst zufrieden, auch wenn es ihn wunderte, dass alle Fahrzeuge diesem Heilmann gehörten. Das ging nicht mit rechten Dingen zu! Er war gespannt auf das Resultat der Wertermittlung. Lange mussten sie nicht darauf warten, denn exakt zwei Stunden später erhielt Klaus von dem Sachverständigen eine E-Mail. Dieser schrieb ihm, dass er leider keine genaue Beurteilung durchführen könne, da die Fotos nicht den technischen Zustand der Fahrzeuge wiedergeben würden. Anhand der Typen konnte er aber wenigstens mit Durchschnittswerten arbeiten. Einer der Oldtimer kostete definitiv eineinhalb Millionen Euro und zwei weitere waren je etwa eine Million wert. Auch einige der restlichen Autos waren nicht unter dreihunderttausend zu bekommen. Daraus ergab sich ein ungefährer Gesamtwert zwischen minimal fünf und maximal acht Millionen Euro.

Als Horst diese Information erhielt, musste er sich erst einmal setzen. Minutenlang sagte er kein Wort. Es gab Dinge, die sogar ihn nach so vielen Dienstjahren noch schockierten. Wie um alles in der Welt konnte sich Heilmann als kleiner Verwaltungsfachangestellter all diese Fahrzeuge leisten?

Am späten Vormittag rief er zu Hause an und sagte seiner Frau, dass sein Wagen in die Werkstatt müsse. Wegen der Sache mit den Oldtimern hatte er fast vergessen, ihr Bescheid zu geben. Sie versprach, sich umgehend darum zu kümmern.

Gegen Mittag klingelte das Telefon. Es war Harry Fritzsche, der Laborleiter.

»Du musst unbedingt herkommen, wir haben Besuch von der Uni«, rief er aufgeregt.

Der Polizeioberkommissar beeilte sich, dieser Aufforderung nachzukommen. Als er das Labor betrat, kam Harry auf ihn zu. Hinter ihm stand ein großer, schlanker Mann mit grauen Haaren, der etwa sechzig Jahre alt sein mochte.

»Darf ich vorstellen, das ist Studienrat Prof. Dr. Falk Lorenz. Er lehrt Wissenschaftsgeschichte an der Uni.«

Die beiden Männer gaben sich die Hand.

»Freut mich, Ihre Bekanntschaft zu machen«, begann der Studienrat. »Ich habe noch jemanden mitgebracht. Sie interessiert sich für diese Sache.«

Erst jetzt bemerkte Horst die zierliche Frau mit den kurzen brünetten Haaren, die etwas schüchtern in der Ecke stand und die er auf höchstens neunzehn Jahre schätzte. Er trat zu ihr und reichte ihr die Hand.

»Ich bin Bettina«, sagte sie lächelnd.

Er erwiderte ihr Lächeln.

Professor Lorenz legte die Fotos, die Harry in der Uni abgegeben hatte, auf einen kleinen Tisch. Er hatte sie ausgedruckt und handschriftlich mit Bemerkungen versehen.

»Sicher wird Sie interessieren, was wir herausgefunden haben«, setzte er das Gespräch fort. Der Polizeioberkommissar und der Laborleiter nickten. »Alle von Ihnen fotografierten Gegenstände - die Kleidungsstücke, die Schnitzereien und den Schmuck - können wir auf das vierzehnte Jahrhundert datieren, also ich meine natürlich das Aussehen. Ich will damit nicht sagen, dass sie aus dieser Zeit stammen. Soweit wir das auf den Bildern erkennen konnten, ist nichts maschinell hergestellt. Die Kleidung ist handgenäht, die Figuren sind handgeschnitzt und die Schmuckgegenstände sind handgeschmiedet. Der Stoff scheint Leinen zu sein. Für eine genauere Analyse, nämlich ob es sich um reines Leinen handelt, womit die Textilien gefärbt wurden, wie alt das Holz der Schnitzereien ist und so weiter, brauchen wir die Gegenstände selbst. Nur anhand der Fotos lässt sich das nicht bestimmen.«

»Und die werden Sie für Ihre Untersuchungen bekommen«, entgegnete Polizeioberkommissar Ketzel. »Noch heute erwirke ich einen Durchsuchungsbeschluss vom zuständigen Staatsanwalt. Der Fall wird immer mysteriöser. Erst die Sache mit den Oldtimern und jetzt das hier. Diesen Heilmann nehmen wir uns zur Brust, der hat definitiv Dreck am Stecken.«

Er war ziemlich laut geworden. Der Studienrat schaute ihn erstaunt an, die Studentin dagegen wirkte eher ängstlich. Sie blickte betreten zu Boden.

»Na ist doch wahr«, versuchte er die angespannte Lage zu entschärfen. Er sah die junge Frau an und murmelte: »Entschuldigung, ich wollte Sie nicht erschrecken.«

»Schon gut«, antwortete sie, »aber darf ich mal was fragen?«

Er nickte, also fuhr sie fort: »Was sind das denn für Oldtimer? Ich interessiere mich für alte Autos, seit ich denken kann.«

Er nahm sein Handy, öffnete den Ordner mit den Fotos und reichte es ihr mit den Worten: »Hier sind die Bilder. Leider habe ich sie noch nicht auf den Computer kopiert. Sie müssen mit dem kleinen Display vorliebnehmen.«

»Das macht nichts, ich habe gute Augen«, lachte sie.

Der Polizeioberkommissar schlug vor, im Frühstücksraum einen Kaffee zu trinken. Dort stand ein

Kaffeeautomat. Professor Lorenz fand die Idee hervorragend und war sofort einverstanden. Auch der Laborleiter war nicht abgeneigt. Die Studentin lehnte jedoch dankend ab. Sie wollte lieber in Ruhe die Fotos anschauen und fragte, ob sie im Labor warten dürfe. Horst Ketzel hatte nichts dagegen.

»Wenn Sie fertig sind, können Sie das Handy dort hinten ablegen«, sagte er und zeigte auf einen kleinen Tisch am Fenster.

Bettina nickte und die drei Männer verließen den Raum. Als sie nach einer halben Stunde zurückkamen, hatte die junge Frau das Handy bereits weggelegt und schaute gelangweilt aus dem Fenster. Da soweit alles geklärt war, verabschiedeten sich die beiden Besucher. Nachdem sie gegangen waren, sah Harry seinen Freund und Kollegen stirnrunzelnd an.

Horst bemerkte den Blick und sagte kleinlaut: »Du hast ja recht. Ich hätte nicht so aus der Haut fahren dürfen. Wie du weißt, arbeite ich daran, ruhiger zu werden.«

»Das ist nicht der Punkt«, entgegnete Harry. »Du hast interne Informationen preisgegeben. Theoretisch könnte der Professor diesen Heilmann jetzt anrufen und vor der Durchsuchung warnen. Er wird es zwar nicht tun, aber trotzdem sind solche Dinge streng vertraulich. Gerade du solltest das wissen.«

»Ja, das stimmt natürlich«, erwiderte Horst. »Ich muss wirklich besser aufpassen, was ich sage. So etwas passiert mir oft, wenn ich in Rage bin.«

Harry nickte. Er kannte seinen Freund nur zu gut.

Gegen 14 Uhr rief Polizeioberkommissar Ketzel beim zuständigen Staatsanwalt an, um einen Durchsuchungsbeschluss zu erwirken. Dieser wollte die Fotografien sehen. Die ausgedruckten Bilder mit den Kleidungsstücken, den Schnitzereien und dem Schmuck waren kein

Problem, aber so sehr er sein Handy durchsuchte, die Aufnahmen der Oldtimer waren spurlos verschwunden. Verdammter Mist! Wie war das möglich? Hoffentlich hatte sie der Sachverständige, der sie für die Wertermittlung bekommen hatte, noch auf dem PC. Wenn sie nicht wieder auftauchten, würde der Staatsanwalt sich weigern, einen Durchsuchungsbeschluss auszustellen! In seiner Not rief er Harry im Labor an.

Dieser meinte nur: »Bring dein Handy vorbei. Falls die Fotos gelöscht wurden, kann ich sie eventuell wiederherstellen.«

Das war ein Lichtblick. Schnell brachte er das Gerät ins Labor. Sein Freund versprach ihm, alles zu versuchen, um die Aufnahmen zu retten. Zurück im Büro telefonierte er erneut mit dem Staatsanwalt. Dieser hatte den Durchsuchungsbeschluss schon ausgestellt und war bereit, ihm das Dokument gegen Vorlage der Fotos von den Kleidungsstücken, den Schnitzereien und dem Schmuck auszuhändigen. Dass die Bilder der Fahrzeuge anscheinend gelöscht worden waren, erstaunte ihn ebenfalls.

»Wer hatte außer Ihnen Zugang zu ihrem Mobiltelefon?«, fragte er.

Horst überlegte und plötzlich kam ihm ein Verdacht.

»Steckt vielleicht die Studentin dahinter? Doch welchen Grund sollte sie dafür haben? Oder hat sie die Fotos versehentlich gelöscht und sich nicht getraut, es zuzugeben? Der Sache werde ich nachgehen, aber jetzt komme ich erst einmal bei Ihnen vorbei, um den Durchsuchungsbeschluss zu holen.«

Er beendete das Telefonat und machte sich auf den Weg zum Büro des Staatsanwalts. Nachdem er das Dokument abgeholt hatte, schaute er im Labor vorbei, um Harry nach den Fotos der Oldtimer zu fragen. Der drückte ihm sein Handy in die Hand. An seinem

Gesichtsausdruck konnte man unschwer ablesen, dass er die Aufnahmen nicht hatte wiederherstellen können. Der Grund war ebenso simpel wie unglaublich - die Speicherkarte fehlte! Jetzt war klar, dass nur Bettina für den Diebstahl der Karte infrage kam. Aber warum hatte sie das getan? Fand sie die Aufnahmen so interessant oder hatte sie gar ein Motiv? Er nahm sich vor, mit dem Professor darüber zu sprechen. Vielleicht hatte der eine Vermutung.

Horst wollte gerade zu Hause anrufen und nach seinem Auto fragen, als sein Handy klingelte. Es war Ramona. Sie hatte sich inzwischen mit der Werkstatt in Verbindung gesetzt. Kurze Zeit später hatte ein Mitarbeiter den Wagen geholt und vor wenigen Minuten zurückgebracht. Zum Glück war es nur eine Kleinigkeit gewesen und die Reparatur hatte nicht lange gedauert. Nun war Ramona damit auf dem Weg zur Dienststelle, um ihn abzuholen. Wenigstens eine gute Nachricht an diesem Tag!

Schnell lief er noch einmal ins Büro zu Klaus Schneider, um mit ihm die Durchsuchung des Anwesens der Heilmanns zu besprechen. Sie beschlossen, sich am nächsten Morgen um 6 Uhr vor deren Bauernhof in Liebstein zu treffen. Um diese Uhrzeit war die Familie mit Sicherheit noch zu Hause. So lange hatte das auf jeden Fall Zeit, schließlich eilte die Sache nicht sonderlich. Stefan Heilmann hatte keine Ahnung von dem Durchsuchungsbeschluss und würde demzufolge nicht auf die Idee kommen, Beweise beiseitezuschaffen.

Das Abholen klappte hervorragend, seine Frau war pünktlich zur Stelle. Sie hatte das Abendessen schon vorbereitet. Danach ging er sofort schlafen, denn er musste morgen gegen 4 Uhr aufstehen.

14. November 1325

Mit einem Schrei fuhr Thomas hoch. Um ein Haar hätte ihn die Statue berührt. Noch völlig benommen stellte er fest, dass er nur geträumt hatte. Erleichtert sank er wieder auf sein Kissen und döste vor sich hin. Plötzlich schreckte er erneut hoch und diesmal war er hellwach. Was war eigentlich geschehen und wo befand er sich überhaupt? Langsam kam die Erinnerung zurück: Der Wachposten hatte ihm das Schwert in die Seite gerammt, als er Claudia, die am Boden neben Mirjam lag, beschützen wollte. Blutend war er zusammengebrochen und sah gerade noch, dass Sven ihm zu Hilfe eilte und mit einem Dolch niedergestochen wurde. Swenja, Karsten, Bernd und Holger hatte man weggebracht. Bevor seine Sinne gänzlich schwanden, hörte er, wie Gundhild oben im Burghof seinen Namen schrie. Und jetzt? Wieso lebte er noch? Das war unmöglich! Bei dieser Verletzung und dem enormen Blutverlust hätte er längst tot sein müssen.

Dann dachte er an seinen Traum, der ihm bruchstückhaft wieder einfiel. Alles war so real gewesen! Er befand sich in einem Operationssaal. Die Leute trugen Mundschutz. Sogar den Geruch von Desinfektionsmittel hatte er wahrgenommen. Konnte man in einem Traum riechen?

Nun lag er hier in einem Bett. Jemand musste ihn also gerettet haben. Er sah sich vorsichtig in dem kleinen Raum um, in dem man ihn untergebracht hatte. Dieser war eher spartanisch eingerichtet. Außer dem Bett standen ein Tischchen und ein dreibeiniger Hocker darin. Durch ein schmales Fenster fiel etwas Licht herein. Daran erkannte er, dass es Tag war. Außer ihm befand sich niemand hier, er war allein.

Nach einer Weile wurde die Tür geöffnet und Helmtraud betrat zusammen mit einer anderen Frau, die Thomas merkwürdig bekannt vorkam, das Zimmer.

»Oh, Ihr seid schon wach! Das ist gut«, begrüßte sie ihn. »Ich habe eine gute Freundin mitgebracht. Sie heißt Mechthild. Hier im Dorf nennt man sie die Kräuterfrau. Dies ist ihr Haus und sie hat Euch geheilt. Wie fühlt Ihr Euch?«

»Es geht einigermaßen«, antwortete er, und ehe die beiden Frauen ihn daran hindern konnten, versuchte er aufzustehen, was ihm nach mehreren Anläufen schließlich gelang.

Doch er kam nicht weit. Er schaffte ein paar Schritte, dann knickten ihm die Beine weg. Geistesgegenwärtig fing die Magd ihn auf und brachte ihn zurück ins Bett.

»Ihr könnt noch nicht aufstehen«, sagte sie vorwurfsvoll.

Ohne darauf einzugehen, deutete er auf Mechthild und erwiderte: »Ich kenne sie, ich habe sie im Traum gesehen!«

Verwundert sahen sich die beiden Frauen an.

Helmtraud schüttelte den Kopf.

»Ihr irrt Euch, Ihr habt nur geträumt.«

»Doch, ich kenne sie!«, beteuerte er energisch. Was hatte das alles zu bedeuten? Nach einer Weile des Schweigens sagte er mehr zu sich selbst: »Und was, wenn es gar kein Traum war?« Lauter fuhr er fort: »Wo sind die anderen? Wo sind Mirjam, Claudia und Sven?«

Helmtraud versuchte ihn zu beruhigen.

»Eure Freunde sind in Sicherheit. Auch sie sind hier im Dorf untergebracht. Leider ist in den Gebauden nicht so viel Platz, also haben wir Mirjam und Claudia bei den Nachbarn und Sven ein paar Häuser weiter einquartiert. Aber ich versichere Euch nochmals, es geht ihnen gut. Und nun schlaft ein wenig, Ihr braucht dringend Ruhe.«

Was die Freunde und seine Schwester betraf, war Thomas nun wesentlich entspannter. Aber wieso hatte er diese Kräuterfrau im Traum, oder was auch immer das gewesen war, gesehen? So wie sich die beiden ihm gegenüber verhielten, hatten sie etwas zu verbergen, da war er sich zu einhundert Prozent sicher. Er würde schon noch dahinterkommen.

Nachdem sich Helmtraud und Mechthild davon überzeugt hatten, dass es Thomas besser ging, verließen sie das Zimmer. Er war wieder allein. Leider konnte er nicht aufstehen. Nur zu gerne hätte er die Umgebung erkundet, aber ihm blieb nichts anderes übrig, als im Bett zu liegen und zu grübeln. Egal wie er es anstellte, seine Gedanken steckten fest. Erneut versuchte er, sich an die vergangene Nacht zu erinnern. Er hatte diese Mechthild gesehen, im Traum wurde sie jedoch Sarah genannt. Dann gab es eine zweite Frau, diese hieß Erika. Zwar konnte er ihr Gesicht nicht erkennen, allerdings kam ihm ihre Stimme seltsam bekannt vor. Woher zum Teufel kannte er sie? Er überlegte angestrengt.

Nach einer Weile kam Helmtraud erneut ins Zimmer.

»Solltet Ihr etwas benötigen, so ruft einfach«, sagte sie. »Die Wände sind nicht sehr dick und ich habe gute Ohren.«

Dann ging sie wieder hinaus. Erstaunt blickte Thomas zur Tür. Das war sie, die Stimme aus dem Traum! Nur warum hieß Helmtraud dort Erika? Und wer war dieser Uwe, dessen Name auch gefallen war? Bei nächster Gelegenheit würde er direkt danach fragen.

Jedoch musste er sich nun längere Zeit gedulden. Erst als es draußen langsam dunkel wurde, betrat Mechthild den Raum. In der Hand hielt sie einen Keramikbecher, der mit einer dampfenden Flüssigkeit gefüllt war. Diese duftete angenehm nach Kräutern.

Sie reichte ihm den Becher mit den Worten: »Trinkt! Das wird Euch helfen, schneller auf die Beine zu kommen.«

Bereitwillig ergriff er das Gefäß mit beiden Händen und kostete vorsichtig. Das Gebräu schmeckte nicht schlecht und er nahm einen tiefen Schluck. Danach gab er ihr den Becher zurück. Sie stellte ihn auf den kleinen Tisch und wollte gehen, doch er hielt sie davon ab.

»Moment, ich habe noch ein paar Fragen.«

Sie blieb stehen, sah ihn an und sagte ganz ruhig: »Hat das nicht bis morgen Zeit?« Dann fügte sie schon etwas energischer hinzu: »Ihr habt Ruhe nötig!«

Thomas schüttelte den Kopf.

»Nein! Was verschweigt Ihr mir? Ich habe Euch in meinem Traum gesehen, dort war Euer Name Sarah. Helmtraud konnte ich zwar nicht erkennen, aber ich habe ihre Stimme erkannt. Sie hieß Erika.«

»Das war nur ein Traum. Gewiss wollen Euch böse Geister etwas vorgaukeln. Ihr dürft nichts darauf geben. Mein Name ist Mechthild und nicht Sarah und Helmtraud heißt auch nicht Erika. Versucht zu schlafen. Wie gesagt, Ihr habt Ruhe nötig.«

Allmählich wurde er wütend.

Noch einmal fragte er barsch: »Was verschweigt Ihr mir!«

Ebenso barsch antwortete die Kräuterfrau: »Wir verschweigen Euch gar nichts. Schlaft jetzt!«

Sie machte auf dem Absatz kehrt und verließ verärgert das Zimmer. Er schaute ein wenig schuldbewusst hinterher. Vielleicht hätte er sich nicht so sehr im Ton vergreifen dürfen. Nun war sie wütend und hatte dicht gemacht. Auf diese Weise würde er garantiert nichts erfahren.

Draußen war es mittlerweile dunkel geworden. Das Gespräch hatte ihn mehr angestrengt, als er erwartet hatte. Erschöpft drehte er sich auf die Seite und war nach kurzer Zeit eingeschlafen.

14. November 1325

Gegen Mittag begann es zu schneien. Swenja, Karsten, Bernd und Holger saßen wie versteinert da und schauten den Schneeflocken zu. Auf Rettung hofften sie schon lange nicht mehr. Wer sollte sie denn retten? Thomas, Claudia, Mirjam und Sven waren wahrscheinlich längst tot und sonst würde hier in diesem Jahrhundert niemand nach ihnen suchen. Sie dachten an ihr Zuhause. Wie ging es wohl ihren Eltern, Geschwistern und Freunden? Sie machten sich bestimmt Sorgen, doch hatten sie absolut keine Möglichkeit, ihnen zu helfen. Sicher hatten sie sie mittlerweile als vermisst gemeldet, aber die Suche würde ergebnislos bleiben. Standen ihre Fahrzeuge noch auf dem Parkplatz bei der Ruine oder hatte man sie inzwischen abgeschleppt? Im Mittelalter würden sie garantiert nicht mehr lange überleben. Schade eigentlich, denn immerhin waren sie genau in die Epoche gereist, für die sie sich so begeisterten. Gewiss gab es hier sehr viel zu entdecken und zu erleben.

Ihre Gedanken wurden jäh unterbrochen, als Ulman der Graue vorbeikam.

Er warf ihnen vier große Felle zu und rief: »Hier, damit ihr nicht friert. Ich bin ja kein Unmensch.«

Dabei lachte er schallend und ging weiter. Zwar konnten sie diesen grobschlächtigen Kerl nicht leiden, doch die Felle nahmen sie dankbar an. Nach einer Weile stellten sie fest, dass diese hervorragend wärmten.

Gegen Nachmittag hörten sie Stimmengewirr und das Wiehern von Pferden. Es kam Bewegung ins Lager. Eine Gruppe von zehn Männern war angekommen. Gehörten sie etwa zu Ulmans Leuten? Die Antwort ließ nicht lange auf sich warten. Der Anführer der Räuberbande lief zusammen mit einem großen, breitschultrigen jungen Mann, der einen roten Vollbart trug, an den Gefangenen vorbei.

Karsten, der gerade damit beschäftigt war, seine Schuhe neu zu binden, blickte kurz auf und rief ihnen zu: »Ah, hoher Besuch?«

Ulman grinste und stellte den Rotbärtigen vor: »Das ist mein Sohn, Wigant der Rote.«

Interessiert fragte Karsten weiter: »Gehört er auch zu deiner Bande?«

Lachend antwortete Ulman: »Nein, er hat seine eigenen Männer. Zwar übt er das gleiche Handwerk aus wie ich, aber wir teilen uns den Wald.«

Erstaunt wandte sich Wigant an seinen Vater: »Seit wann ist es Gefangenen gestattet, Fragen zu stellen?«

Dieser winkte ab.

»Ach, lass ihnen doch die Freude. Viel haben sie sowieso nicht mehr von ihrem armseligen Leben. Entweder bringen sie uns eine Menge Geld, wenn Florian vom Mühlental das von mir geforderte Lösegeld zahlt. Dann sind sie wieder seine Gefangenen und haben bei ihm sicher auch nichts zu lachen. Oder sie bereiten uns noch ein bisschen Spaß, wenn wir sie aufknüpfen.« Er blickte flüchtig zu Swenja und fuhr fort: »Mit der Kleinen werde ich auf jeden Fall mein Vergnügen haben.«

Wieder lachte er schallend.

Wigant der Rote sah seinen Vater skeptisch an.

»Dass Florian Lösegeld zahlt, glaube ich nicht. Mir ist zu Ohren gekommen, dass er die Gefangenen zur Rossburg bringen wollte. Dort sollten sie bei seiner Hochzeit hingerichtet werden. Er will Gundhild vom Lerchenberg gegen ihren Willen ehelichen. Doch Florian ist geizig. Ich vermute, dass er lieber auf seinen Spaß verzichtet.«

Ulman betrachtete die Gefangenen verächtlich und brummte verärgert: »Wenn das so ist, haben wir keine Verwendung mehr für euch.« Und an seinen Sohn gewandt fügte er hinzu: »Ich denke, dass es heute Abend hier drei Hinrichtungen und später für mich eine erlebnisreiche Nacht geben wird.«

Lachend entfernten sich die beiden.

»Das war's für uns«, meinte Bernd.

Holger warf ihm einen strafenden Blick zu.

»Willst du etwa schon aufgeben?«

»Was sollen wir denn machen?«, antwortete Bernd resigniert.

Plötzlich begann Swenja leise zu lachen. Karsten schaute sie vorwurfsvoll an.

»Bist du übergeschnappt?«

»Ganz im Gegenteil, mein Lieber«, kicherte sie, »denk mal daran, was ich euch im Verlies gezeigt habe.«

Fast gleichzeitig riefen Bernd und Holger: »Pfefferspray!«

»Richtig«, erwiderte sie. »Die beiden Flaschen habe ich bei mir. Jetzt sind unsere Hände gefesselt. Wir müssen nur den passenden Moment abwarten, wenn sie uns losbinden.«

»Genau«, ergänzte Karsten, »dann legen wir mit dem bisschen Pfefferspray mehr als zwei Dutzend Männer flach. Dass ich nicht lache!«

»Warum bist du immer so pessimistisch? Hast du einen besseren Plan?«, fragte seine Verlobte verärgert.

»Ich bin nicht pessimistisch, sondern realistisch«, protestierte er, »und nein, ich habe keinen besseren Plan.«

Das Gespräch war beendet und alle sahen zu Boden. Ein jeder hing seinen Gedanken nach. Karsten überlegte, ob sie mit dem Pfefferspray doch eine reelle Chance hatten, aber er kam zu keinem Ergebnis. Wehmütig erinnerte er sich an den Elektroschocker, der sich in Thomas' Tasche befand. Hätte er nur schnell noch versucht, diesen einzustecken! Sein Besitzer würde ihn ohnehin nicht mehr brauchen. Augenblicklich erschrak er vor sich selbst und schämte sich. Wie konnte er so etwas überhaupt denken! Thomas war ihr Freund und würde es immer bleiben.

Im Lager wurden die Fackeln angezündet. Nun war es wohl bald so weit. Furcht erfüllte die vier Freunde, denn in Kürze würde man sie holen. Sie dachten mit Bangen daran, was ihnen bevorstand.

Karsten wandte sich an Swenja: »Es tut mir leid, wie ich vorhin wegen des Pfeffersprays reagiert habe.«

»Schon gut«, erwiderte sie versöhnlich.

»Vielleicht hast du ja damit wenigstens gegen diesen Ulman eine Chance, wenn er dich ...«, er stockte.

»... vergewaltigen will, sprich es ruhig aus«, beendete sie den Satz.

Er nickte traurig.

Plötzlich tauchten zwei kräftige Männer auf. Swenja, Karsten, Bernd und Holger erschraken. Offensichtlich stand ihr Ende kurz bevor. Doch die beiden gaben den Gefangenen vier Schüsseln, in denen sich eine Art Brei befand.

»Hier ist eure Henkersmahlzeit«, sagte der eine, der andere lachte nur.

Dann gingen sie wieder. Die Freunde atmeten erleichtert auf. Ihnen wurde eine Galgenfrist gewährt.

Die Nahrungsaufnahme erwies sich als äußerst schwierig. Sie mussten die Gefäße zwischen den gefesselten Händen einklemmen, zum Mund führen und versuchen, direkt daraus zu essen. Zudem schmeckte das undefinierbare Zeug einfach scheußlich, aber sie hatten Hunger und nach kurzer Zeit waren die Schüsseln leer.

Zu fortgeschrittener Stunde sahen die vier, wie ein Mann ins Lager geritten kam. Er stieg vom Pferd und lief zielstrebig zu Ulman, der mit Wigant auf einem umgestürzten Baumstamm saß und sich mit ihm unterhielt. Eine Weile diskutierten sie miteinander, dann ging der Mann zurück zu seinem Pferd und ritt davon.

Kurze Zeit später trat Ulman zu den Gefangenen, postierte sich vor ihnen und sagte: »Ihr habt Glück. Heute wird es noch keine Hinrichtungen geben. Ein Bote brachte mir soeben die Nachricht, dass Florian vom Mühlental den ganzen Wald nach euch durchkämmt. Wie es scheint, bedeutet ihr ihm sehr wohl etwas. Vielleicht könnte es mit dem Lösegeld nun doch was werden. Ich wäre ja blöd, wenn ich das nicht versuchen würde. Also genießt weiterhin meine Gastfreundschaft.«

Er stapfte lachend davon.

Ulmans und Wigants Männer tranken bis tief in die Nacht hinein und machten dabei einen Heidenlärm. Lange Zeit konnten die Freunde nicht einschlafen, aber das war ihnen egal. Noch waren sie am Leben und das war die Hauptsache. Erst gegen Morgen kehrte im Lager Ruhe ein. Die vier wickelten sich in ihre Felle und versuchten, wenigstens ein paar Stunden zu schlafen, denn sicher würde der nächste Tag wieder sehr ereignisreich werden.

23. Juni 2017

Gleich nach dem Abendessen ging Polizeioberkommissar Horst Ketzel ins Bett. Die letzten Tage waren extrem stressig. Deswegen plagten ihn schon die ganze Zeit leichte Kopfschmerzen. Heute Abend gelang es ihm endlich einmal, abzuschalten und nicht mehr an die Arbeit zu denken. Da er hundemüde war, dauerte es nicht lange, bis er tief und fest schlief.

Das Klingeln des Telefons ließ ihn hochschrecken. Der Radiowecker zeigte 2:23 Uhr. Wer rief um diese Zeit an? Schlaftrunken meldete er sich mit seinem Namen. Es war Polizeihauptkommissar Siegfried Schmidt. Horst sollte sofort nach Liebstein fahren. Dort war auf einem Bauernhof ein Feuer ausgebrochen. Als ihm der Dienststellenleiter die Adresse gab, war er schlagartig hellwach. Es handelte sich um das Anwesen der Familie Heilmann. So schnell er konnte, zog er sich an, rannte zum Auto und fuhr los.

In Liebstein angekommen, bot sich ihm ein Bild des Schreckens. Das Gehöft stand lichterloh in Flammen. Es stank nach verbranntem Gummi, Plastik und Holz. Dichte schwarze Rauchwolken stiegen in den Nachthimmel. Die Feuerwehr, zwei Rettungswagen sowie einige Polizisten waren schon vor Ort, auch sein Kollege Klaus Schneider, der sofort zu ihm kam. Bei den meisten Fahrzeugen hatte man das Blaulicht eingeschaltet, was dem Szenario zusammen mit den brennenden Gebäuden ein unheilvolles Aussehen verlieh.

Die Scheune, in der die Oldtimer standen, war fast vollständig zerstört. Das Dach existierte nicht mehr. Einige herabgestürzte Balken brannten knisternd, andere glühten nur noch. Hinter dem alles verschlingenden Flammenmeer, das eine höllische Hitze abstrahlte, waren die Silhouetten der ausgebrannten Fahrzeuge zu sehen.

Die Feuerwehr hatte die Front des Wohngebäudes mit riesigen Scheinwerfern taghell erleuchtet. Der komplette Dachstuhl und die obere Etage standen in Flammen. Sämtliche Pumpen der Löschfahrzeuge liefen auf vollen Touren. Die Feuerwehrleute hatten die Leiter ausgefahren und versuchten verzweifelt, den Brand unter Kontrolle zu bringen, doch Hoffnung bestand kaum mehr.

Horst Ketzel blickte zu einem der Rettungsfahrzeuge und sah, wie eine Person auf einer Trage hineingeschoben wurde. Eine Notärztin sprang hinterher. Der Fahrer, der eben noch neben dem Fahrzeug gewartet hatte, setzte sich ans Steuer und raste mit Blaulicht und Sirene zum Krankenhaus nach Blankental. Unweit des zweiten Rettungswagens saß eine junge Frau zusammengekauert auf einem alten Baumstumpf. Man hatte ihr eine Decke um die Schultern gelegt. Ihr Blick war starr nach unten gerichtet und sie wirkte apathisch. Neben ihr stand ein Notarzt und redete auf sie ein.

Nachdem Horst bei ihr angekommen war, hörte er, wie sie ständig die Worte wiederholte: »Ich habe das nicht gewollt! Ich habe das alles nicht gewollt!«

Als er näher an die Frau herantrat und sie anschaute, erkannte er sie. Es war Bettina, die Studentin, die er einen Tag zuvor im Labor getroffen hatte. Er erinnerte sich an die Begegnung mit der Nachbarin, die ihm bei seinem ersten Besuch hier erzählte, dass Heilmanns eine Tochter hatten, die studierte. Ihm ging ein Licht auf: Bettina war die Tochter von Stefan Heilmann!

Ohne Umschweife fragte er sie: »Was haben Sie nicht gewollt? Haben Sie den Hof angezündet?«

Langsam hob sie den Kopf, sah ihm in die Augen und sagte leise: »Nein, ich war das nicht. Ich wollte meinen Vater nur warnen. Deswegen bin ich gestern nach der Uni auch gleich zu meinen Eltern gefahren.«

»Und wo ist Ihr Vater jetzt?«, fragte er barsch.

Dabei versuchte er möglichst ruhig zu bleiben, doch er dachte in diesem Moment an die Speicherkarte, die die junge Frau vermutlich entwendet hatte.

»Was soll die Fragerei und wer sind Sie überhaupt?«, mischte sich der Notarzt ein, der bis dahin unbeteiligt daneben gestanden hatte.

Wortlos hielt ihm der Polizeioberkommissar seinen Dienstausweis vor die Nase und bat ihn zu gehen, da er vorhatte, Bettina Heilmann weiter zu befragen. Der Arzt kam der Aufforderung nach und entfernte sich schleunigst. Horst wandte sich erneut an die junge Frau und wiederholte seine Frage.

»Ich weiß nicht, wo mein Vater ist«, flüsterte sie. »Den ganzen Abend war ich mit meiner Mutter zusammen. Mein Bruder Mario war nicht zu Hause. Er schläft heute Nacht bei seinem Kumpel. Wir haben Motorengeräusche unten im Hof gehört. Zuerst nahmen wir an, dass Vater Besuch hat. Er bastelt oft mit seinen Freunden an den Autos. Allerdings war es nach kurzer Zeit wieder still. Wir gingen zum Fenster und schauten hinunter, aber dort war niemand mehr. Ich habe mich etwa um Mitternacht hingelegt. Mein Zimmer ist im ersten Stock in dem Gebäude da hinten.« Sie deutete auf ein kleines, abgelegenes Nebengebäude, das die Flammen verschont hatten, da es weit genug entfernt stand. »Das Fenster hatte ich geöffnet, weil es ziemlich warm war«, fuhr sie fort. »Ich habe unruhig geschlafen und bin kurze Zeit später wieder aufgewacht. Im Zimmer roch es nach Rauch. Deswegen bin ich zum Fenster gegangen und habe gesehen, dass die Scheune, in der die Fahrzeuge stehen, lichterloh brannte. Ich habe mein Handy genommen und die Feuerwehr gerufen. Dann habe ich mich schnell angezogen und bin nach unten gerannt. Als ich zur Tür raus bin, habe ich festgestellt, dass das Dach vom Wohnhaus, in dem meine Eltern schliefen, in Flammen stand. Ihr Schlafzimmer befindet sich ganz oben. In dem Moment kam auch schon die Feuerwehr.«

Horst Ketzel hatte fürs Erste genug gehört. Er bedankte sich und lief zu Klaus Schneider, der etwas abseits stand. Dieser hatte sich inzwischen mit einigen Kollegen und mit den Feuerwehrleuten unterhalten. Bei der Person auf der Trage handelte es sich um Dagmar, Stefan Heilmanns Ehefrau, die in die Notaufnahme gebracht wurde. Neben einer Rauchgasvergiftung hatte sie einige Knochenbrüche und Verbrennungen zweiten und dritten Grades erlitten. Bei dem Versuch, sich in Sicherheit zu bringen, war sie die Treppe hinuntergefallen und anschließend unter herabstürzenden Dachbalken begraben worden. Vermutlich hatte sie dadurch zusätzlich innere Verletzungen davongetragen. Es sah nicht nur schlecht für die Frau aus, es war sogar unklar, ob sie die Nacht überleben würde. Von Stefan Heilmann selbst fehlte bisher jede Spur.

Polizeioberkommissar Ketzel ging wieder zurück zu Bettina und bestellte sie um 14 Uhr in die Dienststelle. Ihre Aussage musste noch protokolliert werden. Sie nahm es zur Kenntnis und versprach, pünktlich zu sein.

Bevor er sich verabschiedete, fragte er sie spontan: »Haben Sie die Speicherkarte mit den Fotos der Oldtimer aus meinem Handy entfernt?«

Sie nickte zaghaft.

Er warf ihr einen strengen Blick zu und sagte ungehalten: »Darüber reden wir heute Nachmittag. Auf Wiedersehen!«

Bevor sie antworten konnte, drehte er sich um und stapfte verdrossen zu seinem Wagen. Dort wartete bereits Klaus Schneider, den er sofort über das Geständnis der Studentin informierte.

Mittlerweile war es fast 5 Uhr geworden und sie vereinbarten, ihren Dienst erst um zehn zu beginnen, denn schließlich hatten sie sich die halbe Nacht um die

Ohren geschlagen. Nachdem das geklärt war, stiegen sie in ihre Autos und fuhren los.

Als Horst zu Hause angekommen war, legte er sich wieder ins Bett. Immerhin konnte er noch rund drei Stunden schlafen. Um 9 Uhr klingelte der Wecker. Er stand auf und ging ins Bad. Trotz der turbulenten Nacht fühlte er sich frisch und munter. Er frühstückte kurz und fuhr ins Büro. Als Erstes wollte er sich um den Bericht über den nächtlichen Einsatz kümmern. Wie er den Dienststellenleiter kannte, erwartete dieser ihn umgehend, auch wenn er ihn erst viel später lesen würde. Doch es kam anders: Das Telefon klingelte und Polizeihauptkommissar Schmidt bat alle in sein Büro.

Von den Rossburger Rittern fehlte nun schon seit sechs Tagen jede Spur. Sie schienen wie vom Erdboden verschluckt und es gab keinen Hinweis darauf, was passiert war. Da sie auf dem von Stefan Heilmann organisierten Mittelaltermarkt verschwunden waren, konnte nicht ausgeschlossen werden, dass dieser etwas damit zu tun hatte. Nun war darüber hinaus letzte Nacht sein Bauernhof mitsamt den Oldtimern, die einen beträchtlichen Wert besaßen, abgebrannt und er selbst schien sich aus dem Staub gemacht zu haben. Seine Tochter hatte nach eigener Aussage die Speicherkarte mit den Fotos entwendet. Das machte auch sie verdächtig.

Der Dienststellenleiter wusste über diese Ereignisse schon Bescheid, denn Polizeikommissar Schneider hatte ihn informiert. Daraufhin hatte er die gesamte Truppe in sein Büro bestellt, weil eine Sonderkommission gebildet werden sollte, die »SOKO Rossburg«.

Nach einigem Hin und Her stand fest, dass das Team aus insgesamt vier Beamten bestehen würde. Horst Ketzel und Klaus Schneider gehörten dazu sowie zwei weitere Kollegen: Polizeioberkommissar Max Baldauf, der zwar unmittelbar vor der Pensionierung stand, aber über jede Menge Erfahrung verfügte, und Polizeikommissar Tobias Grünbaum, der hingegen noch jung war und seine Laufbahn erst vor kurzem begonnen hatte.

Die vier setzten sich sofort zusammen und besprachen den Fall. Fest stand, dass es das Wichtigste war, Stefan Heilmann zu finden. Eventuell konnte er Licht ins Dunkel bringen. Horst und Klaus erklärten sich bereit, diese Aufgabe zu übernehmen. Die beiden anderen Kollegen würden ein weiteres Mal über die Handynummern der Rossburger Ritter versuchen, diese zu erreichen und danach die Eltern, Freunde und Partner der Mitglieder aufsuchen. Irgendeinen Hinweis musste es doch geben!

Nach der Besprechung widmete sich Horst seinem Bericht. Als er damit fertig war, klopfte auch schon Bettina Heilmann an die Tür. Mann, wie die Zeit verging! Er hatte gar nicht bemerkt, dass es mittlerweile 14 Uhr war. Also blieb ihm nichts anderes übrig, als weiter am PC sitzen zu bleiben und ihre Aussage zu protokollieren. Sie wiederholte alles, was sie ihm bereits letzte Nacht erzählt hatte, beantwortete ein paar Fragen zu ihrer Familie und unterschrieb anschließend das Protokoll.

Als das erledigt war, fragte sie kleinlaut: »Und was passiert jetzt wegen der Speicherkarte, die ich entfernt habe? Ich habe sie wieder mitgebracht.«

Mit diesen Worten legte sie die Karte auf den Schreibtisch. Der Polizeioberkommissar steckte sie in seinen Kartenleser am PC. Alle Bilder waren noch vorhanden.

Er schaute die junge Frau versöhnlich an und sagte: »Sie haben in den letzten Stunden genug durchgemacht. Ich belasse es diesmal bei einer mündlichen Verwarnung. Sollte so etwas erneut vorkommen, wird es Konsequenzen haben. Darauf können Sie sich verlassen!«

Sie nickte erleichtert und verabschiedete sich.

Nachdem sie gegangen war, begab sich Horst ins Büro seines Kollegen, setze sich in einen großen Ledersessel, der eigentlich für Besucher gedacht war, und starrte vor sich hin.

»Ich will deine Gedanken ungern unterbrechen«, meinte Klaus nach einer Weile, »aber was ist los mit dir? Du wirkst irgendwie abwesend. Woran denkst du?«

»Ach, vor allem an diese ganze verzwickte Situation, die sich in den letzten Tagen immer mehr zugespitzt hat. Zuerst verschwindet eine komplette Mittelaltergruppe zusammen mit ihren Zelten. Dann werden Oldtimer, die Millionen Euro wert sind, abgefackelt. Der Fall ist extrem komisch.«

»Da muss ich dir beipflichten. Wie wird es wohl Heilmanns Frau gehen? Sie hat ja ziemlich viel abbekommen.«

»Das erfahren wir bestimmt noch.«

In diesem Moment klingelte das Telefon. Die beiden sollten umgehend in Polizeihauptkommissar Schmidts Büro kommen.

Kaum hatten sie den Raum betreten, sagte dieser aufgewühlt: »Ihr müsst unbedingt Stefan Heilmann finden. Das Krankenhaus hat vorhin angerufen. Heute früh gab es bei seiner Frau Komplikationen. Kurz darauf wurde eine Hirnblutung festgestellt, die glücklicherweise gestoppt werden konnte. Sicherheitshalber wurde sie ins künstliche Koma versetzt. Die Ärzte wollen dringend mit ihrem Mann sprechen, denn es sieht nicht gut aus. Sie meinten, selbst wenn sie überlebt, wird sie nicht mehr dieselbe sein. Welches Ausmaß die bleibenden Schäden haben werden, ist allerdings unklar.«

Horst und Klaus tauschten einen vielsagenden Blick. Nun hatte Heilmann sogar seine eigene Frau auf dem Gewissen! So schnell wie möglich mussten sie diesen Kerl finden und dingfest machen, koste es, was es wolle!

»Fahrt aber zuvor noch einmal nach Liebstein zu dem Bauernhof. Die Kollegen von der Spurensicherung sind vor Ort. Sie möchten euch unbedingt etwas zeigen. Soweit ich es verstanden habe, geht es um die Oldtimer.«

Polizeioberkommissar Ketzel sah nicht gerade glücklich aus. Heute war Freitag und er hatte eigentlich vor, pünktlich Feierabend zu machen. Aber es half nichts. Sie stiegen in ihren Dienstwagen und fuhren nach Liebstein.

Der Anblick, den der Dreiseitenhof bot, war schlichtweg trostlos. Das Dach des Wohnhauses fehlte. Die Scheune war komplett niedergebrannt. Inmitten der Reste standen jede Menge ausgebrannte Autowracks. Dazwischen liefen die Spezialisten der Spurensicherung hin und her. Sie fotografierten, protokollierten und diskutierten miteinander. Als sie die beiden Kollegen bemerkten, winkten sie sie heran. Horst Ketzel und Klaus Schneider betraten das zerstörte Gebäude.

Eine Frau kam auf sie zu und begrüßte sie: »Hallo Leute, schön, dass ihr so schnell herkommen konntet. Wir haben tolle Neuigkeiten. Schaut mal zu den Wracks. Fällt euch etwas auf?«

Polizeioberkommissar Ketzel sah zuerst seinen Kollegen an, dann blickte er in die Runde und zuckte mit den Schultern. Anders dagegen Polizeikommissar Schneider. Er schaute sich um und begann zu lächeln. Man hätte meinen können, ihm sei ein Stein vom Herzen gefallen.

»Wahnsinn! Die Oldtimer sind ja gar nicht verbrannt!«, sprudelte es aus ihm heraus.

Horst musterte ihn argwöhnisch und zog die Stirn in Falten.

Er verstand nicht, was Klaus meinte, aber der lachte nur und rief: »Das sind doch keine Oldtimer!« Dabei zeigte er auf die ausgeglühten Überreste. »Dort hinten, das könnte ein alter VW Polo sein.« Er ging hin und betrachtete die Überbleibsel genauer. »Wenn ich mich nicht irre, ist das ein Polo III. Soviel ich weiß, wurden die von 1994 bis 2001 gebaut.« Dann lief er zum nächsten Wrack. »Und das hier müsste ein Renault Laguna sein, aber einer der zweiten Generation. Der ist ein wenig jünger.« Er kam zurück und sagte freudig: »Heilmann hat die Fahrzeuge ausgetauscht, bevor er vermutlich selbst die Scheune abgefackelt hat! Ein Glück, denn sie haben nicht nur einen materiellen, sondern auch einen historischen Wert.«

Horst machte noch immer ein ungläubiges Gesicht.

Die Spezialistin der Spurensicherung bestätigte jedoch Klaus' Erläuterungen: »Ja, das stimmt. Die Fahrzeuge, die ihr hier seht, sind alle so um die zehn bis höchstens dreißig Jahre alt. Es ist kein einziges wertvolles Auto dabei. Das waren mehr oder weniger Schrottfahrzeuge. Wir nehmen an, dass Heilmann mit einem Gebrauchtwagenhändler oder einem Schrottplatzbesitzer zusammengearbeitet hat. Möglicherweise hat er die Oldtimer jetzt bei diesem untergestellt, aber das ist natürlich nur eine Vermutung.«

Horst und Klaus hatten genug gehört. Die beiden verabschiedeten sich von der Kollegin und fuhren zurück zur Dienststelle. Dort wartete bereits Bettina Heilmann auf sie.

Als sie den Polizeioberkommissar sah, kam sie auf ihn zu und sagte: »Ich möchte meine Aussage von heute Nachmittag berichtigen und ergänzen.«

Erstaunt bat er sie in sein Büro.

Nachdem er ihr einen Platz angeboten und sich an den PC gesetzt hatte, meinte er: »Okay, dann schießen Sie mal los.«

Doch bevor sie etwas sagen konnte, klopfte es an der Tür und Klaus Schneider steckte den Kopf herein.

»Schönes Wochenende, Horst.«

»Dankeschön, das wünsche ich dir auch«, antwortete dieser.

Als Klaus die Tür wieder geschlossen hatte, begann Bettina zu erzählen: »Wie schon erwähnt, haben wir Motorengeräusche im Hof gehört, während ich mich bei meiner Mutter aufhielt. Aber das war nicht nur für kurze Zeit, es dauerte fast bis Mitternacht. Zwischendurch habe ich aus dem Fenster gesehen. Mein Vater hat zusammen mit drei Männern die Oldtimer weggebracht. Später sind sie mit anderen Fahrzeugen zurückgekommen und haben sie in der Scheune geparkt. Das waren jedoch keine Oldtimer, die Autos waren viel neuer. Allerdings sahen sie nicht mehr schön aus. Als sie fertig waren und endlich wieder Ruhe einkehrte, bin ich ins Bett gegangen. Den Rest kennen Sie.«

Er war verwundert.

»Und woher jetzt dieser Sinneswandel?«

»Ich war heute Nachmittag bei meiner Mutter. Sie haben sie ins künstliche Koma versetzt. Es sieht nicht gut aus. Vater darf damit nicht durchkommen!«

»Ich weiß. Und kannten Sie die Männer, die ihm geholfen haben?«

Sie schüttelte den Kopf.

»Nein, ich habe sie noch nie gesehen. Aber ich bin mir sicher, dass sie und mein Vater etwas mit dem Brand zu tun haben.«

Der Polizeioberkommissar war vorerst zufrieden. Die Studentin verabschiedete sich von ihm und verließ das Zimmer. Er sah auf die Uhr und traute seinen Augen kaum. Es war fast 20 Uhr! Er schloss das Büro ab und ging zu seinem Wagen. Endlich hatte auch er Wochenende!

15. November 1325

Die Sonne war gerade aufgegangen, als Mechthild Thomas‘ Zimmer betrat. Er war schon wach und hatte sich in seinem Bett aufgerichtet. Lange sah sie ihn an. Er hielt dem Blick stand, blieb ruhig sitzen und schwieg.

»Okay«, sagte sie, »es wird Zeit, dass du die Wahrheit erfährst. Aber tu mir einen Gefallen und behalte diese Informationen bitte für dich. Erzähle weder deinen Gefährten noch deiner Schwester etwas davon, sie könnten sonst ungewollt den Lauf der Geschichte beeinflussen. Auch du darfst nicht alles erfahren. Vor allem werde ich bei Dingen vorsichtig sein, die dich persönlich betreffen, da selbst du die Zeitabläufe unbeabsichtigt verändern und viel Schaden anrichten könntest. Lass mich bitte ausreden und fall mir nicht ins Wort. Hinterher kannst du Fragen stellen.«

Thomas verschlug es die Sprache. Anscheinend hatte er all die seltsamen Ereignisse doch nicht geträumt. Er nickte wortlos und wartete gespannt.

»Gut, dann fange ich jetzt an«, fuhr sie fort. »Ich komme aus der Zukunft, genauer gesagt aus dem Jahr 2198. Du kennst mich hier als Kräuterfrau Mechthild. Mein richtiger Name ist Sarah Neuberger. Ich bin Physikerin am Institut für Zeitreisen und ich bin nicht alleine hier. Auch Helmtraud stammt aus meiner Zeit. Sie heißt eigentlich Erika Stenzel und ist Professorin für Geschichte am selben Institut. Und dann wäre da noch Gernot, der Schmied. Bei uns ist sein Name Uwe Horn und er ist Arzt. Im Dorf hat sich herumgesprochen, dass er Menschen heilen kann, denn vor einiger Zeit gab es genau vor seiner Schmiede einen Unfall. Das Pferd einer jungen Frau ging durch und sie wurde abgeworfen. Uwe, der das mitbekam, war sofort zur Stelle und half ihr. Dadurch konnte ihr Bein, das mehrfach gebrochen war, gerettet werden. Seitdem kommen die Leute aus dem Dorf zu ihm, wenn sie krank sind. Überhaupt hat er sich bei den Bewohnern großen Respekt verdient und sie fragen ihn auch in anderen Angelegenheiten um Rat. Dein Traum war in Wirklichkeit kein Traum. Er hat dich operiert, sonst wärst du an den Verletzungen gestorben. Deine Freunde und Claudia hat er ebenfalls gerettet. Sie sind alle über den Berg.«

Thomas konnte kaum glauben, was er da hörte, doch er blieb ruhig und sagte kein Wort.

So redete Mechthild alias Sarah ohne Unterbrechung weiter: »Dank dir und deiner Schwester ist es uns vor acht Jahren gelungen, in der Zeit zu reisen. Wir haben ein Wurmloch erschaffen und sind nun in der Lage, Zeitreisen zu unternehmen, genauer gesagt von 2198 nach 1325 und zurück. Dieses Wurmloch haben wir auch dazu benutzt, euch in unser Jahrhundert zu bringen, um eure Wunden im Krankenhaus zu behandeln. Bei der Operation bist du leider kurz aus der Narkose erwacht und hast deswegen einiges mitbekommen.«

Sie hielt einen Moment inne und schaute Thomas an.

Da er nicht reagierte, fuhr sie fort: »Ich komme nun zu eurer Zeitreise nach 1325. Auch ihr seid mithilfe eines Wurmlochs gereist. Erstmals entstanden ist es im Jahr 1941. Damals, im Dritten Reich, führten die Nazis hier Zeitreisexperimente durch. Zeitzeugen zufolge schleppten sie allerlei Gerätschaften in die Höhle am Fuß der Burgruine Liebstein. Vermutlich mussten sie die Versuche jedoch aufgrund des Verlaufs des Zweiten Weltkriegs abbrechen, allerdings weiß das heute keiner mehr so genau. Ungeachtet dessen war das Wurmloch bereits entstanden. Die Leute, die diese Experimente ausführten, sind seitdem spurlos verschwunden. Von ihnen hat niemand mehr etwas gehört.

Bis vor etwa zwei Wochen befand sich das eine Ende des Wurmlochs, welches in deiner Zeit existiert, permanent in der Höhle am Fuß der Anhöhe, auf der die Burg steht. Durch Umstände, die uns im Moment nicht bekannt sind, ändert sich sein Aufenthaltsort neuerdings immer mal wieder. Natürlich könnte das bedeuten, dass es langsam instabil wird und sich auflöst, aber das wissen wir noch nicht genau. Jedenfalls überwachen wir jetzt dieses Wurmloch viel intensiver und registrieren, ob jemand aus eurer Zeit hierherkommt, sei es gewollt oder unfreiwillig, oder ob irgendwer andersherum von 1325 nach 2017 reist. So haben wir selbstverständlich eure Ankunft bemerkt und euch von da an beobachtet beziehungsweise beobachten lassen. Dabei gibt es allerdings ein Problem: Im Laufe der Zeit änderte sich das Ankunftsdatum hier im Mittelalter, und die Zeitreisenden kommen an verschieden Tagen hier am. Durch diese Ungenauigkeit wird die Differenz zum ursprünglich eingestellten Datum immer größer. Das kann dazu führen, dass wir manche Zeitsprünge zu spät oder schlimmstenfalls gar nicht bemerken. Wir können ja nicht immer überall sein. Das macht unsere Aufgabe hier wesentlich komplizierter.

Wir nennen das Ende des Wurmlochs übrigens Portal. In jener Nacht, in der ihr im Jahr 2017 auf dem Mittelaltermarkt wart, fegte dieses Portal über den Platz und schickte alles in die Vergangenheit, was ihm in die Quere kam. Du musst dir einen riesigen Staubsauger vorstellen, so ungefähr ist das passiert. Es hat euer gesamtes Lager einfach eingesaugt und hierher transportiert. Der Rest des Markts blieb davon jedoch unberührt, außer das Versorgungszelt der anderen Mittelaltergruppe.

Was deine Schwester betrifft, sie wird in ein paar Jahren, nachdem sie mehr darüber erfahren hat, Notizen anfertigen. Diese Aufzeichnungen werden die Zeit überdauern und es uns ermöglichen, in unserem Jahrhundert das Wurmloch zu erschaffen, welches ich eingangs erwähnt habe. Wir hatten uns schon immer gefragt, wann genau ihr ankommt, denn dass ihr kommen würdet, ging aus dem Schriftstück hervor. Doch das Datum hat sie nicht aufgeschrieben, nur dass eure unfreiwillige Zeitreise im Jahr 2017 stattfinden würde.

Leider gibt es bei uns eine Sekte, die sich aus einer Mischung verschiedener Religionen gebildet hat und das Reisen in der Zeit kategorisch ablehnt. Ihre Mitglieder sind der Meinung, dass Gott etwas gegen Zeitreisen hat, und wollen diese mit aller Macht verhindern. Dabei schrecken sie weder vor Gewalt noch Mord zurück. Einigen Personen dieser religiösen Gruppe ist es gelungen, direkt nach der Erschaffung des neuen Wurmlochs vor acht Jahren aus unserer Zeit illegal ins Jahr 1325 zu reisen. Sie gehören mittlerweile zu den Männern von Florian vom Mühlental. Ihr Ziel ist es vermutlich, die Geschichte zu beeinflussen und deine Schwester aus dem Weg zu schaffen. Sie haben das Wurmloch ebenfalls beobachtet und eure Ankunft registriert. Übrigens waren sie auch dabei, als ihr so zugerichtet wurdet. Zum Glück haben sie Claudia nicht sofort getötet. Wahrscheinlich waren sie sich sicher, dass sie nach den schweren Misshandlungen ohnehin sterben würde. Erika, Uwe und ich sind ihnen einige Zeit später nachgereist, nachdem wir konkrete Informationen über das Umfeld und die Menschen hier beschafft hatten. Wir haben es geschafft, uns hier einzuleben und das Vertrauen der Dorfbewohner zu gewinnen. Hin und wieder reisen wir kurz nach 2198, um Dinge zu erledigen beziehungsweise Bericht zu erstatten. Überwiegend bewegen wir uns aber im Jahr 1325. Unsere Aufgabe ist es unter anderem, die abtrünnigen Kollegen, die sich hier widerrechtlich aufhalten, zu observieren. Zu gegebener Zeit wird man uns Hilfe schicken, um sie festzunehmen und zurückzubringen. Weiterhin werden wir dich und deine Gefährten beschützen und mit allen Mitteln versuchen, die Hochzeit von Florian vom Mühlental mit Gundhild vom Lerchenberg zu verhindern.«

Als Sarah alias Mechthild ihren Monolog beendet hatte, erwachte Thomas aus einer Art Trance. Die Informationen, die auf ihn eingeprasselt waren, überforderten ihn schlichtweg. Noch immer starrte er sie fassungslos an.

Erst nach einigen Minuten brach er das Schweigen: »Du hast vorhin erwähnt, dass du mir nicht alles verraten kannst, vor allem Dinge, die mich betreffen. Nun hätte ich aber trotzdem eine Frage.«

Sie lächelte.

»Dann stell sie doch einfach. Vielleicht beantworte ich sie dir ja.«

»Okay«, fuhr er fort, »Du sprachst von Notizen, die Claudia machen wird und die es euch ermöglichen, ein Wurmloch zu erschaffen. Werde ich an diesen Aufzeichnungen irgendeinen Anteil haben?«

Sie schüttelte den Kopf.

»Nein, definitiv nicht.«

Er war erstaunt.

»Komisch, das verstehe ich nicht. Normalerweise bin ich doch für solche Dinge zuständig und nicht meine Schwester. Wird sie mich dabei gar nicht um Rat fragen?«

»Nein, das wird sie nicht«, antwortete Sarah.

Er ließ nicht locker.

»Werden wir uns etwa zerstritten haben?«

Sie sah ihn ernst an.

»Nein, ihr habt euch nicht zerstritten. Sie wird dich nicht fragen können. Und nun hör bitte auf, weiter zu bohren!«

Thomas lief ein kalter Schauer über den Rücken. Würde er zu dieser Zeit schon tot sein? Tränen schossen ihm in die Augen. Als Sarah das bemerkte, ahnte sie, was er dachte und er tat ihr leid.

»Keine Angst, dir wird es gut gehen. Du wirst nur nicht in der Nähe deiner Schwester sein.«

Er war erleichtert und hatte gleich noch eine Frage: »Was wisst ihr eigentlich über die Leute aus eurer Zeit, die jetzt Florian vom Mühlental dienen?«

»Wir kennen sie genau und hatten in den letzten Jahren leider schon mehrfach Gelegenheit zu beobachten, wie skrupellos sie sind. Glaub mir, sie sind brutal und gehen über Leichen, wenn es sein muss. Trotz aller Bemühungen ist es uns bisher nicht gelungen, sie dingfest zu machen. Da ist zunächst Joachim Wagner, der wie ich Physiker ist und sich Gelfrid nennt. Weiterhin gehören Frank Neubert, Andreas Junghans und Dieter Ettig zu der Gruppe. Alle drei sind Elektroniker. Frank benutzt hier den Namen Herwyg, Andreas bezeichnet sich als Nicolaus und Dieter tritt als Olbrecht auf. Außerdem wäre da noch Jürgen Petzold. Er ist Hausmeister und sozusagen Mädchen für alles. Hier im Jahr 1325 heißt er Theodricus. Diese fünf gehörten zu unserem Institut.«

Thomas lehnte sich in seinem Bett zurück und schloss die Lider. Er musste das Gesagte erst einmal sacken lassen.

Sarah hatte das Zimmer schon fast verlassen, als ihr noch etwas einfiel.

Sie drehte sich zu ihm um und sagte: »Ach so, beinahe hätte ich es vergessen. Helmtraud hat deine Sachen aus der Gruft geholt und hierhergebracht.«

Er öffnete die Augen. Erst jetzt bemerkte er seine Umhängetasche und sein Schaukampf-Übungsschwert. Sie lagen in der Ecke neben dem Bett.

Sie fuhr fort: »Pass gut auf das Schwert auf. Es wird später von großer Wichtigkeit sein.«

Dabei lächelte sie ihn an und ging hinaus.

Gedankenversunken starrte Thomas hoch zur Decke. Fragen über Fragen schossen ihm durch den Kopf. Würden sie es schaffen, die Freunde zu befreien und Gundhilds Hochzeit mit Florian vom Mühlental zu verhindern? Und was wäre danach? Würde es ihnen gelingen, in ihr Jahrhundert zurückzukehren? Während er darüber nachdachte, schlief er ein.

Später brachte ihm Helmtraud, von der er jetzt wusste, dass sie eigentlich Erika hieß, einen Teller Suppe und einen Kanten Brot.

Sie weckte ihn sanft und sagte freundlich: »Sarah hat mit mir gesprochen. Du weißt also Bescheid. Das ist auch gut so, endlich hören diese Heimlichkeiten auf. Nun iss bitte und wundere dich nicht, wenn du dann gleich wieder müde wirst, das ist normal. In der Suppe ist ein Medikament, das dir hilft, schneller gesund zu werden. Du wirst sehen, morgen geht es dir schon wesentlich besser.«

Er bedankte sich bei ihr, doch sie antwortete: »Keine Ursache, wir helfen euch gern.«

Lächelnd ging sie hinaus und er machte sich über das Essen her, denn er hatte einen Mordshunger. Und wie Erika vorausgesagt hatte, schlief er danach sofort ein.

15. November 1325

Den ganzen Vormittag hatte es geschneit. Zum Glück hatten Swenja, Karsten, Bernd und Holger ein Dach über dem Kopf, auch wenn es nur aus grobem Stoff bestand. Wenigstens schützte es sie vor dem Schnee und das war die Hauptsache. Außerdem brannte ganz in der Nähe wieder ein kleines Feuer und sie hatten sich in die warmen Felle gehüllt, die ihnen Ulman gnädigerweise überlassen hatte. So war es einigermaßen erträglich und sie konnten ausschlafen.

Es ging auf Mittag zu, als sie erwachten. Um sie herum herrschte noch Ruhe. Die meisten der Männer schliefen ihren Rausch aus. Einige wenige waren schon wach und saßen missgelaunt und mit brummendem Schädel am Feuer.

Nach einer Weile kam Bewegung ins Lager. Wigant und seine Leute sattelten ihre Pferde. Er verabschiedete sich von seinem Vater und brach mit seiner Truppe auf. Nachdem sie weg waren, kam Ulman zu den Gefangenen.

»Ich hoffe, ihr habt gut geschlafen«, begrüßte er sie mit einer gewissen Ironie. »Zusammen mit Wigant und seinen Männern hat ein Bote von mir das Lager verlassen. Er wird versuchen, Florian vom Mühlental zu finden, um ihm mein Angebot zu unterbreiten. Ich bin gespannt, ob er darauf eingeht. Bis dieser Bote zurück ist, dürft ihr noch meine Gastfreundschaft genießen. Dann werden wir sehen, wie es mit euch weitergeht. Habt einen schönen Tag.«

Er grinste hämisch und ging. Wieder hieß es für Swenja, Karsten, Bernd und Holger warten und bangen. Die Zeit wollte überhaupt nicht vergehen. Am Nachmittag kamen die beiden Männer vom Vortag vorbei und brachten das Essen. Diesmal hatten sie einen großen Tonkrug mit Wasser dabei. Mit den Schüsseln hatten die vier schon ein wenig Übung, das Trinken aus dem Krug gestaltete sich hingegen weitaus schwieriger. Er fasste gut und gerne drei Liter und war entsprechend schwer. Sogar die Männer hatten mit gefesselten Händen Probleme. Als sie den Krug zum zweiten Mal herumreichten, geschah es: Er entglitt Swenja und eine größere Menge Wasser ergoss sich über ihren Schoß. Zum Glück hatte sie ihr Fell beiseitegelegt, so blieb wenigstens dieses trocken. Trotz ihrer zusammengebundenen Hände brachte sie es fertig, ihr Kleid auszuwringen. Danach versuchte sie sich mit dem Fell gegen die Kälte zu schützen, was ihr aber nicht wirklich gelang. Zähneklappernd saß sie zwischen Karsten und Bernd. Ihr Verlobter bemühte sich zwar, sie zu wärmen, so gut das in dieser Situation möglich war, dennoch fror sie erbärmlich. Glücklicherweise knisterte in unmittelbarer Nähe immer noch das kleine Feuer. Es dauerte zwar lange, doch als es langsam dunkel wurde, hatte Swenja es überstanden - ihr Kleid war wieder trocken.

Am Abend kam Wigant zurück ins Lager seines Vaters geritten und führte ein zweites Pferd mit sich, über dessen Sattel der Leichnam eines Mannes geschnallt war. Es handelte sich um den Boten, den Ulman losgeschickt hatte. Wigant hatte dessen Reittier gefunden, als es auf einer kleinen Lichtung unweit des Lagers nach Futter suchte. Der Mann lag am Boden, ein Pfeil steckte in seiner Brust.

In dieser Nacht floss kein Alkohol. Die Männer diskutierten bis in die frühen Morgenstunden. Wer hatte den Boten getötet? War es Florian vom Mühlental? Wenn ja, musste er ganz in der Nähe sein. War dies etwa eine Warnung oder gar eine Kriegserklärung an Ulman und dessen Räuberbande? Ab jetzt würden sie vorsichtiger sein und nachts die Wachen verdoppeln.

Swenja, Karsten, Bernd und Holger kümmerten sich nicht darum. Sie waren ohnehin machtlos und wenn das Lager angegriffen wurde, konnte sich ihre Lage allenfalls verbessern. Also kuschelten sie sich in ihre Felle. Swenja schmiegte sich an Karsten und bald waren alle eingeschlafen.

24. Juni 2017

»Guten Morgen, Schatz, das Frühstück ist fertig.«

Polizeioberkommissar Ketzel fühlte, wie eine Hand zärtlich über seinen Arm strich. Er dehnte und streckte sich, drehte den Kopf und schaute auf den Wecker. Es war genau 9 Uhr. Dann blickte er hoch und sah in das lachende Gesicht seiner Frau. Er lächelte zurück, stand auf, umarmte sie, gab ihr einen Kuss und ging ins Bad. Heute war Samstag. Nach der stressigen Woche würde er sein dienstfreies Wochenende so richtig genießen.

Nachdem er geduscht hatte, setzte er sich an den Frühstückstisch. Ramona und Paul saßen schon da und warteten auf ihn. Ihre Tochter Tanja war nicht zu Hause. Sie hatte, wie so oft, bei ihrem Freund übernachtet.

Horst konnte heute mit seiner Familie endlich wieder etwas unternehmen. Seit dem letzten Mal war viel Zeit vergangen, da er an den Wochenenden häufig arbeiten musste. Das Wetter war herrlich. Die Sonne schien und es würde bestimmt brütend heiß werden. Es wäre doch schön, an ihren kleinen Lieblingssee zu fahren, der östlich von Liebstein mitten im Wald lag. Eigentlich hatte er keine Lust, diesen Ort zu durchqueren, doch wenn sie dort baden wollten, musste das leider sein. Eine andere Verbindungsstraße gab es nicht. Ramona hatte nichts gegen seinen Vorschlag einzuwenden und Paul war hellauf begeistert. Am liebsten wäre er sofort losgerannt und hätte seine Badesachen geholt. Der strenge Blick seiner Mutter hinderte ihn jedoch daran, schließlich saß die Familie noch beim Frühstück.

Gleich nach dem Essen packten sie ihre Sachen zusammen. Horst trug seit langer Zeit mal wieder Shorts, sein geliebtes buntes Hawaiihemd und Sandalen. Dann ging es auch schon los. Alle waren guter Dinge. Die Uhr zeigte kurz nach zehn und wie erwartet war es bereits ziemlich heiß. Paul freute sich riesig. Heute konnte er endlich den Schnorchel, die Taucherbrille und die Schwimmflossen ausprobieren, die ihm seine Tante letzten Monat zum Geburtstag geschenkt hatte. Bisher lagen sie nur im Schrank, weil er entweder wegen der Schule keine Zeit hatte oder das Wetter schlecht war. Dazu kamen noch die Überstunden und Wochenenddienste seines Vaters.

Eine Dreiviertelstunde später fuhren sie durch Liebstein und kamen zwangsläufig am niedergebrannten Bauernhof der Familie Heilmann vorbei. Trostlos und verwüstet stand er da. Horst drosselte die Geschwindigkeit. Das Stückchen Wiese davor war übersät mit Reifenspuren, Teile des Bodens sahen aus, als wären sie umgeackert worden. Von der Scheune war so gut wie nichts mehr übrig. Man hatte die Fahrzeugwracks zur Untersuchung weggebracht. Die obere Etage des Wohnhauses war fast vollständig eingestürzt und hatte das Untergeschoss teilweise zerstört.

Obwohl das Gehöft von der Polizei gesperrt worden war, stand vor der Haustür ein Moped. Horst stutzte, hielt an, stieg aus und lief hin. Er war eben ein Vollblut-Polizist, nicht einmal am Wochenende konnte er abschalten. Seine Familie wartete genervt im Auto.

Ramona machte ihrem Ärger lautstark Luft, doch ihr Mann bekam davon nichts mit, da er schon zu weit entfernt war.

Gerade als er an der Haustür angekommen war, wurde diese geöffnet und ein junger Mann trat heraus. Er hatte einen Karton unter dem Arm und eine Reisetasche in der Hand. Der Polizeioberkommissar sprach ihn an und verlangte seinen Ausweis. Wie sich herausstellte, war es Mario Heilmann, der Sohn der Familie. Er hatte aus seinem Zimmer ein paar wichtige Sachen geholt.

»Dir ist aber schon klar, dass du hier normalerweise nichts zu suchen hast«, sagte Horst Ketzel barsch. »Das Gebäude wurde nicht umsonst versiegelt. Hier laufen im Moment Ermittlungen, denn die genaue Brandursache muss noch untersucht werden. Durch dein unberechtigtes Eindringen hast du vielleicht sogar wichtige Spuren vernichtet.«

Betreten blickte der junge Mann zu Boden. Zwar konnte ihn der Polizeioberkommissar durchaus verstehen, aber schließlich war es seine Pflicht, ihn darauf hinzuweisen.

Schon etwas versöhnlicher fragte er ihn: »Wo wohnst du jetzt eigentlich?«

»Mein bester Kumpel hat mich bei sich aufgenommen«, antwortete Mario. »Er wohnt am anderen Ende von Liebstein.«

»Kannst du mir seine Adresse geben?«

Mario Heilmann nickte. Er wühlte eine Weile in seiner Tasche. Als er seine Hand wieder herauszog, hielt er darin einen Stift und ein zusammengeknülltes Stück Papier. Nachdem er es umständlich auseinandergefaltet und glatt gestrichen hatte, notierte er darauf die Anschrift seines Freundes. Die Sitzbank seiner Maschine diente ihm dabei als Unterlage. Dann gab er Polizeioberkommissar Ketzel den Zettel und steckte den Stift wieder ein. Anschließend machte er sich daran, seine Sachen auf dem Gepäckträger zu verstauen.

»Weißt du eigentlich, wo dein Vater ist?«, fragte Horst unvermittelt.

Mario zögerte kurz, bevor er den Kopf schüttelte und die Frage verneinte.

Dieses kurze Zögern kam dem Polizeioberkommissar verdächtig vor, deshalb meinte er beiläufig: »Falls du ihn siehst, sag ihm doch bitte, dass er sich umgehend in der Dienststelle in Blankental melden soll. Wir brauchen einige Auskünfte von ihm.«

Dann verabschiedete er sich von dem jungen Mann, ging zu seinem Auto, stieg ein und verstaute den Zettel mit der Adresse im Handschuhfach.

Er fuhr los, blieb jedoch gleich nach der nächsten Kurve wieder stehen. Seine Frau sah ihn fragend an. Er wendete und rollte im Schritttempo zurück. Hinter einem Gebäude hielt er an und beobachtete Stefan Heilmanns Sohn. Der war gerade fertig mit dem Beladen seines Mopeds. Kurz darauf stieg er auf und düste davon. Horst folgte ihm in gebührendem Abstand.

Am Ortsrand befand sich eine kleine Autowerkstatt. Dort hielt Mario an. Er stieg ab und ging hinein. Der Polizeioberkommissar blieb etwa dreißig Meter davor stehen. Von hier aus hatte er den Eingang bestens im Blick.

»Jetzt sag verdammt noch mal, was los ist!«, schimpfte Ramona. »Du hast versprochen, den Tag heute mit uns zu verbringen.«

Auch Paul war genervt.

»Wann fahren wir denn endlich zum See?«

»Habt Geduld, ich will nur schnell etwas überprüfen«, antwortete Horst und stieg aus.

Langsam schlich er Richtung Werkstatt. Dort angekommen, schaute er sich vorsichtig um. Auf dem

Hof stand ein silbern glänzender Oldtimer. Es handelte sich um den Mercedes 300 SL, das vermutlich wertvollste Stück aus Stefan Heilmanns Sammlung. Aus dem Gebäude drangen laute Stimmen, zwei Personen stritten miteinander. Er erkannte sie sofort, es waren Mario und sein als vermisst geltender Vater. Worum es bei dem Streit ging, konnte er jedoch nicht verstehen.

Da er nicht im Dienst war und seine Pistole nicht dabei hatte, wollte er kein Risiko eingehen. Eilig kehrte er zu seinem Wagen zurück, um die Kollegen zu informieren, doch dazu kam er nicht mehr. Kaum hatte er sich ins Auto gesetzt, seiner Frau kurz die Situation erklärt und sein Handy aus dem Handschuhfach genommen, hörte man Reifen quietschen. Der silberne Mercedes schoss aus der Einfahrt der Werkstatt und brauste davon. Am Steuer saß Stefan Heilmann. Horst legte das Mobiltelefon weg, startete den Motor und nahm die Verfolgung auf.

Ramona schrie ihn an: »Bist du jetzt völlig übergeschnappt!«

Dann verstummte sie, wurde kreidebleich und war die ganze Zeit ausschließlich damit beschäftigt, sich festzuhalten, um Blessuren zu vermeiden. Paul fand die Aktion megacool. Verfolgungsjagden kannte er bisher nur von seinen Computerspielen oder aus Filmen.

Polizeioberkommissar Ketzel gab sich alle Mühe, den Mercedes nicht aus den Augen zu verlieren. Im Dorf gelang ihm das ganz gut, aber kaum hatte Stefan das Ortsausgangsschild passiert, gab er Vollgas. Vermutlich hatte er längst bemerkt, dass er verfolgt wurde. Schon nach wenigen Sekunden war er hinter einer Kurve verschwunden. Horst registrierte, dass sie in Richtung der Burgruine fuhren. Bald schon kamen sie an dem Parkplatz vorbei, auf dem die Autos der Mittelalterleute gestanden hatten. Nun war er völlig leer, denn die Fahrzeuge der Rossburger Ritter waren inzwischen abgeschleppt und zur kriminaltechnischen Untersuchung gebracht worden.

Von dem Mercedes fehlte jede Spur. Nachdem Horst die Baumgruppe passiert hatte, sah er vor sich die Wiese, wo der Mittelaltermarkt stattgefunden hatte. Er hielt an und blickte suchend in die Runde.

Als er zur Burgruine schaute, entdeckte er den 300 SL unmittelbar am Fuß der Anhöhe. Er trat aufs Gas und fuhr quer über die Wiese. Nur noch wenige Meter trennten ihn von dem Oldtimer, da sprang Stefan Heilmann heraus und rannte in Richtung der Ruine davon. Polizeioberkommissar Ketzel kam blitzartig der Gedanke, dass er sich garantiert in der Höhle verstecken wollte. Er stellte sein Auto neben dem Mercedes ab und schärfte seiner Frau und seinem Sohn ein, es unter keinen Umständen zu verlassen. Dann verließ er den Wagen und nahm die Verfolgung auf. Ramona und Paul hielten sich nicht einmal zwei Minuten an diese Anweisung. Sie stiegen aus und liefen hinterher.

Mittlerweile hatte Horst den Eingang der Höhle erreicht. Das Vorhängeschloss am Eisengitter war offen. Vorsichtig betrat er das Innere und bewegte sich dicht an der Wand entlang vorwärts. Nachdem er einige Meter gelaufen war, erblickte er Stefan Heilmann im hinteren Teil. Dieser strebte zum Ende des Gangs, wo ein eigenartiges, rötlich fluoreszierendes Licht aus einer Mulde im Boden heraus leuchtete. Sobald er diese Stelle erreicht hatte, war er plötzlich spurlos verschwunden. Horst rieb sich die Augen und staunte nicht schlecht. Es schien, als wäre der Verfolgte vom Erdboden verschluckt worden. Bestimmt hatte diese Mulde ein Loch, durch das er entwischt war. Der Polizeioberkommissar lief zu der Stelle und stieg vorsichtig in die Kuhle, doch nichts passierte. Dort gab es kein Loch. Wo zum Teufel war der Kerl geblieben?

Er beschloss, nicht weiter zu suchen. Heilmann war weg, er hatte Wochenende und seine Familie wartete im Auto. Sie hatten sich heute vorgenommen, baden zu fahren, und genau das würden sie jetzt tun. Hinzu kam, dass er unbewaffnet war. Schlimmstenfalls konnte das gefährlich für ihn werden. Er würde nur noch die Kollegen informieren. Sollten die sich doch um den Verdächtigen kümmern! Außerdem begann er allmählich zu frieren, also lief er schnurstracks wieder Richtung Höhleneingang. Je näher er diesem kam, desto kälter wurde es. Als er ihn erreicht hatte, blieb er starr vor Schreck stehen. Draußen lag Schnee!

Horst Ketzel bekam Panik. Das ging definitiv nicht mit rechten Dingen zu! Er wollte einfach nur weg von hier. Wie von Sinnen rannte er zu seinem Auto, aber als er an der Stelle angekommen war, fand er von diesem keine Spur. Auf der Wiese sah er verkohlte Reste und Stofffetzen, die vermutlich von verbrannten Zelten stammten. Was war hier los? Hilflos stand er da, mit kurzen Hosen und Sandalen in einer unwirtlichen Schneelandschaft. Was sollte er jetzt nur tun?

Ein Polizeioberkommissar im Mittelalter

16. November 1325

Thomas rekelte sich und gähnte herzhaft. Er fühlte sich erholt und ausgesprochen fit. Wie schön wäre es jetzt, zu duschen. Er sehnte sich nach seinem Zuhause. Dort hatte er sein Zimmer und es gab ein komfortables Bad mit einer fantastischen Dusche. Man konnte den Wasserstrahl auf verschiedene Stufen einstellen und sich damit massieren lassen. Die Badewanne war groß und vor allem bequem. Mindestens einmal in der Woche nahm Thomas ein Vollbad und entspannte sich wunderbar dabei. Auch sein Radio fehlte ihm hier und diese Liste ließ sich beliebig erweitern: der Fernseher, sein PC, das Internet, elektrisches Licht, Telefon, Heizung und überhaupt alle Annehmlichkeiten des einundzwanzigsten Jahrhunderts. Diese Dinge vermisste er momentan mehr denn je, doch am meisten sehnte er sich nach seiner Familie. Wie ging es wohl seinen Eltern? Die Mutter weinte sich bestimmt die Augen aus und der Vater hatte mit Sicherheit die gesamte Gegend auf den Kopf gestellt, um ihn und Claudia zu finden. Da die Suche zwangsläufig erfolglos geblieben war, hatten sie vermutlich längst die Polizei eingeschaltet. Immerhin hatten sie auf einen Schlag beide Kinder verloren.

Vor einer Woche war er im Mittelalter gelandet. Wer weiß, wie lange er noch hierbleiben musste. Vielleicht für immer? Es kam ihm schon jetzt wie eine Ewigkeit vor.

Er versuchte aufzustehen. Im Gegensatz zum letzten Mal klappte es heute wesentlich besser. Zwar war er noch etwas wackelig auf den Beinen, aber das würde sich sicher bald geben, er musste nur üben. Wenn er die ganze Zeit im Bett blieb, würde er garantiert nicht zu Kräften kommen.

Vorsichtig tastete er sich Schritt für Schritt bis zur Tür und öffnete sie. Sein Blick fiel in einen kurzen, dunklen Flur. Links führte eine Treppe nach oben. Auf der rechten Seite gab es eine Tür, hinter der sich ein weiterer Raum befand. Am anderen Ende war die Haustür. Thomas kam eine Idee. Erika hatte ihm erzählt, dass Mirjam und Claudia im Nachbarhaus untergebracht waren und Sven ein paar Häuser weiter wohnte. Wie wäre es, die drei Freunde mit einem Besuch zu überraschen? Gesagt, getan. Langsam ging er bis zur Haustür, schob den Riegel beiseite - und riss erstaunt die Augen auf. Es hatte geschneit, und das nicht zu knapp! Ein Weg war nicht zu erkennen, man konnte allenfalls erahnen, wo er normalerweise verlief.

Er schaute sich um. Links und rechts standen in einiger Entfernung kleine Fachwerkhäuser. Welches Nachbarhaus hatte Erika gemeint? Egal, er würde Mirjam und Claudia schon finden. Zögernd trat er ins Freie. Doch er schaffte es nicht einmal, drei Schritte im Schnee zu gehen, als plötzlich Sarah hinter ihm auftauchte. Unverblümt fragte sie ihn, ob er sich den Tod holen wolle. Thomas blickte an sich herunter. Er trug ein dünnes naturfarbenes Leinenhemd und eine dazu passende dunkle Hose aus dem gleichen Material. Schuhe hatte er keine an, auch die Socken fehlten. Mit nackten Füßen stand er im Schnee und fror erbärmlich.

Er warf der Kräuterfrau einen schuldbewussten Blick zu. Diese sagte kein Wort, sondern befahl ihm mit einer energischen, unmissverständlichen Handbewegung, sofort wieder ins Haus zurückzukehren. Dort dirigierte sie ihn in die Küche und forderte ihn auf, sich zu setzen.

Dann redete sie mit ernster Miene auf ihn ein: »Sag mal, bist du wahnsinnig geworden? Wie kann man nur so leichtsinnig sein! Was ist, wenn dich jemand gesehen hat? Einige Leute im Dorf wissen zwar Bescheid, aber es kommen auch hin und wieder Soldaten hier vorbei, um die Taverne zu besuchen. Weißt du, was passiert, wenn sie dich bemerken und vielleicht sogar erkennen, weil du von ihnen vor ein paar Tagen auf Burg Liebstein gesehen wurdest?«

Er blickte zu Boden. Sie hatte recht. Wieder einmal hatte er nicht so weit gedacht.

»Und außerdem warst du nicht mal richtig angezogen«, fuhr sie fort.

»Ich wollte doch nur ins Nachbarhaus zu Mirjam und Claudia«, erwiderte er kleinlaut.

»Natürlich kannst du deine Freunde sehen«, entgegnete sie, »jedoch nicht jetzt. Wenn es dunkel ist, bringen wir sie hierher.«

Er fand es schade, dass er sich nicht im Dorf umschauen durfte, aber sie beschwichtigte ihn: »Es ist einfach zu gefährlich.«

Plötzlich hörte man draußen Hufgetrappel und kurze Zeit später hielt ein Fuhrwerk vor dem Haus. Dann klopfte es dreimal an der Eingangstür. Er erschrak. Waren das etwa schon die Soldaten? Hatte ihn vorhin tatsächlich jemand gesehen? Doch Sarah lachte, ging zur Tür und öffnete sie. Ein untersetzter Mann trat ein. Seine kräftigen Oberarme ließen darauf schließen, dass er einer körperlich schweren Arbeit nachging. Thomas schätzte ihn auf etwa fünfzig Jahre. Irgendwie kam er ihm bekannt vor.

Bevor er richtig darüber nachdenken konnte, stellte Sarah ihn vor: »Das ist Uwe Horn, von dem ich dir gestern schon erzählt habe. Hier nennt man ihn Gernot den Schmied. Er ist Arzt, stammt aus meiner Zeit und hat dir das Leben gerettet.«

Da fiel es Thomas wie Schuppen von den Augen. Klar, er hatte diesen Mann gesehen, als er 2198 im Krankenhaus von ihm operiert wurde.

Uwe alias Gernot lächelte ihn an.

»Hallo, schön, dass es dir wieder besser geht.«

Der junge Mann erwiderte das Lächeln und antwortete: »Nun, das habe ich ja in erster Linie dir zu verdanken.«

Der Schmied musste grinsen.

Sarah schaute ihn an und meinte: »Unser Gast würde sich gerne das Dorf ansehen und seine Freunde besuchen. Ich habe ihm natürlich schon gesagt, dass das nicht geht. Es wäre viel zu gefährlich.«

Uwe überlegte kurz und sagte nachdenklich: »Warum? Man darf ihn nur nicht erkennen.«

Die beiden warfen ihm einen fragenden Blick zu.

Er stand auf und murmelte: »Ich bin gleich wieder da.«

Dann verließ er das Haus und lief zu seinem Fuhrwerk. Kurze Zeit später kehrte er mit einem Bündel unter dem Arm zurück, das er mitten im Raum ablegte. Er knotete die Bänder auf und rollte es auseinander. Zum Vorschein kamen zwei große Felle und ein weiter Rechteckmantel mit Kapuze.

»Hier, zieh das an«, sagte er. »Wollen doch mal sehen, wie du damit aussiehst.«

Thomas folgte der Aufforderung. Er zog den Mantel über und legte sich eines der Felle um die Schultern, das andere band er sich mit einem Strick um den Leib. So waren seine Nieren bestens vor dem klirrenden Frost geschutzt.

Die Kräuterfrau ging zu einer Truhe, entnahm dieser ein Tuch, reichte es ihm und meinte: »Damit kannst du Mund und Nase bedecken.«

Er nahm es und wickelte es um sein Gesicht. Es fühlte sich weich an und roch angenehm. Zum Schluss setzte er die Kapuze auf.

Nachdem Sarah und Uwe ihn von allen Seiten begutachtet hatten, waren sie sich einig: Niemand würde ihren Gast in diesen Sachen erkennen. Von seinem Gesicht war fast nichts mehr zu sehen, nur die Augen schauten noch heraus. Der Schmied bot sich an, ihn durchs Dorf zu begleiten. Auf diese Weise würde er viel weniger auffallen. Thomas war einverstanden, da er sich dort ohnehin nicht auskannte. Gemeinsam verließen die beiden Männer das Haus.

Bis zu Mirjam und Claudia war es wirklich nicht weit. Erika hatte das Nachbargebäude gemeint, das sich links neben Sarahs Haus befand. Uwe klopfte dreimal an, dann mussten sie eine ganze Weile warten. Endlich wurde die Tür geöffnet und eine hagere Frau trat heraus, die gut achtzig Jahre alt sein mochte, was für diese Zeit außergewöhnlich war.

Sie gab dem Schmied die Hand und sagte freundlich: »Gott grüße dich. Wie geht es dir, Gernot?« Ohne die Antwort abzuwarten, fragte sie gleich weiter: »Wen hast du denn da mitgebracht?«

Dabei lachte sie und Thomas stellte mit Entsetzen fest, dass sie nur noch drei gelblich verfärbte Zähne im Mund hatte. Uwe schien das nicht zu interessieren.

»Ach Agnes, du weißt doch, es geht mir immer gut. Vor allem, wenn ich dich sehe.«

Dann stellte er ihr seinen Begleiter vor und sie betraten das Haus. Mirjam und Claudia saßen am Tisch und aßen Brei aus kleinen Holzschüsselchen. Die Löffel waren ebenfalls aus Holz. Sobald Thomas die Kapuze abgesetzt und das Tuch von Mund und Nase entfernt hatte, erkannten sie ihn, sprangen auf und fielen ihm um den Hals. Alle drei weinten vor Freude.

Uwe und Thomas blieben jedoch nur kurz bei den beiden. Sie verabredeten sich für den Abend. Dann würden ihn Mirjam und Claudia nach Einbruch der Dunkelheit bei Sarah besuchen. Als Nächstes gingen sie zu Sven, der drei Häuser weiter untergebracht war. Auch hier klopfte der Schmied dreimal an die Tür. Im Gegensatz zu ihrem vorherigen Besuch mussten sie diesmal nicht lange warten. Ein junger Mann namens Dietrich, den Thomas auf Mitte zwanzig schätzte, öffnete ihnen. Uwe begrüßte ihn freundlich.

Nach einem kurzen Plausch brachte Dietrich die Ankömmlinge zu Sven. Diesem erging es nicht anders als den Mädels. Er erkannte seinen Kumpel erst, nachdem dieser die Kapuze und das Tuch abgenommen hatte. Auch bei Sven hielten sie sich nicht lange auf. Er würde ebenfalls am Abend zu Sarahs Haus kommen. Die beiden Besucher verabschiedeten sich und setzten ihren Weg fort.

Da sie noch ein wenig Zeit hatten und Thomas von niemandem erkannt werden konnte, wollte er unbedingt das Dorf erkunden. Also liefen sie die Straße entlang Richtung Osten und er schaute sich in aller Ruhe um. Der Ort war ein typisches Waldhufendorf. Die Häuser standen nebeneinander zu beiden Seiten der Straße. Die Mittelachse bildete neben dieser ein Bach, an dessen Ufern einige Bäume wuchsen. Mehrere schmale Holzstege führten in regelmäßigen Abständen darüber. So war es möglich, problemlos auf die andere Seite zu wechseln. Im Sommer war es hier bestimmt herrlich.

In der Mitte des Dorfs befand sich ein Weiher, der von dem Bach gespeist wurde. Auf dem klaren Wasser tummelten sich trotz der Kälte viele Enten. Vom Rand her bildete sich langsam eine Eisschicht. In ein paar Tagen würde der Teich wohl zugefroren sein, wenn es weiterhin so kalt blieb. Daneben ragte der Kirchturm in die Höhe. Die Kirche war sehr klein und komplett aus Holz gebaut. Davor erstreckte sich eine größere freie Fläche, auf der Händler hin und wieder ihre Waren feilboten.

Auf diesem Kirchplatz blieb Thomas stehen. Dann drehte er sich einmal um die eigene Achse und blickte dabei zum Horizont.

»Das verstehe ich nicht«, sagte er schließlich. »Ich kann nirgends die Burg sehen.«

Fragend sah Uwe ihn an.

»Welche Burg meinst du?«

»Burg Liebstein. Sind wir hier nicht im Dorf Liebstein?«

Der Schmied lächelte.

»Nein, die Burg ist gut dreißig Kilometer von hier entfernt. Wir befinden uns in Dornstein, Liebstein gibt es noch gar nicht. Es wird 1423 erstmals erwähnt. Bis ins zehnte Jahrhundert war an dieser Stelle eine slawische Siedlung, von der längst nichts mehr übrig ist. Vermutlich teilte sie das Schicksal vieler Ortschaften in jener Zeit, wurde von deutschen Fürsten militärisch erobert und anschließend dem Erdboden gleichgemacht. Später, etwa im elften Jahrhundert, erbaute man die Burg zum Schutz der dort vorbeiführenden Handelsstraße. Natürlich mussten die Händler, die auf ihr reisten, einen entsprechenden Wegezoll an den Burgherrn entrichten. Heute sieht das anders aus. Arnulf vom Lerchenberg verlangt zwar keinen Zoll, dafür überfällt er die Reisenden. Oftmals ist er dabei nicht allein. Sein Kumpan, Florian vom Mühlental, macht gemeinsame Sache mit ihm. Und da an der von Florian bewohnten Rossburg auch ein Handelsweg vorbeiführt, treiben sie ihr Unwesen abwechselnd von beiden Burgen aus.«

Thomas hatte genug gehört und nickte zum Zeichen, dass er verstanden hatte. Sie gingen weiter. Nach einer Weile erreichten sie den Dorfrand. Während er seinen Blick schweifen ließ, erblickte er im Osten am Horizont eine Burg. Er stutzte. Hatte Uwe nicht gesagt, dass man Liebstein von hier aus nicht sehen konnte?

Als er ihn danach fragte, antwortete dieser: »Das ist Burg Dornstein. Auf ihr herrscht Leonhard von Bassewitz. Er ist ein sehr warmherziger, gerechter Burgherr. Nicht nur einmal erließ er den Bürgern von Dornstein die Abgaben in einem ernteschwachen Jahr. Er ist aber auch ein raffinierter Stratege, der schon einige brenzlige Schlachten gewonnen hat und er beschützt seine Untertanen, wo immer er kann. Ich könnte noch viele edle Dinge über ihn berichten, doch das würde jetzt zu weit führen.«

»Von dieser Burg habe ich bisher nie gehört«, erwiderte Thomas nachdenklich.

»Das kann ich mir gut vorstellen. Der Ort und die Burg werden im siebzehnten Jahrhundert, genauer gesagt im Dreißigjährigen Krieg, vollkommen zerstört werden. Alles, was noch einigermaßen brauchbar ist, wird von den Einwohnern der umliegenden Dörfer mitgenommen und als Baumaterial verwendet werden. Den Überlieferungen zufolge wird bereits Anfang des achtzehnten Jahrhunderts vom Dorf und der Burg nichts mehr übrig sein.«

»Und was ist das dort?«

Thomas zeigte auf ein abgelegenes, kleines Gebäude, das genau wie die Kirche komplett aus Holz errichtet war.

»Das ist die Taverne«, erklärte Uwe. »Näher heran gehen wir lieber nicht. Meist ist sie voller Soldaten von den umliegenden Burgen und wir wollen das Schicksal nicht mit aller Gewalt herausfordern. Am Ende erkennt dich doch noch jemand.«

Thomas pflichtete ihm bei.

Gerade als sie umkehren wollten, wurde die Tür der Taverne geöffnet und ein hünenhafter Kerl trat ins Freie. Er trug eine leichte Rüstung. In seinem Gürtel steckte ein langes Messer, ansonsten schien er unbewaffnet zu sein.

Kaum hatte er die beiden erblickt, rief er ihnen zu: »He, kommt her und feiert mit uns.«

Dabei lachte er aus vollem Hals.

Nun war guter Rat teuer. Wenn sie wegliefen, würde der Hüne bestimmt nicht seelenruhig zusehen, außerdem machte sie das verdächtig.

Also raunte Uwe: »Los, komm mit. Aber lass mich reden. Du sagst kein Wort. Hast du das verstanden?«

»Klar, hab ich«, flüsterte Thomas.

»Wenn es nichts kostet, sind wir natürlich dabei«, sagte der Schmied laut und lachte ebenfalls. »Schließlich kann man nicht alle Tage umsonst saufen.«

Er lief zum Eingang und sein Begleiter folgte ihm. Nachdem sie die große Eichentür hinter sich geschlossen und den Schankraum betreten hatten, schlug ihnen warme Luft entgegen, die nach Essen und Bier roch. Augenblicklich umfing sie Stimmengewirr, denn die Taverne war brechend voll. Überall saßen Soldaten. Die kleinen Fenster ließen wenig Licht herein und die rußgeschwärzte Decke verdunkelte den Raum zusätzlich. Deshalb hatte der Wirt viele Kerzen und einige Fackeln angezündet, was der Szenerie eine rustikale Gemütlichkeit verlieh.

Der hünenhafte Kerl, der sie eingeladen hatte, bat die beiden an einen der Tische und bot ihnen zwei Plätze an. Bevor sie sich setzten, öffnete Uwe seinen Mantel und entfernte das Tuch von Mund und Nase.

Erst jetzt erkannte ihn der Soldat und sagte freudig: »Ach du bist es, Schmied! Erinnerst du dich an mich? Vor zwei Wochen war ich mit meinem Pferd bei dir. Es hatte ein Hufeisen verloren. Du hast gute Arbeit geleistet.«

Uwe alias Gernot lächelte dankbar und setzte sich.

Jetzt war Thomas an der Reihe. Mit zitternden Händen nahm er das Tuch ab. Hoffentlich wurde ihm das nicht zum Verhängnis!

Der Gastgeber sah ihn argwöhnisch an.

»Und wer ist das? Irgendwie kommt er mir bekannt vor.«

»Das kann nicht sein. Er stammt nicht von hier«, beeilte sich der Schmied zu sagen, »er ist mein Neffe.«

»Nun, das ist natürlich etwas anderes«, beruhigte sich der Soldat wieder, »und jetzt lasst uns feiern. Ach, wo bleiben überhaupt meine Manieren. Ich habe mich ja gar nicht vorgestellt. Bestimmt wollt ihr wissen, mit wem ihr hier sauft. Ich bin Kuntz von Hedenthal, Kastellan und Befehlshaber der Wache von Burg Liebstein.«

Thomas warf Uwe einen erschrockenen Blick zu. Er hatte ein mulmiges Gefühl, doch er versuchte sich nichts anmerken zu lassen.

»Was ist mit euch? Habt ihr keinen Durst?«, riss ihn der Söldnerführer aus seinen Gedanken.

Der junge Mann hatte gar nicht bemerkt, dass der Schankwirt inzwischen zwei Krüge mit Bier hingestellt hatte. Also stießen sie an und tranken. Die Zeit verging wie im Flug und sie unterhielten sich über alle möglichen belanglosen Dinge.

Schließlich meinte Kuntz, der schon ziemlich angetrunken war: »Ihr müsst wissen - und das sage ich euch jetzt im Vertrauen - dass unser Burgherr, Arnulf vom Lerchenberg, unterwegs zur Rossburg ist. Er führt als Trauzeuge seine Schwester Gundhild zum Altar. Sie wird Florian vom Mühlental ehelichen. Nun ja, die

Ärmste ist damit wohl nicht so recht einverstanden, aber was soll's. Die Hochzeit wird gewiss schön. Der Höhepunkt wird eine Hinrichtung sein. Ach, was sage ich, es sind sogar vier Hinrichtungen. Die Gefangenen dafür hat Florian spendiert. Er hat sie von Burg Liebstein mitgenommen. Aber eigentlich ist mir das alles egal, Hauptsache, Arnulf ist nicht da. Hoffentlich bleibt er lange genug weg, damit wir hier recht oft zechen können.«

Thomas sprang auf.

Uwe erschrak und sagte nervös: »Nun, es war schön, mit Euch zu plaudern, doch wir müssen jetzt aufbrechen. Es ist schon spät und wir haben heute noch einiges zu tun.«

Kuntz von Hedenthal sah ihn an.

»Schade, mich hat es gefreut, mit euch zu feiern und zu saufen. Hoffentlich sehen wir uns bald wieder. Zahlen müsst ihr nichts, ihr wart eingeladen.«

Die beiden bedankten sich und verließen die Schankstube. Es war bereits dunkel, als sie sich auf den Weg machten.

Kaum waren sie außer Hörweite der Taverne, fing der Schmied an zu schimpfen: »Sag mal, hast du den Verstand verloren? Bist du wahnsinnig oder lebensmüde? Das hätte uns beide den Kopf kosten können. Versuch in Zukunft, deine Emotionen unter Kontrolle zu halten. Wir sind hier nicht im einundzwanzigsten Jahrhundert!«

Schuldbewusst senkte der junge Mann den Blick.

»Ja, du hast recht. Entschuldige bitte. Das wird nicht wieder vorkommen.«

Uwe klopfte ihm auf die Schulter.

»Schon gut, Entschuldigung angenommen. Aber pass in solchen Situationen wirklich besser auf. Ein derartiger Fehler könnte dein letzter sein.«

Thomas nickte.

»Und trotzdem«, sagte er nach einiger Zeit energisch, »müssen wir etwas unternehmen. Swenja, Karsten, Bernd und Holger sind in Lebensgefahr! Sie sollen hingerichtet werden! Da können wir doch nicht ruhig zusehen!«

»Wir werden auch nicht ruhig dabei zusehen. Allerdings wissen wir nicht, ob dieser Kuntz von Hedenthal vielleicht zu tief ins Glas geschaut hat und nur angeben wollte, was ich ehrlich gesagt eher glaube. Warum würde Florian sie grundlos hinrichten?«

»Sicher wäre ich mir an deiner Stelle aber nicht. Für mich kam Kuntz durchaus glaubwürdig rüber. Bei der Gefangennahme haben die Soldaten die Handys meiner Freunde gefunden und zerstört. Und ich hörte sie ›Teufelswerk‹ rufen.«

»Das mag ja alles sein, nur im Moment sind uns sowieso die Hände gebunden. Ich möchte dich außerdem bitten, den anderen nichts davon zu erzählen. So vermeiden wir Panik und kopflose Aktionen, die definitiv in dieser Situation kontraproduktiv und eventuell sogar gefährlich wären.«

Thomas nickte und versprach, niemandem von ihrem Gespräch mit Kuntz von Hedenthal zu berichten. Erst jetzt bemerkten die beiden, dass es deutlich wärmer geworden war. Nun begann es auch noch leicht zu nieseln. Den Rest des Rückwegs unterhielten sie sich über das Mittelalter und der junge Mann erfuhr eine Menge Wissenswertes.

Schließlich waren sie zu Hause angelangt. Vor der Tür wartete ein Trupp berittener Männer. Als sie näher kamen, sah Thomas, dass einige von ihnen eine Armbrust oder Pfeil und Bogen bei sich hatten, die anderen trugen Spieße und Lanzen.

»Geh ruhig rein«, sagte der Schmied. »Deine Freunde sind bestimmt schon hier. Wir reiten heute noch zur Jagd.

Vielleicht sehen wir uns ja später. Wenn nicht, dann auf jeden Fall morgen.«

Sein Begleiter stutzte.

»Ihr wollt jagen? Ist das im Mittelalter nicht verboten und nur dem Adel erlaubt?«

Uwe musste lachen.

»Alle Achtung! Da hat aber jemand im Geschichtsunterricht gut aufgepasst. Mach dir mal keine Sorgen um uns. Melchior von Oppenheim ist mit von der Partie. Ihm wurde von Leonhard von Bassewitz der Wildbann zuerkannt. Somit dürfte es keine Probleme geben.«

Thomas schaute ihn interessiert an.

»Was hat es mit diesem Wildbann denn auf sich?«

»Er beinhaltet das Recht, selbst zu jagen und die Jagdausübung durch andere zu regeln. Wir gehen sozusagen als seine Helfer mit.«

Der junge Mann nickte zufrieden. Wieder hatte er etwas dazugelernt. Er verabschiedete sich von Uwe und grüßte die anderen im Vorbeigehen. Dann betrat er das Haus. Wie sich zeigte, hatte der Schmied recht. Mirjam, Claudia, Sven und auch Erika waren bereits bei Sarah versammelt und warteten voller Sorge auf ihn.

Kaum hatte er sich an den Tisch neben Sven gesetzt, rümpfte dieser die Nase und fragte: »Hast du getrunken? Du stinkst wie ne ganze Brauerei!«

Thomas lachte herzhaft und erzählte haarklein, was er zusammen mit Uwe im Dorf erlebt hatte. Gespannt hörten die Freunde zu. Das Gespräch mit Kuntz von Hedenthal über die geplanten Hinrichtungen erwähnte er natürlich nicht.

Nachdem er seinen Bericht beendet hatte, meinte Claudia: »Wie soll es jetzt weitergehen?«

Die jungen Leute blickten ihn fragend an.

Er wiederum schaute hilfesuchend abwechselnd zu Sarah und Erika, die sich schließlich zu Wort meldete:

»Bevor wir darüber reden, müsst ihr noch etwas erfahren. Sarah, Uwe und ich kommen wie ihr aus der Zukunft. Thomas weiß schon Bescheid. Ursprünglich wollten wir euch nicht einweihen, aber es dürfte schwierig werden, das die ganze Zeit zu verheimlichen. Früher oder später würdet ihr es sowieso erfahren. Bestimmt habt ihr euch schon gefragt, warum ihr trotz eurer schweren Verletzungen so schnell genesen seid. Wir haben euch mit in unsere Zeit genommen. Uwe ist Arzt und hat euch dort geheilt.«

Mirjam, Claudia und Sven rissen erstaunt die Augen auf.

Mit offenem Mund starrten sie Erika an, doch bevor jemand etwas sagen konnte, fuhr sie fort: »Bitte stellt jetzt keine Fragen. Ihr werdet im Laufe der Zeit mehr Informationen erhalten. Eins ist jedoch immens wichtig: Sprecht uns unbedingt mit unseren mittelalterlichen Namen an, wenn andere Leute von hier dabei sind. Ich heiße Helmtraud, Sarah nennt sich Mechthild und Uwe kennt man als Gernot.

Und nun zu deiner Frage, Claudia. Uwe ist zusammen mit einigen Männern aus dem Dorf auf die Jagd gegangen. Sie wollen bei der Gelegenheit im Wald nach Spuren eurer Freunde suchen. Heute Nacht haben wir Vollmond. Der Himmel ist jetzt wieder klar, nirgends sind Wolken zu sehen. Es dürfte also hell genug dafür sein. Warten wir mal ab, bis sie zurück sind. Vielleicht gibt es dann Neuigkeiten.«

Erika hatte recht. Ihnen blieb nichts anderes übrig, als zu warten. Sie unterhielten sich noch eine Weile und erzählten sich gegenseitig, was sie in den letzten Tagen hier in Dornstein erlebt hatten.

Mittlerweile war es kurz vor Mitternacht und Mirjam, Claudia und Sven verabredeten sich mit Thomas für den nächsten Tag. Sie wollten sich wieder abends nach Einbruch der Dunkelheit treffen, das war für alle am sichersten. Dann verabschiedeten sie sich und verließen zusammen mit Erika das Haus. Sarah ging schlafen und Thomas zog sich in sein Zimmer zurück. Lange Zeit lag er wach. Zum einen hatte er in den letzten Tagen ziemlich viel geruht und zum anderen hatte er Sehnsucht nach seinem Zuhause im einundzwanzigsten Jahrhundert. Gegen 2 Uhr siegte endlich die Müdigkeit. Allerdings hatte er wieder einen wirren Traum und wälzte sich von einer Seite auf die andere.

16. November 1325

Swenja, Karsten, Bernd und Holger wurden schon sehr früh am Morgen aus dem Schlaf gerissen. Im Lager herrschte große Aufregung. Obwohl es noch dunkel war, liefen alle kopflos durcheinander. Karsten, der von einem der Männer zum Abtritt begleitet wurde, erfuhr, dass in der Nacht zwei Wachposten erschlagen worden waren. Man hatte sie vor dem Zelt der Anführer postiert, während diese über die weitere Vorgehensweise diskutierten. Vermutlich hatten die Täter gelauscht und wussten nun Bescheid, also musste der Plan, den sie in dieser Nacht gefasst hatten, wieder geändert werden.

Karsten brachte nur in Erfahrung, dass das Lager in einen anderen Teil des Waldes umziehen würde. Wohin es genau gehen sollte, blieb vorerst geheim. Wigant war losgeritten, um ein paar Vorbereitungen zu treffen. Als Karsten zurückkam, erzählte er seinen Freunden davon. Vielleicht bot sich bei dem ganzen Durcheinander eine Möglichkeit zur Flucht. Swenja jedenfalls war guter Dinge und hatte Hoffnung, dass es diesmal klappen könnte.

Beim Abbau der Zelte ging es drunter und drüber. Nach einer Weile platzte Ulman, der die ganze Zeit ruhig an einem Baum gelehnt und dem Treiben zugesehen hatte, der Kragen. Die Gefangenen beobachteten, wie er sich drei ranghöhere Mitglieder seiner Bande griff und mit ihnen Tacheles redete. Man hörte ihn durch das ganze Lager brüllen, nur was er sagte, konnte man nicht verstehen. Danach entfernte er sich und stapfte zu den Pferden, die mit Decken, Zeltplanen und anderen Dingen beladen wurden. Die drei Männer mischten sich wieder unter die übrigen und teilten die Arbeiten entsprechend ein. Jetzt lief alles koordinierter und nach einer knappen Stunde war die gesamte Ausrüstung verstaut.

Karsten war gespannt, ob er und seine Freunde wie beim letzten Mal neben den Pferden herlaufen mussten. Vielleicht war das ja die so lange ersehnte Gelegenheit zu fliehen. Doch es kam ganz anders.

Als alles bereits eingepackt war, trat Ulman zusammen mit vier seiner Männer, die je ein Pferd am Zügel führten, zu den Gefangenen.

Er sagte: »Diesmal habt ihr Glück, ihr dürft reiten. Wir haben ein Tier übrig und die beiden Wachposten und der Bote brauchen ihre nicht mehr. Außerdem würde es viel zu lange dauern, wenn ihr laufen müsstet. Schließlich wollen wir heute noch ankommen.«

Swenja, Karsten, Bernd und Holger wurden losgebunden. Dann verband man ihnen die Augen und setzte sie auf die Pferde. Ulmans Leute saßen auf, ergriffen die Zügel und ritten nebenher. In Anbetracht dieser Umstände war eine Flucht völlig unmöglich geworden. Über Stock und Stein ging es quer durch den Wald. Da sie mit verbundenen Augen unterwegs waren, hatten die Gefangenen nach einer Weile komplett die Orientierung verloren.

Nachdem sie stundenlang geritten waren, blieben die Pferde abrupt stehen.

Karsten vernahm Stimmengewirr und da er annahm, dass Swenja, Bernd oder Holger neben ihm ritt, meinte er: »Anscheinend sind wir angekommen.«

Die Antwort war ein derber Schlag in die Seite, gefolgt von den Worten: »Halt's Maul! Du redest hier nur, wenn du gefragt wirst!«

Vor Schmerzen zuckte er zusammen und krümmte sich im Sattel.

Den vier Freunden wurden die Augenbinden abgenommen. Sie schauten sich um. Karstens Vermutung bestätigte sich, sie waren am Ziel.

Swenja flüsterte: »Hier sieht es ja genauso aus wie in Ulmans Lager.«

Tatsächlich war das Räuberlager völlig identisch aufgebaut, jedoch um ein Vielfaches größer. Die Gefangenen wurden an eine mächtige Kiefer gebunden. Glücklicherweise hatten sie auch diesmal ein Stoffdach über dem Kopf.

Es waren noch keine fünf Minuten vergangen, als Wigant der Rote bei ihnen auftauchte und sagte: »Ihr seid nun meine Gäste, also benehmt euch anständig.« Und barsch fügte er hinzu: »Ich bin bei Weitem nicht so nachsichtig wie mein Vater. Gefangene haben hier nichts zu sagen und mit meinen Feinden und Leuten, die mir nicht gehorchen, mache ich kurzen Prozess. Ich hoffe, wir haben uns verstanden!«

Swenja, Karsten, Bernd und Holger nickten. Wigant drehte sich um und ging.

Sobald sie allein waren, meinte Holger: »Ich denke, eine Flucht von hier ist unmöglich. Zum einen ist dieses Lager noch besser gesichert als das vorherige, denn es stehen mehr Wachposten zur Verfügung, und zum anderen wissen wir absolut nicht, wo wir sind.«

Bernd pflichtete ihm bei: »Lebend kommen wir hier bestimmt nicht raus.«

Swenja warf den beiden einen zornigen Blick zu.

»Was ist los mit euch? Gebt ihr etwa auf? Ihr wollt Männer sein? Dann heult doch gleich, ihr verdammten Weicheier!«

Bernd und Holger sahen sie mit entsetzten Augen an. Auch Karsten war erschrocken. Einen solchen Wutausbruch hatte er von seiner Verlobten nicht erwartet. Zum Glück beruhigte sie sich sofort wieder.

Schon wesentlich versöhnlicher fuhr sie fort: »Na ist doch wahr. Wir dürfen nicht so einfach aufgeben. Was wir brauchen, ist ein Plan.«

Karsten gab ihr recht.

»Das stimmt natürlich, Schatz, dazu müssen wir aber erst ein paar Dinge in Erfahrung bringen.«

Fragend schaute sie ihn an.

»Und welche?«

»Nun, zum Beispiel: Wie viele Männer sind im Lager? Wie viele Wachen haben sie aufgestellt? Wo stehen diese und wann werden sie abgelöst? Das dürften die wichtigsten Informationen sein. Wo wir uns befinden, ist zweitrangig.« Nach kurzem Überlegen fügte er hinzu: »Wir müssen vor allem eines tun, nämlich einen kühlen Kopf bewahren, und wir dürfen natürlich nicht aufgeben.«

»Das ist immer so leicht gesagt«, jammerte Holger, und Bernd seufzte: »Das hat doch sowieso alles keinen Sinn mehr.«

Daraufhin stohnte Swenja: »Geht das schon wieder los!«

Nun wurde auch Karstens Ton schärfer.

»Jetzt hört endlich auf, ihr zwei! Das ist ja nicht auszuhalten!«

Beschämt sahen sich Bernd und Holger an und sagten kein Wort mehr.

»Ich denke«, begann Swenja nach einer Weile, »dass wir abwarten müssen, wie sich die Situation entwickelt. Ulman und Wigant haben ihre Lager zusammengelegt, momentan kommen wir hier nicht raus. Solange Ulman die Hoffnung hat, dass er Lösegeld für uns kassieren kann, sind wir einigermaßen sicher. Gefährlich wird es erst, wenn sich herausstellt, dass Florian vom Mühlental nicht zahlt. Dann ist er garantiert sauer und somit unberechenbar, weil wir für ihn wertlos geworden sind. Aus lauter Nächstenliebe wird er uns bestimmt nicht am Leben lassen und bis zum Ende unserer Tage durchfüttern.«

Die anderen stimmten ihr zu.

Es war bereits dunkel, als es wärmer wurde und zu nieseln begann. Die vier Freunde kuschelten sich nach diesem anstrengenden Tag in ihre Felle. Diesmal dauerte es nicht lange, bis sie eingeschlafen waren.

24. Juni 2017

Ramona Ketzel und ihr Sohn hatten den Eingang der Höhle erreicht. Am liebsten wäre Paul gleich hineingerannt, doch seine Mutter hielt ihn zurück. Schließlich wusste sie nicht, was sie dort drinnen erwarten würde und wozu dieser Stefan Heilmann fähig war. Vielleicht hatte er sogar eine Waffe bei sich. Sie machte sich große Sorgen um ihren Horst.

Nachdem sie fast zehn Minuten draußen gewartet hatten und in der gesamten Zeit nichts geschehen war, wurde Paul langsam ungeduldig. Auch Ramona hielt es kaum noch aus. Was, wenn Horst ihre Hilfe brauchte? Sie lauschte. In der Höhle war es mucksmäuschenstill, kein Laut drang heraus.

»Wir gehen da jetzt rein!«, entschied sie, nachdem weitere fünf Minuten vergangen waren, nahm ihr Handy, um es als Taschenlampe zu benutzen, und lief los.

Paul folgte ihr begeistert. Endlich passierte mal etwas! Er sah hier weniger die Gefahr, sondern vielmehr das Abenteuer, das auf ihn wartete. Doch die Enttäuschung folgte auf dem Fuße, denn die Höhle war leer.

»Das gibt's ja nicht«, stieß Ramona hervor, als sie am Ende angelangt waren. Verzweifelt fügte sie hinzu: »Dein Vater und dieser Heilmann können sich doch nicht in Luft aufgelöst haben!«

So laut sie konnte, rief sie immer wieder Horsts Namen, aber sie erhielt keine Antwort. Nach fünf Minuten gab sie entnervt auf und verließ zusammen mit ihrem Sohn die Höhle. Draußen versuchte sie mit Klaus Schneider, dem Kollegen ihres Mannes, zu telefonieren. Dieser schien jedoch das Telefon ausgeschaltet zu haben oder der Akku war leer. Möglicherweise befand er sich momentan auch nur in einem Funkloch. Sollte sie die Polizeidienststelle in Blankental informieren? Dort war um diese Zeit auf jeden Fall jemand erreichbar.

Während sie noch überlegte, klingelte ihr Handy. Klaus rief zurück. Er hatte tatsächlich kurzzeitig keinen Empfang, da er gerade mit dem Auto fuhr. Zum Glück war er ganz in der Nähe und als Ramona ihm alles erzählt hatte, versprach er, sofort zur Höhle zu kommen.

Keine zehn Minuten später war er da. Wie sich herausstellte, wollte er heute ebenfalls baden fahren. Nachdem ihm Horsts Frau noch einmal alles haarklein berichtet hatte, beschloss er, sich ein eigenes Bild zu machen. Er lief wieder zu seinem Auto und nahm eine große Taschenlampe aus dem Kofferraum. Dann kam er zurück und betrat die Höhle. Die beiden folgten ihm.

Sobald sie am Ende des Gangs angelangt waren, leuchtete Klaus in die Mulde. Deutlich sah man dort Fußspuren, die von Männerschuhen stammten. Einer der beiden, Horst Ketzel oder Stefan Heilmann, musste in dieser Vertiefung gestanden haben. Klaus trat hinein. Er stampfte mit dem Fuß auf den Boden, doch der gab keinen Millimeter nach. Es war also ausgeschlossen, dass sich darunter ein Hohlraum befand, in den sie gefallen sein konnten. Als er aus der Mulde stieg, fasste er sich an den Kopf. Was hatte er getan! Nun waren die Fußabdrücke zerstört. Vermutlich hätte die Spurensicherung sie untersuchen und einem der Vermissten zuordnen können. Das würde Ärger geben, aber es war nicht mehr zu ändern. Allein kam er hier nicht weiter. Er musste die Kollegen informieren, also nahm er sein Handy, um in der Dienststelle anzurufen. Doch in der Höhle hatte er keinen Empfang. Erst nachdem sie diese verlassen hatten, konnte Klaus seinen Anruf tätigen. Heute hatten Polizeioberkommissar Max Baldauf und Polizeikommissar Tobias Grünbaum Dienst. Sie fuhren sofort los und waren knapp dreißig Minuten später vor Ort.

Da beide zur SOKO Rossburg gehörten und demzufolge mit dem rätselhaften Fall der Mittelaltergruppe vertraut waren, überlegten sie, ob es einen Zusammenhang mit dem Verschwinden von Horst Ketzel und Stefan Heilmann geben könnte, kamen jedoch zu keinem Ergebnis. Die Rossburger Ritter waren in der Nacht verschwunden. Sie hatten sich wohl kaum um diese Zeit in der Höhle aufgehalten. Und selbst wenn, erklärte dies nicht das Fehlen ihrer kompletten Zelte.

Nachdem Max Baldauf und Tobias Grünbaum Ramona und ihren Sohn befragt und die Höhle untersucht hatten, stellten auch sie fest, dass die beiden Männer unauffindbar waren. Polizeioberkommissar

Baldauf informierte die Spurensicherung. Vielleicht würden die Kollegen einen Hinweis finden. Außerdem wurden Scheinwerfer benötigt. Mit ihren Taschenlampen kamen sie hier nicht weiter.

Inzwischen blieben die beiden Polizisten bei der Höhle stehen und sicherten den Eingang, um Spaziergänger am Betreten zu hindern. Ramona und Paul wollten ebenfalls warten, doch Max Baldauf schickte die beiden nach Hause, denn sie konnten hier ohnehin nichts tun. Man würde für weitere Fragen und das Protokollieren ihrer Aussagen nochmals auf sie zukommen. Er versprach Ramona außerdem, sie umgehend zu informieren, sobald es etwas Neues gab. Sie war einverstanden und ging mit ihrem Sohn zum Auto. Da Klaus Schneider heute keinen Dienst hatte und nicht mehr gebraucht wurde, fuhr er ebenfalls heim. Max und Tobias hielten unterdessen die Stellung. Es würde mit Sicherheit einige Zeit dauern, bis die Kollegen der Spurensicherung vor Ort waren. Dann mussten noch die Scheinwerfer aufgebaut werden.

Ramona und Paul waren schon seit Stunden zu Hause, aber die Kollegen ihres Mannes meldeten sich nicht. Es war bereits nach Mitternacht und der Junge schlief längst, als sie ins Bett ging, doch sie kam nicht zur Ruhe und wälzte sich hin und her. Ständig musste sie an ihren Horst denken. Wo war er? Was machte er gerade? Würde sie ihn jemals wiedersehen?

* * *

Am Sonntagmorgen wachte sie nach nur eineinhalb Stunden Schlaf auf. Sie fühlte sich hundeelend. Nachdem sie aufgestanden war und geduscht hatte, stellte sie fest, dass sie absolut keinen Hunger hatte. Nur Kaffee, der musste jetzt sein, dringend!

Kurze Zeit später duftete es in der ganzen Wohnung nach frisch gebrühtem Kaffee. Sie hoffte, dass dieser ihr helfen würde, wieder einigermaßen auf die Beine zu kommen. Kaum hatte sie den ersten Schluck getrunken, klingelte es an der Wohnungstür. Sie ging hin und öffnete. Draußen standen Polizeioberkommissar Baldauf und Polizeikommissar Grünbaum. Sie bat sie herein.

Als alle drei im Wohnzimmer Platz genommen hatten, begann Max Baldauf das Gespräch.

Er blickte Ramona ernst an und sagte: »Leider haben wir keine guten Nachrichten. Die Spurensicherung hat die gesamte Höhle untersucht, sie haben sie auf links gedreht. Zwar wurden Fußspuren von Horst und auch einige von Stefan Heilmann gefunden, doch alle führen ausnahmslos bis zum Ende der Höhle und keine wieder hinaus. Es ist, als hätten sich beide Männer dort in Luft aufgelöst. Wir stehen vor einem Rätsel.«

Ungläubig sah Ramona Ketzel die Polizisten an. Was hatte das zu bedeuten? Wo, verdammt noch mal, war ihr Horst?

16. November 1325

Polizeioberkommissar Ketzel versuchte einen kühlen Kopf zu bewahren. Er überlegte angestrengt. Was war geschehen? Wo befand er sich? Da er diese Fragen nicht beantworten konnte, lief er zu den verbrannten Zelten. Er trat mit den Füßen den Schnee beiseite, untersuchte die verkohlten Überbleibsel und fand einige zerrissene Päckchen mit Lebensmittelresten. Als er ein paar verstreute Edelsteine und einen Anhänger mit Runen liegen sah, kam ihm ein Verdacht. Waren das etwa die vermissten Zelte der Rossburger Ritter? Er suchte weiter und entdeckte einen durchnässten Flyer. In verschnörkelten Buchstaben war darauf zu lesen:

Liebsteiner Mittelalterspektakel
Samstag, 17. Juni bis Sonntag, 18. Juni 2017
Täglich ab 11 Uhr
Festwiese am Fuße der Burgruine

Horst erinnerte sich an die kleine Lydia. Als man sie unweit der Höhle wiederfand, hatte sie ihre Lieblingspuppe im Arm. Diese war zuvor mitsamt dem Versorgungszelt der Gruppe Legio Aurea verschwunden. Die Kleine hatte behauptet, sie hätte verbrannte Zelte gesehen, also musste sie hier gewesen sein. Die Lösung dieses Rätsels war mit ziemlicher Sicherheit in der Höhle zu finden, deswegen kehrte er unverzüglich dorthin zurück.

Erst jetzt bemerkte er die Fußspuren im Schnee, die den Hügel hinauf in Richtung der Ruine führten. Sie stammten mit hoher Wahrscheinlichkeit von Stefan Heilmann. Was sollte er tun: Den Spuren folgen oder lieber versuchen, durch die Höhle zurück zu seiner Familie zu gelangen, um von dort aus Hilfe anzufordern? Da er nicht über vernünftige, dem Wetter angepasste Kleidung verfügte und weder eine Dienstwaffe noch Pfefferspray oder Handschellen bei sich trug, entschied er sich für Letzteres. Um diesen Heilmann würde er sich später kümmern.

Langsam gewöhnten sich seine Augen an die Dunkelheit und er tastete sich vorsichtig weiter. Als ihn nur wenige Schritte von der Mulde trennten, stellte er fest, dass das rötlich fluoreszierende Licht erloschen war. Völlige Finsternis umgab ihn.

Wie beim ersten Mal stieg er in die Kuhle, wartete einen Augenblick und verließ sie dann wieder. Voller

Vorfreude lief er zurück zum Höhleneingang, doch er wurde enttäuscht. Es lag nach wie vor Schnee und die Umgebung sah genauso trostlos aus wie vor wenigen Minuten. Nun blieb ihm nichts anderes übrig, als den Spuren zu folgen. Stefan Heilmann versteckte sich bestimmt in der Ruine. Horst kannte sich dort bestens aus. Er hatte sie früher als Jugendlicher und auch später mit seiner Frau und den Kindern oft besucht. An heißen Sommertagen war es in dem alten Gemäuer herrlich kühl und so richtig romantisch. Im Winter war er allerdings noch nie dort gewesen. Das würde sich heute ändern.

Durch den hohen Schnee war der Aufstieg besonders beschwerlich und obwohl er durchaus sportlich war, kam er ordentlich außer Puste. Nur noch ein paar Meter und eine letzte Biegung, dann hatte er es geschafft.

Kaum war er um die Kurve gebogen, blieb er wie angewurzelt stehen. Was zum Teufel war das? Vor ihm erhob sich keine Ruine, sondern eine völlig intakte Burg! Sobald er sich vom ersten Schreck erholt hatte, bemerkte ihn auch schon einer der Wachposten und schlug sofort Alarm.

Zwischen den Zinnen der äußeren Mauer gewahrte Horst drei Bogenschützen, die auf ihn zielten. Gerade noch rechtzeitig warf er sich in den Schnee und die Pfeile flogen mit einem zischenden Geräusch knapp über seinen Kopf hinweg. Zum Glück war die Entfernung bis zur Burg recht groß und die Trefferquote der Schützen relativ begrenzt, also hatte er eine Chance zu entkommen.

Ohne zu zögern sprang er auf und rannte den Weg hinunter. Nachdem er hinter der letzten Biegung angekommen war, atmete er erleichtert auf. Momentan konnte ihn kein Pfeil treffen, er war außer Sichtweite. Trotzdem musste er schnell hier weg, denn wahrscheinlich waren sie hinter ihm her.

Er erreichte den Rand der Wiese und schaute sich um. Im Osten stand in weiter Ferne eine einzelne kleine Hütte. Sollte er dort versuchen, Hilfe zu bekommen? Was aber, wenn die Bewohner mit den Leuten auf der Burg gemeinsame Sache machten? Würden sie ihn ausliefern? So wie er aussah, war das gut möglich, denn dass er sich in einer früheren Zeit - vermutlich irgendwann im Mittelalter - befand, war ihm zwischenzeitlich klar geworden, obwohl er es sich eigentlich nicht vorstellen konnte. An Zeitreisen hatte er bis eben nicht wirklich geglaubt.

Im Westen erstreckte sich dichter Wald. In diesem wäre er erst einmal in Sicherheit und könnte sich vor seinen Verfolgern verstecken. Nur war es verdammt kalt und er spürte seine Füße kaum noch, außerdem wurde es langsam dunkel. Würde er die Nacht dort überleben? Horst kramte in seinen Hosentaschen und holte ein Feuerzeug hervor, das er vor drei Wochen bei einer Grillparty mit seiner Familie und ein paar Freunden benutzt hatte. Damit würde er ein Lagerfeuer machen und sich daran wärmen. Die Gegend schien dafür geeignet zu sein. Ihm gefiel die Idee. Gesagt, getan. Schnurstracks und voller Hoffnung marschierte er los.

Nachdem er gut dreißig Minuten gelaufen war, kam er an eine Lichtung. Sie war zwar klein, doch er konnte gefahrlos ein Feuer anzünden, ohne den gesamten Baumbestand niederzubrennen. Hier würde er übernachten. Mittlerweile war es sogar etwas wärmer geworden. Sofort begann er dürre Zweige und Äste zu sammeln. Er musste sich beeilen, denn inzwischen war es fast völlig dunkel.

Das Feuer knisterte. Polizeioberkommissar Ketzel setzte sich davor und genoss die wohlige Wärme, die es ausstrahlte. So würde er die Nacht problemlos überstehen. Nach einer Weile fing es an zu nieseln. So ein Scheißwetter, dachte er und rückte dichter an die Flammen heran.

Plötzlich hörte er in einiger Entfernung ein langgezogenes Heulen. Er lauschte und versuchte festzustellen, woher es kam. Wieder heulte es, doch diesmal aus einer anderen Richtung. Dann war es längere Zeit still. Auf einmal knackte es hinter ihm und kurz darauf vernahm er ein Knurren. Horst bekam eine Gänsehaut. Unwillkürlich kauerte er sich zusammen. Erneut knackte es, aber dieses Mal auf der anderen Seite der Lichtung. Nun war ihm klar, womit er es zu tun hatte: Wölfe! Sie hatten ihn umzingelt!

Er spürte, wie Panik in ihm aufstieg, und kämpfte dagegen an. Mit Wölfen hatte er nun wirklich nicht gerechnet. Jetzt war es überlebenswichtig, einen kühlen Kopf zu bewahren und vor allem ruhig zu bleiben. Das Feuer war fast niedergebrannt. Er brauchte mehr Brennmaterial, die Flammen mussten viel größer werden. Nur so war es möglich, das Rudel erfolgreich auf Abstand zu halten. Doch er hatte zu wenig Holz gesammelt und wieder in den Wald hineinzugehen war keine Option.

Obwohl er gelesen hatte, dass diese Tiere Menschen normalerweise nicht angriffen, verspürte er dennoch Angst. Vielleicht hatten sie schon mehrere Tage nichts gefressen? Galt es dann immer noch, dass Menschen nicht zu ihrem Beuteschema gehörten? Er wusste es nicht und war auch nicht darauf erpicht, es auszuprobieren.

Das Feuer war fast heruntergebrannt. Es würde nicht mehr lange dauern, bis das letzte Flämmchen erloschen war. Nach Westen in den Wald zu laufen, hatte sich als fataler Fehler erwiesen. Er hätte besser zu diesem Haus gehen sollen.

Wütend griff er nach einem glimmenden Holzscheit.

»So einfach kriegt ihr mich nicht«, schrie er in die Dunkelheit und fuchtelte damit herum, doch das Rudel ließ sich davon nicht beeindrucken.

Würdevoll trat ein riesiger Wolf auf die Lichtung, starrte ihn mit funkelnden Augen an und kam knurrend näher. Das musste der Alphawolf sein! Nur noch wenige Schritte und der ungleiche Kampf würde beginnen. Am Waldrand tauchten glühende Lichter auf. Auch die anderen Tiere waren bereit zum Angriff.

Den sicheren Tod vor Augen, dachte Polizeioberkommissar Ketzel an seine Familie. Das war's dann wohl, war sein letzter Gedanke. Aus dem Augenwinkel sah er, wie das majestätische Tier zum Sprung ansetzte.

25. Juni 2017

Als Max Baldauf und Tobias Grünbaum gegangen waren, trank Ramona ihren Kaffee aus. Natürlich war er inzwischen kalt und schmeckte scheußlich. Angewidert ging sie in die Küche und stellte die Tasse auf den Geschirrspüler. Sie würde sie später einräumen. Dann lief sie zurück ins Wohnzimmer, schaltete das Radio ein und ließ sich kraftlos aufs Sofa fallen.

Gegen 9 Uhr stand Paul auf. Inzwischen hatte seine Mutter Hunger bekommen und machte Frühstück, während er im Bad war. Nachdem sie gemeinsam ausgiebig gefrühstückt hatten, überlegte sie, ob es sinnvoll wäre, noch einmal zur Höhle zu fahren, entschied sich dann aber dagegen. Diese war gründlich untersucht worden und man hatte absolut nichts gefunden. Stattdessen dachte sie an den Streit zwischen Stefan und Mario Heilmann in der Kfz-Werkstatt. Verdammt, davon hatte sie den Polizisten gar nichts erzählt!

Sie griff zum Telefon. Polizeioberkommissar Baldauf und Polizeikommissar Grünbaum waren inzwischen längst wieder in der Dienststelle angekommen. Sie berichtete ihnen von dem Streit. Max Baldauf fand das höchst interessant und bat sie daraufhin, in sein Büro zu kommen, damit er ihre Aussage protokollieren konnte.

Schon eine Stunde später saß Ramona den beiden Polizeibeamten gegenüber, beantwortete ihre Fragen und unterschrieb am Ende das Protokoll. Anschließend fuhr sie mit ihrem Sohn, der vor dem Büro gewartet hatte, wieder heim. Max Baldauf und Tobias Grünbaum machten sich hingegen auf den Weg nach Liebstein, um mit Mario Heilmann zu sprechen.

Sie suchten die Adresse auf, die er Polizeioberkommissar Ketzel gegeben hatte. Zum Glück hatte dieser den Zettel ins Handschuhfach gelegt. Ramona hatte ihn gefunden und den beiden Polizisten übergeben. Doch leider erwiesen sich die Angaben als falsch. In dem Haus lebte eine ältere Frau, die Stefan Heilmanns Sohn zwar kannte, aber nicht wusste, wo sein Kumpel wohnte. Es half nichts, Max und Tobias mussten unverrichteter Dinge wieder gehen. Da sie seinen momentanen Aufenthaltsort nicht kannten, hofften sie auf die Hilfe der Dorfbewohner.

Ramona Ketzel hatte zu Hause keine Ruhe. Nervös lief sie in der Wohnung hin und her. Ihrem Sohn ging das gehörig auf die Nerven. Nach einer Weile machte er seinem Unmut lautstark Luft und kassierte dafür eine Woche Computerverbot. Ramona hielt es einfach nicht mehr aus, sie wollte unbedingt noch einmal zu dieser Höhle. Ihr Bauchgefühl sagte ihr, dass sie dort etwas Wesentliches übersehen hatten. Paul war begeistert. Die Höhle gefiel ihm, sie war ein richtiger Abenteuerspielplatz.

Zwei Stunden später erreichten sie den Eingang. Das Eisengitter stand offen. Ramona war erleichtert, wunderte sich aber gleichzeitig darüber. Eigentlich war ihre größte Sorge, dass die Polizei die Höhle abgesperrt hatte. Erst jetzt bemerkte sie, dass neben dem Eingang ein Moped parkte. Wie es aussah, waren sie nicht allein. Sie schaltete das Licht ihres Handys ein und betrat vorsichtig die Höhle. Paul, der sein Mobiltelefon ebenfalls als Taschenlampe benutzte, blieb hinter ihr.

So sehr sie sich auch umschauten, drinnen war außer ihnen kein Mensch. Wieder fingen sie an, alles gründlich zu untersuchen. Ramona bat ihren Sohn, jeden Quadratzentimeter noch einmal genau unter die Lupe zu nehmen. Besonders sollte er sich auf die Wände konzentrieren. Paul folgte dieser Aufforderung bereitwillig.

Sie waren fast am Ende bei der Mulde im Boden angekommen, als er seine Mutter rief. Sie eilte zu ihm. In einer Vertiefung in der linken Wand hatte er ein kleines Gefäß aus Keramik entdeckt. Der Deckel ließ sich nicht öffnen. Es schien, als wäre er festgeklebt worden.

Plötzlich hörten sie Schritte.

Wenige Sekunden später ertönte eine Männerstimme: »Polizei! Ist hier jemand?«

Die Schritte kamen näher, dann wurden Paul und Ramona von zwei starken Taschenlampen geblendet. Sie gehörten Polizeioberkommissar Baldauf und Polizeikommissar Grünbaum, die genau zur richtigen Zeit kamen. Gerade noch konnten sie den Jungen daran hintern, das Keramikgefäß auf den Boden zu werfen. Sie betrachteten es von allen Seiten. Auch sie stellten fest, dass sich der Deckel nicht ohne Weiteres öffnen ließ. Sie nahmen es erst einmal an sich. Später würden sie es im Labor untersuchen lassen.

Mario Heilmann hatten sie nicht angetroffen. Sein Kumpel, dessen Adresse sie mithilfe der Dorfbewohner schließlich ausfindig machen konnten, hatte ihnen gesagt, dass dieser mit dem Moped zur Höhle fahren wollte, um seinen Vater zu suchen. Das Bike neben dem Eingang gehörte mit Sicherheit ihm, allerdings fehlte von dem jungen Mann jede Spur.

Max Baldauf forderte Ramona und ihren Sohn auf, die Höhle umgehend zu verlassen. Da das Vorhängeschloss am Gitter fehlte, durchsuchte Tobias Grünbaum ihren Dienstwagen nach einem neuen Schloss, doch er fand keins. Sie würden später abermals herkommen müssen, um den Eingang zu verschließen. Offen bleiben durfte er auf gar keinen Fall, da niemand wusste, was genau in der Höhle passiert war. Am Vortag hatten sie das alte Schloss nach der Untersuchung zugedrückt. Wahrscheinlich hatte Mario, falls er hier gewesen war, einen Schlüssel oder er hatte es mit einem Bolzenschneider zerstört. Außerdem mussten sie dafür sorgen, dass Stefan Heilmanns Mercedes 300 SL, der immer noch am Rand der Wiese stand, und das Moped seines Sohnes die nächsten Tage überwacht wurden. Gegebenenfalls würden sie die Fahrzeuge sogar sicherstellen, doch das konnten sie nicht allein entscheiden.

Polizeioberkommissar Baldauf und Polizeikommissar Grünbaum verabschiedeten sich. Ramona fuhr mit Paul nach Hause und die beiden Polizisten kehrten zur Dienststelle zurück. Morgen früh würden sie das Keramikgefäß zu Harry Fritzsche ins Labor bringen.

16. November 1325

Polizeioberkommissar Ketzel hatte die Augen geschlossen. Gleich würde er unvorstellbare Schmerzen verspüren, aber nur kurz, dann wäre es vorbei. Sich zu wehren war sinnlos. Die Wölfe waren in der Überzahl und hatten bestimmt großen Hunger, sonst würden sie ihn nicht angreifen. Er hörte, wie der Alphawolf ein letztes Mal knurrte. Gleichzeitig knackte es hinter ihm im Gebüsch. Ein eiskalter Schauer lief über seinen Rücken. Vorsichtig öffnete er die Augen wieder. Das Tier war weg, zumindest sah er es nicht mehr. Vielleicht war es ja noch möglich, sich in Sicherheit zu bringen. Horst sprang auf und sprintete los.

Im letzten Moment hörte er eine Männerstimme, die rief: »Nicht rennen!«

Doch es war zu spät, denn nun preschte auch das Rudel vor.

Plötzlich vernahm er laute Schreie. Unwillkürlich zuckte er zusammen. Bevor er begriff, was geschah, stürmten mehrere Männer auf die Lichtung. Sie schwenkten Holzknüppel und Fackeln durch die Luft und schlugen damit die Tiere in die Flucht. Nachdem das erledigt war, kümmerten sie sich um den Geretteten.

Die Jagdgesellschaft aus Dornstein hatte heute Nacht kein Wild erlegt, deswegen konnte man ihn auf ein Packpferd setzen. Da er erbärmlich fror, wurde er in warme Decken gehüllt. Uwe machte sich Sorgen um den Mann, der unter Schock zu stehen schien. Eile war geboten! Sie mussten schnellstmöglich nach Dornstein zurückkehren. Hier im Wald war es Uwe nicht möglich, ihn vernünftig zu versorgen. Bevor sie losritten, versuchte er ihn zu beruhigen.

»Ich glaube nicht, dass die Wölfe angegriffen hätten. Menschen gehören für gewöhnlich nicht zu ihrer Beute«, sagte er lächelnd.

Horst Ketzel reagierte nicht. Stumm starrte er ins Leere.

Thomas hatte in dieser Nacht einen unruhigen Schlaf. Er träumte wieder einmal wirres Zeug und wälzte sich ständig hin und her. Im Halbschlaf hörte er laute Stimmen. Kurze Zeit später wachte er auf. Draußen war es noch dunkel. Er spitzte die Ohren, aber leider konnte er nur Wortfetzen verstehen. Zumindest stand fest, dass Uwe von der Jagd zurück war. Doch warum diskutierte er so heftig mit Sarah? Was war passiert? Da er absolut nichts verstand, verließ er das Bett, machte die Tür zum Flur auf, lauschte erneut und stellte fest, dass die Stimmen aus der Küche kamen.

Neugierig ging er zur Küchentür, blieb stehen und horchte. Er zögerte kurz, überwand dann aber seine Zurückhaltung und öffnete sie. Das Erste, was er sah, war ein Fremder, der zusammengesunken auf einem Stuhl saß. Sein Gesicht war fahl. Er zitterte am ganzen Körper und stammelte wirre Sätze vor sich hin. Uwe kümmerte sich um den Mann und versuchte ihn zu beruhigen. Als er Thomas bemerkte, gab er ihm mit einer unmissverständlichen Geste zu verstehen, dass er den Raum verlassen sollte. Enttäuscht machte der junge Mann kehrt, als Uwe es sich anders überlegte und ihn zurückhielt.

»Warte mal, vielleicht kannst du uns helfen. Kennst du diesen Mann? Er kommt vermutlich aus deiner Zeit. Wenigstens behauptet er das und er sieht auch so aus.«

Thomas kam zurück und betrachtete den Fremden. Er trug kurze Hosen, ein buntes Hemd und Sandalen. Und das in dieser Jahreszeit! Die Verarbeitung der Kleidungsstücke ließ durchaus darauf schließen, dass er aus dem Jahr 2017 stammte. Nachdem er das Gesicht des Mannes aufmerksam betrachtet hatte, schüttelte er den Kopf.

»Nein, ich kenne ihn zwar nicht, bin mir aber relativ sicher, dass er aus meiner Zeit stammt.«

Daraufhin meinte Sarah: »Wenn das so ist, dann haben wir ein Problem. Wir haben seine Ankunft nicht bemerkt und das gibt mir zu denken. Wer weiß, wie viele Leute aus dem einundzwanzigsten Jahrhundert außerdem hier herumlaufen. Wir können schließlich nicht alle im Auge behalten und schützen.«

Uwe sah sie an und nickte, dann wandte er sich an Thomas: »Geh ruhig wieder ins Bett. Es ist noch früh am Tag und du hast Ruhe nötig.«

Er hatte recht. Die Müdigkeit war längst zurückgekehrt. Der junge Mann ging in sein Zimmer, legte sich hin und schlief sofort ein.

Erst gegen 10 Uhr wachte er wieder auf. Er war ausgeruht und fühlte sich fit. Nachdem er aufgestanden war und sich angezogen hatte, untersuchte er seine Umhängetasche, die in der Ecke neben dem Bett stand. Er kramte darin und stellte fest, dass nichts fehlte. Bevor er sie wieder verstaute, nahm er den Elektroschocker und die Reservebatterien heraus und steckte alles in seine Taschen. In der Umhängetasche nützten ihm die Sachen wenig. Jetzt fühlte er sich zumindest etwas sicherer. Sein Schwert ließ er liegen, denn damit würde er nur auffallen. Er verließ sein Zimmer und ging in die Küche.

Sarah war gerade dabei, Tee zu brühen.

»Na, ausgeschlafen?«, begrüßte sie ihn.

»Klar«, lachte er, »ich war doch lange genug im Bett. Wo ist denn Uwe?«

»Der ist nach Hause gegangen. Den fremden Mann hat er mitgenommen, er kann vorerst bei ihm bleiben«, antwortete sie und ergänzte: »Heute Mittag will er wieder herkommen. Wir werden zusammen essen. Anschließend wird er mit seinem Fuhrwerk zum Müller Jakob fahren. Die letzte Fuhre Mehl muss unbedingt geholt werden. Die Säcke stehen schon eine Weile bei ihm.«

Thomas war skeptisch.

»Er will mit dem Fuhrwerk fahren? Wäre ein Schlitten nicht besser? Es liegt doch massenhaft Schnee.«

»Schau mal aus dem Fenster«, erwiderte Sarah.

Er ging hin.

»Oh Mann, wo ist denn der ganze Schnee auf einmal hin?«

Sie lachte.

»Der ist weggetaut. Es ist richtig mild draußen, fast wie im Frühling.« Dann fügte sie beiläufig hinzu: »Ach so, Uwe wollte dich fragen, ob du mitkommen möchtest.«

Er war begeistert.

»Fahren wir zu einer richtigen Mühle?«

Sie schaute ihn fragend an.

»Wie, zu einer richtigen Mühle? Klar ist das eine richtige Windmühle. Jakob mahlt das Getreide für das ganze Dorf. Und da Uwe ein großes Fuhrwerk hat, bringt er es immer hin und holt das Mehl später wieder ab.«

Thomas freute sich jetzt schon auf den Ausflug und konnte es kaum erwarten.

Neugierig fragte er weiter: »Gehört diesem Jakob die Mühle?«

»Nein«, entgegnete Sarah, »sie ist ein Lehen. Er hat sie sozusagen gepachtet und betreibt sie nur. Das ist hier im vierzehnten Jahrhundert weit verbreitet. Erst ungefähr in vierhundert Jahren werden die meisten Mühlen auch den Müllern gehören. Dann werden sie nach ihrem Besitzer benannt. Da Jakobs Nachname Rump ist, würde diese Windmühle also Rumpmühle heißen.« Sie wartete einen kurzen Augenblick und meinte dann lachend: »Weil er aber bestimmt keine vierhundert Jahre alt werden wird, hat die Mühle in ferner Zukunft mit Sicherheit einen neuen Besitzer und damit einen anderen Namen, falls sie überhaupt noch existiert.«

»Ach so, nun hab ich wieder was dazugelernt«, freute sich Thomas.

Pünktlich zur Mittagszeit kam Uwe an. Kaum hatte er die Küche betreten, wollte Sarah wissen, wie es seinem Gast ging.

Er war zuversichtlich und sagte: »Es geht ihm schon viel besser. Er heißt Horst und ist Polizeioberkommissar. Ich habe ihm eine Spritze gegeben. Bis zum Abend wird er auf jeden Fall schlafen. Wir haben also genug Zeit.«

Daraufhin erwiderte sie: »Ich habe Thomas schon erzählt, dass du nachher zu Jakob fährst ...«

»Ja«, fiel ihr dieser ins Wort, »und ich will unbedingt mitfahren!«

Uwe musste lachen.

»Du willst? Du meinst bestimmt, du möchtest.«

Thomas stimmte in das Lachen ein und antwortete: »Jawohl, ich möchte natürlich mit.« Nach einer Weile fragte er: »Und wir sind garantiert rechtzeitig am Abend zurück? Ich will mich doch heute mit Mirjam, Claudia und Sven treffen.«

»So lange dauert es nicht. Wir sind mit ziemlicher Sicherheit noch vor Einbruch der Dunkelheit wieder da«, sagte Uwe, »und im Übrigen, du willst dich nicht mit ihnen treffen, du möchtest.«

Dabei schaute er den jungen Mann an und zwinkerte ihm mit dem rechten Auge zu.

»Ja, klar«, entgegnete dieser, grinste und zwinkerte ebenfalls.

Nach dem Mittagessen zog Thomas wie am Tag zuvor den Rechteckmantel an, lege sich eines der beiden Felle über die Schultern, band das andere um den Körper und verdeckte sein Gesicht mit dem Tuch. Dann folgte er Uwe, der inzwischen zu seinem Fuhrwerk gegangen war und sich auf den Kutschbock gesetzt hatte. Vor den riesigen Leiterwagen waren zwei kräftige schwarze Kaltblüter gespannt. Nachdem der junge Mann das Gefährt ausgiebig bewundert und neben ihm Platz genommen hatte, schnalzte der Schmied mit der Zunge und die Pferde setzten sich in Bewegung.

Diesmal ging die Reise westwärts. Thomas stellte fest, dass Sarahs Haus ziemlich nah am Dorfrand stand, denn nach kurzer Zeit hatten sie die Ortsgrenze erreicht. Vor ihnen lagen ausgedehnte Wiesen und Felder. Sie fuhren eine ganze Weile. Nach einer leichten Rechtskurve bremste Uwe den Wagen ab und bog links in einen schmalen Hohlweg ein, der von der Straße weg auf einen Hügel führte. Schon von hier unten war die Windmühle zu sehen, die an der höchsten Stelle stand.

Ganz langsam manövrierte Uwe das Fuhrwerk hinauf. Thomas wunderte sich über die geringe Geschwindigkeit, doch der Schmied erklärte ihm, dass er hier höllisch aufpassen müsse. Durch Regen und Schmelzwasser waren einige Feldsteine auf den Hohlweg gespült worden. Die Räder des Leiterwagens waren aus Holz und konnten durch die hohe Beanspruchung leicht brechen, aber dank Uwes Erfahrung und seiner vorsichtigen Fahrweise hatten sie es nach wenigen Minuten geschafft. Unmittelbar vor der Mühle hielt er an und die beiden stiegen ab. Im selben Moment wurde die Tür geöffnet und Jakob, der sie schon von Weitem gesehen hatte, trat heraus. Die Männer begrüßten sich freundschaftlich und der Schmied machte seinen Begleiter mit dem Müller bekannt. Nachdem sie einige Worte gewechselt hatten, lief Jakob wieder zurück ins Haus, um einen Mehlsack zu holen.

Thomas brannte vor Neugier, alles über die Mühle zu erfahren und sie von innen zu inspizieren. Er wunderte sich etwas darüber, dass das Mühlenhaus aus Stein gemauert war. Im Gegensatz dazu bestanden die Häuser im Dorf fast ausschließlich aus Holz und Lehm.

Wissbegierig fragte er Uwe: »Was ist das eigentlich für eine Windmühle? Also, ich meine, es gibt doch verschiedene Bauweisen. Im letzten Urlaub haben wir zum Beispiel eine Bockwindmühle besichtigt, die sah aber ganz anders aus.«

»Sieh sie dir mal genau an«, entgegnete dieser. »Woran erinnert sie dich?«

Der junge Mann überlegte. Vom Grundriss her war sie rund und außerdem ziemlich hoch.

»An einen Turm!«, platzte es aus ihm heraus.

»Ganz genau, und deswegen ist das auch eine Turmwindmühle«, bestätigte Uwe. Und leiser fügte er hinzu: »Aber eine von der alten Sorte. Sie hat noch eine feste Kappe und keine drehbare Haube. Man kann sie also nicht in den Wind drehen. Deshalb ist sie von der Windrichtung abhängig, was nicht gerade effizient ist.«

Er zwinkerte Thomas vielsagend zu.

»Was flüstert ihr denn da, Gernot?«, wollte Jakob wissen, der inzwischen wieder herausgekommen war und einen Mehlsack auf dem Rücken trug.

»Ach, nichts weiter«, antwortete dieser. »Thomas würde nur gerne deine Mühle von innen sehen.«

»Dann kommt doch mit rein«, freute sich der Müller, der hier oben selten Besuch bekam.

Die meisten brachten nur ihr Getreide oder holten ihr Mehl ab und verschwanden gleich wieder. Heute war er ohnehin allein. Seinen Gesellen Hans hatte er losgeschickt, um Besorgungen zu machen. Die beiden nahmen die Einladung gerne an und traten ein.

Nach einer guten Stunde wusste Thomas alles, was es über Turmwindmühlen zu wissen gab. Am meisten erstaunte ihn, dass Jakob am Tag lediglich etwa acht

Zentner Mehl schaffte, und das auch nur bei günstigem Wind. Darüber hinaus war die Arbeit extrem schwer. Er war froh, dass er im einundzwanzigsten Jahrhundert lebte und nicht hier sein Dasein als Müller fristen musste.

Uwe und Jakob luden die restlichen Säcke auf, dann verabschiedeten sich die Besucher und traten die Rückfahrt an. Diesmal war das Fuhrwerk voll beladen und der Schmied achtete peinlichst darauf, den Feldsteinen auf dem Hohlweg auszuweichen.

Es waren keine zwanzig Meter mehr bis zur ausgebauten Straße, als es passierte: Der Leiterwagen fuhr mit dem linken Hinterrad über einen großen Stein, der sich unter dieser Last wegdrehte. Dabei rutschte das Rad ab, knallte auf einen anderen Brocken, der mit einer scharfen Kante nach oben in einer Vertiefung lag, und brach. Das Fuhrwerk neigte sich bedrohlich zur Seite, verkeilte sich dann aber glücklicherweise in dem Hohlweg. Trotzdem fielen einige Mehlsäcke herunter, gingen jedoch nicht kaputt, weil der Boden vom Schnee und Regen der letzten Tage aufgeweicht war.

Uwe sprang vom Bock und warf sie wieder auf die Ladefläche, bevor sie durch den schlammigen Untergrund völlig durchnässt wurden. Dann überlegten sie gemeinsam, wie es nun weitergehen sollte. Uwe hatte eine Idee. Er spannte eines der Pferde aus, um damit ins Dorf zu reiten und Hilfe zu holen. Thomas musste inzwischen das Fuhrwerk bewachen. Für ihn war das kein Problem, er würde sich die Zeit schon vertreiben. Bevor der Schmied losritt, schärfte er ihm ein, sich nicht von der Stelle zu bewegen. Zur Sicherheit gab er ihm sein Messer, damit er sich und das kostbare Mehl im Notfall verteidigen konnte.

Thomas langweilte sich. Uwe war vor einer guten Stunde aufgebrochen. Nirgendwo war eine Menschenseele zu sehen, also drohte auch keine Gefahr. Er stieg vom Bock herunter, lief ein paar Meter in Richtung der Mühle, kletterte die Böschung des Hohlwegs hinauf und schaute sich in aller Ruhe die Umgebung an. Die Sicht war heute ausgesprochen klar. Als er seinen Blick schweifen ließ, entdeckte er in weiter Ferne am Horizont eine Burg. Das musste Liebstein sein, die Mühle lag folglich zwischen dem Dorf und der Burg. Nachdem er ein paar Minuten gedankenversunken die Landschaft betrachtet hatte, ging er zurück zum Fuhrwerk, um dort weiter auf Uwe zu warten. Lange würde es bestimmt nicht mehr dauern.

Plötzlich sah er aus westlicher Richtung einige Reiter die Straße entlangkommen. Hoffentlich erkannte ihn keiner der Männer. Schnell überprüfte er den Sitz seiner Kleidung. Das Tuch war straff geknotet und verdeckte den Großteil seines Gesichts. Als der Trupp auf Sichtweite heran war, atmete er erleichtert auf. Er kannte den Anführer. Es war Kuntz von Hedenthal, der hünenhafte Kerl aus der Taverne.

Dieser kam näher, beäugte ihn argwöhnisch und fragte schließlich: »Wer seid Ihr und was macht Ihr hier?«

Thomas wunderte sich. Wieso erinnerte sich Kuntz nicht an ihn? Doch dann wurde es ihm klar, er hatte ja noch das Tuch vor Mund und Nase. Schnell nahm er es ab, blickte den Kastellan von Liebstein an und versuchte dabei ein freundliches Gesicht zu machen. Dessen Reaktion war allerdings anders als erwartet: Seine Miene verfinsterte sich.

Er ballte die Fäuste und knurrte: »Jetzt weiß ich, woher ich dich kenne, Bursche. Aber Moment, du müsstest doch tot sein!«

Der junge Mann merkte, wie er zu zittern begann, konnte jedoch nichts dagegen tun. Vor Schreck brachte er kein Wort heraus.

»Gestern in der Taverne hatte ich schon zu viel Bier getrunken. Du kamst mir zwar bekannt vor, nur wusste ich nicht woher. Und jetzt will ich wissen, warum du noch lebst und wo deine Freunde sind!«, bohrte Kuntz weiter und wurde dabei merklich lauter.

Thomas antwortete nicht.

»Wo sind deine Freunde?«, wiederholte der Hüne und kam bedrohlich nahe.

Thomas schwieg weiterhin.

»Gut«, meinte der Kastellan, »dein Schweigen ist der Beweis dafür, dass auch sie überlebt haben. Sonst würdest du mir ja sagen, dass sie tot sind.«

Verdammt, der Kerl hatte recht! Er ärgerte sich. Warum hatte er nicht einfach geantwortet, dass sie umgekommen waren? Diese Chance war nun leider vertan.

Der Kastellan stand mittlerweile direkt vor ihm, zeigte auf das kaputte Fuhrwerk und befahl: »Spann das Pferd aus und setz dich drauf!«

Zögernd tat Thomas, was von ihm verlangt wurde. Kuntz band ihm die Hände auf dem Rücken zusammen, schwang sich in den Sattel und ergriff die Zügel des anderen Tieres.

»Wollen doch mal sehen, ob die Dorfbewohner gesprächiger sind!«, rief er laut. Und zu seiner Truppe sagte er: »Reitet inzwischen in die Taverne und trinkt ein Bier für mich mit. Mit dem hier werde ich alleine fertig.«

Uwe diskutierte gerade mit zwei Männern, die mit einem neuen Wagenrad, Brechstangen und diversem anderen Werkzeug vor der Schmiede standen, als Kuntz von Hedenthal mit Thomas im Schlepptau im Dorf ankam.

Wenige Meter vor dem Schmied brachte er die Pferde zum Stehen, durchbohrte ihn mit seinem Blick und verkündete mit donnernder Stimme: »Ich weiß, dass ihr hier drei weitere Fremde versteckt. Bis die Sonne morgen früh aufgeht, habt ihr Zeit, dann komme ich wieder und hole sie. Wenn ihr sie mir nicht freiwillig übergebt, werde ich euer Dorf niederbrennen.« Danach wandte er sich an Thomas: »Und wir reiten jetzt zur Burg. Wo du dort die Nacht verbringen wirst, ist dir hoffentlich klar.«

Er lachte schallend, wendete die Pferde und galoppierte mit seinem Gefangenen davon. Uwe konnte kaum glauben, was soeben geschehen war. Ratlos sahen sich die Männer an. Was sollten sie nun tun?

17. November 1325

Es war noch dunkel, als Ulman der Graue die vier unsanft weckte.

Er blickte sie ernst an und sagte: »Wir haben soeben die Nachricht erhalten, dass Florian vom Mühlental keinen Heller Lösegeld bezahlen wird, also seid ihr für uns nutzlos. Was das bedeutet, ist euch hoffentlich klar.« Er wandte sich an seinen Sohn und fuhr fort: »Fangen wir mit dem da an!«

Dabei deutete er auf Karsten.

Die anderen schauten zuerst Wigant, dann seinen Vater und schließlich ihren Kumpel erschrocken an. Ulman zog ein Messer aus seinen Gürtel, ging damit auf den Gefangenen zu und schnitt das Seil durch, mit dem er festgebunden war. Seine Hände blieben jedoch weiterhin gefesselt. Wigant der Rote nahm das Ende des Stricks und zerrte ihn zu einer großen Eiche, die in der Nähe wuchs. Er wehrte sich aus Leibeskräften, hatte aber gegen seinen Peiniger keine Chance.

Erst jetzt gewahrte Swenja die Seilschlinge, die an einem starken Ast baumelte. Darunter waren Bretter aufgeschlichtet. Wigant versuchte Karsten auf diesen Bretterstapel zu ziehen, doch er schaffte es nicht. Da kam sein Vater ihm zu Hilfe. Gemeinsam hievten sie den Gefangenen auf den Holzhaufen und legten ihm die Schlinge um den Hals. Wigant blickte noch einmal kurz in die Runde und grinste triumphierend. Dann trat er mit einem lauten Freudenschrei die Bretter weg.

Wie wild begann Karsten mit den Beinen zu strampeln. Die Schlinge zog sich immer fester zu. Er bekam keine Luft mehr und sein Gesicht wurde feuerrot. Die Augen traten aus den Höhlen hervor. Der Todeskampf schien eine Ewigkeit zu dauern. Dann noch ein letztes Zucken und sein Körper wurde schlaff. Er wehrte sich nicht mehr. Das Leben war aus ihm gewichen.

Swenja schrie die ganze Zeit voller Entsetzen. Auf einmal spürte sie, wie jemand ihre Wangen tätschelte. Sie hörte die Stimme ihres Verlobten. Behutsam versuchte dieser, sie zu wecken. Wie konnte das sein? Sie hatten ihn doch gehenkt. Schweißgebadet kam sie endlich zu sich und schlug die Augen auf. Es war noch dunkel. Für einen kurzen Moment wusste sie nicht, wo sie sich befand und was genau passiert war, doch langsam kamen die Erinnerungen wieder und sie stellte erleichtert fest, dass sie nur schlecht geträumt hatte. Trotzdem zitterte sie am ganzen Körper. Dieser Traum war einfach nur grausam und sie wusste, dass er jederzeit bittere Realität werden konnte. Vorerst freute sie sich jedoch, dass ihr Liebster noch lebte. Ängstlich schmiegte sie sich an ihn.

Ihre Schreie hatten nicht nur ihre Freunde aus dem Schlaf gerissen. Das halbe Lager war auf den Beinen und so dauerte es keine fünf Minuten, bis Ulman bei ihnen auftauchte.

Er warf Swenja einen wütenden Blick zu und drohte Karsten: »Sag deinem Weib, es möge in Zukunft das Maul halten und hier nicht so rumschreien, sonst mach ich kurzen Prozess mit euch. Ich hoffe, ihr habt das verstanden!«

Dann drehte er sich um und stapfte zurück zu seinem Zelt. Die Gefangenen brauchten eine ganze Weile, um den Schreck zu verarbeiten. Nachdem sie sich einigermaßen erholt hatten, legten sie sich wieder schlafen.

Als es hell wurde, stellten sie mit Freude fest, dass Tauwetter eingesetzt hatte. Die milde Luft roch angenehm nach Frühling, obwohl hier im Mittelalter, wie Thomas ihnen gesagt hatte, gerade erst November war. Sie konnten nur hoffen, dass sich ihre Lage bald verbesserte, denn ob sie einen richtig harten Winter mit wochenlangen eisigen Temperaturen überstehen würden, war fraglich.

Der heutige Tag brachte nichts als Langeweile. Die Männer waren weiterhin damit beschäftigt, die beiden Lager zusammenzulegen. Einige Aufgaben diesbezüglich mussten geändert beziehungsweise anders eingeteilt werden. Zu den Mahlzeiten wurden beispielsweise mehr als doppelt so viele Speisen gekocht, da Wigants Gefolgschaft weitaus größer war als die von Ulman. Damit erhöhte sich natürlich auch die Menge des Abfalls, den es zu beseitigen galt. So griff eins ins andere. Zwar würden die beiden Lager nicht ewig zusammenbleiben, aber vorerst mussten Lösungen gefunden werden.

So kam es, dass Swenja, Karsten, Bernd und Holger heute von niemandem belästigt wurden. Die einzige Abwechslung boten die Toilettengänge, die sie nach wie vor nicht allein erledigen durften, und das Essen, das ihnen wie immer gebracht wurde und das sie in gefesseltem Zustand zu sich nehmen mussten.

Zwischendurch konnten sie ausgiebig miteinander diskutieren, was jedoch nicht viel brachte, da sich ihre Gedanken im Kreis drehten.

Am Abend gab es ein riesiges Fest. Die Männer hatten es geschafft, beide Lager waren nun auch organisatorisch vereint. Das war natürlich ein willkommener Anlass, sich gehörig zu besaufen. Bis lange nach Mitternacht fanden die vier Freunde keinen Schlaf, es war einfach zu laut.

26. Juni 2017

Gleich nachdem Polizeikommissar Tobias Grünbaum das Keramikgefäß im Labor abgegeben hatte, fuhr Harry Fritzsche, der Laborleiter, damit zur Universität. Es selbst zu öffnen war ihm zu heikel. Zum einen wusste er nicht, was sich darin befand, und zum anderen hatte er nicht die Ausrüstung für eine genaue Analyse des verwendeten Dichtungsmaterials. Außerdem wollte er das Gefäß oder dessen Inhalt nicht zerstören.

In der Uni wurde er bereits von Studienrat Prof. Dr. Falk Lorenz erwartet, den er zuvor telefonisch kontaktiert hatte. Nach der Begrüßung begaben sie sich in ein kleines Labor, das hochmodern ausgestattet war. Dort stellte Professor Lorenz ihm Dr. Udo Frank vor, der die Untersuchung des Keramikgefäßes durchführen würde und dafür schon alles vorbereitet hatte. Harry blicke sich um. Von den Geräten, die hier zur Verfügung standen, konnte er in seinem eher bescheidenen Polizeilabor nur träumen.

Er stellte das Gefäß auf einen langen Tisch aus Edelstahl. Dr. Frank griff nach einer Lupe, um es eingehend zu betrachten. Es handelte sich um einen länglichen Behälter aus gebranntem Ton ohne Glasur und irgendwelche Verzierungen, deswegen war eine

Altersbestimmung nicht möglich. Er nahm ein Lineal zur Hand. Das Keramikgefäß war zweiundzwanzig Zentimeter lang und hatte einen Durchmesser von fünf Zentimetern. Der Deckel war eingeklebt, an den Rändern haftete eine dunkle Masse.

»Es könnte ein Harz sein«, bemerkte Dr. Frank. »Das war sozusagen der Heißkleber des Mittelalters.«

Er ging zu einem Glasschrank, entnahm ein Fläschchen mit einer durchsichtigen Flüssigkeit und kehrte zum Tisch zurück. Mit einer Pipette tropfte er etwas von dieser Substanz auf die Masse, dann nahm er die Lupe, schaute hindurch und wischte mit einem Wattebausch über die feuchte Stelle. Nachdem er dies einige Male wiederholt hatte, war die Watte dunkel verfärbt. Anschließend berührte er die Masse mit einem Holzspatel und stellte fest, dass sie weich und klebrig geworden war.

»Wie ich es mir gedacht habe«, murmelte er, »das Zeug löst sich in Alkohol.« Er schaute Professor Lorenz und Harry Fritzsche an und sagte: »Meine Herren, ich fürchte, dieser Prozess wird länger dauern. Ich weiß nicht, wie tief die Klebeschicht ist. Daher muss ich hier sehr vorsichtig vorgehen und Millimeter für Millimeter abtragen, damit kein Alkohol an den Inhalt gelangt. Zwar könnte ich sie auch erhitzen, aber das ist mir zu riskant.« Dann wandte er sich an den Studienrat und fuhr fort: »Sobald ich das Gefäß geöffnet habe, rufe ich Sie an.«

»Gehen wir inzwischen in der Mensa einen Kaffee trinken?«, fragte der Professor Harry.

Dieser fand den Vorschlag super. Er war heute ziemlich spät aufgestanden und hatte daher nicht ausreichend gefrühstückt. Das konnte er jetzt nachholen, also verließen die beiden das Labor und Dr. Frank widmete sich wieder dem geheimnisvollen Gefäß.

In der Mensa unterhielten sie sich zuerst über allgemeine Dinge. Später kamen sie auf das Verschwinden der Rossburger Ritter zu sprechen, auf die kleine Lydia, die wieder aufgetaucht war, und schließlich auf Stefan Heilmann und Horst Ketzel, die nun ebenfalls verschwunden waren.

Professor Lorenz meinte: »Ich habe alle Fakten, die mir zur Verfügung standen, mit meinen Studenten ausgewertet. Und ob Sie's glauben oder uns für Spinner halten, die einzige logische Erklärung dafür ist ein Sprung in der Zeit, eine Zeitreise sozusagen. Nachdem Sie uns die geschnitzte Holzpuppe zur Untersuchung überlassen hatten, haben Sie mir selbst unter dem Siegel der Verschwiegenheit am Telefon erzählt, was Lydia erlebt hat. Natürlich kann man solche Geschichten nicht in die Zeitung schreiben, die meisten Leser würden sie für die Fantasien eines Kindes halten. Für uns steht aber fest, dass es in der Höhle beziehungsweise irgendwo in der Nähe ein Wurmloch oder etwas in der Art geben muss. Auch wenn Sie jetzt argwöhnisch sind, was ich unschwer an Ihrem Gesichtsausdruck erkenne, Albert Einstein, Stephen Hawking und einige andere namhafte Wissenschaftler haben bewiesen, dass Reisen in der Zeit theoretisch möglich sind.«

Harry war sprachlos. Bis eben hatte er den Professor für eine Koryphäe gehalten, und nun das! Wie konnte ein angesehener Gelehrter an so einen Humbug wie Zeitreisen glauben? Diese gehörten bestenfalls in Science-Fiction-Filme. Na ja, was auch immer hier geschehen war, mit einer derartigen Erklärung würde er sich garantiert nicht zufriedengeben.

Eine gute Stunde war vergangen, als das Handy von Professor Lorenz klingelte. Dr. Frank hatte es geschafft, das Keramikgefäß zu öffnen. Harry und der Studienrat eilten zum Labor, wo ihnen Udo Frank triumphierend den Deckel präsentierte. Mit dem Inhalt hatte er extra auf die beiden gewartet. Vorsichtig führte er eine Endoskop-Kamera in die Öffnung. Alle drei starrten gespannt auf den Monitor, doch was sie sahen, war bei Weitem nicht so spektakulär, wie sie gehofft hatten.

»Es scheint sich um ein zusammengerolltes Stück Papier zu handeln«, bemerkte Dr. Frank.

Er nahm eine lange Pinzette und führte sie behutsam in das Gefäß ein. Ganz langsam zog er das Papier heraus und legte es auf ein Tuch, das er zuvor auf dem Tisch ausgebreitet hatte. Er hielt es mit der Pinzette fest und nahm eine zweite zu Hilfe, um es auseinanderzurollen. Erwartungsvoll schauten Harry Fritzsche und Professor Lorenz zu. Als es endlich entrollt war, konnte man lesen, was darauf stand. Es schien ein Brief zu sein, doch dessen Inhalt verschlug ihnen die Sprache. Der Studienrat las ihn laut vor:

»Mein Name ist Horst Ketzel. Sicherlich werdet ihr nach mir suchen. Wenn ihr diese Zeilen lest, habt ihr meine Nachricht zum Glück erhalten. Bitte helft mir! Ich weiß, es ist schwer zu glauben, aber es ist die Wahrheit. Ich sitze im Mittelalter fest, genauer gesagt im Jahr 1325. In der Höhle, in der ihr diesen Brief gefunden habt, existiert ein Portal, das für meinen unfreiwilligen Zeitsprung verantwortlich ist. Es befindet sich am Ende des langen Gangs in einer kleinen Mulde. Wenn es aktiv ist, seht ihr dort ein rötlich fluoreszierendes Licht. Leider ist es, wie ich erfahren habe, im Moment sehr instabil und teilweise über einen längeren Zeitraum inaktiv. Seid bitte vorsichtig, aber holt mich so schnell wie möglich hier raus. Ich will zurück nach Hause zu meiner Familie!«

Die Männer sahen sich verblüfft an.

Als Erster fand Harry die Fassung wieder.

»So ein Blödsinn. Sie werden diesen Mist doch nicht glauben, meine Herren! Sorry, aber irgendwer macht sich einen Spaß daraus, uns zu verarschen.«

»Nun, wir haben die Möglichkeit, das Papier und die Tinte zu untersuchen und das Alter zu bestimmen«, entgegnete Professor Lorenz lächelnd. »Besorgen Sie bitte in der Zwischenzeit eine Schriftprobe von Herrn Ketzel. Bestimmt werden Sie in seinem Büro fündig. Wir haben hier einen forensischen Schriftsachverständigen. Dr. Ralph Braumann ist eine Koryphäe auf diesem Gebiet.«

Harry nickte.

»Ich fahre in die Dienststelle und komme so schnell wie möglich wieder her.« Dann fügte er leise hinzu: »Zeitreisen, so ein Quatsch! Es muss eine andere Erklärung dafür geben.«

Kopfschüttelnd entfernte er sich.

Die Suche nach einer handschriftlichen Probe gestaltete sich schwieriger als gedacht. Polizeioberkommissar Ketzel hatte seine Aufzeichnungen alle säuberlich im Computer gespeichert und sein Notizbuch, das er immer benutzte, war nirgends zu finden. Erst als der Laborleiter den Papierkorb durchwühlte, entdeckte er eine Einkaufsliste, die so aussah, als hätte Horst sie geschrieben. Diese stecke er in seine Tasche und fuhr zurück zur Universität.

Professor Lorenz nahm die Liste entgegen. Harry war sichtlich gespannt, ob die Schriftprobe mit dem Brief in dem Keramikgefäß übereinstimmen würde, doch der Studienrat vertröstete ihn.

»Dr. Braumann ist heute leider nicht mehr im Haus und die Analyse des Papiers und der Tinte wird ebenfalls noch eine Weile dauern. Ich fürchte, Sie werden sich bis morgen gedulden müssen.«

So auf die Folter gespannt zu werden gefiel ihm zwar nicht, aber er konnte nichts dagegen tun, also verabschiedete er sich mürrisch. Dann fuhr er in die Dienststelle, berichtete Polizeikommissar Grünbaum von den Ereignissen und verkroch sich anschließend in seinem Labor, um Routinearbeiten zu erledigen.

17. November 1325

Uwe war bestürzt. Er starrte vor sich hin und sagte lange Zeit kein Wort. Die beiden Dorfbewohner lehnten das Wagenrad an die Außenwand der Schmiede, das Werkzeug und die Brechstangen legten sie daneben. Alle drei wirkten verunsichert und hilflos.

Als Erster gewann der Schmied die Fassung wieder.

»Wir müssen Mirjam, Claudia und Sven verstecken. Sie dürfen denen nicht auch noch in die Hände fallen.«

Die zwei Männer stimmten ihm zu.

»Den Fremden, den wir bei der Jagd vor den Wölfen gerettet haben, müssen wir ebenfalls beschützen«, fuhr er fort. »Es wäre eine Katastrophe, wenn sie ihn erwischen würden!«

Ohne eine Antwort abzuwarten, eilte er davon. Die anderen blickten ihm erstaunt hinterher. Die Rettungsaktion des seltsam gekleideten Mannes hatte sich zwar inzwischen im Dorf herumgesprochen, doch was hatte dieser mit Kuntz von Hedenthal und den jungen Leuten zu tun?

Als er schon einige Meter entfernt war, drehte sich der Schmied noch einmal um und rief ihnen zu: »Das Fuhrwerk muss unbedingt repariert werden! Kümmert euch bitte darum! Das Mehl wird im Dorf dringend gebraucht.«

Die beiden Dorfbewohner nickten und er rannte weiter.

Sarah fegte gerade den Eingangsbereich, als Uwe keuchend bei ihr ankam.

»Du wirst nicht glauben, was soeben passiert ist«, stieß er atemlos hervor.

Dann erzählte er ihr das Geschehene. Sie blieb dabei ganz ruhig.

Nachdem er geendet hatte, meinte sie nur: »Wir müssen einen kühlen Kopf bewahren und genau überlegen, was zu tun ist.«

»Das sagt sich so leicht«, entgegnete er.

Sie lächelte.

»Die Kirche hat doch ein Kellergewölbe.«

Er nickte.

»Ja klar, die Krypta. Sie ist ziemlich groß. In ihr werden ein paar Reliquien aufbewahrt und soweit ich weiß, wurden sogar einige Adlige dort bestattet.«

»Siehst du«, antwortete sie, »und wie gut kennst du unseren Pfarrer?«

»Clewin von Grumbach ist ein guter Bekannter von mir. Willst du Mirjam, Claudia, Sven und Horst etwa in dem Gewölbe verstecken?«

»Natürlich. Am besten gehst du gleich mal hin und redest mit Clewin.«

»Und was wird aus dem Dorf?«

Sie schaute ihn mit großen Augen an.

»Was meinst du?«

»Na, Kuntz von Hedenthal hat angedroht, es niederzubrennen, wenn wir die jungen Leute nicht ausliefern.«

»Willst du sie denn an ihn ausliefern?«

»Nein, selbstverständlich nicht!«, erwiderte er erschrocken.

»Das dachte ich mir. Wir werden die Dorfbewohner mobilisieren und einen Boten zur Burg Dornstein senden. Leonhard von Bassewitz wird uns bestimmt Hilfe schicken. Aber darum kümmern wir uns später. Die Rettung unserer Gäste hat erst einmal Vorrang, also lauf jetzt endlich zum Pfarrer!«

Es hatte wenig Sinn, Sarah zu widersprechen. Er wusste das genau, und obgleich er ein ungutes Gefühl dabei hatte, machte er sich auf den Weg.

Clewin von Grumbach war nicht in der Kirche. Uwe fand ihn im Pfarrhaus, das gleich gegenüber stand. Nachdem er ihm die Lage geschildert hatte, war der Pfarrer ohne zu zögern einverstanden.

Er klopfte dem Schmied auf die Schulter und meinte: »Jetzt mach dir keine Sorgen, Gernot. Hol die Leute her. In unserem Gotteshaus finden sie Schutz und in der Krypta wird sie sicher niemand suchen.«

Erleichtert atmete Uwe auf.

»Ich komme heute Nacht und bringe sie zu dir. Hauptsache, es sieht uns keiner, denn im Dorf wohnen nicht nur Verbündete.«

Clewin sah ihn gutmütig an.

»Vertraue auf den Herrn von ganzem Herzen und verlass dich nicht auf deinen Verstand; erkenne ihn auf allen deinen Wegen, so wird er deine Pfade ebnen.«

Typisch, dachte Uwe bei sich. Immer hatte der Pfarrer einen passenden Bibelspruch auf Lager, aber schließlich war das sein Job. Er verabschiedete sich und ging nach Hause, wo Horst bereits auf ihn wartete.

Dieser hatte Kuntz von Hedenthal und Thomas am Nachmittag vom Fenster aus beobachtet, als sie vor der Schmiede aufgetaucht waren. Nun machte er sich große Sorgen, wie es weitergehen sollte, doch Uwe beruhigte ihn. Dann lief er wieder zu Sarahs Haus, um Bescheid zu sagen, dass Clewin mit ihrem Plan einverstanden war und die Freunde verstecken würde.

Als er zurückkam, war es draußen längst dunkel. Er wollte jedoch nicht vor Mitternacht zur Kirche aufbrechen, denn die meisten Dorfbewohner gingen erst später zu Bett und sie durften schließlich nicht gesehen werden. Bis zum Abmarsch würde es also noch gut vier Stunden dauern. Die Männer vertrieben sich die Zeit, indem sie sich unterhielten. Horst erzählte von seiner Familie und seiner Arbeit als Polizist und der Schmied klärte ihn über das vierzehnte Jahrhundert auf.

Auf einmal hatte der Polizeioberkommissar eine Idee.

»Mit Zeitreisen kenne ich mich ja überhaupt nicht aus, aber mir fällt da etwas ein. Du hast mir doch erzählt, dass es sich bei der Mulde in der Höhle um ein Portal handelt, das im Moment zwar instabil ist, allerdings hin und wieder funktioniert.«

Uwe nickte, also fuhr er fort: »Sicher werden meine Kollegen nach mir suchen. Und da Ramona weiß, dass ich in die Höhle gegangen, aber nicht mehr herausgekommen bin - denn ich glaube nicht, dass sie im Auto sitzen geblieben ist, dazu kenne ich sie zu gut - werden sie drinnen alles auseinandernehmen und jeden Stein umdrehen. Wenn ich ihnen dort eine Nachricht hinterlasse und aufschreibe, was passiert ist, werden sie diese im einundzwanzigsten Jahrhundert finden und können herkommen und uns helfen.«

Uwe schüttelte energisch den Kopf.

»Bist du von allen guten Geistern verlassen! Was meinst du, würde dann passieren? Der Verlauf der Geschichte würde massiv verändert werden und das darf auf gar keinen Fall sein. Untersteh dich, in der Höhle eine Nachricht zu hinterlegen. Vielleicht wirst du das eines Tages kapieren. Es würden Leute in dieses Jahrhundert kommen, die überhaupt nicht hierhergehören. Die

Folgen wären katastrophal! Es grenzt schon an ein Wunder, dass all die vielen Jahre, seit das Portal existiert, so gut wie nichts geschehen ist.«

Der Polizeioberkommissar blickte zerknirscht zu Boden. Langsam beruhigte sich der Schmied wieder und entschuldigte sich für seine Standpauke. Natürlich nahm Horst die Entschuldigung an, doch er hatte einen Plan. Seine Idee würde funktionieren, davon war er überzeugt. Sonst wäre Uwe nicht so aus der Haut gefahren. Und ob dabei die Geschichte beeinflusst wurde oder nicht, war ihm völlig egal. Er wollte hier weg, und zwar so schnell wie möglich.

* * *

Kurz nach Mitternacht klopfte es dreimal an der Haustür. Es waren Sarah, Erika, Mirjam, Claudia und Sven. Leise huschten sie ins Haus. Uwe war bereits fertig, während Horst noch einmal in der Küche verschwand, um etwas zu trinken. Nach einer Weile war auch er startklar und die Freunde schlichen mit ihren Begleitern im Schutz der Dunkelheit zur Kirche, wo sie von Clewin empfangen wurden. Er führte sie gleich in die Krypta, in der sie die nächsten Stunden verbringen würden. Für ihr leibliches Wohl hatte er gesorgt. In einer Ecke standen Weinkrüge, daneben lag Brot in einem länglichen Weidenkorb. Außerdem hatte er ein paar Stühle und Decken beschafft. So ausgerüstet würden sie die Wartezeit problemlos überstehen. Sarah, Erika und Uwe verabschiedeten sich. Bis zur Ankunft Kuntz von Hedenthals waren nur wenige Stunden Zeit und sie mussten einige Vorbereitungen treffen.

Bevor er ging, blickte Uwe noch einmal in die Runde und meinte: »Seid unbesorgt. Wenn das hier vorbei ist, versuchen wir euch zurück in euer Jahrhundert zu schicken. Wir werden uns dann in der Nähe der Höhle aufhalten und sobald das Portal wieder aktiv wird, geht ihr einfach hindurch. Und eure Freunde befreien wir auch.«

Zwar glaubte er selbst nicht so richtig an seine Worte, aber sie wirkten auf Horst und die jungen Leute beruhigend und das war die Hauptsache. Die vier machten es sich bequem. Ihnen blieb nichts anderes übrig, als auszuharren und die Zeit totzuschlagen. Horst zog sich mit seinem Stuhl in eine Ecke zurück und schrieb. Dafür benutzte er einen Balken, der etwa zwanzig Zentimeter aus der Wand ragte. Zwar erwies sich das als nicht sonderlich komfortabel, aber es funktionierte. Tinte, eine Feder und Papier hatte er sich von Clewin geben lassen. Hell genug war es auch, denn der Pfarrer hatte überall Kerzen und Fackeln angezündet. Die anderen beachteten ihn kaum. Ihnen war egal, was er schrieb, ihre Gedanken kreisten vielmehr um den kommenden Tag und um Thomas. Wie ging es ihm im Augenblick?

Sarah, Erika und Uwe waren inzwischen wieder in der Schmiede angekommen. Sie machten sich große Sorgen. Hoffentlich ging ihr Plan auf. Wie würde Kuntz von Hedenthal reagieren, wenn sie ihm die Freunde nicht auslieferten? Uwe wollte sich zwei Stunden vor Sonnenaufgang noch einmal auf den Weg machen, um ein paar Männer zu mobilisieren, von denen er wusste, dass sie schon zeitig auf den Beinen waren. Jetzt noch einen Boten zur Burg Dornstein zu senden, würde nichts bringen. Dafür war es längst zu spät.

Momentan werkelte der Schmied in der Küche. Die beiden Frauen saßen in der Stube und hingen ihren Gedanken nach.

Plötzlich rief er: »Sarah, du warst doch vorhin in der Küche. Hast du das Bohnenkraut gesehen?«

»Was soll ich gesehen haben?«, erwiderte diese, weil sie die Frage nicht gleich verstanden hatte.

»Ich suche das kleine Keramikgefäß mit dem getrockneten Bohnenkraut«, wiederholte er. »Es stand links unten im Regal neben dem Fenster.«

»Nein, ich habe es nicht gesehen«, war die knappe Antwort.

Nach einer Weile kam Uwe in die Stube.

Er hielt etwas in der Hand und meinte kopfschüttelnd: »Na das ist ja komisch. Das Bohnenkraut habe ich gefunden. Es lag ausgeschüttet auf der Fensterbank, aber das Gefäß ist weg.«

»Moment«, überlegte Sarah laut, »Bevor wir das Haus verlassen haben, ist Horst noch mal kurz in die Küche gegangen, um etwas zu trinken. Vielleicht hat er es genommen, aber was will er damit?«

Uwe zuckte mit den Schultern. »Ich kann's mir auch nicht erklären. Das ergibt keinen Sinn.«

Mirjam und Claudia hatten sich in warme Decken gehüllt und waren auf ihren Stühlen eingeschlafen. Sven starrte gedankenverloren vor sich hin. Horst Ketzel war mittlerweile mit dem Schreiben fertig. Das beschriebene Blatt steckte er in die Tasche. Die Feder, die Tinte und das restliche Papier ließ er liegen. Er stand auf, ging zur Tür und klopfte vorsichtig dreimal dagegen. Es dauerte eine Weile, bis der Pfarrer kam und sie öffnete. Schnell erklärte ihm der Polizeioberkommissar, dass er unbedingt noch einmal nach Hause zu Gernot dem Schmied müsse.

Zuerst weigerte sich Clewin, ihn gehen zu lassen. Es war fast 5 Uhr und in wenigen Stunden würde es hell werden. Doch er versicherte dem Pfarrer, dass er in spätestens einer Stunde zurück sein würde. Letztendlich ließ sich dieser darauf ein und Horst durfte die Krypta verlassen.

Zur selben Zeit war Uwe noch immer am Grübeln. Wofür brauchte Horst dieses Keramikgefäß? Sarah und Erika wussten auch keine Antwort, also beschloss er, zur Kirche zu gehen und ihn einfach zu fragen. Mittlerweile war es 5 Uhr. Um diese Zeit wollte er ohnehin aufbrechen, um einige Dorfbewohner zu mobilisieren. Vor 8 Uhr würde Kuntz von Hedenthal bestimmt nicht erscheinen. Somit hatte er für sein Vorhaben reichlich Zeit zur Verfügung. Gesagt, getan. Er zog sich die Schuhe an und warf den Mantel über die Schultern. Dann verließ er das Haus Richtung Kirche.

Clewin von Grumbach hatte die ganze Nacht nicht geschlafen und war erstaunt, dass der Schmied zu so früher Stunde bei ihm auftauchte. Als er aber erfuhr, was der Grund für diesen Besuch war, machte er sich sichtlich Sorgen. Er erzählte ihm, dass Horst sich vor wenigen Minuten auf den Weg zur Schmiede gemacht und versprochen hatte, spätestens in einer Stunde zurück zu sein. Uwe wunderte sich, denn bei ihm war er nie angekommen. Verfehlt haben konnten sie sich nicht. Zwischen der Schmiede und der Kirche gab es nur diesen Weg. Vielleicht wussten ja die anderen, was er plante und wo er war.

Doch Mirjam, Claudia und Sven konnten nicht viel dazu sagen, nur dass er zuvor längere Zeit etwas auf ein Blatt Papier geschrieben hatte. Uwe ging zu dem Platz und fand die zurückgelassenen Schreibutensilien. Was für ein Schriftstück hatte Horst dort wohl verfasst? Sie mussten es unbedingt herausfinden. Möglicherweise lieferte das den entscheidenden Hinweis, wo sich der Polizist momentan aufhielt. Er untersuchte das restliche Papier und stellte fest, dass dieser es beim Schreiben untergelegt hatte. Zum Glück war er nicht gewohnt, mit einer Gänsefeder zu arbeiten. An einigen Stellen hatte er zu stark aufgedrückt. Wenn man mit dem Finger über das Papier strich, konnte man die zahlreichen kleinen Linien deutlich spüren. Der Schmied hielt die oberste Seite vor eine Kerze. Leider nützte das nichts, der Text war trotzdem nicht lesbar. Da kam ihm eine Idee: Durch die Fackeln war die Wand an einigen Stellen rußgeschwärzt. Er rieb zuerst mit dem Zeigefinger der rechten Hand über den Ruß und anschließend über das Blatt. Dadurch wurde es schwarz gefärbt, die feinen Linien blieben jedoch weiß. Somit waren einige Worte zu erkennen und er versuchte, den Text zu entziffern.

Laut murmelte er vor sich hin: »... Name ... Ketzel ... Bitte helft mir ... Mittelalter ... Jahr 1325 ... Höhle ... Portal ... rötlich fluoreszierendes Licht ... instabil ... zurück ... will wieder nach Hause ...«

Das konnte doch nicht wahr sein! Der Kerl wollte tatsächlich Hilfe aus dem einundzwanzigsten Jahrhundert holen, obwohl Uwe ihn eindringlich auf die Konsequenzen hingewiesen hatte. Das musste unbedingt verhindert werden! Er war mit Sicherheit auf dem Weg zur Höhle. Zu Fuß würde er bei diesem Wetter garantiert gut einen Tag unterwegs sein. Mit einem Pferd wäre er leicht einzuholen. Uwe blieb nichts anderes übrig, als ihm zu folgen. Die Dorfbewohner wollte er aber auch mobilisieren. Verdammt, beides war enorm wichtig und teilen konnte er sich nicht. Vielleicht wusste ja der Pfarrer Rat.

Er stieg gerade die Stufen hinauf, als er Clewin von Grumbach, der inzwischen wieder ins Kirchenschiff gegangen war, um den Altar für den nächsten Gottesdienst vorzubereiten, laut schreien hörte. Kurz darauf ertönte eine donnernde Stimme, die er sofort erkannte. Sie gehörte Kuntz von Hedenthal, der offenbar mit dem Pfarrer eine Auseinandersetzung hatte. Uwe ging leise weiter bis zur Tür, die nur angelehnt war. Er blickte durch den Türspalt und sah, dass Kuntz Clewin am Arm gepackt hatte. Jetzt verstand er auch deutlich, was gesprochen wurde.

»Ich frage dich zum letzten Mal, Pfaffe, wo hat der Schmied die Fremden versteckt!«, rief der Hüne wutentbrannt. Dann fügte er hinzu: »Man hat gesehen, wie sie in die Kirche gebracht wurden.«

Clewin blieb völlig ruhig, als er antwortete: »Ich weiß nicht, wovon Ihr sprecht. Bei mir ist niemand außer Gott, denn es ist ja sein Haus. Und es wird ihm bestimmt nicht gefallen, dass Ihr es mit Euren Waffen betreten habt.«

»Nun, du kannst dich gleich persönlich mit ihm unterhalten«, höhnte Kuntz.

Blitzschnell zog er sein Schwert und stach den Pfarrer kaltblütig nieder. Stöhnend brach dieser zusammen. Danach hörte man ihn nur noch leise röcheln. Uwe war zu Tode erschrocken. Vorsichtig schloss er die Tür und versuchte sich zu beruhigen. Wie konnte er dem Schwerverletzten helfen? Er musste unbedingt gerettet werden! Nach dessen Amtsübernahme 1322 hatte Uwe in einer Chronik über ihn recherchiert. Clewin von Grumbach sollte laut dieser erst 1365 im Alter von vierundsiebzig Jahren sterben. Bis dahin würde er einen starken Einfluss auf seine Gemeinde ausüben, da er sich auch um persönliche Probleme der Dorfbewohner kümmerte. In fünf Jahren würde er im Winter Erhardt Schiller, dem Wirt der Taverne, und dessen Sohn Martin das Leben retten. Sie würden auf dem Dorfteich im Eis einbrechen und er würde als Einziger gerade in der Nahe sein. Ohne ihn müssten die beiden ertrinken. Sollte er schon jetzt sterben, wäre dies ein massiver Eingriff in die Geschichte mit unabsehbaren Folgen und das musste unter allen Umständen verhindert werden. Uwe selbst konnte den Wirt und seinen Sohn nicht retten. In der Chronik stand nur, dass es im Winter 1330 geschehen würde, ein genaues Datum gab es nicht.

Er lauschte an der Tür. Kein Laut war zu hören. Plötzlich tippte ihm jemand von hinten auf die Schulter. Er zuckte zusammen, drehte sich blitzartig um und blickte in die Augen von Sven.

»Was ist los?«, fragte dieser.

Auch Mirjam und Claudia standen hinter ihm.

»Pst«, er legte den rechten Zeigefinger auf den Mund. Dann flüsterte er: »Das erzähle ich euch später. Bitte seid leise.«

Sven nickte. Die drei stiegen wieder hinunter in die Krypta und Uwe blieb hinter der Tür stehen. Bevor er sie öffnete, wollte er sichergehen, dass außer Clewin niemand mehr in der Kirche war.

Fünf Minuten vergingen, ohne dass etwas geschah. Langsam wurde er ungeduldig. Das Nichtstun und die Sorge um den Pfarrer machten ihn fast wahnsinnig. Wartete Kuntz von Hedenthal immer noch irgendwo da draußen? Was hatte er als Nächstes vor? Während er grübelte, bemerkte er plötzlich beißenden Rauch, der unter der Türritze hervorquoll. Verdammt, die Kirche brannte! Vorsichtig öffnete er die Tür. Sofort schlugen ihm Flammen entgegen. Schnell schloss er sie wieder. Sie war zwar aus massivem Eichenholz, würde dem Feuer aber trotzdem nicht lange standhalten.

Uwe rannte die Treppe hinunter in die Krypta, um die anderen zu warnen. Mirjam und Claudia erschraken, nur Sven behielt einen kühlen Kopf.

»Wir müssen da so schnell wie möglich durch«, meinte er. »Zwar wissen wir nicht, wie viel dort oben schon brennt und ob wir überhaupt eine Chance haben, doch wenn wir hierbleiben, ersticken wir.« Dann schaute er sich um und stellte verwundert fest: »Der kleine

Luftschacht dort hinten führt direkt nach oben ins Kirchenschiff. Man riecht aber nichts und Rauch kommt auch keiner raus.«

»Rauch kann dort nicht herauskommen«, antwortete Uwe. »Der steigt nach oben. Allerdings entzieht uns das Feuer den Sauerstoff hier unten. Somit hast du recht. Wenn wir hier noch mehr Zeit verschwenden, werden wir mit Sicherheit ersticken.«

»Dann lasst es uns versuchen«, schlug Claudia vor. »Je länger wir warten, desto schwieriger wird es, durch die brennende Kirche zu kommen.«

Die anderen waren einverstanden, also stiegen sie die Treppe wieder hinauf. Uwe war der Erste. Er konzentrierte sich kurz, riss die Tür auf, stürmte ins Kirchenschiff - und prallte mit Kuntz von Hedenthal zusammen, der lachend das letzte glimmende Reisig austrat, das er vor dem Eingang zur Krypta aufgeschichtet und angezündet hatte.

»So sieht man sich also wieder, Schmied«, höhnte er. »Und wie ich sehe, hast du deine Freunde gleich mitgebracht.«

Uwe drehte sich um und sah mit Entsetzen, dass Mirjam, Claudia und Sven bereits hinter ihm standen.

»Dann nehme ich sie jetzt mit«, fuhr der Kastellan fort, »und da du sie nicht freiwillig ausgeliefert hast, sondern sie im Gegenteil sogar vor mir verstecken wolltest, muss ich nun das ganze Dorf bestrafen.«

Bevor Uwe etwas entgegnen konnte, sah er aus dem Augenwinkel, wie drei Wachleute die Kirche betraten. Dann wurde ihm schwarz vor Augen. Kuntz von Hedenthal hatte ihn mit einem einzigen gezielten Faustschlag niedergestreckt.

18. November 1325

Heute konnten Swenja, Karsten, Bernd und Holger endlich ausschlafen. Am frühen Morgen war kein Laut zu hören und selbst um die Frühstückszeit herum herrschte angenehme Ruhe. Erst gegen 10 Uhr erwachte das Lager allmählich zum Leben. Einige Männer hatten ihren Rausch ausgeschlafen und standen auf.

Auch an diesem Tag kümmerte sich niemand um die Gefangenen. Wieder einmal waren sie sich selbst überlassen und so hing jeder seinen Gedanken nach. Die beiden Lager wuchsen immer besser zusammen. Der Alltag verlief zunehmend reibungsloser, denn die Einteilung der Aufgaben einzelner Bandenmitglieder wurde optimiert. Dennoch konnte man nicht unbedingt von Harmonie sprechen. Oft kam es zu Reibereien, wie zum Beispiel heute Mittag bei der Essensausgabe. Doch Ulman war nicht gerade zimperlich bei der Schlichtung, er regelte den Streit unbürokratisch mit den Fäusten. Das Resultat waren zwei gebrochene Nasen und ein ausgekugelter Arm. Diejenigen, die die Verletzten versorgen mussten, hatten nach solchen »Schlichtungen« jede Menge Arbeit.

Am späten Nachmittag kam ein Fremder ins Lager geritten. Nachdem er sich eine Weile umgesehen und mit den Männern unterhalten hatte, sah man ihn zusammen mit Ulman, Wigant und ihren engsten Vertrauten in einem der größeren Zelte verschwinden. Als Karsten kurz vor dem Abendessen mit einem der Wächter unterwegs war, um sein Geschäft zu verrichten, registrierte er, wie dieser mit einem anderen Wachposten flüsterte. Leider verstand er nur wenige Worte. Wie es schien, planten Ulman und Wigant einen gemeinsamen Überfall auf einen Gefangenentransport in den nächsten Tagen.

Vermutlich sollten wieder Geiseln von der Burg Liebstein zur Rossburg gebracht werden.

Offensichtlich waren diese Personen wichtig, denn Karsten hörte einen der Wachleute sagen: »Diesmal wird Florian vom Mühlental ganz gewiss zahlen.«

Um wen handelte es sich wohl? Wer war für diesen Florian so extrem interessant und warum? Sobald Karsten wieder zurück war, berichtete er den anderen vom Gespräch der beiden Wachen. Auch sie hatten keine Idee, wer die Gefangenen waren. Nun galt es, die Augen offen zu halten, denn bald würden diese ins Lager gebracht werden. Das konnte natürlich bedeuten, dass die Aufmerksamkeit für Swenja, Karsten, Bernd und Holger nachlassen würde. Vielleicht gab es endlich eine Gelegenheit, von hier zu verschwinden!

Heute legten sich die vier zeitig schlafen. Im Lager blieb es völlig ruhig. Diese Stille war schon fast unheimlich. Die Männer diskutierten anscheinend noch immer und planten akribisch den Überfall. Wann dieser stattfinden sollte, hatte Karsten allerdings nicht mitbekommen. Die Freunde nahmen sich vor, in den nächsten Tagen besonders aufmerksam zu sein, um schnell reagieren zu können, wenn es darauf ankam. In dieser Nacht würde aber mit Sicherheit nichts mehr passieren, also schliefen sie nach kurzer Zeit ein.

Der Überfall

27. Juni 2017

Als Dr. Ralph Braumann am Dienstagmorgen die Universität betrat, wurde er bereits von Professor Lorenz erwartet. Dieser überreichte ihm die Einkaufsliste von Horst Ketzel und eine Kopie des Briefs aus dem Keramikgefäß. Das Original gab er vorsichtshalber nicht heraus, um Beschädigungen zu vermeiden. Er bat Dr. Braumann, die beiden Schriftstücke zu vergleichen, verschwieg ihm jedoch, dass sie in verschiedenen Jahrhunderten verfasst worden waren. Das Papier und die Tinte hatte Dr. Udo Frank am Tag zuvor untersucht. Es bestand kein Zweifel daran, dass beides aus dem Mittelalter stammte.

Auf das Ergebnis der Schriftprobe musste der Professor nicht lange warten. Schon kurz nach dem Frühstück hatte er Dr. Braumanns Bericht auf dem Schreibtisch. Was er darin las, hatte er tatsächlich erwartet. Allerdings würde es schwer werden, Harry Fritzsche und seine Kollegen davon zu überzeugen, zumal es dafür momentan keine logische Erklärung gab. Beide Schriftstücke waren von derselben Person im Abstand von nahezu siebenhundert Jahren verfasst worden. Nun, es half nichts. Er atmete tief durch und griff zum Telefon, um den Leiter des Polizeilabors zu informieren.

Dieser reagierte erwartungsgemäß ziemlich ungehalten. Zeitreisen waren für ihn nach wie vor unmöglich. Der Schriftsachverständige musste sich irren. Wenn er aber richtig lag und Horst den Brief und die Einkaufsliste geschrieben hatte, befand sich Dr. Frank auf dem Holzweg. Es hatte jedoch keinen Sinn, mit dem Professor darüber zu diskutieren. Für diesen zählten erstens nur Fakten, und zweitens hatte er zu seinen Kollegen uneingeschränktes Vertrauen und zweifelte zu keiner Zeit an ihren Kompetenzen. So gab sich Harry letztlich geschlagen, nahm das Ergebnis zur Kenntnis und benachrichtigte anschließend Polizeihauptkommissar Siegfried Schmidt.

Nachdem er eine Weile darüber nachgedacht hatte, entschied der Dienststellenleiter, dass Ramona Ketzel ein Recht darauf hatte, über die neuen Untersuchungsergebnisse in Kenntnis gesetzt zu werden. Er beauftragte Polizeioberkommissar Max Baldauf und Polizeikommissar Tobias Grünbaum, sie aufzusuchen und mit ihr zu sprechen. Zum Beweis gab er ihnen eine Kopie des Briefs mit, den Horst im Mittelalter geschrieben hatte. Außerdem sollten sie auf Frau Ketzel einwirken und ihr einschärfen, keine weiteren Alleingänge zu unternehmen und sich unbedingt von der Höhle fernzuhalten.

Gegen Mittag klingelten die Polizeibeamten bei Ramona und teilten ihr mit, dass es Neuigkeiten zum Verschwinden ihres Mannes gab. Aufgeregt bat sie die beiden herein.

Nachdem alle am Tisch im Wohnzimmer Platz genommen hatten, begann Max Baldauf: »Also, Frau Ketzel, wie bereits erwähnt, haben wir neue Erkenntnisse. Ich weiß, dass das, was Sie jetzt erfahren werden, kaum zu glauben ist. Es klingt sogar ziemlich verrückt, doch ich möchte auch nicht großartig drumherum reden. Kurz gesagt, Ihr Mann ist in der Zeit gereist und befindet sich momentan im vierzehnten Jahrhundert.«

Lange schaute Ramona den Polizisten ungläubig an. Dann schüttelte sie ganz langsam den Kopf und brach schließlich in schallendes, schon fast hysterisches Gelächter aus.

Als sie sich ein wenig beruhigt hatte, fuhr er fort: »Uns ist sehr wohl klar, dass das unvorstellbar klingt, doch wir haben Beweise. In dem Keramikgefäß, das Ihr Sohn in der Höhle gefunden hat, steckte ein Brief, der definitiv von Ihrem Mann geschrieben wurde.«

Er reichte ihr die Kopie. Sie nahm sie kopfschüttelnd entgegen, lehnte sich zurück und las.

Nachdem sie fertig war, legte sie das Blatt auf den Tisch, blickte die Männer verwundert an und fragte leise: »Haben Sie schon einen Plan? Wie geht es denn jetzt weiter?«

Max Baldauf starrte auf das Papier, unfähig, ihrem Blick standzuhalten.

Unsicher antwortete er: »Glauben Sie uns, wir tun alles, was in unserer Macht steht, um Horst zu helfen.«

Doch sie ließ nicht locker.

»Was werden Sie konkret unternehmen?«

Wie zu erwarten war, blieben ihr die beiden Polizisten die Antwort schuldig.

»Okay«, Ramona sah sie abwechselnd an, »dann nehme ich die Sache eben selbst in die Hand.«

Nun mischte sich Polizeikommissar Tobias Grünbaum ein: »Nein, das werden Sie nicht tun! Sie halten bitte die Füße still. Versprechen oder besser schwören Sie uns, dass Sie keine weiteren Alleingänge unternehmen. Bleiben Sie vor allem der Höhle fern!«

So barsch und drohend hatte er das gar nicht sagen wollen, aber es ließ sich nicht mehr ändern. Ihre Augen wurden groß und feucht.

»Das dürfen Sie nicht von mir verlangen, ich muss doch etwas tun! Horst ist mein Mann«, schluchzte sie, »und braucht jetzt bestimmt meine Hilfe.«

»Frau Ketzel, ich wiederhole es noch einmal, wir tun alles, was in unserer Macht steht«, versuchte Polizeioberkommissar Baldauf sie zu beruhigen.

Sie blieb jedoch stur.

»Das reicht mir nicht. Wie ich sehe, haben Sie keinen Plan. Sie wissen doch selber nicht, wie es weitergehen soll!« Nach einem Moment des Schweigens fuhr sie energisch fort: »Und nun, meine Herren, möchte ich Sie bitten zu gehen.«

Mit diesen Worten stand sie auf, ging zur Tür, öffnete sie und stellte sich erwartungsvoll daneben. Den beiden Polizisten blieb nichts anderes übrig, als sich zu verabschieden. Es würde schwer werden, Ramona Ketzel daran zu hindern, im Alleingang weiterzumachen.

Zurück in der Dienststelle suchten sie sofort Polizeihauptkommissar Schmidt auf, um ihn über den Verlauf des Gesprächs zu informieren. Er reagierte ungehalten und warf ihnen vor, die Sache absolut nicht im Griff zu haben.

»Von nun an, Kollegen«, beendete er die Unterredung, »werdet ihr, so oft es geht, ein Auge auf diese Frau haben! Ich will nicht, dass sie plötzlich - wohin auch immer - verschwindet. Hoffentlich haben wir uns verstanden!«

Max und Tobias nickten und verließen grübelnd den Raum. Wie sollten sie nur diese Anweisung ihres Chefs befolgen? Er konnte ziemlich ungemütlich werden, wenn Aufgaben nicht in seinem Sinne erledigt wurden. Außerdem würden sie Ramona garantiert nicht davon abbringen können, die Höhle erneut allein zu durchkämmen. Zwar war das Gitter mit einem Vorhängeschloss abgesperrt, doch wie sicher war das wirklich? Mit einem einfachen Bolzenschneider konnte sich dort jeder Zutritt verschaffen. Es blieb zu hoffen, dass ihr dabei nichts passierte.

Inzwischen war Paul von der Schule nach Hause gekommen. Er hatte Hunger. Zum Glück hatte seine

Mutter eine Auswahl an Fertiggerichten vorrätig. Er durfte sich etwas aussuchen und entschied sich für Nudeln mit Tomatensoße. Schnell nahm sie das Gericht aus der Packung und stellte es in die Mikrowelle, denn sie hatte es ziemlich eilig. Da die Polizei anscheinend mit dem Verschwinden ihres Mannes überfordert war, würde sie die Sache komplett selbst in die Hand nehmen. Nachdem ihr Sohn gegessen hatte, verschwand er in seinem Zimmer, um die Hausaufgaben zu erledigen. Ramona räumte das Geschirr ab, zog sich um und sagte Paul Bescheid, dass sie noch einmal wegmüsse, um einzukaufen. Wie immer schärfte sie ihm ein, keine Fremden in die Wohnung zu lassen.

Bevor sie sich auf den Weg machte, ging sie kurz in den Keller. Sie wusste, dass an der Wand über der Werkbank ein großer Bolzenschneider hing. Bestimmt hatten die Polizisten die Höhle wieder verschlossen. Sie nahm das Werkzeug, ging zum Auto, legte es in den Kofferraum, stieg ein und fuhr los.

Wie sie vermutet hatte, hing an der Eingangstür ein Schloss, das jedoch dem riesigen Bolzenschneider keinen besonderen Widerstand entgegensetzte und schon bald Geschichte war. Sie nahm ihr Handy, um es wie zwei Tage zuvor als Taschenlampe zu benutzen, und betrat die Höhle. Klaus Schneider, der Kollege ihres Mannes, hatte in der Mulde am Ende des Gangs Fußspuren entdeckt. Dort musste irgendetwas sein, das mit Horsts Verschwinden zusammenhing. Schnurstracks durchquerte sie die Höhle, um dorthin zu gelangen.

Schon von Weitem sah sie ein fluoreszierendes rötliches Licht am Boden. Alles in ihr sträubte sich bei dem Gedanken, in die Vertiefung zu steigen, doch sie würde die Chance nutzen.

Nur etwa drei Meter trennten sie von dieser Stelle, zwei Meter ... ein Meter ... Ramona war am Rand der

Mulde angekommen. Sie schloss die Augen und trat einen Schritt nach vorn.

18. November 1325

Thomas öffnete die Augen und gähnte herzhaft. Schlaftrunken wie er war, wähnte er sich für einen kurzen Moment in seinem gemütlichen, warmen Bett. Aber dann holte ihn die Realität unbarmherzig ein. Er lag auf einer alten, harten Pritsche und ihm tat jeder Knochen weh. Missmutig schaute er sich um. Den Raum, in dem er sich befand, kannte er ziemlich gut. Er war feucht und kalt und ihn schauderte, als er sich an seinen ersten unfreiwilligen Aufenthalt hier erinnerte.

Wieder hatte man ihn in dieses Verlies geworfen, doch im Gegensatz zum letzten Mal war er bisher relativ gut behandelt worden. Immerhin hatte man ihm keine körperliche Gewalt angetan und es gab sogar eine Pritsche und einen alten runden Tisch, auf dem eine Kerze brannte, die die nähere Umgebung diffus beleuchtete. Daneben standen ein Krug mit Wasser und ein Holzschüsselchen mit einem gummiartigen Brei, der noch unangetastet war, da er gestern Abend keinen Hunger mehr hatte. Um den Tisch herum hatte man vier Hocker platziert. Gegenüber sah er schemenhaft drei weitere Pritschen, die jedoch leer waren. An jeder Wand brannte eine Fackel.

Die erste Nacht hatte er überstanden und langsam wurde er hungrig. Außerdem quälte ihn die Ungewissheit. Was hatte der Kastellan der Burg Liebstein mit ihm vor und was würde heute alles passieren? Während er grübelte, hörte er Geräusche über sich. Die Luke in der Decke wurde geöffnet und jemand hinunter zu ihm ins Verlies gelassen. Neugierig trat er näher und erkannte die

Person. Es war Sven. Was für eine Überraschung! Kurze Zeit später folgten Claudia und Mirjam. Thomas ging zu seiner Schwester und umarmte sie.

Auf einmal erschien Kuntz von Hedenthals Kopf in der Deckenluke.

Er grinste und sagte: »Lasst euch die Zeit nicht lang werden. Sicher habt ihr einander viel zu erzählen.« Dann fügte er hinzu: »Ruht euch aus. Morgen früh brechen wir zur Rossburg auf. Florian vom Mühlental wird angenehm überrascht sein, denn seine Hochzeit wird nun durch vier weitere Hinrichtungen bereichert werden.«

Lachend warf er die Luke zu.

Das also war es! Sie sollten zur Rossburg gebracht werden. Ob sie dort wohl Swenja, Karsten, Bernd und Holger treffen würden? Hoffentlich ging es ihnen gut. Und Gundhild vom Lerchenberg, dachte sie noch an ihn? Vielleicht hatte Florian ihren Widerstand schon gebrochen. Diesen Gedanken ertrug Thomas nur sehr, sehr schwer.

»He, ist alles in Ordnung mit dir?«, riss Sven ihn aus seinen Grübeleien.

Er nickte traurig. Immer wenn er an Gundhild dachte, zog ihn das runter.

Erneut wurde die Luke geöffnet und ein geflochtener Weidenkorb herabgelassen. Dann wurde sie wieder geschlossen. Claudia und Mirjam holten den Korb. Er enthielt vier Holzschüsselchen mit dem undefinierbaren Brei und einen großen Tonkrug mit Wasser. Während Sven, seine Verlobte und Thomas Platz nahmen, stellte Claudia die Sachen auf den Tisch und setzte sich auf den letzten freien Hocker.

»Und wie geht es jetzt weiter?«, fragte sie in die Runde, erhielt aber zunächst keine Antwort.

Nach einer Weile erwiderte Thomas: »Wir können nur abwarten. Wenn sie uns hier rausholen und zur Rossburg bringen, müssen wir schauen, ob sich eine Gelegenheit zur Flucht bietet. Bestimmt machen wir unterwegs Pause, um zu übernachten.«

»Meinst du echt, dass sie uns auch nur eine Sekunde aus den Augen lassen?«, entgegnete Sven ungläubig.

Wieder herrschte minutenlanges Schweigen, dann ergriff Claudia abermals das Wort: »Abwarten, Jungs, wir können jetzt zwar stundenlang darüber diskutieren, ob sich eine Möglichkeit zur Flucht bieten wird oder nicht, aber wir werden zu keinem Ergebnis kommen. Wenn es so weit ist, merken wir es schon.«

Alle pflichteten ihr bei. Nun grübelten die vier vor sich hin. Thomas unterbrach nach endlos langer Zeit die Stille.

»Ob sie uns immer noch suchen?«, fragte er.

Natürlich meinte er nicht die Leute hier im Mittelalter, sondern vielmehr die Freunde, Verwandten und vor allem die Polizei im einundzwanzigsten Jahrhundert. Schließlich vermisste diese sogar einen Kollegen.

Claudia versuchte ihren Bruder zu beruhigen.

»Selbstverständlich suchen sie uns. Vielleicht wissen sie längst, wo wir uns befinden.«

»Wann wir uns befinden«, verbesserte Sven und lachte trotz ihrer misslichen Lage.

»Ihr habt sicher recht«, erwiderte Thomas und versuchte zu lächeln, obwohl ihm klar war, dass das nicht zwangsläufig so sein musste.

»Wisst ihr was, ich habe Hunger«, meldete sich Mirjam zu Wort und machte sich über den Brei her.

»Ich bin zwar nicht hungrig«, sagte Thomas, »aber wir müssen etwas essen, um bei Kräften zu bleiben.«

Dann langte auch er zu. Claudia und Sven taten es ihnen gleich und nahmen sich je ein Schüsselchen mit Brei. Der schmeckte zwar grauenvoll, aber wenigstens füllte er den Magen. Die Schüssel mit der Pampe vom Vortag stellten sie jedoch in den Weidenkorb zurück. Das

Zeug war mittlerweile ungenießbar geworden und stank fürchterlich.

Nachdem sie gegessen hatten, sagte Sven: »Zwar ist es jetzt bestimmt erst Mittag oder bestenfalls früher Nachmittag, aber ich bin trotzdem müde.«

Er stand auf, sammelte die leeren Schüsseln und die beiden Wasserkrüge ein, stellte sie in den Korb und ließ sich auf eine der Pritschen fallen. Auch Claudia und Mirjam legten sich hin, nur Thomas blieb am Tisch sitzen. Wieder begann er zu grübeln. Wie spät mochte es sein? Wann würde man sie hier herausholen? Dabei merkte er gar nicht, dass er langsam einnickte. Erst als sein Kopf die Tischplatte berührte, schrak er hoch. Die anderen schliefen bereits, also begab er sich ebenfalls zur Ruhe.

Die vier Freunde wussten nicht, wie lange sie geschlafen hatten, als plötzlich die Luke in der Decke aufflog. Ein Seil wurde herabgelassen und in der Öffnung erschien das Gesicht eines bärtigen Wächters.

Grimmig rief er nach unten: »Los, bindet den Korb mit dem leeren Geschirr an den Strick!«

Mirjam stand auf und schlang das Seilende um den Henkel. Der Weidenkorb wurde nach oben gezogen und kam einen Moment später zurück. Sie band ihn wieder ab. Er war mit vier Kanten Brot und einem Krug mit frischem Wasser gefüllt.

»Abendessen«, sagte der Wächter, dann wurde die Luke geschlossen.

Nach dem Essen saßen sie noch eine Weile am Tisch. Ein Gespräch wollte nicht mehr aufkommen, also legten sie sich auf ihre Pritschen. Jeder grübelte vor sich hin. Diesmal dauerte es ziemlich lange, bis sie endlich eingeschlafen waren.

* * *

Am nächsten Morgen wurden sie sehr zeitig und unsanft aus dem Schlaf gerissen.

Die Luke flog auf und Kuntz von Hedenthal brüllte: »Los, aufstehen! Wir holen euch jetzt hoch.«

Ein Seil wurde hinabgelassen, an dessen Ende ein Ledergurt hing. Mirjam war die Erste. Sie schob Kopf und Arme durch den Gurt, sodass dieser unter den Achseln saß, und zurrte ihn fest. Dann wurde sie hochgezogen. Ihr folgten Claudia, Sven und zuletzt Thomas.

Im Burghof war bereits eine ansehnliche Reiterschar versammelt. Man setzte die Gefangenen auf vier Pferde und legte ihnen Fesseln an. Danach brach man unverzüglich auf. Zwar hatten sie diesmal das Glück, nicht laufen zu müssen, aber dafür war eine Flucht momentan unmöglich. Außerdem schneite es heftig, was die Reise nicht unbedingt angenehmer machen würde.

Die Spitze des Zuges bildete Kuntz von Hedenthal, der auf einem schwarzen Hengst saß. Rechts und links wurde er von je einem Wachposten flankiert. Hinter ihm ritten zwei weitere Wachsoldaten nebeneinander. Der Nächste war Thomas, auch er wurde von zwei Reitern eskortiert. Nun folgten zwischen je zwei Wachen Sven, Claudia und Mirjam. Den Schluss bildeten noch einmal drei Männer, die Seite an Seite ritten. Thomas staunte nicht schlecht. Neben Kuntz von Hedenthal waren also fünfzehn zusätzliche Soldaten nötig, um ihn und seine drei Freunde zur Rossburg zu bringen. Anscheinend waren sie ziemlich wichtig, da hier keine Mühe gescheut wurde.

Der Weg führte sie über Stock und Stein. Nachdem sie etwa zwei Stunden geritten waren, ging es durch einen dichten Laubwald mit uralten Bäumen. Schon nach kurzer Zeit wurde der Wald lichter und sie kamen an schier endlosen Wiesen vorbei. Das Wetter war herrlich. Es hatte aufgehört zu schneien, die Sonne schien und man konnte sehr weit blicken. Aber Thomas und die anderen Gefangenen hatten dafür keinen Sinn. Sie suchten fieberhaft nach einer Möglichkeit zur Flucht.

Da so viele Männer vor, hinter und neben ihnen ritten, war eine Unterhaltung unmöglich. Zwar kam die Reihenfolge hin und wieder ein wenig durcheinander, wenn der Weg zu einem schmalen Pfad wurde, auf dem keine zwei Reiter nebeneinander Platz hatten. Doch sobald es möglich war, wurde die alte Ordnung wiederhergestellt.

Am Nachmittag setzte wieder Schneefall ein. Thomas, Claudia, Sven und Mirjam froren erbärmlich, aber sie konnten nichts gegen diese Eiseskälte tun. Jeder versuchte, an etwas Schönes zu denken und sich damit so gut es ging abzulenken.

Gegen Abend, als es schon ziemlich dunkel war, kamen sie in ein Tal. Links und rechts ragten hohe Felsen in den Himmel. Kuntz von Hedenthal, der noch immer an der Spitze ritt, blieb stehen und hob die Hand, also hielten auch die anderen an.

Er deutete auf ein Felsplateau, das sich auf der rechten Seite in gut fünfzehn Metern Höhe erstreckte, und rief: »Dort schlagen wir unser Nachtlager auf. Bindet die Pferde da drüben fest«, er zeigte auf eine freie Stelle auf der linken Seite, »und schafft alles andere hinauf.«

Für die Gefangenen begann ein mühsamer Aufstieg. Mit zusammengebundenen Händen wurden sie von den Wachsoldaten mehr schlecht als recht hinaufbefördert.

Nachdem alle Sachen oben waren und die Männer das Lager provisorisch eingerichtet hatten, rief Kuntz: »Hier sind wir verhältnismäßig sicher. Trotzdem werden wir Wachposten aufstellen.«

Thomas, Claudia, Sven und Mirjam sahen sich um. Ihre Hoffnung, bei Nacht fliehen zu können, mussten sie aufgeben.

18. November 1325

Langsam kam Uwe zu sich. Sein Schädel dröhnte. Mühsam stand er auf und schaute sich um. Wenige Schritte von ihm entfernt lag Clewin von Grumbach in einer Blutlache. Er lief zu ihm, um seinen Puls zu fühlen und ihn zu untersuchen. Doch es war vergebens, der Pfarrer war tot.

Oh nein, das durfte nicht wahr sein! Wer würde in fünf Jahren im Winter den Wirt und seinen Sohn retten, wenn sie auf dem zugefrorenen Dorfteich im Eis einbrechen würden? Der Verlauf der Geschichte würde nun doch verändert werden! Clewin hätte in den vielen Jahren seines Lebens noch so manche gute Tat im Dorf vollbracht.

Plötzlich hörte Uwe über sich ein Knacken. Er richtete den Blick nach oben und erstarrte. Erst jetzt bemerkte er, dass der Dachstuhl in Flammen stand. Kuntz von Hedenthal musste ihn angesteckt haben. Unmittelbar neben ihm krachte ein Balken herunter. So schnell er konnte, rannte er zur Kirchentür und schaffte es im letzten Moment, das brennende Gebäude zu verlassen. Hinter ihm stürzte das gesamte Dach mit lautem Getöse ins Innere des Kirchenschiffs.

Draußen sah es nicht viel besser aus. Wohin er auch schaute, erblickte er dunkle Rauchschwaden und brennende Häuser. Überall lagen Tote und Verwundete. Wer noch einigermaßen unversehrt war, half bei den Löscharbeiten.

Dieses Feuer hätte es nicht geben dürfen, von den vielen Opfern ganz zu schweigen. So ein massiver Eingriff in die Geschichte würde ungeahnte Folgen haben, nur ließ sich das Ausmaß gegenwärtig nicht abschätzen. Vermutlich waren heute komplette Familien radikal ausgelöscht worden. Wie würde sich das auf das einundzwanzigste Jahrhundert auswirken? Würden in einigen Gegenden einzelne Personen oder sogar ganze Ahnenreihen fehlen? Er versuchte diese Gedanken beiseitezuschieben. Zunächst gab es Wichtigeres zu tun.

Normalerweise hätte er alles daran setzen müssen, Kuntz von Hedenthal zu verfolgen, aber wer sollte mitkommen? Allein würde es ihm garantiert nicht gelingen und die Bewohner, die den Angriff überlebt hatten, waren mit dem Löschen ihrer Häuser und dem Beseitigen der Schäden beschäftigt. Er musste unbedingt Sarah und Erika finden. Vielleicht hatten die beiden Frauen eine Idee.

Uwe rannte zu seinem Haus. Hier war nichts mehr zu retten und auch von der Schmiede war kaum etwas übrig. Der riesige Amboss stand inmitten brennender Balken und glühender Holzasche. Teile von Hämmern und ausgeglühte Zangen lagen dazwischen. Als er sich umdrehte, um weiterzulaufen, brach der Rest hinter ihm krachend zusammen.

Sarahs Haus war zum Glück fast vollständig verschont geblieben. Uwe trat ein und rief laut ihren und Erikas Namen, doch nichts rührte sich. Was war mit den Frauen geschehen? Er stand in der Küche und konnte immer noch nicht fassen, was gerade passiert war. Ein Großteil der Menschen, die heute mit dem Leben davongekommen waren, hatte auf einen Schlag alles verloren. Wäre es besser gewesen, die Freunde auszuliefern? Zumindest hätte der Kastellan der Burg Liebstein dann das Dorf verschont. Doch er wischte diesen Gedanken schnell wieder weg. Sie konnten nichts dafür. Der einzige Schuldige hier war Kuntz von Hedenthal.

Während Uwe über all das nachdachte, ging hinter ihm leise die Tür auf. Sarah und Erika betraten die Küche.

»Ach, du bist hier!«, rief die Kräuterfrau erfreut.

Er zuckte zusammen und drehte sich blitzschnell um. Als er die beiden erkannt hatte, schloss er sie erleichtert in seine Arme. Glücklicherweise waren sie unverletzt. Nach der freudigen Begrüßung setzten sie sich an den Küchentisch. Wie sollte es jetzt weitergehen? Thomas, Claudia, Mirjam und Sven mussten gerettet und Horst gefunden werden, bevor er die Höhle erreichte. Uwe schlug vor, zuerst dorthin zu reiten, um ihn zu suchen. Den Frauen trichterte er ein, inzwischen hierzubleiben und sich im Haus zu verstecken. Kuntz würde vermutlich nicht mehr zurückkommen, aber sicher war sicher. Schließlich wusste niemand genau, was dieser Kerl sonst noch im Schilde führte. Zwar hatte er erreicht, was er wollte und würde sich jetzt vorrangig mit den Gefangenen befassen, doch er war extrem rachsüchtig. Hoffentlich tat er Thomas und seinen Freunden nichts an.

Sarah und Erika stimmten dem Plan zu und Uwe zog los, um ein Pferd zu besorgen. Ohne gab es kaum eine Chance, Horst rechtzeitig zu finden, da dieser bereits mehrere Stunden Vorsprung hatte. Wenn er schnurstracks zur Höhle lief, würde er sie heute Abend erreichen, denn der Schmied ging davon aus, dass der Polizeioberkommissar den Weg in etwa kannte.

Doch so sehr er sich auch bemühte, im Dorf ein Pferd zu bekommen, er hatte kein Glück. Einige waren tot. Kuntz hatte zehn Tiere einfach mitgenommen und die übrigen hatte man vor Wagen gespannt, die mit Fässern beladen waren. Diese wurden mit Wasser aus dem

Dorfteich gefüllt und dienten zum Löschen der vielen Brände. Uwe hatte keine andere Wahl, er musste den Weg zu Fuß antreten. Also ging er noch einmal kurz zu Sarah und Erika, um sie zu informieren, dass es länger dauern würde. Frühestens morgen am späten Nachmittag konnte er wieder hier sein.

Er schnallte sich eine alte Decke auf den Rücken und packte etwas Proviant und eine Flasche mit Wasser ein. Sarah erklärte ihm genau den Weg, denn sie kannte eine Abkürzung. Diese wollte er nehmen, um Zeit zu sparen. Er verabschiedete sich und marschierte los. Hoffentlich war das Portal im Moment nicht aktiv. Nur dann hatte er überhaupt eine Chance. Andernfalls wäre es ohnehin zu spät, weil Horst keine Nachricht in der Höhle hinterlassen musste, sondern gleich ins einundzwanzigste Jahrhundert reisen und alle möglichen Leute informieren konnte, wo sich Thomas und seine Freunde aufhielten. In Kürze würde dann hier im wahrsten Sinne des Wortes die Hölle losbrechen. Uwe musste das um jeden Preis verhindern!

19. November 1325

Es schneite heftig, als Swenja, Karsten, Bernd und Holger am frühen Morgen aus dem Schlaf gerissen wurden. Der Grund dafür war ein erbitterter Streit zwischen Ulman dem Grauen und Wigant dem Roten, den sie unfreiwillig mit anhören mussten. Es ging um den genauen Ort, die Vorgehensweise und die Zeit des Überfalls.

Ulman, der definitiv mehr Routine in solchen Dingen hatte, wollte die Attacke genauso durchführen, wie er es immer tat. Und wie diese vonstattenging, war den vier Freunden aus leidvoller Erfahrung hinreichend bekannt.

Wigant zog einen offenen Angriff am helllichten Tag vor. Er war jünger, sportlicher, spontaner und ein richtiger Draufgänger. Zuvor gefasste Pläne interessierten ihn kaum. Im Gegensatz dazu handelte Ulman entschieden besonnener. Ein Wort gab das andere. Wigant fügte sich nach wenigen Minuten, da sein Vater der Ältere und Erfahrenere war. Nun stand fest, dass bei dieser Aktion Ulman der Graue das Sagen hatte.

Der Überfall würde gleich nach Einbruch der Dunkelheit erfolgen. Die Aufgabe der Männer bestand darin, vier Gefangene zu entführen, die zur Rossburg gebracht werden sollten. Das hatte Wigant zuvor von einem seiner Späher erfahren, der letzte Nacht ins Lager gekommen sein musste. Unwillkürlich dachten Swenja, Karsten, Bernd und Holger an ihre vier Freunde, doch die waren mit Sicherheit längst tot. Aufgewühlt und traurig zugleich erinnerten sie sich an gemeinsame Erlebnisse.

Swenja brach nach einer Weile als Erste das Schweigen: »Ob sie sie einfach irgendwo verscharrt haben?«

Bernd lief eine Träne über die Wange.

»Hör auf! Ich will nicht daran denken. Warum musste ausgerechnet uns diese Scheiße passieren!«

Seine Stimme versagte und er schluchzte leise. Swenja versuchte ihn zu beruhigen, doch es gelang ihr nicht. Kurze Zeit später kam einer der Wachposten mit dem Frühstück vorbei.

Spöttisch schaute er auf Bernd herab, der völlig verheult auf dem Boden saß und vor sich hin starrte, und sagte zu ihm: »He, an so einem schönen Tag so schlechte Laune? Und das bei so einer aufreizenden Begleitung?«

Dabei strich er Swenja übers Haar. Angewidert stieß sie seine Hand weg.

»Dich werden wir auch noch zähmen«, lachte der Kerl und ging weg.

Lustlos frühstückten die vier. Zum Glück hatte man die Stricke, mit denen sie festgebunden waren, etwas verlängert. So waren sie ein wenig freier in ihren Bewegungen.

Gegen Mittag hörte der Schneefall auf, doch das war ihnen egal. Unter dem Dach waren sie einigermaßen geschützt. Am Nachmittag begann es erneut zu schneien. Die ganze Zeit waren die Männer mit der Vorbereitung des Angriffs beschäftigt. Swenja, Karsten, Bernd und Holger starrten wie so oft ins Leere und hingen ihren Gedanken nach. Gesprächsstoff hatten sie fast keinen. Das war auch nicht weiter verwunderlich, denn im Lager geschah nichts, worüber es sich zu diskutieren lohnte. Den Fluchtplan hatten sie vorerst auf Eis gelegt und was den Überfall betraf, der interessierte sie weniger. Zwar waren sie durchaus gespannt, wer ihre neuen Leidensgenossen sein würden, aber mehr auch nicht. Darüber zu spekulieren bedeutete reine Zeitverschwendung, obwohl sie davon jede Menge hatten.

Die Nacht war gerade angebrochen und Ulmans und Wigants Leute saßen bereits auf den Pferden, als ein Späher, den sie schon um die Mittagszeit losgeschickt hatten, eilends ins Lager geritten kam. Die beiden Anführer empfingen ihn und dirigierten ihn zu einem freien Platz, wo sie ungestört reden konnten. Es begann eine heftige Debatte. Die Männer gestikulierten wild mit den Händen. Worüber sie stritten, war für Swenja, Karsten, Bernd und Holger nicht zu verstehen. Allerdings sahen sie, wie danach einige von Wigants Leuten wieder von ihren Pferden stiegen und in die umstehenden Zelte eilten. Kurze Zeit später kamen sie mit allerlei Seilen und

Haken zurück, die sie an ihre Sättel banden. Anscheinend gab es erneut eine Planänderung.

Schließlich ritten die Männer davon. Die vier Freunde waren nun erst recht gespannt, wer ihre neuen Mitgefangenen wohl sein würden, aber das würde sich spätestens in ein paar Stunden zeigen.

27. Juni 2017

Plötzlich wurde Ramona am Arm gepackt und von der Mulde weggezerrt.

»Bist du wahnsinnig!«, hörte sie eine Männerstimme sagen, die sie sehr gut kannte.

Es war Klaus Schneider, der Kollege ihres Mannes.

»Du weißt ja gar nicht, was dich erwartet, wenn es klappt und du im Mittelalter landest«, setzte er fort.

Nun, das wusste sie natürlich nicht. Aber zumindest hatte sie eine Chance, Horst zu finden und zurückzuholen. Sie musste unbedingt dorthin!

»Lass mich sofort los!«, schrie sie Klaus an. »Du hast nicht das Recht, mich hier festzuhalten!«

Dabei zappelte sie und befreite sich schließlich aus seinem Griff. Mit einem Satz sprang sie in die Mulde, doch es passierte nichts. Das fluoreszierende Licht war erloschen. Polizeikommissar Schneider stand immer noch hinter ihr.

»Deinetwegen bin ich jetzt nicht bei Horst!«, brüllte sie hysterisch. »Du bist schuld, wenn ihm was passiert, weil ich ihm nicht helfen kann!« Dann wurde sie leiser und meinte: »Er ist doch mein Mann, ich muss für ihn da sein.« Schließlich flüsterte sie mit tränenerstickter Stimme: »Ich weiß, dass er mich braucht.«

Weinend brach sie zusammen.

Erschöpft kauerte sie in der Mulde am Ende der Höhle. Klaus, der sich zu ihr gebeugt hatte, wollte ihr aufhelfen und sie trösten, doch sie stieß seine Hand wütend weg.

Nach einiger Zeit sah sie ihn an und fauchte: »Wie kommst du überhaupt dazu, mir hinterherzuspionieren?«

Zögernd antwortete er: »Max und Tobias haben sich in der Dienststelle über den Besuch bei dir unterhalten. Da war mir klar, was du als Nächstes vorhast. Immerhin kenne ich dich schon eine Weile.«

»Und da ist dir nichts Besseres eingefallen, als mich zu verfolgen?«

Er atmete unüberhörbar aus und entgegnete: »Mensch, Ramona, mach es uns nicht unnötig schwer. Ich war mir einfach sicher, dass du so reagieren würdest. Hast du eigentlich über die Konsequenzen nachgedacht? Was wäre passiert, wenn du es zwar geschafft, Horst aber nicht gefunden hättest? Weißt du denn nicht, wie gefährlich es zu jener Zeit war, besonders für alleinreisende Frauen?«

Sie musste zugeben, dass sie sich darüber absolut keine Gedanken gemacht hatte.

»Außerdem hast du einen Sohn und eine Tochter, die ihre Mutter brauchen. Schließlich reicht es, wenn schon ihr Vater weg ist«, fuhr er fort.

Er hatte ja recht, sie war viel zu blauäugig an die Sache herangegangen, aber sie hatte nun einmal eine impulsive Seite und genau das mochte ihr Mann an ihr. Sie dachte an früher, an gemeinsame Unternehmungen. Immer hatte sie die Initiative ergriffen, Horst war bei Weitem nicht so spontan. Bei ihm musste alles bis in kleinste Detail geplant sein. Das wiederum gefiel ihr an ihm. Auf diese Weise hatten sie sich all die Jahre ergänzt. Stets konnten sie sich aufeinander verlassen. Und nun das! Hoffentlich würde sie ihn irgendwann wiedersehen.

Langsam stand sie auf, stieg aus der Mulde und lief an Klaus vorbei Richtung Ausgang. Er folgte ihr. Sie hatten die Höhle schon fast verlassen, als sie stehen blieb und sich abrupt umdrehte. Sie schaute ihm lange wortlos in die Augen.

»Entschuldige bitte«, sagte sie kleinlaut. »Ich weiß, dass du es nur gut gemeint hast. Du bist wirklich ein aufrichtiger Freund.«

Dann umarmte sie ihn.

»Was geht denn hier ab!«, rief plötzlich eine Stimme hinter ihnen.

Sie fuhren herum und Ramona schrie: »Horst!«

Für den ersten Moment war sie erschrocken, doch dann rannte sie überglücklich zu ihrem Mann und fiel ihm weinend um den Hals.

»Wie ... äh wo ... äh ...«, stammelte sie.

Er sah sie fragend an. »Wieso umarmt ihr euch? Habe ich da was verpasst?«

Seinem Blick nach zu urteilen, dachte er sofort an eine Affäre. Ramona und Klaus beeilten sich, ihm zu versichern, dass zwischen ihnen nichts lief. Zum Glück glaubte er es.

»Ich erzähle dir nachher alles, wenn wir zu Hause sind und ich geduscht habe«, sagte er zu seiner Frau. Anschließend wandte er sich an Klaus: »Du wirst nicht glauben, was ich in der kurzen Zeit alles erlebt habe.«

Nachdem sie die Höhle verlassen hatten, sah Horst Ketzel das Moped, das nach wie vor neben dem Eingang stand.

»Das gehört doch Mario Heilmann«, meinte er. »Was macht der denn hier? Ist er etwa seinem Vater gefolgt?«

»Wie jetzt«, Ramona sah ihn erstaunt an, »du meinst, dass dieser Mario im Jahr 1325 ist? Sind noch mehr Leute aus unserer Zeit dort?«

Er lächelte vielsagend.

»Nicht nur aus unserer Zeit.«

Sie war sprachlos.

Horst stand vor der Höhle im Sonnenlicht und sie musterte ihn genauer. Er wirkte ziemlich ramponiert. Seine kurze Hose, das bunte Hemd und die Sandalen hatte er gegen mittelalterliche Kleidung getauscht, die jedoch teilweise zerfetzt war. Auf seiner Stirn klaffte eine etwa drei Zentimeter lange Schnittwunde. An Händen, Armen und Beinen hatte er Schürfwunden und jede Menge blaue Flecken. Alles in allem machte er einen recht zerlumpten Eindruck. Dafür gab es allerdings auch einen Grund: Er war auf dem Weg zur Höhle überfallen und ausgeraubt worden. Zwar konnten ihm die Diebe nicht viel wegnehmen, dafür wurde er von ihnen nach Strich und Faden verprügelt. Das leere Keramikgefäß fanden sie zum Glück wertlos und beachteten es nicht, und den Brief hatte er zur Sicherheit in seinem rechten Schuh versteckt.

Während die Ketzels erst einmal nach Hause wollten, versprach Klaus, ins Büro zu fahren und die Kollegen auf den neuesten Stand zu bringen. Horst hatte vor zu duschen, frische Sachen anzuziehen und sich anschließend ins Krankenhaus zu begeben, um die Verletzungen behandeln zu lassen. Dann würde er sofort zur Dienststelle nachkommen. Ramona drängte zur Eile. Sie machte sich Sorgen wegen der Schnittwunde. Wenn sie nicht bald genäht wurde, konnte ihr Mann eine hässliche Narbe als Erinnerung behalten.

Doch er lachte.

»Ach, mach dir mal keinen Kopf. Die Wunde ist rund siebenhundert Jahre alt, da kommt es auf die paar Minuten echt nicht mehr an.«

Sie erwiderte nichts. Glücklicherweise hatte er seinen Humor behalten.

Sobald Horst das Badezimmer verlassen und sich umgezogen hatte, fuhr seine Frau mit ihm zum Krankenhaus. Auf dem Weg dorthin schwiegen beide. Als sie angekommen waren, begann die Suche nach einem Parkplatz. Meistens war das ein ziemliches Problem, doch diesmal hatten sie Glück. Nachdem sie zwei Runden um das Gebäude gefahren waren, wurde unmittelbar davor eine Parklücke frei.

Sie stiegen aus und liefen zum Eingang. Ramona wollte ihren Mann unbedingt begleiten. Auf den Stufen vor der Tür sahen sie eine junge Frau sitzen. In der Hand hielt sie ein kleines Päckchen. Als sie näher herangekommen waren, erkannte Horst Ketzel Bettina Heilmann. Sie weinte. Er ging zu ihr, um sie zu trösten, denn er ahnte Schlimmes. Mit tränenerstickter Stimme erzählte sie ihm, dass man heute früh den Hirntod ihrer Mutter festgestellt hatte. Nun versuchte man ihren Vater dringend zu erreichen, doch der war wie vom Erdboden verschluckt. Auch ihr Bruder Mario blieb unauffindbar. Jetzt sollten die lebenserhaltenden Maßnahmen für Dagmar Heilmann beendet werden. Die persönlichen Sachen ihrer Mutter hatte man der jungen Frau bereits ausgehändigt.

Horst war erschüttert, doch Ramona drängte ihn, erst einmal an sich zu denken. Die Wunde musste schnellstmöglich versorgt werden, also nahm er Bettina kurzerhand wieder mit hinein. Draußen auf den Treppen wollte er sie nicht zurücklassen. Er betrat die Anmeldung. Die beiden Frauen nahmen inzwischen im Wartebereich Platz. Sobald er hier fertig war, würde er umgehend zur Dienststelle fahren. Schließlich gab es nun weitere Neuigkeiten.

18. November 1325

Uwe kam nur mühsam voran. Er war solche kräftezehrenden Fußmärsche nicht gewohnt. Je länger er der vermeintlichen Abkürzung folgte, desto häufiger fragte er sich, ob es nicht besser gewesen wäre, die normale Straße zu benutzen. Dieser Weg war extrem beschwerlich. Stellenweise wurde er sehr schmal und steinig. Oftmals ging es steil bergauf, dann wieder fast im freien Fall hinab. Nach ein paar Stunden taten ihm die Füße und die Knie weh und außerdem brach allmählich die Nacht herein. Er musste unbedingt eine einigermaßen trockene Bleibe finden. Zwar verlor er dadurch Zeit, aber das war besser, als in der Finsternis durch den Wald zu stolpern, in dem er schon bei Tag Orientierungsschwierigkeiten hatte. Darüber hinaus gab es hier sicher wilde Tiere. Doch weit und breit fand Uwe keinen geeigneten Platz.

Es musste kurz nach Mitternacht sein, als er an den Resten einer uralten knorrigen Eiche haltmachte. Der Mond schien durch die Wolken und man konnte erkennen, dass in dem gewaltigen abgestorbenen Stamm ein großes Loch klaffte, durch das ein erwachsener Mann geradeso hindurchpasste. Er kletterte hinein und stellte fest, dass der Stumpf im Inneren hohl war. Der Durchmesser betrug gut und gerne zwei Meter. Hier würde er für den Rest der Nacht Schutz finden. Den Eingang verbarrikadierte er von innen mit Reisig und einigen stärkeren Ästen, die er zuvor in der Umgebung gesammelt hatte. Dann setzte er sich auf den Boden. Zum Glück hatte er die alte Decke mitgenommen, in die er sich nun einwickelte. Besonders bequem war es zwar nicht, doch es war zumindest trocken und halbwegs sicher. In der Ferne hörte er den Ruf einer Eule. Ansonsten war es im Wald sehr ruhig und trotz der kalten Nacht konnte man es in der alten Eiche aushalten. Müde und kaputt von dem langen Marsch schlief er schon nach kurzer Zeit im Sitzen ein.

Der Morgen graute bereits, als er durch ein lautes Brummen wach wurde. Ein ausgewachsener Braunbär hatte die Eiche entdeckt und versuchte nun, in den hohlen Stamm einzudringen. Vermutlich war auch er auf der Suche nach einem Unterschlupf. Eigentlich sollte dieser Bär jetzt in seiner Höhle liegen und schlafen. Irgendetwas muss ihn geweckt haben, dachte Uwe.

Er nahm einen Ast, schlug von innen gegen den verbarrikadierten Eingang, spießte ab und zu damit hindurch und brüllte dabei aus Leibeskräften. Zum Glück ließ das Tier nach einer Weile von seinem Vorhaben ab und trollte sich. Erleichtert atmete er auf. An Schlaf war nun nicht mehr zu denken, also setzte er seinen Marsch fort.

Am Vormittag schlug das Wetter um und es begann heftig zu schneien. Man sah kaum die Hand vor Augen. Ihm war klar, dass er seinen Zeitplan nie würde einhalten können. Zwar hatte er Sarah versprochen, spätestens am Nachmittag wieder zurück zu sein, doch die Höhle war noch nicht einmal in Sicht.

Er biss die Zähne zusammen und kämpfte sich weiter durch das Schneegestöber. Eigentlich konnte es bis zu seinem Ziel nicht mehr weit sein. Gegen Mittag hörte es auf zu schneien. Die Sonne lugte zwischen den Wolken hervor, es wurde etwas wärmer und auch der Wind ließ nach. Es schien ihm, als sei er durch den Schneesturm ein wenig vom Weg abgekommen. Also stieg er auf eine kleine Anhöhe, um sich zu orientieren. Als er oben angekommen war, schaute er sich um und erschrak. Die Höhle lag unmittelbar am Fuß der Burg Liebstein, demzufolge hätte er von hier aus zumindest diese sehen müssen. Doch er erblickte nichts als verschneite Wiesen,

Wälder und Hügel. Uwe war nicht nur ein wenig vom Weg abgekommen. Nein, er hatte sich ganz und gar verlaufen!

Was sollte er jetzt tun? Die Höhle zu suchen, war inzwischen sinnlos geworden. Horst hatte einfach einen zu großen Vorsprung. Wenn das Portal im Moment funktionierte, war er längst ins einundzwanzigste Jahrhundert zurückgekehrt. Und falls nicht, konnte es jederzeit aktiv werden und er würde mit Sicherheit in der Höhle warten, um diese Chance nicht zu verpassen. Zu allem Überfluss fing es nun wieder an zu schneien.

Uwe beschloss umzukehren. Mittlerweile waren seine Vorräte fast aufgebraucht, denn er hatte nicht damit gerechnet, mehr als zwei Tage unterwegs zu sein. Entsetzt stellte er fest, dass der Wind seine Spuren im Schnee verweht hatte. Grob wusste er zwar die Richtung, doch der Rückweg würde garantiert viel beschwerlicher werden und länger dauern. Hoffentlich fand er überhaupt wieder zurück. Sehr lange würde er hier draußen wohl nicht überleben. Er dachte an die letzte Nacht und an den Bären. Diesmal hatte er Glück gehabt, doch mit Sicherheit lauerten hier noch ganz andere Gefahren. Eilig machte er sich auf den Weg.

19. November 1325

Thomas, Claudia, Sven und Mirjam hatten es in dieser Nacht alles andere als bequem. Zwar lagen sie auf alten Wolldecken, doch die waren dünn und die Felsen darunter kalt und hart. Außerdem hatte man sie mit extrem kurzen Stricken aneinandergefesselt, die ihre Bewegungsfreiheit stark einschränkten.

Das Felsplateau erstreckte sich über eine Breite von schätzungsweise zwanzig Metern und ragte gut acht

Meter nach vorn. Platz für Kuntz von Hedenthals Männer und ihre Geiseln gab es ausreichend, allerdings standen die Wachposten sehr dicht bei den Gefangenen. Gespräche, die diese Kerle nichts angingen, konnten folglich nicht geführt werden. Die vier Freunde waren durch die Strapazen des heutigen Tages jedoch hundemüde und schliefen trotz des unbequemen Schlafplatzes nach kurzer Zeit ein.

Mitternacht war kaum vorüber, als lautlos Seile von der Felsenkuppe auf das Plateau hinabgelassen wurden. Leise glitten Ulmans und Wigants Männer an ihnen hinunter. Die Wachen, die eigentlich hätten munter sein müssen, schliefen tief und fest. Kuntz von Hedenthal lag auf weichen Fellen und schnarchte laut.

Vorsichtig bewegten sich die Angreifer zwischen den Schlafenden, sammelten geräuschlos deren Schwerter, Schilde, Armbrüste und Messer ein, schafften sie zum Rand des Felsplateaus und warfen sie auf Kommando hinab. Durch das laute Klirren und Scheppern wurden alle schlagartig wach. Sie sprangen auf und griffen verzweifelt nach ihren Waffen, doch ihre Hände fassten ins Leere.

Für die Soldaten gab es kein Entrinnen. Ein ungleicher Kampf auf Leben und Tod begann. Unbarmherzig schlugen und stachen Ulmans und Wigants Leute auf sie ein und stürzten sie anschließend in die Tiefe. Kuntz von Hedenthal war der Letzte. Er wehrte sich nach Leibeskräften, aber sogar er hatte gegen die gewaltige Übermacht keine Chance. Vier Männer packten seine Arme und Beine und versuchten ihn zum Rand des Felsvorsprungs zu zerren. Zwar schaffte er es, einen der Angreifer mit der bloßen Faust niederzustrecken, doch die drei anderen droschen erbarmungslos auf ihn ein. Wenig später war er kampfunfähig und wurde zur

Felskante geschleift. Mit vereinten Kräften setzten sie alles daran, ihn hinunterzustoßen. Für kurze Zeit gelang es Kuntz noch, sich mit beiden Händen am Rand festzukrallen. Als einer der Männer das bemerkte, trat er ihm mit voller Wucht auf die Finger, die mit einem hässlichen Knacken brachen. Laut schreiend stürzte der Kastellan der Burg Liebstein in den Abgrund. Sekunden später vernahm man einen dumpfen Aufschlag. Dann wurde es totenstill. Selbst die nachtaktiven Tiere des Waldes schienen in ihrem Treiben innezuhalten.

Vereinzelt war von unten das Stöhnen und Wimmern der Verletzten zu hören, doch drei von Wigants und Ulmans Leuten kletterten an einem Seil hinunter. Sie kannten keine Gnade und machten kurzen Prozess. Zügig liefen sie umher und schnitten den Verwundeten der Reihe nach die Kehlen durch. Die Luft war erfüllt vom Geruch frischen Blutes.

Die vier Freunde, die all das mit angesehen hatten, zitterten am ganzen Körper. Was würde wohl als Nächstes geschehen? Was hatten die Angreifer mit ihnen vor? Und wer waren die beiden großen, kräftigen Männer, die geradewegs auf sie zukamen? Der Jüngere hatte einen roten und der ältere einen grauen Vollbart.

Nun standen beide mit blutverschmierten Händen vor ihnen, in denen sie je ein Messer hielten. Der Graubärtige ging zu Thomas, dem der Atem stockte. Sven beobachtete die Szene mit schreckgeweiteten Augen und Mirjam schluchzte leise vor sich hin. Nur Claudia behielt die Nerven. Mit zusammengepressten Lippen schaute sie dem Treiben zu. Noch bevor Thomas aufschreien konnte, wurden die Stricke, mit denen die Gefangenen aneinandergebunden waren, zerschnitten. Ihre Hände blieben zwar weiterhin gefesselt, dafür war es ihnen jetzt wieder möglich, sich frei zu bewegen.

Der Graubärtige blickte in die Runde und stellte sich vor: »Ich bin Ulman der Graue.« Dann deutete er auf den Rotbärtigen und fuhr fort: »Und das ist mein Sohn, Wigant der Rote.«

»Was habt ihr mit uns vor?«, wollte Thomas wissen.

»Das werdet ihr früh genug erfahren«, antwortete Ulman. »Wenn ihr brav seid, wird euch nichts geschehen.« Wenig später ergänzte er lachend: »Zumindest nicht von unserer Seite.«

Die Gefangenen wurden mit Seilen vom Felsplateau hinabgelassen, auf Pferde gesetzt und festgebunden. Man verband ihnen die Augen und die Gruppe setzte sich langsam in Bewegung.

Es musste schon weit nach Mitternacht sein, als die Pferde stehen blieben. Thomas, Claudia, Sven und Mirjam hörten Stimmen. Der Geruch verbrannten Holzes lag in der Luft. Nach einer Weile wurden ihnen die Augenbinden abgenommen. Die vier Freunde schauten sich um.

Sie befanden sich am Rand einer Lichtung mitten im Wald. Vor ihnen standen Zelte, zwischen denen Fackeln und kleine Feuer brannten. An einigen Stellen waren in etwa zwei Metern Höhe Seile gespannt. Darüber hingen Stoffbahnen und alte Decken. Somit waren diese Plätze relativ gut vor Regen und Schnee geschützt. Bestimmt war dies das Lager der raubeinigen Gesellen. Die Gefangenen wurden an einen großen knorrigen Baum gebunden. Dann ließ man sie allein.

In einer Entfernung von schätzungsweise fünfzig Metern wuchs mitten auf der Lichtung eine mächtige Kiefer. An ihrem Stamm waren ebenfalls vier Personen angebunden. Thomas bemühte sich, ihre Gesichter zu erkennen, doch es gelang ihm nicht. Auch wenn die Feuer die Umgebung in ein diffuses Licht tauchten, in dieser Entfernung konnte er beim besten Willen keine Details sehen. Dafür war es einfach zu dunkel. Er würde sich wohl bis zum Morgengrauen gedulden müssen.

Langsam kamen die vier zur Ruhe und versuchten, trotz der unbequemen Lage noch ein bisschen zu schlafen.

27. Juni 2017

Polizeihauptkommissar Siegfried Schmidt sah seinen Kollegen Horst Ketzel ungläubig an. In all den Jahren, in denen er im Polizeidienst stand, hatte er jede Menge Erfahrung gesammelt, die kuriosesten und verrücktesten Geschichten gehört und die seltsamsten Dinge erlebt. Doch diese Sache hier übertraf wirklich alles.

»Als ich es nach dem Überfall, bei dem ich so zugerichtet wurde, bis zur Höhle geschafft hatte«, erzählte Polizeioberkommissar Ketzel weiter, »bin ich sofort hineingegangen. Ich habe den Brief zusammengerollt und in das Keramikgefäß gesteckt. Danach habe ich es verschlossen. Unterwegs hatte ich etwas Harz gesammelt. Das habe ich mit meinem Feuerzeug geschmolzen und auf den Deckel getropft. Nun konnte keine Feuchtigkeit mehr eindringen. Dann habe ich die Wände abgetastet. Ich fand eine Vertiefung, die groß genug war, und habe das Gefäß dort deponiert, in der Hoffnung, dass es in meiner Zeit jemand findet.«

Als er das skeptische Gesicht seines Chefs sah, fügte er schnell hinzu: »Also, ich meine das einundzwanzigste Jahrhundert.« Nach einer kurzen Pause fuhr er fort: »Nachdem ich das Gefäß dort versteckt hatte, ist mir ein Stein vom Herzen gefallen. Meine Nachricht musste nur noch gefunden werden und ich wäre gerettet. Nun ja, ich bin dann tiefer in die Höhle gegangen. Mir wurde zwar gesagt, dass dieses Zeitportal nicht mehr zuverlässig funktioniert, aber ich wollte mich mit meinen eigenen Augen davon überzeugen.

Ich stand vor dieser Mulde im Boden. Es war stockdunkel. Ich bin hineingestiegen, aber nichts ist passiert. Vor Wut bin ich in dieser Kuhle herumgesprungen und habe mit den Füßen aufgestampft, doch es gab keine Reaktion. Gerade als ich sie wieder verlassen wollte, leuchtete um mich herum alles rot. Vor Schreck bin ich aus der Mulde rausgesprungen. Als ich Richtung Eingang gelaufen bin, habe ich plötzlich meine Frau zusammen mit Klaus gesehen. Sie haben sich umarmt. Den Rest der Geschichte kennst du.«

Polizeihauptkommissar Schmidt sagte lange Zeit kein einziges Wort. Stumm schaute er Horst an. Der musste gerade wieder an seine Frau und die Kinder denken. Zum Glück war alles gut gegangen und er hatte seine Familie zurück. Nachher würde er nach Hause fahren, wo Ramona auf ihn wartete. Heute waren sie jedoch nicht allein. Sie hatten Bettina Heilmann erst einmal mit zu sich genommen. Die junge Frau war momentan wegen des Hirntods ihrer Mutter und des Verschwindens ihres Vaters und ihres Bruders völlig überfordert. Dann dachte er daran, wie alles angefangen hatte. Vor seinem geistigen Auge sah er die verbrannten Autos, die, wie sich herausgestellt hatte, glücklicherweise doch keine Oldtimer waren. Er erinnerte sich, wie er die Höhle betreten und 1325 wieder verlassen hatte, an die Wölfe im Wald, wie er gerettet wurde und an Uwe, der ihn freundschaftlich aufgenommen hatte.

Siegfried Schmidt unterbrach seine Gedanken.

»Morgen früh um 8 Uhr ist Dienstbesprechung. Ich werde versuchen, Prof. Dr. Falk Lorenz einzuladen. Vielleicht haben ja ein paar seiner Kollegen Zeit oder ...«, er schaute kurz hoch zur Decke, so als ob er etwas suchte, und setzte dann fort, »... einige Studenten.«

Als er das verdutzte Gesicht des Polizeioberkommissars sah, ergänzte er: »Fakt ist, dass wir die Rossburger Ritter retten müssen. Wir haben keinerlei Erfahrung mit dem Mittelalter beziehungsweise wie wir überhaupt in so einem Fall vorgehen sollten. Der Studienrat kennt sich aus und wir sind hier auf jede Hilfe angewiesen. Also dann bis morgen früh.«

Er verabschiedete sich von seinem Kollegen und schickte ihn nach Hause. Als dieser das Büro des Dienststellenleiters verlassen hatte, traf er Harry Fritzsche auf dem Gang. Der konnte kaum fassen, dass sein Kumpel wieder da war. Die beiden Männer holten sich einen Kaffee vom Automaten und gingen ins Labor. Dort musste er sein Abenteuer bis ins kleinste Detail schildern. Harry sah ihn dabei teils ungläubig, teils erstaunt an, sagte jedoch kein Wort. Auch als Horst seine Ausführungen beendet hatte, nickte er nur. Er wollte einfach nicht wahrhaben, dass Zeitreisen anscheinend doch möglich waren.

Der Polizeioberkommissar schaute auf die Uhr und erschrak. Es war bereits kurz nach 20 Uhr. Oh Mann, wo war nur die Zeit geblieben! Außer ihnen hielt sich niemand mehr in der Dienststelle auf. Harry schloss das Labor ab. Dann verabschiedeten sich die Männer voneinander und Horst beeilte sich, nach Hause zu kommen, wo seine Frau schon ungeduldig auf ihn wartete. Um sich abzulenken, hatte sie sich vor den Fernseher gesetzt. Bettina Heilmann schlief bereits. Ramona hatte das Bett in Tanjas Zimmer für sie frisch bezogen. Ihre Tochter benutzte es ohnehin nur noch selten, da sie die meiste Zeit bei ihrem Freund übernachtete. So war es auch heute.

Paul war ebenfalls schon in seinem Zimmer. Er wollte ein wenig lesen und anschließend schlafen. Nun hatten seine Eltern endlich Zeit, sich in Ruhe über die Geschehnisse der vergangenen Tage zu unterhalten. Kurz vor Mitternacht gingen sie schließlich auch zu Bett.

19. November 1325

Nachdem Uwe die Anhöhe wieder verlassen hatte, wurden seine schlimmsten Befürchtungen bittere Realität. Diesmal kam er noch langsamer voran. Seit wenigen Minuten tobte ein heftiger Schneesturm. Der Weg war extrem beschwerlich. Er schaffte es kaum, gegen den Sturm anzukämpfen. Bis zu den Knien versank er im Schnee, doch er musste weiter. Jetzt stehenzubleiben oder sich gar hinzusetzen, würde mit ziemlicher Sicherheit tödlich enden. Die Gefahr, vor Erschöpfung einzuschlafen und zu erfrieren, war schließlich nicht zu unterschätzen. Hier draußen würde ihn niemand finden.

Mit zusammengebissenen Zähnen kämpfte er sich Meter für Meter vorwärts. Dabei wusste er nicht einmal genau, ob die Route stimmte. Nach einer Weile hatte er die Wiese hinter sich gelassen. Das Gelände wurde hügeliger und Uwe gelangte zu einem kleinen Mischwald. Die Gegend erschien ihm fremd, hier war er gestern nicht entlanggekommen. Hoffentlich lief er nicht in die völlig falsche Richtung. Das wäre fatal. Zum Glück war der Schnee in dem Wäldchen nicht so tief, deshalb kam er etwas schneller voran.

Der kleine Wald wurde lichter. Abermals erblickte er nur verschneite Wiesen, soweit das Auge reichte. Der Schnee wurde auch wieder tiefer. Mittlerweile war er völlig erschöpft. Hinzu kam die Ungewissheit, ob er sich vielleicht mit jedem Schritt weiter von seinem Dorf entfernte, was eine nicht zu unterschätzende psychische Belastung darstellte.

In solche Gedanken vertieft, achtete er nicht auf den Weg und plötzlich passierte es: Sein Fuß trat ins Leere und er rollte einen kleinen Abhang hinunter. Durch die hohe Schneedecke wäre dieser Sturz normalerweise nicht weiter schlimm gewesen, doch er schlug mit dem Kopf auf einem spitzen Felsen auf, der nur wenige Zentimeter darunter verborgen lag.

Er spürte, wie etwas Warmes seine rechte Wange hinunterlief. Gleichzeitig begann sich alles um ihn zu drehen. Als Arzt wusste er, dass er einer Ohnmacht nahe war. Das durfte auf gar keinen Fall geschehen. Mühsam raffte er sich wieder auf und rieb sich das Gesicht mit Schnee ab. Dann versuchte er weiterzulaufen. Er fühlte sich wie in Trance, auch fror er nicht mehr. Weitere Anzeichen dafür, dass er jeden Moment das Bewusstsein verlieren konnte. Doch Uwe hatte einen starken Willen. Verbissen stapfte er vorwärts und presste ein Tuch, das er zum Glück in einer seiner Taschen gefunden hatte, auf die blutende Wunde an seinem Kopf. Er musste es schaffen!

Langsam wurde es dunkel und er war am Ende seiner Kräfte. Plötzlich stutzte er. Die Gegend kam ihm seltsam bekannt vor. Beim genaueren Hinschauen entdeckte er rechts neben dem Weg die knorrige alte Eiche, in der er letzte Nacht Schutz gefunden hatte. Er war überglücklich, aber nun hatte er das nächste Problem. Die Decke, in die er sich bei seiner vorherigen Rast eingewickelt hatte und die er jetzt als Bündel auf dem Rücken trug, war vom Schnee völlig durchnässt. Es half nichts, er konnte zwar in dem Baumstumpf übernachten und sich ausruhen, doch an Schlaf war bei dieser Kälte wohl nicht zu denken.

Kurz bevor der Morgen graute, lief eine Rotte Wildschweine an seinem Unterschlupf vorbei, aber Uwe blieb gelassen. Zum einen war er in dem hohlen Stamm sicher und zum anderen hatten die Schweine keinen Nachwuchs. Das würde erst in zwei oder drei Monaten der Fall sein. Somit waren sie weniger gefährlich.

Als der Tag anbrach, verließ er sein Nachtquartier. Seine Vorräte waren restlos aufgebraucht, also nahm er eine Handvoll Schnee und begann ihn zu essen. Das stillte den Durst und beruhigte den knurrenden Magen. Dann schaute er sich um. Wie hatte er sich nur so verirren können? Als er vom Weg abgekommen war, musste er einen riesigen Bogen gelaufen sein, bevor er schließlich wieder hier landete.

Über Horst nachzugrübeln, der vielleicht schon längst im einundzwanzigsten Jahrhundert angekommen war, lohnte sich nicht. Trotzdem musste er ständig daran denken und malte sich die schlimmsten Szenarien aus, was dadurch ausgelöst werden könnte. Doch erst einmal war es erforderlich, so schnell wie möglich wieder nach Hause zu kommen. Dann würde er weitersehen. Sarah und Erika sorgten sich bestimmt schon um ihn.

Uwe machte sich auf den Weg. Zwar fühlte er sich nach wie vor ziemlich ausgelaugt, aber wenigstens hatte er sich von den Anstrengungen ein wenig erholt. Die letzten Kilometer würde er auch noch schaffen. Der Sturm hatte sich gelegt und es schneite nicht mehr. Nach einer Weile kam sogar die Sonne hinter den Wolken hervor.

Die Zeit verging und er kam recht gut voran. Das Stapfen durch den hohen Schnee strengte zwar gewaltig an, doch die Freude, bald wieder zu Hause zu sein, wuchs stetig und trieb ihn vorwärts. In Kürze würde er das Dorf in der Ferne erblicken. Zwar waren große Teile zerstört, doch die würden sie gemeinsam wieder aufbauen und es würde in alter Pracht erstrahlen. Davon war er fest überzeugt. Nur noch ein kurzes Waldstück lag vor ihm. Trotz der Anstrengung lief er immer schneller.

Auf einmal sprang ein schlanker, dunkel gekleideter Mann aus dem Gebüsch. In seiner Hand blitzte ein Messer.

Barsch rief er: »Halt, bleib stehen!«

Er lachte höhnisch und Uwe, der vor Schreck erstarrte, sah seine schiefen, faulen Zähne. Ihn schauderte. Was will der Kerl von mir, schoss es ihm durch den Kopf. Unvermittelt sah er aus dem Augenwinkel einen unförmigen Gegenstand auf sich zufliegen. Instinktiv versuchte er auszuweichen, aber es war bereits zu spät. Er spürte einen brennenden Schmerz, als der Stein seinen Kopf traf. Dann schwanden ihm die Sinne.

20. November 1325

Swenja öffnete die Augen und sah sich verschlafen um. Die anderen schliefen noch immer. Ihr tat jeder Knochen weh. Trotz der Fesseln versuchte sie sich zu strecken, was ihr aber nicht gelang. Sie schaffte es nicht, ihre Hände höher als bis zum Mund zu heben. Zwar probierte sie es einige Male, doch der Strick, mit dem sie festgebunden war, ließ das nicht zu. Durch ihre Bewegungen wurden nun langsam auch die anderen wach.

Karsten, der neben ihr lag, drehte sich auf den Rücken und murmelte unverständliche Worte. Dann wollte er sich dehnen, scheiterte jedoch ebenfalls. Bernd und Holger waren die Letzten, die aufwachten. Es war bereits heller Tag. Die vier Freunde blickten zum Rand der Lichtung. Endlich konnten sie ihre Mitgefangenen deutlich erkennen. Allerdings war das, was sie sahen, kaum zu glauben. Swenja stieß einen Freudenschrei aus und Karsten hätte am liebsten laut gejubelt, doch er riss sich zusammen. In ihrer momentanen Situation war es besser, so wenig Aufmerksamkeit wie möglich zu erregen. Bernd und Holger blickten sprachlos hinüber, Letzterem blieb sogar der Mund offen stehen. Es bestand kein Zweifel, die vier Gefangenen dort drüben waren Thomas, Claudia, Sven und Mirjam. Welch ein Glück! Sie lebten, und auch sie waren schon wach. Fassungslos starrten sie herüber. Trotz ihrer prekären Lage herrschte bei allen große Erleichterung.

Nun war guter Rat teuer. Wie sollten sie miteinander kommunizieren? Rufen kam nicht infrage. Zum einen war dies durch die große Entfernung ohnehin nur bedingt möglich, und zum anderen würden sie vermutlich sofort Besuch von Wigant, Ulman oder deren Wachleuten bekommen. Das würde auf alle Fälle Ärger bedeuten. Im Moment waren sie allein. Ihre Wachen glaubten bestimmt, dass sie sich nicht selbst befreien konnten. Zwar liefen hin und wieder Männer an ihnen vorbei, doch die beachteten sie nicht.

Da bemerkte Swenja, dass Thomas die gefesselten Hände in Brusthöhe hob und sie dann wieder sinken ließ. Diese Bewegung wiederholte er ein paarmal. Was hatte das zu bedeuten? Ratlos sah sie die anderen an, allerdings wusste keiner, was er damit sagen wollte.

Nach einer Weile ging Bernd plötzlich ein Licht auf. »Verdammt, das sind Morsezeichen!«

Genau wie er hatte sich Thomas in seiner Schulzeit für den Amateurfunk interessiert. Zu Bernds Zeiten musste man für das Zertifikat noch das Morsealphabet beherrschen. Die beiden hatten sich im letzten Jahr auf einem Mittelaltermarkt kurz darüber unterhalten. Da Thomas jünger war, brauchte er es zwar nicht mehr für die Prüfung, aber weil es ihn interessierte, hatte er es freiwillig gelernt und gelegentlich sogar zusammen mit seinem älteren Kumpel trainiert. Mittlerweile hatten sie ganz andere Hobbys und dieses Thema war mit der Zeit in Vergessenheit geraten.

Bernd blickte zu Thomas und versuchte ihm begreiflich zu machen, dass er nun wusste, was dieser vorhatte und dass er von vorne beginnen sollte. Dann schaute er genau hin.

Wie vorhin hob dieser die Hände zur Brust, senkte sie schnell wieder nach unten und wiederholte den Ablauf danach noch dreimal. Dann hielt er inne.

»Viermal kurz«, flüsterte Bernd, »das ist ein H.«

Erneut blickte er gespannt zu Thomas. Der hob die Hände, senkte sie schnell, um sie kurz darauf wieder zu heben und für längere Zeit vor der Brust zu lassen. Anschließend senkte er sie abermals und wartete.

»Einmal kurz, dann einmal lang. Das ist ein A«, freute sich Bernd.

Es schien ihm sichtlich Spaß zu machen. Die nächsten Buchstaben waren zwei L und ein O.

»Hallo«, fasste Swenja zusammen und jubelte leise.

Es funktionierte. Bernd wiederholte die Bewegungen und sah dabei zu Thomas. Man konnte deutlich erkennen, wie dieser strahlte. Nun war eine einfache Kommunikation möglich, wobei das auf Dauer ziemlich anstrengend werden würde, noch dazu mit gefesselten Händen. Aber das war egal. Sie hatten einen Weg gefunden, sich lautlos auszutauschen, ohne dass ihre Entführer, von denen sie umgeben waren, davon etwas mitbekamen.

Es ging bereits auf Mittag zu, als die Kommunikation zwischen beiden Gruppen langsam zum Erliegen kam. Bernd taten die Arme weh und Thomas schien es ebenso zu gehen. Außerdem würde jeden Moment das Essen gebracht werden. Doch Swenja, Karsten, Bernd und

Holger warteten heute vergeblich. Bei Thomas, Claudia, Sven und Mirjam sah es nicht viel besser aus, aber am Nachmittag kamen zwei der Wachen zu ihnen, lösten die Fesseln und führten sie weg. Swenja, die das als Erste mitbekam, schaute ihre Freunde entsetzt an. Die drei Männer dösten vor sich hin und hingen ihren Gedanken nach. Von ihrer Umgebung nahmen sie kaum etwas wahr. Erst einige Zeit später und nachdem seine Verlobte ihn mehrfach darauf hingewiesen hatte, blickte Karsten hinüber zum Rand der Lichtung. Als er merkte, dass die anderen nicht mehr zu sehen waren, erschrak er. Was hatte die Räuberbande mit ihnen vor?

Kurz darauf kam es im Lager zu lautstarken Diskussionen. Daraus entwickelte sich ein heftiger Streit, der schließlich in einer handfesten Schlägerei endete. Die Fäuste flogen. Wo man auch hinsah, verdroschen sich die Männer.

»Was geht denn hier ab?«, fragte Swenja entsetzt, doch weder Karsten noch Bernd oder Holger konnten ihr eine Antwort geben.

Es wurde immer bedrohlicher. Zwei der sich prügelnden Kontrahenten kamen gefährlich nahe. Nun hörten die vier Freunde auch, worüber sich diese beiden Kerle stritten.

»Nein, du bekommst sie nicht. Die Beute wird gerecht geteilt!«, rief der eine erbost.

»Aha, es geht anscheinend um einen Raubzug«, mutmaßte Karsten, wurde aber bald eines Besseren belehrt.

Der andere griff an seinen Gürtel. Plötzlich blitzte ein Messer. Unvermittelt stach er zu. Mit einem Stöhnen ging sein Gegner zu Boden und blieb zusammengekrümmt liegen.

»So, jetzt sind wir ungestört«, lachte der Messerstecher höhnisch, während er auf die Gefangenen zuging.

Er hatte dummerweise recht, denn die Prügelei um sie herum schien kein Ende zu nehmen. Die Männer hatten mit sich zu tun und beachteten ihre Umgebung nicht mehr. Wie von Sinnen zerrte Karsten an seinen Fesseln, doch außer dass sich die Stricke nur noch fester zogen, erreichte er gar nichts.

Auf einmal war ein helles Surren zu hören und bevor die vier kapierten, woher das Geräusch kam, stürzte der Angreifer tödlich getroffen zu Boden. Das Messer fiel ihm aus der Hand. Ein Pfeil steckte in seiner Stirn. Sekunden später kam Wigant der Rote mit einem Bogen angerannt. Der Köcher, den er auf dem Rücken trug, war leer, dafür hingen eine Streitaxt und ein Messer an seinem Gürtel. Er musterte die Freunde. Vermutlich wollte er sich vergewissern, dass sie unversehrt waren. Dann ging er wieder.

Es dauerte eine Weile, bis im Lager endlich Ruhe einkehrte. Drei der Aufrührer wurden in ein Zelt geführt. Man hatte ihnen die Hände auf den Rücken gebunden. In einiger Entfernung wurde gesägt und gehämmert. Die Gefangenen konnten jedoch nicht sehen, woran genau die Leute arbeiteten, denn ein paar Bäume standen davor. Sie dachten an Thomas, Claudia, Sven und Mirjam und waren in großer Sorge. Was hatte man mit ihnen gemacht?

Der Abend brach an. Fackeln wurden entzündet, vereinzelte Feuer brannten bereits und verströmten eine angenehme Wärme. Das Sägen und Hämmern war verstummt. Kurze Zeit später bekamen die vier Freunde Besuch. Ulman der Graue machte sie los und nahm sie mit. Für den Bruchteil einer Sekunde dachte Karsten an Flucht, aber er verwarf diesen Gedanken sofort wieder. Vielleicht wäre es möglich, den Anführer zu überwältigen, wenn man den Überraschungsmoment nutzte.

Doch weit würden sie bestimmt nicht kommen, so viel war sicher.

Sie liefen in die Richtung, aus der sie vorhin das Sägen und Hämmern vernommen hatten. Ulman führte sie zu einem kleinen Verschlag aus zusammengenagelten Brettern, neben dem zwei Wachen standen. Sie trauten ihren Augen kaum. Drinnen warteten bereits Thomas, Claudia, Sven und Mirjam. Ulman der Graue öffnete die Tür, nahm den Neuankömmlingen die Fesseln ab und schob sie zu den anderen Gefangenen. Die Freude war natürlich riesig. Endlich waren die Rossburger Ritter wieder vereint! Sie umarmten sich und weinten vor Glück.

Der Anführer unterbrach das freudige Wiedersehen.

»Hier seid ihr erst einmal sicher. Drei unserer Leute wollten euch an Florian vom Mühlental ausliefern und das Geld alleine einstecken, doch wir konnten ihren Plan durchkreuzen. Nun muss ich sie leider bestrafen. Und was wir mit Verrätern machen, werdet ihr nachher gleich sehen.«

Er schloss den Verschlag und ging. Erst jetzt bemerkte Karsten die drei Stricke, die vom Ast einer großen Eiche ganz in der Nähe herabhingen. Ihre Enden waren zu Schlingen geknotet. Darunter befanden sich Bretter und Baumstämme, die die Männer zu Stapeln aufgeschichtet hatten. Er starrte entsetzt auf die provisorischen Galgen. Swenja folgte dem Blick ihres Verlobten und erschrak. Unwillkürlich dachte sie an ihren Traum, in dem er gehängt worden war.

Es waren keine zehn Minuten vergangen, als man die Verräter brachte. Ihre Hände waren noch auf dem Rücken gefesselt. Obwohl sie sich nach Leibeskräften wehrten, wurden sie von jeweils zwei Männern auf die Holzhaufen gezerrt. Danach bekam jeder eine Schlinge um den Hals gelegt. Nun trat Wigant der Rote nach vorn.

Die Freunde glaubten zuerst, er würde eine Rede halten oder vielleicht das Urteil verkünden, doch weit gefehlt. Er schritt zu den Holzstapeln, hielt kurz inne und trat dann einen nach dem anderen weg. Hilflos strampelten die Gehenkten mit den Beinen. Die Schlingen zogen sich immer fester zu. Sie röchelten qualvoll, ihre Augen quollen hervor, ihre Zungen hingen heraus - sie rangen mit dem Tod!

Wigant ging mit einem dämonischen Grinsen zum Ersten, umfasste dessen Beine und riss ihn mit einem Ruck nach unten. Ein lautes Knacken war zu hören, er hatte dem Mann das Genick gebrochen. Schlaff baumelte dieser nun an dem Strick. Mit dem Zweiten und dem Dritten verfuhr er ebenso.

Anschließend drehte er sich zu seinen Leuten um, die das Schauspiel verfolgt hatten, und rief mit lauter, kräftiger Stimme: »Lasst euch das eine Warnung sein! So etwas geschieht mit Verrätern!«

Dann entfernte er sich.

Swenja hatte sich während der Hinrichtungen ängstlich an Karsten geschmiegt und ihr Gesicht versteckt. Mirjam sah noch immer weg und zitterte. Die anderen blickten fassungslos zu den Getöteten. Keiner sagte ein Wort.

Bis tief in die Nacht hinein herrschte im Lager eine bedrückende Stimmung. Nur Ulman und Wigant feierten ihren Triumph. Sie hatten wieder einmal ihre Macht demonstriert.

Die beiden Wachposten beim Verschlag dösten vor sich hin. Thomas‘ Blick schweifte wiederholt zu den Gehenkten. Obwohl ihn ihr Anblick anekelte, übten sie dennoch eine magische Anziehungskraft auf ihn aus. Da in unmittelbarer Nähe keine Fackeln brannten, konnte er ihre Umrisse nur schemenhaft erkennen. Die

Hinrichtungen hatten ihn emotional aufgewühlt. Heute würde er bestimmt nur schwer in den Schlaf finden. Den anderen ging es ebenso.

Entführt

28. Juni 2017

Kurz vor 8 Uhr erschien Horst Ketzel im Arbeitszimmer von Polizeihauptkommissar Schmidt, der bereits auf ihn wartete. Die Dienstbesprechung würde heute ausnahmsweise im großen Besprechungsraum stattfinden, da sie Besuch von der Uni hatten und das Büro dafür zu klein war. Während Horst schon vorausging, musste der Dienststellenleiter noch einige Unterlagen zusammensuchen, was er wie immer auf den letzten Drücker tat. Der Raum befand sich gleich nebenan. Der Polizeioberkommissar öffnete die Tür und staunte nicht schlecht, denn er war gut gefüllt.

»Guten Morgen!«, grüßte er laut und schaute sich nach einer leeren Sitzgelegenheit um.

Zwischen Klaus Schneider und dem Laborleiter Harry Fritzsche war glücklicherweise ein Platz frei. Er ging hin, ließ sich auf den weichen Stuhl plumpsen und betrachtete die Anwesenden. Neben dem Studienrat Prof. Dr. Falk Lorenz waren auch seine Kollegen Max Baldauf und Tobias Grünbaum vor Ort. Von Klaus erfuhr er, dass es sich bei den anderen um den Chemiker Dr. Udo Frank und ein paar Studenten der Universität handelte.

Fünf Minuten später betrat der Dienststellenleiter das Zimmer.

Nachdem er alle Teilnehmer mit Handschlag begrüßt hatte, setzte er sich an die Stirnseite des langen Tischs und begann: »Wir haben uns heute hier getroffen, um darüber zu beraten, wie wir acht Menschen aus einer durchaus prekären Lage befreien können. Allerdings wissen wir noch nicht, wie diese doch recht komplizierte

Aufgabe zu bewerkstelligen ist. Den meisten von Ihnen dürfte inzwischen bekannt sein, dass sich die Personen momentan im Jahr 1325 aufhalten. Da sich unser Kollege, Polizeioberkommissar Horst Ketzel, bis vor wenigen Tagen in der gleichen Situation befunden hat, möchte ich ihn bitten, seine Erlebnisse kurz zu schildern.«

Horst war wie vom Donner gerührt. Gerade er, der nicht besonders gut vor so vielen Menschen sprechen konnte, sollte hier völlig unvorbereitet Bericht erstatten. Zögernd fing er an, den Teilnehmern sein unfreiwilliges Abenteuer zu erzählen. Alle hörten gespannt zu.

Als er geendet hatte, hielt er einen Moment inne, dann fügte er hinzu: »Meiner Meinung nach haben wir keine andere Möglichkeit, als eine Gruppe zusammenzustellen, mit dieser zur Höhle zu fahren und zu warten, bis das Portal wieder aktiv wird. Dann muss dieses Team ins Mittelalter reisen und die Leute auf Biegen und Brechen von dort zurückholen.«

Eine Weile herrschte eisernes Schweigen.

Schließlich meldete sich Prof. Dr. Falk Lorenz als Erster zu Wort: »Ich kann diesen Vorschlag nicht gutheißen. Das Risiko, mit so vielen Leuten versehentlich den Verlauf der Geschichte zu beeinflussen, ist einfach zu groß.«

Dr. Udo Frank pflichtete dem Studienrat bei und Polizeihauptkommissar Schmidt ergänzte: »Darüber hinaus ist eine solche Reise zu gefährlich. Wir wissen nicht, ob eine Rückkehr ohne Weiteres möglich sein wird. Immerhin ist bekannt, dass dieses Portal nicht mehr zuverlässig arbeitet. Was passiert, wenn es ganz den Geist aufgibt, während sich das Team im Mittelalter befindet? Kommen die Leute dann jemals wieder zurück? Und welche Gefahren lauern dort außerdem? Können sie sich mit Krankheiten infizieren, die längst ausgerottet sind oder die wir heute gar nicht mehr kennen? Nein, ich stimme dieser Idee nicht zu! Es muss eine andere Lösung geben.«

Wieder schwiegen alle.

Nach einiger Zeit ergriff Polizeikommissar Tobias Grünbaum zaghaft das Wort: »Ich bin noch nicht so lange im Dienst wie die meisten hier und mir ist klar, dass ich in nächster Zeit viel zu lernen habe. Aber eins weiß ich mit Sicherheit: Ich bin zur Polizei gegangen, um für Recht und Ordnung zu sorgen und Menschen zu helfen, die in Gefahr sind. Die Situation, in der wir uns aktuell befinden, ist alles anderes als normal. Sie ist ungewöhnlich und erfordert aus diesem Grund außergewöhnliche Mittel. Natürlich besteht die Möglichkeit, dass wir etwas verändern, was Auswirkungen auf die Geschehnisse in der Zukunft hat, aber wir können dieses Risiko minimieren, wenn wir es clever genug anstellen. Falls sich das Team aus Polizisten und Wissenschaftlern zusammensetzt, sollten sie sich gegenseitig ergänzen. Um diese Personen zu retten, müssen wir dorthin, koste es, was es wolle. Wenn wir nichts tun und die acht Leute dortbleiben, werden sie früher oder später ohnehin den Lauf der Geschichte beeinflussen.«

Diesen letzten Satz hatte der junge Polizeikommissar mit fester Stimme und solcher Inbrunst gesagt, dass er selbst darüber erschrak und seine Ausführungen erst einmal beendete.

Die Diskussion dauerte nun schon gut drei Stunden. Das Für und Wider wurde abgewogen und es sah so aus, als käme man zu keiner Entscheidung.

Da meldete sich unverhofft der Studienrat zu Wort: »Nach reiflicher Überlegung bin ich der Meinung, dass wir um eine Zeitreise nicht herumkommen werden. Jedoch möchte ich vorschlagen, diese Besprechung am

Nachmittag fortzusetzen und unseren forensischen Schriftsachverständigen Dr. Ralph Braumann sowie Prof. Dr. Susanne Dombrowski hinzuzuziehen. Dr. Braumann hatte heute früh einen anderen wichtigen Termin und die Kollegin Dombrowski ist erst aus dem Urlaub zurückgekommen und mit dem Sachverhalt noch nicht vertraut. Für alle, die sie nicht kennen: Sie unterrichtet bei uns Geschichte des Mittelalters. Auf diesem Gebiet ist sie eine Kapazität. Ich würde jetzt gerne zur Uni fahren, um die beiden zu holen.«

Polizeihauptkommissar Schmidt war einverstanden. Kurz vor 12 Uhr unterbrach er das Meeting für zwei Stunden. Während sich Professor Lorenz auf den Weg zur Universität machte, holten sich Horst Ketzel und Klaus Schneider einen Kaffee und zogen sich in ihre Büros zurück.

Nachdem eine halbe Stunde vergangen war, beschloss Horst, Ramona anzurufen und sie über die neuesten Entwicklungen zu informieren. Als sie erfuhr, dass ein Team zusammengestellt werden sollte, fiel sie aus allen Wolken.

»Die können doch nicht ernsthaft von dir verlangen, dass du wieder dorthin reist. Eins muss dir klar sein, ich werde das nicht zulassen! Ich habe dich schon einmal verloren! Ein zweites Mal wird das nicht passieren!«

Er versuchte sie zu beruhigen. Bisher stand gar nicht fest, wer überhaupt zum Team gehören würde. Doch seine Frau ließ dieses Argument nicht gelten. Zum Glück betrat Klaus das Büro. Ihm war langweilig und er hatte einige Fragen an seinen Kollegen. So konnte Horst das Telefongespräch abwürgen.

Er verabschiedete sich von Ramona, aber die entgegnete nur wütend: »Das letzte Wort in diese Sache ist noch nicht gesprochen.«

Dann legte sie zornig auf.

Genervt verdrehte er die Augen, doch Klaus meinte besänftigend: »Du musst sie verstehen. Sie hat Angst um dich. Wie würdest du denn reagieren, wenn es umgekehrt wäre?«

Horst dachte kurz nach, dann nickte er. Verdammt, sie hatte ja recht. Er würde es ihr vermutlich auch nicht mehr erlauben. Und so fasste er einen folgenschweren Entschluss: Nach der Pause würde er zu seinem Chef gehen, um mit ihm darüber zu reden. Ramona zuliebe durfte er nicht wieder ins Mittelalter reisen. Seine Familie war ihm wichtiger. Polizeihauptkommissar Schmidt würde das sicher verstehen.

In der verbleibenden Zeit löcherte Klaus seinen Kollegen mit etlichen Fragen. Er selbst liebte zwar das Abenteuer, doch er war unschlüssig, wie er sich entscheiden sollte, falls die Sprache darauf käme, wer freiwillig an dieser Reise ins Jahr 1325 teilnehmen würde. Denn so viel stand fest: Dazu zwingen konnte sie niemand.

Kurz vor 14 Uhr verließen die Männer das Büro und marschierten zum Besprechungsraum. Sie kamen zeitgleich mit dem Studienrat und seinen beiden Begleitern dort an. Während Klaus sofort hineinging, blieb Horst wie angewurzelt an der Tür stehen. Wer war die bildschöne Frau, die neben Professor Lorenz stand? Er ertappte sich dabei, wie er die schlanke, sportliche Blondine mit offenem Mund anstarrte. Der Professor schien es zu bemerken, denn er konnte sich ein Grinsen kaum verkneifen.

»Darf ich vorstellen, das ist Prof. Dr. Dombrowski.«

Horst reichte ihr die Hand.

»Sehr angenehm, ich bin Polizeioberkommissar Ketzel. Aber Sie dürfen ruhig Horst zu mir sagen«, fügte er schnell hinzu.

»Susanne«, antwortete sie ein wenig verlegen und lächelte ihn an.

Bevor sie den Raum betraten, stellte der Professor ihm noch Dr. Braumann, seinen männlichen Begleiter vor.

Pünktlich um 14 Uhr wurde die Besprechung fortgesetzt. Schnell stand fest, dass es keine andere Möglichkeit gab, als eine Gruppe zu bilden, die ins Mittelalter reisen würde. Zwar war das Risiko kaum kalkulierbar, allerdings ging es hier immerhin um acht Personen, die es zu retten galt. Nun stand die nächste Frage im Raum: Wer sollte zu diesem Team gehören?

»Ich kann niemanden dazu zwingen, aber gibt es eventuell Interessenten?«

Der Dienststellenleiter schaute sich um. Zu seinem Erstaunen meldeten sich sechs Personen: Horst Ketzel, Klaus Schneider, Tobias Grünbaum, Dr. Udo Frank, Dr. Ralph Braumann und Prof. Dr. Susanne Dombrowski. Polizeihauptkommissar Schmidt war erfreut. Damit hatte er nun wirklich nicht gerechnet. Das Verhältnis von drei Polizeibeamten zu drei Wissenschaftlern passte ebenfalls hervorragend. Er bedankte sich bei den Freiwilligen für ihr Engagement.

Nach einer kurzen Diskussion wurde vereinbart, dass sich die Teammitglieder am folgenden Tag um 8 Uhr in der Uni treffen würden. Schließlich mussten sie zum einen eine Menge Infos und zum anderen die passende Gewandung erhalten, denn in der normalen Kleidung des einundzwanzigsten Jahrhunderts konnten sie unmöglich ins Mittelalter reisen.

Damit war die Besprechung vorbei. Die Polizeibeamten, die sich freiwillig gemeldet hatten, durften ihren Dienst für heute beenden und nach Hause fahren. Die anderen kehrten zur Uni zurück. Horst verabschiedete sich von Klaus, der sich immer noch darüber wunderte, dass sich sein Kollege nun doch freiwillig gemeldet hatte, und stieg in sein Auto. Eigentlich hatte er absolut keine Lust, zu seiner Wohnung zu fahren. Ramona war sauer auf ihn und er kannte diesen Zustand nur zu gut. Insgeheim hoffte sie mit Sicherheit, dass er an dieser Reise nicht teilnehmen würde, aber er hatte sich kurzfristig anders entschieden. Warum, das konnte er selbst nicht mit Bestimmtheit sagen. Lag es etwa an der schönen Wissenschaftlerin? Dies einzugestehen fiel ihm schwer. Normalerweise zählte er nicht zu den Typen, die andere Frauen begehrten. Seiner Ramona war er bisher immer treu geblieben.

Zu Hause angekommen, verließ er missmutig seinen Wagen, öffnete die Haustür und ging nach oben. Vorsichtig schloss er die Wohnungstür auf. Zwar bemühte er sich leise zu sein, aber seine Frau hörte ihn und stand wenige Sekunden später neben ihm im Flur.

Statt einer Begrüßung fragte sie nur: »Und?«

»Und was?«, erwiderte er.

»Was kam bei eurer Besprechung heraus? Reist jemand von deinen Kollegen ins Mittelalter?«

»Ja, und ich bin dabei.«

Ramona kniff die Augen zu schmalen Schlitzen zusammen und zog die Stirn in Falten. Das tat sie immer, wenn sie wütend war. Dann trat für eine Weile eisige Stille ein. Man hätte buchstäblich eine zu Boden fallende Stecknadel hören können.

Doch nur wenig später brach es aus ihr heraus: »Das darfst du mir und den Kindern nicht antun! Ich will dich nicht noch einmal verlieren. Wer weiß, was dieses Mal passiert. Vielleicht kommst du nie wieder zurück!«

Sie redete sich in Rage. Ein Wort gab das andere. Den ganzen Abend versuchte er, seine Teilnahme an der Reise vor ihr zu rechtfertigen. Sie war verzweifelt und hatte Angst um ihn. Natürlich konnte er sie verstehen. Nur war er einerseits nicht der Typ, der dies gerne zugab, und andererseits verlangte er gerade von ihr ein wenig Verständnis für sein Handeln. Schließlich war es sein Beruf, andere Menschen zu schützen.

Kurz nach Mitternacht gab Ramona erschöpft auf.

Mit den Worten: »Dir ist wirklich nicht mehr zu helfen! Mach doch, was du willst!«, stürmte sie aus dem Wohnzimmer und schlug die Tür hinter sich zu, dass es krachte.

Schuldbewusst blieb Horst im Sessel sitzen. Er würde diese Nacht wohl besser auf dem Sofa verbringen. Leise schlich er einige Zeit später ins Schlafzimmer und holte seinen Wecker.

20. November 1325

Nur langsam erlangte Uwe das Bewusstsein wieder. Sein Kopf schmerzte. Mühsam versuchte er aufzustehen, was ihm nach mehreren Fehlversuchen endlich gelang. Kaum war er auf den Beinen, musste er sich übergeben. Zusammen mit den Kopfschmerzen deutete dies auf eine Gehirnerschütterung hin. Das fehlte gerade noch.

Er fasste sich an die Stirn und fühlte, dass sie feucht war. Als er die Hand zurückzog, klebte Blut daran. Glücklicherweise schien die Wunde nicht sehr tief zu sein. Anscheinend besaß der unförmige Gegenstand, der seinen Kopf getroffen hatte, keine scharfen Kanten. Er schaute zu Boden und ließ seinen Blick umherwandern. Nach kurzer Zeit entdeckte er einen faustgroßen Kieselstein, an dem geronnenes Blut haftete.

Dann kam die Erinnerung zurück. Mit Entsetzen dachte er an den schlanken, dunkel gekleideten Mann, der mit einem Messer in der Hand vor ihm aus dem Gebüsch gesprungen war. Was hatte der Kerl von ihm gewollt? Er griff in seine Taschen, sie waren leer. Auch die alte

Decke, in die er sich in der ersten Nacht in dem hohlen Stamm eingewickelt hatte, fehlte. Er war also ausgeraubt worden und der Angreifer war nicht allein gewesen. Er hatte ihn gezwungen stehen zu bleiben, während sein Komplize den Stein warf. Zum Glück konnte er den Verlust verschmerzen. Die völlig durchnässte Decke nützte momentan sowieso niemandem etwas und außer ein paar Pfennigen hatte er nichts in seinen Taschen gehabt. Hauptsache, er war mit dem Leben davongekommen.

Uwe lief los. Das Gehen fiel ihm schwer. Es war ihm kaum möglich geradeaus zu laufen, stattdessen taumelte er umher. Alles drehte sich um ihn. Als Arzt wusste er, dass mit einer Gehirnerschütterung nicht zu spaßen war. Jederzeit bestand die Gefahr, erneut das Bewusstsein zu verlieren. Er musste so schnell wie möglich das Dorf erreichen, doch er kam immer langsamer vorwärts. Mittlerweile schneite es wieder heftiger. Der Wind nahm zu und wurde schließlich zum Sturm. Abermals konnte man die Hand nicht vor den Augen erkennen.

Er stöhnte. Lange würde er nicht mehr durchhalten. Jeder Meter war ein Kampf, den es auszufechten und zu gewinnen galt. Seine Beine taten weh. Die Kopfschmerzen waren unerträglich geworden und machten ihn fast wahnsinnig. Permanent schaute er stur nach vorn und versuchte mühsam, in der Ferne etwas auszumachen.

Da! Ihm war, als würde er zwischen den Millionen von Schneeflocken, die ihm pausenlos ins Gesicht wehten und das Atmen erschwerten, die Umrisse von Häusern erkennen. Als er näher herankam, gab es keinen Zweifel mehr. Er hatte es geschafft! Das letzte Stück des Wegs lief er wie in Trance. Seine Zehen fühlten sich taub an, aber er setzte automatisch immer einen Fuß vor den anderen. Nur noch wenige Schritte und er war am Ziel. Unter Aufbietung seiner letzten Kräfte schaffte er es, mit den Fäusten an die Tür zu hämmern, dann brach er zusammen.

Als er erwachte, war die Dämmerung bereits angebrochen. Er lag im Bett und ihm war übel. Sarah beugte sich über ihn und wechselte das feuchte Tuch auf seiner heißen Stirn. Sie drehte den Kopf und schaute zur gegenüberliegenden Wand. Uwe folgte ihrem Blick und gewahrte Erika, die dort auf einem Stuhl saß und vor sich hin stierte.

»Er ist wach«, flüsterte die Kräuterfrau ihr zu.

Sie blickte kurz auf, um sich zu vergewissern, und starrte danach erneut ins Leere.

Sarah machte sich Sorgen.

»Dich bedrückt doch etwas«, stellte sie fest.

Zögernd entgegnete Erika: »Wir sind hierhergekommen, um zu verhindern, dass ein paar korrupte, intrigante Menschen den Verlauf der Geschichte beeinflussen. Und jetzt? Wir tragen eine Mitschuld an der Zerstörung dieses Dorfs. Unseretwegen wurden die Ereignisse massiv verändert - zumindest hier im Ort - und das hat mit Sicherheit Auswirkungen auf andere Regionen. Die Höhe des Schadens, der dadurch entstanden ist, können wir überhaupt nicht abschätzen.«

Sie verstummte und Tränen liefen ihr übers Gesicht. Sarah ging zu ihr, legte die Hand auf ihre Schulter und sah ihr in die Augen.

»Wir haben unser Bestes getan. Kuntz von Hedenthal und seine Männer haben das Dorf verwüstet und angezündet, nicht wir. Uns trifft keine Schuld.«

Sie trat wieder zu Uwe, der mittlerweile völlig wach war. Er hatte sich aufgerichtet und schaute sich um. Nur bruchstückhaft erinnerte er sich an die jüngsten Ereignisse. Er holte Luft, um etwas zu sagen, doch es kamen nur unverständliche Wortfetzen heraus.

Sie legte den Finger auf seine Lippen.

»Psst, du musst nicht sprechen. Ruh dich erst mal aus. Du hast eine Gehirnerschütterung.«

Sanft drückte sie seinen Oberkörper zurück aufs Bett, zog die Decke zurecht und ging zur Tür, um frisches Wasser zu holen. Mit der Zeit schlief er wieder ein.

Er erwachte, als es schon längst dunkel war. Sarah saß neben seinem Bett und betrachtete ihn aufmerksam.

Als sie sah, dass er munter war, reichte sie ihm einen Becher mit den Worten: »Trink das. Es wird das Fieber senken.«

Er setzte sich auf und leerte das Gefäß langsam und bedächtig. Erika konnte er nirgendwo entdecken, vermutlich schlief sie bereits. Er hatte mitbekommen, warum sie sich Sorgen machte. Auch ihm war das nicht einerlei und er dachte sogar viel weiter. Was würde passieren, wenn dieser Horst mit seinen Kollegen hier auftauchte? Bestimmt hätten sie Schusswaffen dabei - Waffen aus dem einundzwanzigsten Jahrhundert! Diese brauchten dann nur in die falschen Hände zu geraten. Nicht auszudenken, welche Konsequenzen das hätte!

Uwe gab der Kräuterfrau den leeren Trinkbecher zurück und legte sich wieder hin. Er musste schnellstmöglich auf die Beine kommen. Vielleicht konnte er das Schlimmste noch verhindern. Mit diesem Gedanken schlief er schließlich ein.

21. November 1325

Thomas erwachte sehr zeitig. Als er sich umsah, stellte er fest, dass seine Freunde ebenfalls nicht mehr schliefen. Außer Claudia, die auf einem Strohsack lag und sich gerade reckte und streckte, um richtig munter zu werden, saßen die anderen bereits auf einem Bretterstapel, den die Männer eigens für diesen Zweck im Verschlag aufgebaut hatten, und flüsterten miteinander.

Es war noch dunkel und angenehm ruhig im Lager. Was sie geweckt hatte, konnten sie nicht mit Bestimmtheit sagen, vielleicht die Aufregung der letzten Tage oder die Freude, dass sie gesund waren und sich nun endlich wiedergefunden hatten. Deshalb begannen sie schon so früh am Morgen, einander von ihren Erlebnissen zu berichten. Die beiden Wachen vor ihrem hölzernen Gefängnis interessierte das herzlich wenig. Sie dösten vor sich hin und kümmerten sich nicht um die Gefangenen. Das war zwar nicht schlecht, aber trotzdem achteten die Freunde genau darauf, worüber sie sich unterhielten. Schließlich wusste keiner von ihnen, ob die beiden im Halbschlaf doch manches mitbekamen. Aus diesem Grund war das Thema »Flucht« natürlich tabu.

Es war bereits heller Vormittag, als ihnen zwei Wachposten Brot, acht kleine Schüsseln mit Suppe und einen großen Krug Wasser brachten. Das Essen kam zur richtigen Zeit. Sie hatten ziemlichen Hunger und langten tüchtig zu.

Während sie frühstückten, fragte Thomas plötzlich: »Hat jemand von euch eigentlich schon Ulman oder Wigant gesehen? Ich nämlich nicht.«

Die anderen überlegten. Er hatte recht. Normalerweise marschierte zumindest einer der beiden Anführer hin und wieder bei ihnen vorbei. Doch heute war irgendwie alles anders. Nach einer Weile sahen sie, wie die drei Gehenkten abgenommen und weggebracht wurden. Bestimmt würde man sie einfach irgendwo im Wald verscharren.

Plötzlich brach im Lager Hektik aus. Die Männer schrien sich an und manche rannten aufgeregt durcheinander. Einige wussten erst einmal nicht, worum es ging, und standen hilflos in der Gegend herum. Kurze Zeit später erfuhren die acht Freunde den Grund.

Ulman kam angerannt und schrie die beiden Posten an, die neben dem Verschlag Wache hielten: »Kommt sofort mit! Man hat meinen Sohn nicht weit von hier im Wald gefunden. Er ist schwer verletzt. Ich will wissen, wer das getan hat! Wir brauchen jeden Mann. Sucht die ganze Umgebung ab!«

Dann verschwand er wieder. Bevor Thomas und die anderen einen klaren Gedanken fassen konnten, stürmten ihre Wächter davon.

Karsten meinte trocken: »Jungs und Mädels, wir hauen ab! Die Bande ist abgelenkt, das ist unsere Chance!«

Alle stimmten zu und machten sich sofort an der Tür zu schaffen. Aber so sehr sie sich auch mühten, sie bewegte sich keinen Millimeter. Die Bretter der Seitenwände waren ebenfalls fest miteinander verbunden. Der Verschlag war recht solide gebaut. Nach einer Weile gaben sie enttäuscht auf.

Inzwischen spitzte sich die Situation im Lager weiter zu. Wigant der Rote wurde in ein Zelt gebracht. Die Männer hatten die Umgebung abgesucht, jedoch nichts gefunden, das auf den oder die Täter hinwies. Ulman lief kopflos hin und her. Er wollte seinem Sohn gerne helfen und konnte es nicht. Die Sorge um Wigant, gepaart mit unendlicher Wut, bekamen schließlich die Gefangenen zu spüren. Urplötzlich tauchte er bei ihnen auf und beschimpfte sie. Seiner Meinung nach waren sie an allem schuld. Er vermutete, dass irgendwo im Wald jemand lauerte, der darauf aus war, sie zu befreien.

Thomas, dem das langsam zu bunt wurde, rastete ebenfalls aus und schrie ihn an: »Jetzt halt bloß die Backen still! Du hast uns gekidnappt und eingesperrt. Ohne dich wären wir gar nicht hier! Du bist selber schuld! Und wenn du deinen blöden Schädel zum Denken hättest und nicht nur zum Saufen, wüsstest du das und würdest hier nicht so einen auf dicke Hose machen!«

Die anderen erschraken. Wie konnte ihr Kumpel so die Beherrschung verlieren! Und vor allem, wie würde Ulman der Graue reagieren? Das zeigte sich schon wenige Sekunden später. Ulman, dem zwar die Begriffe »gekidnappt« und »auf dicke Hose machen« nicht wirklich etwas sagten, war rasend vor Zorn.

Mit bloßen Händen riss er die Tür aus dem Verschlag, sprang hinein, packte den jungen Mann am Hals und brüllte ihn an: »Wegen euch wird mein Sohn vielleicht sterben!«

Immer fester drückte er zu.

Thomas bekam keine Luft mehr und röchelte in seiner Not: »Im Dorf gibt es eine Kräuterfrau. Sie heißt Mechthild und kennt sich mit allen möglichen Verletzungen aus. Sie kann ihm bestimmt helfen.«

Sofort ließ sein Peiniger ihn los. Thomas atmete lautstark ein und bereute im selben Augenblick, ihm diese Information gegeben zu haben. Nun hatte er auch noch Sarah mit hineingezogen und damit in Gefahr gebracht. Die Bestätigung seiner Befürchtung erfolgte prompt. Hoffnung schimmerte in Ulmans Augen. Für einen Moment schien es, als würde er lächeln.

Er verließ den Verschlag und entfernte sich schnellen Schrittes. Doch bevor die Freunde die Situation nutzen und durch den zerstörten Eingang ihr Gefängnis verlassen konnten, erschienen zwei Wachen und postierten sich davor. Kurz darauf kamen zwei weitere Männer, die die Tür wieder in Ordnung brachten. Zeitgleich sahen die Rossburger Ritter, dass Ulman auf einem Pferd aus dem Lager preschte. Bestimmt war er in Richtung des Dorfs unterwegs. Thomas tat unendlich leid, was er Sarah mit dieser spontanen Äußerung angetan hatte. Hoffentlich fand dieser Kerl sie nicht.

Bis zum Abend geschah nicht mehr viel. Hin und wieder registrierten die Gefangenen, wie Männer in dem Zelt verschwanden, in dem der verletzte Wigant lag, und es einen Moment später rasch wieder verließen. Thomas machte sich immer noch große Sorgen. Er stellte sich vor, wie Ulman im Dorf ankam und Sarah zwang mitzukommen, indem er sie mit Gewalt auf sein Pferd zog und mit ihr davonritt. Lange fand er deswegen keine Ruhe.

29. Juni 2017

Horst schreckte hoch. Ein wirrer Albtraum hatte ihn aus dem Schlaf gerissen. Er setzte sich auf und schaute sich um. Erst einmal musste er realisieren, wo er sich befand. Nachdem sich seine Augen an die Dunkelheit gewöhnt hatten, stellte er fest, dass er auf dem Sofa im Wohnzimmer saß. Er fragte sich, warum er nicht im Bett war. Da fiel ihm der Streit mit Ramona ein und es tat ihm leid. Hoffentlich beruhigte sie sich bald wieder.

Dann versuchte er sich an den Traum zu erinnern: Sie waren mit dem Team ins Mittelalter gereist. Sobald sie die Höhle verlassen hatten, kamen sie zu einer kleinen Lichtung, die es dort in Wirklichkeit gar nicht gab. Plötzlich hörten sie Geschrei. Aus allen Richtungen rannten Soldaten auf sie zu. Pfeile schwirrten über ihre Köpfe hinweg. Sie hatten keine Chance. Innerhalb kürzester Zeit wurde die gesamte Gruppe getötet. Zuletzt blieben nur noch er und Susanne Dombrowski übrig. Aus dem Augenwinkel sah er, wie sich ihr ein Reiter von hinten näherte, der ein langes Schwert in der Hand hielt.

Er stürzte los, um sie zu beschützen, doch er war zu langsam. Fast hatte er sie erreicht, da schwang der Mann seine Waffe. Susannes Kopf fiel Horst genau vor die Füße. In diesem Moment war er mit einem Schrei aufgewacht.

Ein Blick auf den Wecker verriet ihm, dass er erst in drei Stunden aufstehen musste, also drehte er sich auf die Seite und versuchte einzuschlafen. Der Traum ließ ihn jedoch nicht los. Erst nach und nach beruhigte er sich wieder. Im Halbschlaf hörte er ein Geräusch. Er öffnete die Augen und ließ seinen Blick umherwandern. Zwar war es im Wohnzimmer dunkel, aber die Konturen der Möbel konnte man erkennen. Schlagartig war er hellwach, denn eine Gestalt stand vor dem Sofa.

Entsetzt fuhr er hoch, als eine ihm bekannte Stimme flüsterte: »Ich bin es nur. Du brauchst nicht zu erschrecken.«

Es war seine Frau. Erneut dachte er an ihren Streit. Was wollte sie hier?

Sie schaute ihn an.

»Komm ins Bett, Schatz. Wenn du hier schläfst, wirst du dich nicht richtig erholen.«

Sie hatte ja keine Ahnung. Das Sofa war absolut bequem!

Er blieb erst einmal liegen und antwortete: »Was soll das jetzt, Ramona? Ich weiß, dass du es gut meinst und Angst um mich hast. Allerdings habe ich einen Job und den will ich so gut wie möglich ausüben. Ich war schon einmal dort, die anderen nicht. Deswegen muss ich auf jeden Fall mit hin!«

»Das ist mir klar«, ihre Stimme klang leise und unsicher, »ich habe kein Auge zugemacht. Immer wieder habe ich darüber nachgedacht, doch meine Gedanken hingen fest. Letztendlich bin ich zu dem Schluss gekommen, dass du recht hast. Ich sehe ein, dass deine Anwesenheit notwendig ist.«

Bevor er etwas sagen konnte, wiederholte sie ihre Bitte und flüsterte noch leiser: »Komm ins Schlafzimmer. Ich will mich nicht mehr mit dir streiten.«

Sie drehte sich um und verließ das Wohnzimmer. Nachdenklich folgte er ihr.

Horst schlug die Augen auf und suchte seinen Wecker, aber der stand nicht auf dem Schränkchen neben dem Bett. Er stutzte. Hatte er etwa vergessen, ihn wieder mit ins Schlafzimmer zu nehmen? Wie spät mochte es sein? Den Radiowecker seiner Frau sah er von seiner Position aus nur von der Seite.

Er lauschte. Ein leises Piepsen drang an sein Ohr. War das etwa sein Wecker? Er stand auf, ging zur Schlafzimmertür und öffnete sie. Das Geräusch wurde lauter. Es kam aus dem Wohnzimmer. Verdammt, das fehlte ihm gerade noch! Es war tatsächlich sein Wecker und er hatte keine Ahnung, wie lange der sich schon bemerkbar machte. Schnell lief er hin, stellte den Alarmton ab und registrierte, dass er eine Stunde verschlafen hatte. Es war halb acht. Na super, in die Uni würde er es nicht mehr rechtzeitig schaffen. Er musste unbedingt dort anrufen und Professor Lorenz informieren, dass er sich verspäten würde. Aber wo hatte er die Nummer? Klar, die stand auf dem Zettel, der in der Dienststelle neben seinem Telefon klebte. Auf diesem waren alle wichtigen Telefonnummern drauf. Also nahm er sein Handy und rief Klaus Schneider an. Der konnte sich ein Lachen nicht verkneifen.

»Verschlafen? Ach so, du musstest dich wohl letzte Nacht standesgemäß von deiner Ramona verabschieden? Aber eine habt ihr ja eigentlich noch. Hahaha.«

Horst versuchte ruhig zu bleiben und entgegnete nur: »Sag bitte einfach Bescheid.«

»Mach ich, kein Problem«, erwiderte Klaus sachlich.

Der Polizeioberkommissar beeilte sich, um sich nicht noch mehr zu verspäten. Doch wie das eben so ist, wenn die Zeit drängt: Heute früh ging wirklich alles schief, was schiefgehen konnte. Es fing damit an, dass er in der Küche schnell einen Kaffee im Stehen trinken wollte und sich dabei die halbe Tasse über sein neues weißes Hemd kippte. Dann riss beim Anziehen der Schuhe ein Schnürsenkel und zu guter Letzt war sein Autoschlüssel unauffindbar. Es dauerte eine gefühlte Ewigkeit, bis er ihn gefunden hatte und endlich startklar war.

Glücklicherweise erreichte er die Universität mit nur knapp vierzig Minuten Verspätung. Rasch hatte er herausgefunden, in welchem Raum sich die Gruppe traf, und eilte hin. Er platzte genau in einen Vortrag, den Susanne Dombrowski über das Leben im Mittelalter hielt. Leise schloss er die Tür hinter sich und setzte sich neben Klaus Schneider auf einen der u-förmig angeordneten Stühle, vor denen kleine Tische standen. Wie er später erfuhr, war dies einer der Konferenzräume der Uni.

Horst fand Susannes Vortrag sehr interessant. Das meiste von dem, was er heute hier hörte, war ihm völlig neu, obwohl er im Gegensatz zu ihr schon einiges in der mittelalterlichen Realität erlebt hatte. Außerdem faszinierte ihn diese Frau. Er starrte sie an und hing dabei regelrecht an ihren Lippen.

Um 9 Uhr war der Vortrag zu Ende und die Gruppe begab sich in die Mensa, um zu frühstücken. Wieder hatte der Polizeioberkommissar nur Augen für die Professorin, was mittlerweile sogar den anderen auffiel.

Polizeikommissar Schneider, der mit ihm zusammen an einem Tisch saß, stellte ihn daraufhin zur Rede:

»Mensch, du alter Schwerenöter, was soll das denn jetzt? Du bist mit Ramona glücklich verheiratet. Ihr habt zwei wundervolle Kinder und du stierst hier wie ein frisch verliebter Teenager diese Susanne Dombrowski an. Was um alles in der Welt willst du von der?«

Horst war wie vom Donner gerührt.

»Ich und stieren? Du glaubst doch nicht etwa, dass ...«

»Doch, das glaube ich«, unterbrach ihn Klaus, »und nicht nur ich, sondern auch die anderen, die dich bereits die ganze Zeit beobachten. Und jetzt, verdammt noch mal, reiß dich endlich zusammen! Wir sind im Dienst und haben eine Aufgabe zu erfüllen.«

Schuldbewusst nahm er sich die Worte seines Kollegen zu Herzen und vermied es von nun an, die Professorin weiterhin anzustarren. Nach dem Frühstück kehrten alle in den Konferenzraum zurück. Nun ergriff Prof. Dr. Falk Lorenz das Wort. Er betonte die Dringlichkeit dieser Reise, räumte aber ein, dass er die Idee anfangs aufgrund der unbekannten Gefahren strikt abgelehnt hatte. Im Anschluss daran war Polizeioberkommissar Horst Ketzel an der Reihe. Er sprach erneut über seine Erlebnisse im Mittelalter, ging diesmal jedoch näher auf die Details und Personen ein, die er während seiner unfreiwilligen Zeitreise kennengelernt hatte. Auch das Dorf erwähnte er. Natürlich konnte er nicht wissen, dass es mittlerweile zum Teil zerstört worden war.

Als er seine Ausführungen beendet hatte, sagte der Studienrat: »Sie haben nun einen kleinen Überblick erhalten, was Sie dort erwartet. Leider können wir nicht alle Einzelheiten genauer beleuchten, das würde Monate dauern. Als Nächstes werden Sie für die Reise eingekleidet. Die Kleidungsstücke sind absolut authentisch, sie wurden auf der Grundlage historischer Fundstücke gefertigt. Die Uni hat sie uns freundlicherweise zur

Verfügung gestellt. Ich hoffe, wir finden für jeden etwas Passendes. Wenn Sie mir bitte folgen möchten.«

Er stand auf und verließ den Raum.

»Ich glaube, ich würde mich hier verlaufen«, sagte Klaus lachend, während sie zusammen mit den anderen Teilnehmern der Gruppe Professor Lorenz nacheilten.

Der Weg führte sie durch endlose Gänge, mehrere Treppen hinauf und endete in einer kleinen Kammer unter dem Dach. Hier lagerten Unmengen an Hemden, Hosen, Kleidern, Gürteln und dergleichen.

»Das Zeug muss doch ein Vermögen wert sein«, meinte Horst.

»Ich kann Sie beruhigen«, lachte der Studienrat, »das alles hier sind Replikate.«

Der Polizeioberkommissar sah ihn fragend an.

»Repli was?«

Bevor er darauf antworten konnte, entgegnete Klaus: »Die Sachen sind nicht echt, sie sind nachgemacht.«

»So ist es«, bestätigte der Professor und grinste.

Dann begann das Einkleiden. Dr. Udo Frank, Dr. Ralph Braumann und Prof. Dr. Susanne Dombrowski kannten sich aus und halfen den drei Polizisten. Nach gut einer Stunde war auch das erledigt und jeder hatte das passende Outfit erhalten.

Nun wandte sich Dr. Frank an die Gruppe: »In der Ecke stehen Kartons. Bitte packen Sie Ihre Mittelalterkleidung dort hinein und schreiben Sie Ihren Namen darauf. Die Behälter werden heute noch zur Höhle gebracht. Ab morgen stehen Ihnen auf dem Gelände Wohncontainer zur Verfügung, in denen Sie sich umziehen und eine Weile aufhalten können. Wir gehen davon aus, dass das Portal nicht sofort aktiv sein wird und wir einige Zeit in den Containern verbringen müssen. Leider sehen wir keine andere Möglichkeit. Zwar gäbe es die Option, dass Sie sich zu Hause bereithalten, nur wären Sie dann vielleicht nicht rechtzeitig vor Ort. In den letzten Tagen wurden die Pausen zwischen den aktiven Phasen immer länger, die aktiven Phasen selbst dagegen kürzer. Ich hoffe, Sie sind mit dieser Maßnahme einverstanden.«

Da alle nickten, fuhr er fort: »Im Anschluss an das Mittagessen wird Professor Lorenz über einige Verhaltensregeln sprechen. Wenn wir hier fertig sind, gehen wir gemeinsam in die Mensa und treffen uns danach wieder im Konferenzraum.«

Als die Mitglieder des Teams ihre Kleidungsstücke in die Kartons gepackt und diese beschriftet hatten, ging es zum Mittagessen. Diesmal bemühte sich Horst, Susanne Dombrowski nicht mit den Augen zu verschlingen. Sie saß am Nachbartisch und unterhielt sich angeregt mit dem Studienrat, der sich zu ihr gesetzt hatte. Worüber, das konnte der Polizeioberkommissar nicht verstehen. Freilich hätte er es zu gerne gewusst. Klaus fiel natürlich auf, wie sein Kollege mit sich kämpfte, doch er verlor kein Wort darüber.

Wie vereinbart trafen sich alle erneut im Konferenzraum. Jetzt wurde besprochen, wie sich jeder Einzelne zu verhalten hatte. Das Hauptaugenmerk musste darauf gerichtet werden, dass die Vergangenheit nicht verändert werden durfte, was natürlich schwierig war, da jegliche Kontaktaufnahme mit Einheimischen zu Problemen führen konnte.

Um 14 Uhr war es geschafft und das Team durfte nach Hause gehen. Am nächsten Tag früh um sieben würden sich die Teilnehmer bei der Höhle einfinden. Horst verabschiedete sich von allen, vermied es jedoch, die Hand der Professorin zu lange zu drücken, da er wusste, dass er von Klaus sehr genau beobachtet wurde. Dann fuhr er schnurstracks zu seiner Wohnung.

Heute war Ramona weitaus umgänglicher. Allerdings merkte man ihr deutlich die Anspannung an. Die ganze Sache machte ihr schwer zu schaffen. Trotzdem vermieden es beide, über die bevorstehende Reise zu sprechen. Nach dem Abendbrot ging Horst duschen. Da sein Wecker bereits um 5 Uhr klingeln würde, wollte er nicht zu spät ins Bett gehen. Er konnte es sich nicht leisten, schon wieder zu verschlafen. Seine Frau fand die Idee nicht schlecht und ging gleich nach ihm ins Bad. So lagen beide schon um 21 Uhr in den Federn. Ramona kuschelte sich eng an ihren Mann, der nun die vorerst letzte Nacht neben ihr verbrachte. Trotz der Aufregung der vergangenen Tage schlief sie schnell ein. Horst lag noch lange wach. Während er sie im Arm hielt, musste er immerzu an Susanne Dombrowski denken.

21. November 1325

Uwe spürte eine Hand, die vorsichtig seine Stirn betastete. Er schlug die Augen auf und erblickte Sarah, die ihn erleichtert anlächelte.

»Du hast kein Fieber mehr.«

Die ganze Nacht hatte sie an seinem Bett gesessen und regelmäßig die feuchten Tücher auf seiner Stirn und um seine Waden gewechselt, um seine Temperatur zu senken.

Zaghaft wurde die Tür geöffnet. Es war Erika, die sich nach seinem Zustand erkundigen wollte. Sie trat zu ihm. Als sie hörte, dass es ihm besser ging, fiel ihr ein Stein vom Herzen. Nachdem sie gestern das Zimmer verlassen hatte, war sie zwar gleich schlafen gegangen, jedoch kurze Zeit später wieder aufgestanden, um nach ihm zu sehen. Von Sarah erfuhr sie dann, dass er immer noch hohes Fieber hatte. Seitdem hatte sie sich Sorgen gemacht und konnte nicht mehr einschlafen.

Die beiden Frauen gingen in die Küche und bereiteten das Frühstück zu. Als sie damit fertig waren, machte Uwe Anstalten, aufzustehen und sich zusammen mit ihnen an den Tisch zu setzen, doch die Kräuterfrau hielt ihn zurück.

»Du bekommst dein Essen heute ausnahmsweise ans Bett gebracht«, sagte sie grinsend, »aber gewöhn dich nicht daran.«

Als er protestierte, fiel sie ihm ins Wort: »Keine Widerrede! Du brauchst Ruhe, damit du bald wieder auf den Beinen bist.«

Er wusste, dass es sinnlos war, ihr zu widersprechen. Also fügte er sich und ließ sich bedienen, was er insgeheim nicht einmal schlecht fand. Nachdem sie gefrühstückt hatten, setzten sich die Frauen zu ihm ans Bett.

Erika, die nach wie vor ziemlich deprimiert war, sagte zögernd: »Und nun?«

Der Schmied schaute sie fragend an.

»Was meinst du? Es gibt genug zu tun. Wir müssen erstens unbedingt zur Höhle, denn es dürfen nicht noch mehr Leute aus der Zukunft hier erscheinen. Schlimm genug, was bisher geschehen ist. Zweitens müssen wir zur Burg Liebstein, um unsere Freunde zu retten. Und drittens muss das Dorf wieder aufgebaut werden.«

In ihrem Blick schimmerte ein Hauch von Hoffnung, als sie nach kurzem Nachdenken verkündete: »Sarah und ich machen uns auf den Weg zur Burg.«

Er lachte.

»Und dort klopft ihr an und verlangt, dass sie die Gefangenen freilassen? Ich fürchte, so einfach ist das nicht. Selbst wenn ich mitkäme, hätten wir zu dritt keine Chance.«

Die Kräuterfrau sah ihn streng an.

»Du gehst nirgendwohin! Werde erst einmal richtig gesund.«

Schuldbewusst blickte er ihr in die Augen und nickte, konnte dabei aber ein Schmunzeln nicht unterdrücken.

Sie verzog keine Miene und wandte sich an Erika: »Uwe hat recht. Außerdem wissen wir nicht, ob sie überhaupt in der Burg sind. Vielleicht hat man sie längst weggebracht.«

»Wohin sollte man sie denn bringen?«, entgegnete diese.

»Das weiß ich doch nicht. Es kommt darauf an, was sie mit ihnen vorhaben. Das sollten wir als Erstes herausfinden.«

»Und wie?«

»Wir können nach draußen gehen und die Leute fragen. Vielleicht hat irgendjemand etwas gesehen.«

»Das denke ich nicht«, mischte sich Uwe ein. »Die Dorfbewohner haben im Moment mit sich zu tun. Außerdem hat Kuntz von Hedenthal Thomas und mir in der Taverne erzählt, dass die Gefangenen bereits zur Rossburg gebracht wurden, um dort angeblich hingerichtet zu werden, was ich allerdings nicht glaube. Der wollte sich bestimmt nur wichtigmachen.«

»Was hat er erzählt?!« Sarah war in Rage. »Und wieso kommst du damit erst jetzt? Wir hätten schon viel früher etwas dagegen unternehmen müssen! Und warum hat Thomas nichts gesagt?«

»Weil ich ihn darum gebeten habe. Ich bin mir sicher, dass Kuntz zu tief ins Glas geschaut hatte und nur angeben wollte. Thomas ist zwar anderer Meinung, aber was hätte es gebracht, euch unnötig in Panik zu versetzen?«

»UNNÖTIG?« Sie war kurz vorm Explodieren. »UNNÖTIG!«, wiederholte sie völlig außer sich. »Die vier sind vielleicht in Lebensgefahr! Entschuldige, Uwe, manchmal zweifle ich echt an deinem Verstand!«

Er überspielte diese Beleidigung gekonnt und fragte: »Was hätte ich denn tun sollen? Ihr wisst genau, dass wir als Zeitreisende nicht auffallen dürfen und unsere Handlungen genau überdenken müssen, um nicht selbst den Lauf der Geschichte zu verändern.«

Daraufhin meldete sich Erika zu Wort: »Du hättest es uns trotzdem gleich erzählen müssen, anstatt zur Mühle zu fahren. Dann hätten wir uns sofort etwas überlegt.« Und mit Nachdruck fügte sie hinzu: »Übrigens, wäre Thomas nicht zur Mühle mitgekommen, hätte dieser Kuntz ihn nicht erkannt, der Pfarrer würde noch leben und das Dorf wäre nicht abgebrannt.«

Nun wurde er sauer.

»Jetzt gibst du mir die Schuld an dem ganzen Chaos? Das kann doch wohl nicht wahr sein!«

»Nein, nein, natürlich nicht«, beeilte sie sich, ihn wieder zu beruhigen.

Sie sah ein, dass sie zu weit gegangen war.

Aber er reagierte gar nicht darauf und antwortete: »Lauft meinetwegen los und fragt die Dorfbewohner. Wie gesagt, sie werden euch sowieso nicht helfen können.«

»Das wird sich zeigen«, erwiderte Sarah schnippisch. »Du bleibst auf jeden Fall im Bett.« Und zu Erika sagte sie: »Komm, wir gehen. Mal sehen, ob wir etwas in Erfahrung bringen.«

»Bitte seid vorsichtig«, meinte er besänftigend.

Sarah lächelte schon wieder versöhnlich. Es gefiel ihr, dass er sich um sie sorgte.

Die beiden Frauen zogen sich an und verließen das Haus. Da Uwe noch ziemlich geschwächt war, schlief er kurze Zeit später wieder ein.

Sarah und Erika liefen die Hauptstraße entlang. Wohin sie auch blickten, überall waren die Dorfbewohner damit beschäftigt, ihre Häuser zu reparieren. Keiner wusste etwas vom Schicksal der vier jungen Leute. Nachdem sie zwei Stunden im Dorf umhergelaufen waren, gaben sie schließlich auf. Uwe hatte recht. Die Menschen hatten mit sich selbst und ihrem Hab und Gut zu tun. Woher sollten sie über den Verbleib der Fremden Bescheid wissen? Seit dem Brand hatten sie das Dorf nicht mehr verlassen. An fast jedem Haus gab es etwas auszubessern. Einige hatten Glück, dort waren die Schäden geringer. Bei anderen wiederum musste das komplette Dach und teilweise noch mehr erneuert werden. Nur zwei Gebäude konnten nicht gerettet werden: Die Kirche und die Schmiede samt Wohnhaus waren völlig zerstört.

Sie erreichten die Taverne, die glücklicherweise nichts abbekommen hatte. Als sie sich gerade auf den Heimweg machen wollten, fuhr ein Händler mit seinem Fuhrwerk an ihnen vorbei. Er war unterwegs zum Marktplatz, um seine Waren zu verkaufen. Der Mann, der die teilweise verbrannten Häuser schon von Weitem gesehen hatte, hielt an und fragte sie, was hier geschehen war. Bereitwillig gaben sie Auskunft und erzählten ihm außerdem, was mit ihren Freunden passiert war.

Er dachte kurz nach und meinte dann: »Wartet. Als ich vor zwei Tagen in der Nähe der Burg Liebstein war, kamen mir einige Reiter in leichter Rüstung entgegen. Zwischen ihnen ritten vier junge Leute, zwei Frauen und zwei Männer. Sie waren gefesselt. Ich weiß allerdings nicht, wohin sie gebracht wurden.«

»Also sind Mirjam, Claudia, Sven und Thomas nicht mehr in der Burg«, überlegte Sarah laut, denn es gab kaum einen Zweifel, dass es sich bei den Gefangenen um sie handelte. Sie sah den Händler an. »Habt vielen Dank für die Auskunft.«

»Nicht dafür«, entgegnete er freundlich, »ich helfe gern. Darf ich Euch ein Stück des Weges mitnehmen?«

Den beiden kam das gerade recht, also antwortete die Kräuterfrau: »Bis zur zerstörten Kirche würden wir gerne mitfahren. Der Platz davor ist unser Marktplatz. Dort könnt Ihr Eure Waren feilbieten. Die Bewohner werden erfreut sein. Sie haben sehr viel verloren.«

»Steigt auf«, freute sich der Händler. »Übrigens, mein Name ist Simon.«

Sarah und Erika kletterten auf das Fuhrwerk und stellten sich ihrerseits als Mechthild und Helmtraud vor. Dann fuhren sie los. Nach kurzer Zeit waren sie an ihrem Ziel angekommen. Sie stiegen ab und bedankten sich, während Simon anfing, seine Waren auszubreiten.

Am frühen Nachmittag erreichten die beiden Frauen Sarahs Haus. Uwe war wach und hatte sich auf den Bettrand gesetzt, als sie eintraten. Er wollte wissen, ob sie etwas in Erfahrung bringen konnten, und sie erzählten ihm von ihrer Begegnung mit Simon und was er ihnen berichtet hatte. Damit stand fest, dass sich die unfreiwilligen Zeitreisenden nicht mehr auf Burg Liebstein aufhielten, aber wohin sie gebracht wurden, wusste der Händler nicht. Sie waren also keinen Schritt weitergekommen. So diskutierten sie bis zum Abend und wälzten dabei alle möglichen Theorien und Pläne, doch zu einem endgültigen Ergebnis kamen sie nicht. Sollten Thomas und seine Freunde tatsächlich zur Rossburg gebracht und dort hingerichtet werden, wie es Kuntz von Hedenthal im Suff erzählt hatte? Obwohl der Schmied es nach wie vor nicht wahrhaben wollte, wurde diese Möglichkeit immer wahrscheinlicher.

Nachdem sie zu Abend gegessen hatten, schlug Sarah vor, dass es besser wäre, sich ab sofort nicht mehr zu trennen, sondern zusammen in ihrem Haus zu wohnen, bis sie die Rossburger Ritter befreit und wieder in ihr Jahrhundert geschickt hatten. Erika und Uwe waren einverstanden, zumal die Schmiede sowieso komplett neu gebaut werden musste.

22. November 1325

Sarah stand auf der kleinen Wiese neben ihrem Haus und hängte Wäsche auf. Sie war fast fertig, als Ulman die Straße entlang geritten kam. Zielstrebig hielt er auf sie zu. Sobald er sie erreicht hatte, sprang er blitzschnell vom Pferd, riss sie zu Boden und fesselte sie. Sie wehrte sich nach Leibeskräften, strampelte, trat um sich und schrie wie am Spieß, doch gegen diesen Angreifer hatte sie nicht den Hauch einer Chance. Während er sie auf sein Pferd hob, nutzte sie die Gelegenheit und biss ihn in den Arm. Mit einem Schmerzensschrei ließ er sie fallen, um sie im gleichen Augenblick wieder hochzureißen und ihr mit dem Handrücken ins Gesicht zu schlagen. Sie blutete aus der Nase. Da sie wegen der Fesseln die Hände nicht bewegen konnte, war sie völlig hilflos. Das Blut lief über ihr Kinn und tropfte auf ihre Kleidung. Ulman war das egal. Ohne das geringste Mitleid zu zeigen, hob er sie auf sein Pferd, stieg selbst auf und ritt mit ihr davon.

Schreiend fuhr Thomas hoch. Schweiß lief ihm über die Stirn. Es dauerte eine Weile, bis er realisierte, dass er Sarahs Entführung nur geträumt hatte. Er zitterte am ganzen Körper, der Traum hatte ihn so aufgewühlt, dass er bestimmt nicht mehr einschlafen würde. Es war noch stockdunkel. Wie spät mochte es sein?

Erst jetzt bemerkte er, dass er mit seinem Schrei die anderen geweckt hatte.

Karsten rieb sich die Augen.

»Was ist denn los? Warum brüllst du so?«

»Bist du okay?«, wollte Claudia wissen.

Um weitere Fragen zu vermeiden, erzählte er seinen Albtraum. Alle hörten verschlafen zu.

»Denkt ihr wirklich, dass Ulman sie entführt?«, fragte Swenja zweifelnd.

»Ich glaube schon«, meinte Karsten, »der Kerl ist zu allem fähig!«

»Leute, können wir das nicht später diskutieren? Es ist mitten in der Nacht und ich würde gerne noch etwas schlafen«, mischte sich Bernd mürrisch ein.

Die anderen schauten sich schuldbewusst an. Er hatte ja recht. Müde waren sie alle, also legten sie sich hin und versuchten wieder einzuschlafen.

Es dauerte nicht lange und Thomas begann erneut von Sarah zu träumen.

Sie sah ihn traurig an und fragte vorwurfsvoll: »Warum hast du das getan?«

Er wusste nicht, was er darauf erwidern sollte. Zwar murmelte er eine unverständliche Entschuldigung, doch dann fehlten ihm einfach die Worte. Er bewegte die Lippen, aber kein Laut kam heraus. Verzweifelt versuchte er, vor Sarah davonzulaufen. Es war wie verhext: So sehr er sich auch anstrengte, er kam nicht einen einzigen Schritt vorwärts.

Thomas schlug die Augen auf. Der Morgen graute bereits. Die anderen waren schon wach und starrten ihn an.

Karsten sagte entsetzt: »Was hast du denn jetzt wieder geträumt? Du hast dich hin und her geworfen und unverständliches Zeug geplappert. Das scheint dir alles ganz schön an die Nieren zu gehen.«

Er nickte wortlos. Sofort dachte er wieder an Sarah. Hoffentlich bewahrheitete sich sein Traum nicht. Was sie wohl gerade machte?

Inzwischen war es gänzlich hell geworden. Die beiden Wachposten vor dem Verschlag fehlten. Bestimmt dachten sie, dass sich die Gefangenen nicht von selbst befreien konnten, und hatten sich irgendwohin verzogen, um den verlorenen Schlaf nachzuholen.

Auf einmal bemerkte Karsten einen kleinen schmächtigen Mann, dessen Gesicht mit einem Tuch verhüllt war und der sich vorsichtig Wigants Zelt näherte. Dabei blickte er sich fortwährend nervös um. Karsten fiel auf, dass er einen Buckel hatte und hinkte. Als er den Eingang erreicht hatte, bückte er sich und verschwand blitzschnell im Inneren. Schon nach wenigen Sekunden verließ er das Zelt wieder. Draußen steckte er einen länglichen Gegenstand unter seinen Gürtel. Karsten fand das merkwürdig. Er machte die anderen darauf aufmerksam.

Nach einer Weile betraten zwei weitere Männer das Zelt. Sie hatten einen Krug und mehrere Tücher dabei. Thomas vermutete, dass sie Wigants Wunden versorgen wollten. Plötzlich kam einer der beiden panisch herausgestürmt und rief laut um Hilfe. Der andere ging apathisch hinterher, blieb in der Nähe des Zelts stehen und starrte kopfschüttelnd vor sich hin. Was war passiert? Die Rossburger Ritter schauten von ihrem Verschlag aus interessiert zu.

Aus heiterem Himmel kam Bewegung ins Lager. Männer schrien herum, nach einer Weile hörte man das Klirren von Schwertern und schlagartig war ein blutiger Kampf im Gange. Genau vor ihrem Gefängnis wurden vier Kerle zusammengetrieben. Diese wehrten sich heftig, hatten aber in Anbetracht der Überzahl ihrer Gegner keine Chance. Einer nach dem anderen brach tödlich getroffen zusammen. Es dauerte nicht lange und die Leichen wurden weggebracht. Sofort kehrte wieder Ruhe ein.

Kurz nach Mittag trat ein großer, schlanker Mann mit langen schwarzen Haaren und Vollbart zu den Gefangenen. Zwar hatten sie ihn oft mit Wigant gesehen, doch sie wussten nicht, wer er war.

»Ich bin Hubert von Starkenburg«, stellte er sich vor. »Wigant wurde vorhin erstochen. Ich war sein Stellvertreter, nun bin ich für seine Leute hier verantwortlich. Die vier Getöteten haben wir als Spione von Florian vom Mühlental enttarnt. Er hat es geschafft, sie für seine Pläne zu gewinnen. Sie haben Wigant auf dem Gewissen. Wir denken, dass sie euch entführen und zu Florian bringen sollten. So hätte er das Lösegeld gespart. Wenigstens konnten wir ihren Plan vereiteln und Ulmans Sohn rächen. Jetzt müssen wir auf der Hut sein. Florian wird das nicht auf sich sitzen lassen, sondern es weiter versuchen. Dessen bin ich mir sicher.«

Die Freunde waren schockiert. Ihretwegen war das hier eben geschehen! Wie viel Blut würde wohl noch fließen? Hubert von Starkenburg schien ihre Gedanken zu erraten.

»Ihr allein seid allerdings nicht schuld an diesem Blutvergießen. Florian hat nur auf eine Gelegenheit gewartet. Wigant und Ulman waren ihm schon länger ein Dorn im Auge. Schließlich haben sie einige Kutschen überfallen, die auf dem Weg zu ihm waren oder von ihm kamen.«

Er überprüfte die Sicherheit des Verschlags. Als er festgestellt hatte, dass alles in Ordnung war, ging er weg.

Thomas saß in einer Ecke und starrte vor sich hin. Als Karsten dies bemerkte, trat er zu ihm.

»Was ist los mit dir? Man könnte denken, Wigants Tod würde dich belasten.«

Thomas schüttelte langsam den Kopf.

»Nein, das ist es nicht. Aber sein Mörder läuft noch frei herum.«

»Wie kommst du denn darauf?«

»Nun, keiner der Getöteten war klein, schmächtig, hatte einen Buckel und hinkte. Du selbst hast uns auf den Mann aufmerksam gemacht.«

»Ja, stimmt!«, rief Karsten entsetzt. »Du meinst ...«

Thomas fiel ihm ins Wort: »Ich meine, dass wir definitiv in Gefahr sind. Wenn dieser Hubert von Starkenburg richtig liegt, wird der Buckel versuchen, uns an Florian vom Mühlental auszuliefern. Und da dieser dann nichts für uns bezahlen muss, sind wir für ihn erst recht völlig wertlos. Eigentlich nur Spielzeug. Er wird mit uns machen, was er will. Vielleicht foltert er uns zuerst ein wenig oder er bringt uns gleich um.«

»Hör auf!«, schrie Karsten ihn an. Und leiser fügte er hinzu: »Das ist ja furchtbar.«

»Ich weiß«, antwortete Thomas betrübt. »Wir haben nur eine Chance, das zu überleben. Wir müssen hier weg!«

Inzwischen war es Abend geworden. Die beiden Wachposten standen wieder vor dem Verschlag. Überall brannten einzelne Feuer, auch die Fackeln hatte man bereits angezündet. Es sah aus wie immer und doch war nichts mehr wie zuvor. Die Gefangenen und die beiden Wachen waren allein im Lager. Die anderen hatten Wigants Leichnam in den Wald gebracht. Thomas fragte sich, ob dort eine Bestattungszeremonie stattfand oder ob sie ihn einfach nur verbuddelten. Sogleich verwarf er diesen Gedanken wieder. Immerhin war Wigant der Rote für einen Teil der Männer ihr Anführer gewesen. Bestimmt bekam er ein standesgemäßes Begräbnis. Zu gerne hätte Thomas daran teilgenommen, aber das ging natürlich nicht, denn er war ihr Gefangener. Wieder einmal überlegte er, wie dieses Abenteuer im Jahr 1325 für die Rossburger Ritter wohl enden würde. Es ging auf Mitternacht zu und er wurde müde. Schließlich schlief er ein, ohne eine Antwort auf die Frage gefunden zu haben.

30. Juni 2017

Noch bevor der Wecker klingelte, schwang sich Horst aus dem Bett. Er konnte es kaum erwarten, zur Höhle zu fahren. Einerseits war er aufgeregt, da er vielleicht in wenigen Stunden wieder im Mittelalter weilen würde, andererseits freute er sich darauf, Susanne wiederzusehen. Schon komisch, immerzu musste er an sie denken und dabei hatte er Ramona gegenüber nicht einmal ein schlechtes Gewissen.

Trotz der Aufregung lief heute alles glatt. Der Kaffee wanderte von der Tasse direkt in den Mund, ohne das Hemd braun zu färben, die Schnürsenkel blieben heil und sogar der Autoschlüssel lag an seinem Platz. Nachdem er seiner Frau Lebewohl gesagt hatte und ihrerseits auch ein paar Tränen geflossen waren, stieg er in seinen Wagen und fuhr los. Zurück blieb eine traurige Ramona, die ein ungutes Gefühl bei dieser Sache hatte.

Nun saß sie allein in der Küche. Paul schlief noch. Von ihm hatte sich Horst schon gestern Abend verabschiedet. Tanja war seit zwei Tagen bei ihrem Freund. Wahrscheinlich wusste sie nicht einmal, auf welches Abenteuer sich ihr Vater gerade einließ. Nächsten Monat hatte sie Geburtstag, dann war sie achtzehn Jahre alt und würde ohnehin offiziell bei ihren Eltern ausziehen. Hoffentlich schmiss sie ihre Lehre nicht. Das war Ramonas größte Sorge.

All das ging ihr durch den Kopf, während erneut Tränen ihre Wangen hinunterliefen. Sie dachte an ihren Mann und hatte dabei die Befürchtung, dass es diesmal ein Abschied für immer sein könnte. Verzweifelt versuchte sie, dagegen anzukämpfen und diesen Gedanken beiseitezuschieben, doch es gelang ihr nicht.

Pünktlich um 7 Uhr kam Horst auf der Wiese an. Er traute seinen Augen kaum. Ein riesiges Aufgebot an Menschen, zum größten Teil Studenten und Personal der Universität, hatte man dort aufgefahren. Unmittelbar neben dem Weg, der zur Höhle führte, standen drei große Wohncontainer. Vorerst liefen mehrere Dieselaggregate und versorgten die Container samt Technik mit Strom. Später würde eine Solaranlage diese Aufgabe übernehmen.

Die anderen Mitglieder der Zeitreisegruppe, die Polizeikommissare Klaus Schneider und Tobias Grünbaum sowie die Wissenschaftler Dr. Udo Frank, Dr. Ralph Braumann und Prof. Dr. Susanne Dombrowski, waren schon da. Polizeioberkommissar Horst Ketzel gesellte sich zu ihnen und wartete, was wohl als Nächstes passieren würde.

Es dauerte eine Weile, dann kam Polizeihauptkommissar Siegfried Schmidt aus dem letzten Container heraus und begrüßte alle Anwesenden. Danach verteilte er die Gruppe auf die ersten beiden Wohncontainer. Dort befanden sich die Räume, in denen sie vorerst untergebracht wurden. Ihre Mittelalterkleidung hatte man bereits hineingebracht. Leider war das Portal momentan nicht aktiv, also hieß es abwarten.

Horst betrat sein Zimmer und staunte nicht schlecht. Von außen sah der Container wesentlich kleiner aus, doch das Innere hatte wirklich alles zu bieten, was man für einen mehrtägigen Aufenthalt benötigte. Irgendwie erinnerte ihn die Einrichtung an eine Ferienwohnung. Der Raum war in einen Wohnbereich, eine kleine Küche und einen Schlafbereich unterteilt.

Im Schlafbereich standen nur ein breites Bett und ein Stuhl. Die Küche verfügte über einen Minikühlschrank, der, wie er feststellte, sogar mit einigen Getränken und Süßigkeiten gefüllt war. Im Wohnbereich gab es einen Fernseher und neben einem Tisch und einem Schränkchen ein gemütliches Sofa, auf dem man bestimmt auch bequem schlafen konnte. Darauf lag, fein säuberlich zusammengelegt, seine Mittelalterkleidung. Die Schuhe standen neben dem kleinen Schrank in der Ecke. Über der Tür hing außer einer digitalen Wanduhr mit Temperaturanzeige ein Lautsprecher. Horst nahm an, dass er durch diesen wichtige Informationen erhalten würde, und er behielt recht. Unmittelbar nachdem er sich umgeschaut hatte, hörte er zuerst ein leises Rauschen und gleich darauf ertönte die Stimme von Professor Lorenz. Er begrüßte die Gruppe, hielt eine kurze Ansprache und bat im Anschluss daran alle Mitglieder, ihre normale Straßenkleidung auszuziehen und in den Schrank zu packen. Danach sollten sie ihre Mittelalterkleidung anlegen. Ab sofort würden sie die meiste Zeit darin verbringen, da nicht abzusehen war, wann das Portal wieder aktiv werden würde und vor allem für wie lange. Wie Horst erfuhr, wurde es rund um die Uhr per Kamera von drei Mitarbeitern der Uni überwacht, die die Verantwortlichen sofort informieren würden, wenn sich etwas veränderte. Anschließend teilte der Professor mit, dass sich das Team um 9 Uhr im dritten Container einzufinden hatte. Dort befanden sich der Versammlungsraum, eine größere Küche und ein Gemeinschaftsraum, der unter anderem zum Einnehmen der Mahlzeiten dienen würde. In diesen Räumen hatte man ebenfalls Lautsprecher angebracht. Geplant war zuerst ein gemeinsames Frühstück, dann sollten sich alle in den Versammlungsraum begeben. Horst schaute auf die Uhr.

Es war kurz vor acht, er hatte also noch etwas Zeit. Trotzdem zog er sich vorsichtshalber gleich um.

Eine Stunde später klopfte Klaus Schneider, der ihn abholen wollte, an die Tür. Gemeinsam betraten sie den dritten Container. Dort frühstückten die anderen bereits, obwohl es erst zwei Minuten vor neun war. Horst wunderte sich darüber. Na, die waren ja überpünktlich. Klaus schaute sich in dem Raum um und musste grinsen. Nur am Tisch von Susanne Dombrowski gab es noch zwei freie Plätze. Horst bemerkte das Mienenspiel seines Kollegen, sagte aber nichts dazu.

Die beiden Polizisten grüßten freundlich und setzten sich auf die leeren Stühle. Horst gab sich alle Mühe, die junge Frau nicht ständig anzustarren, was ihm diesmal nicht wirklich gelang. Immer wieder erwischte er sich dabei. Zum Glück konnten die anderen am Tisch seine Gedanken nicht lesen.

Nach dem Frühstück begab sich die Gruppe in den Versammlungsraum. Kaum hatten sie sich gesetzt, ertönte die Stimme von Studienrat Lorenz aus dem Lautsprecher über der Tür. Das Portal war soeben aktiv geworden. Alle eilten aufgeregt zur Höhle.

Am Eingang wurden sie bereits vom Professor erwartet. Sie erhielten eine kurze Instruktion. Dann sollten sie im Gänsemarsch die Höhle betreten, nacheinander in die rötlich fluoreszierende Mulde steigen, einen Augenblick warten, danach sofort wieder herauskommen und Richtung Ausgang laufen.

Horst sah Klaus erstaunt an.

»Das gibt doch ein Mordsgedränge. Der Vordermann prallt mit seinem Hintermann zusammen und keiner kommt mehr weiter.«

Zuerst verstand dieser nicht, was sein Kollege meinte, aber dann musste er lachen.

»Denk mal nach! Niemand prallt hier mit irgendjemandem zusammen. Derjenige, der aus der Mulde steigt, befindet sich im Jahr 1325. Hinter ihm steht zu diesem Zeitpunkt keiner.«

Horst überlegte eine Weile, dann leuchtete ihm diese Erklärung ein. An solch komplizierte Gedanken musste er sich wohl noch gewöhnen.

Er betrat die Höhle zuerst. Hinter ihm lief Klaus Schneider. Als Susanne Dombrowski seitlich unmittelbar vor dem Eingang auftauchte, ließ er ihr den Vortritt. So war sie die Zweite, die hineinging. Klaus und der Rest der Gruppe folgten ihr. Sobald sie bei der rötlich fluoreszierenden Mulde angekommen waren, zögerte Horst nur ganz kurz. Schließlich kannte er diese Situation und wusste, was gleich passieren würde. Mutig stieg er hinein.

22. November 1325

Sarah öffnete die Haustür und trat ins Freie. In der Hand hielt sie einen Eimer mit Schmutzwasser. Eben war sie mit der Reinigung des Fußbodens fertig geworden. Sie hatte damit begonnen, als Erika vor einer knappen halben Stunde aus dem Haus gegangen war.

An diesem Freitagmorgen strahlte die Sonne von einem blauen, wolkenlosen Himmel. Zwar war es kalt, doch wenigstens trocken und so beschloss sie, nachher noch zu waschen und die Wäsche anschließend draußen aufzuhängen. Sie kippte den Eimer aus und wollte gerade zurück ins Haus gehen, als sie einen Reiter bemerkte, der die Straße entlang kam und zielstrebig auf sie zu ritt. Er machte einen ungepflegten Eindruck. Der graue Vollbart und die langen Haare hatten bestimmt seit Wochen kein Wasser mehr gesehen.

Schon von Weitem rief er ihr zu: »Bist du die Kräuterhexe?«

Schlagfertig antwortete sie: »Wer will das wissen?«

Inzwischen hatte der Fremde sie erreicht.

Er sprang von seinem braunen Hengst, baute sich drohend vor ihr auf und erwiderte mit donnernder Stimme: »Ich bin Ulman der Graue und ich frage dich ein letztes Mal, Weib: Bist du die Kräuterhexe?«

Sarah wich einen Schritt zurück. Auch wenn sie es sich nicht eingestehen wollte, hatte ihr dieser grobschlächtige Kerl doch einen ziemlichen Schrecken eingejagt.

Dennoch entgegnete sie trotzig und mit fester Stimme: »Ich bin Mechthild, die Kräuterfrau.«

Ulman lächelte, schwang sich wieder in den Sattel und meinte: »Dann bin ich hier ja genau richtig. Du musst mitkommen. Mein Sohn braucht deine Hilfe, er ist schwer verletzt.«

Bevor sie reagieren konnte, packte er sie unter den Armen. Sie wehrte sich mit aller Kraft, schrie ihn an, strampelte mit den Beinen und schlug um sich. Er hatte Mühe, sie zu bändigen und dabei das Gleichgewicht auf seinem unruhig tänzelnden Pferd zu halten. Nach einer Weile hatte er es geschafft, sie vor sich auf den Rücken des Tieres zu zerren. Doch sie kämpfte wie eine Löwin und setzte alles daran, ihn aus dem Sattel zu stoßen.

Plötzlich bäumte sich der Hengst auf. Ulman ruderte mit den Armen, verlor den Halt und fiel rückwärts zu Boden. Sarah sah ihre Chance gekommen. Sie war frei! Hastig griff sie die herunterhängenden Zügel und rutschte nach hinten. Zwar war sie nur eine mittelmäßige Reiterin, doch das spielte im Moment keine Rolle. Sie musste hier weg. So schnell sie konnte, ritt sie zum Kirchplatz, um Hilfe zu holen. Unterwegs dachte sie an Uwe. Was würde passieren, wenn dieser Kerl ihn im Haus fand?

Inzwischen hatte sich Ulman wieder aufgerappelt, doch das nützte ihm nichts. Sie war schon zu weit entfernt. Es gab keine Chance, sie zu Fuß einzuholen. Diese Niederlage würde er nicht auf sich sitzen lassen. Breitbeinig stand er mit geballten Fäusten auf der Straße und starrte ihr zornig hinterher.

Auf dem Platz vor der Kirche hielt Sarah an und stieg eilig vom Pferd. Als Erstes traf sie dort Erhardt Schiller, den Wirt der Taverne. Zitternd erzählte sie ihm, was passiert war. Da er fast alle Dorfbewohner recht gut kannte, verlor er keine Zeit und sprach sogleich die umstehenden Männer an. Die meisten waren sofort bereit mitzukommen.

Die Kräuterfrau ritt vorneweg und die anderen folgten ihr. Diejenigen, die kein Pferd besaßen, liefen zu Fuß hinterher. Als sie bei ihrem Haus angekommen waren, lag die Haustür zerschlagen in der Wiese. Ulman musste sie herausgerissen haben, weil Uwe sie vermutlich von innen verriegelt hatte.

Insgesamt hatten sich acht Männer Erhardt Schiller und Sarah angeschlossen. Diese betrat zuerst das Haus, dicht gefolgt von zwei kräftigen jungen Burschen. Drinnen war es totenstill.

»U ... Gernot?«, fragte sie mit gedämpfter Stimme.

In letzter Sekunde war ihr eingefallen, dass einige Dorfbewohner hinter ihr standen und sie deshalb den Namen benutzen musste, den Uwe hier führte.

Als keine Antwort kam, wurde sie lauter.

»Gernot, wo bist du?«

Vorsichtig lugte sie um die Ecke. Die Küchentür stand offen. Von dem Schmied und dem brutalen Fremden fehlte jede Spur.

Plötzlich hörte sie aus dem Schlafzimmer ein Geräusch. Zaghaft öffnete sie die Tür.

Augenblicklich schnaubte eine tiefe Männerstimme: »Keinen Schritt näher! Bleibt, wo ihr seid, sonst ist er tot!«

Wie angewurzelt blieb sie stehen. Ulman saß auf dem Bett und hielt Uwe ein Messer an die Kehle.

Ängstlich murmelte dieser: »Tut, was er sagt. Er meint es ernst!«

Seine Stimme zitterte. Sarah rührte sich nicht, nur ihr Blick huschte umher.

»Ich werde jetzt aufstehen«, fuhr Ulman fort. »Du läufst langsam vor uns her und setzt dich draußen auf mein Pferd.«

»Was wollt Ihr von mir?«, fragte Sarah tonlos.

Er sah sie an.

»Das habe ich dir vorhin schon gesagt. Mein Sohn ist schwer verletzt. Er wird sterben, wenn du ihm nicht hilfst.«

Die beiden jungen Männer, die zusammen mit der Kräuterfrau das Haus betreten hatten, waren inzwischen nach draußen geeilt. Der Eindringling konnte sie nicht sehen, da sie sich im Flur an die Wand gedrückt hatten. Von dieser Position aus hätten sie ihr ohnehin nicht helfen können.

Aus dem Augenwinkel nahm sie wahr, wie das Fenster hinter dem Fremden langsam geöffnet wurde. Sie versuchte Zeit zu gewinnen.

»Was nützt es Euch, wenn ich meine Kräuter nicht mitnehme? Ohne sie kann ich nichts für Euren Sohn tun.«

Das leuchtete Ulman ein, doch er zögerte noch.

Nach einer Weile meinte er: »Pack dein Zeug ein, aber beeil dich.« Dann wandte er sich an Uwe: »Und du kommst natürlich mit raus! Mit dir zusammen werden sie mir nichts tun.«

Schnell füllte Sarah einen kleinen Beutel mit den wichtigsten Kräutern. Sie befestigte ihn an ihrem Gürtel und trat in den Flur. Ulman erhob sich langsam und zwang den Schmied, ebenfalls aufzustehen, während er ihm weiterhin das Messer an die Kehle hielt. Er ging hinter ihm und schob ihn zur Tür.

Auf einmal vernahm die Kräuterfrau ein Surren. Ulman zuckte zusammen. Die Klinge streifte Uwes Hals, dann fiel das Messer klirrend zu Boden. Die Augen des Fremden wurden glasig und starrten ins Leere. Schwerfällig sank er auf die Knie und kippte wie ein Sack vornüber. Der Bolzen einer Armbrust steckte in seinem Nacken. Erstaunt blickte Sarah zum Fenster, das nun sperrangelweit geöffnet war. Einer der beiden jungen Männer, die vorhin im Flur hinter ihr gestanden hatten, schaute von draußen herein und lächelte sie an. In der Hand hielt er eine Armbrust.

Erst jetzt bemerkte sie, dass Uwe am Hals blutete. Zum Glück war der Schnitt nur oberflächlich. Trotzdem zog er die Luft hörbar durch die zusammengebissenen Zähne ein, als sie mit einem feuchten Tuch die Wunde vorsichtig säuberte. Nachdem das erledigt war, legte er sich wieder hin. Es ging ihm nach wie vor nicht besonders gut und nun kam diese neue Verletzung hinzu.

Die Dorfbewohner trugen Ulmans Leichnam hinaus, brachten ihn aus dem Dorf und verbuddelten ihn im Wald. Sarah war wieder sich selbst überlassen.

Ihr steckte der Schreck noch immer in den Knochen, als Erika am Abend zurückkam. Natürlich musste sie ihr alles haarklein berichten. Sie war außer sich und bereute zutiefst, dass sie Sarah alleingelassen hatte. Doch diese beruhigte sie. Schließlich hatte auch Erika ihre Aufgaben zu erledigen.

Später schauten die beiden Frauen erneut nach Uwe. Er schlief bereits, was man unschwer an seinem Schnarchen erkennen konnte. Es klang, als würde er einen kompletten Wald absägen. Zwar gingen auch sie kurze Zeit später ins Bett, kamen aber lange nicht zur Ruhe, denn ihr Mitbewohner war im ganzen Haus zu hören.

23. November 1325

Die Rossburger Ritter erwachten schon sehr zeitig. Es war noch dunkel. Im Lager herrschte eine merkwürdige Unruhe. Die Männer unterhielten sich leise. Einige von ihnen liefen ziellos hin und her. Bestimmt hatte das mit den Vorfällen der letzten Stunden zu tun. Immerhin vermutete man, dass die Gefangenen entführt werden sollten, und diese Gefahr war allgegenwärtig. Dass Wigants wahrer Mörder am Leben und vielleicht ganz in der Nähe war, wusste außer Thomas und seinen Freunden niemand, er hatte es Hubert von Starkenburg nicht erzählt. Warum auch? Was hätte es gebracht? Die Wachen würden so oder so verstärkt werden. Für die unfreiwilligen Zeitreisenden änderte das nichts, nur dass ihr Vorhaben zu fliehen in weite Ferne gerückt war.

Wieder dachte Thomas an Sarah. Ob Ulman sie bereits gefunden hatte? Vielleicht konnte sie sich ihm durch eine List entziehen, denn sie war ziemlich clever. Während er diesen Gedanken nachhing, ging Hubert an ihrem Verschlag vorbei. Plötzlich drehte er sich um und kam zurück.

»Für euch muss ich mir etwas einfallen lassen«, murmelte er. »Auf jeden Fall werde ich die Wachen verstärken. Ihr seid schließlich wertvoll.«

Dann lief er weiter. Thomas nickte kaum merklich. Im Prinzip hatte der Mann recht. Es war jederzeit möglich, dass Florian vom Mühlental erneut versuchen würde, sie zu entführen.

Unvermittelt schweiften seine Gedanken zu Gundhild vom Lerchenberg, und Wehmut stieg in ihm auf. Wie ging es ihr wohl im Augenblick? Ob sie schon mit Florian verheiratet war? Vielleicht dachte sie ja gar nicht mehr an ihn. Er erinnerte sich an ihre erste Begegnung nahe der Burg Liebstein, als sie auf der Flucht vor ihrem Bruder und seinen Schergen war. Die Erinnerungen formten sich zu Bildern, die vor seinem inneren Auge entstanden und wie ein Film abliefen. Im Geiste hörte er ihre angsterfüllte Stimme, als sie im Burghof seinen Namen rief. Das war das letzte Lebenszeichen, das er von ihr wahrgenommen hatte. All das schwirrte ihm im Kopf herum, während sich zwei zusätzliche Wachen vor dem Verschlag postierten. Danach passierte längere Zeit nichts mehr.

Es musste bereits später Vormittag sein, denn die Sonne war schon vor einer ganzen Weile aufgegangen und stand nun ziemlich hoch, als die Rossburger Ritter ihr Frühstück bekamen. Die beiden Männer, die es ihnen brachten, hatten sie bisher noch nie im Lager gesehen. Den einen schätzte Thomas auf Mitte fünfzig. Er wirkte sehr dürr, hatte kurze graue Haare und einen bösartigen Blick. Der andere war in den Dreißigern, trug sein braunes Haar schulterlang und wirkte zumindest vom Aussehen her netter. Thomas wunderte sich zwar ein wenig darüber, dass ihm diese Leute nicht bekannt vorkamen, doch Karsten beruhigte ihn. Ihre Situation war schon schlimm genug und es wäre fatal, jetzt auch noch paranoid zu werden.

Die beiden hatten kaum etwas gesagt.

Erst als sie den Verschlag verließen, meinte der Dürre zu seinem Kumpan: »Wie lange werden die wohl brauchen, Herwyg?«

Dieser überlegte kurz und antwortete: »Ich denke, es reicht, wenn wir in einer halben Stunde wiederkommen, Gelfrid.«

Dann entfernten sie sich.

Thomas grübelte. Herwyg und Gelfrid, diese Namen hatte er doch schon einmal gehört. Wo beziehungsweise in welchem Zusammenhang war das? Fragend sah er die anderen an, aber die blickten verständnislos zurück. Als er sie darauf ansprach, wussten sie keine Antwort. In dem Moment fiel ihm ein, dass sie es nicht wissen konnten, denn Sarah hatte diese Namen erwähnt, als es um die Männer ging, die aus ihrem Jahrhundert stammten. Verdammt! Die Kerle gehörten bestimmt dazu und wie Sarah erzählt hatte, arbeiteten sie mittlerweile für Florian vom Mühlental. Was sie hier taten, war klar: Sie wollten die Rossburger Ritter entführen.

Wo waren überhaupt die Wachen hin? Thomas war gar nicht aufgefallen, dass sie sich entfernt hatten. Nun stand niemand mehr vor ihrem Gefängnis. Auch die anderen schienen vom Erdboden verschluckt worden zu sein. Karsten hatte gesehen, dass sie alle in die gleiche Richtung gelaufen waren. Wahrscheinlich hatte Hubert von Starkenburg sie zusammengetrommelt.

Die Freunde waren fertig mit dem Frühstück, als Gelfrid und Herwyg zurückkamen. Sie öffneten den Verschlag und traten hinein. Argwöhnisch schaute Thomas sie an. Doch sie nahmen nur die leeren Schüsseln und entfernten sich wieder.

»Was ist denn los?«, wollte Claudia wissen, die ihren Bruder beobachtete.

Er erzählte nun noch einmal allen, was er von Sarah über diese Leute erfahren hatte.

»Und du meinst wirklich, Gelfrid und Herwyg gehören zu Florians Gefolge?«, fragte Karsten.

»Ich weiß es nicht. Aber ihre Namen sind schon ein komischer Zufall, oder? Wir sollten auf jeden Fall wachsam sein und die Augen offenhalten.«

Alle stimmten ihm zu.

Nach einer Weile kehrten die Wachen zurück. Sie waren ganz in der Nähe gewesen. Die Freunde hatten sie nur nicht sehen können, da ein paar Bäume die Sicht verdeckten. Die anderen Männer hörte man auch wieder. Wie Thomas und Karsten ihren Gesprächen entnahmen, waren sie tatsächlich von Hubert von Starkenburg zusammengerufen worden.

Bis zum Abendbrot lief alles in gewohnten Bahnen. Die Sonne war gerade untergegangen, als die Gefangenen ihr Essen erhielten. Wieder wurde es von Gelfrid und Herwyg gebracht. Wortlos stellten sie die Schüsseln und den Krug in den Verschlag und gingen. Genauso wortlos holten sie das leere Geschirr nach einer halben Stunde ab. Allmählich wurde Thomas ruhiger. Bestimmt hatte er sich geirrt. Karsten hingegen mahnte zur Vorsicht. Vielleicht wollten sie die Situation erst einmal ausspionieren, um dann in der Nacht zuzuschlagen.

Langsam kam das Lager zur Ruhe. Die Rossburger Ritter machten es sich auf ihren Strohsäcken bequem. Jeder hing seinen Gedanken nach. Sie dachten an zu Hause, ihre Eltern und ihre Freunde. Allmählich schliefen sie ein. Im Halbschlaf hörte Thomas, wie sich mehrere Männer unterhielten. Dabei fielen wieder die Namen Herwyg und Gelfrid, außerdem noch Olbrecht, Nicolaus und Theodricus. Verdammt, auch diese hatte Sarah erwähnt. Schlagartig war er hellwach. Vorsichtig richtete er sich auf, doch er konnte nichts erkennen. Es war stockdunkel. Kein einziges Feuer brannte mehr und selbst die Fackeln hatte man gelöscht. Seltsam, nachts war es hier sonst nie ganz dunkel, denn schließlich mussten die Wachen etwas sehen.

Thomas erhob sich. Als er sich umschauen wollte, wurde er plötzlich von hinten gepackt. Man zog ihm einen Sack über und noch bevor er schreien konnte, spürte er einen heftigen Schlag auf den Kopf.

30. Juni 2017

Horst Ketzel drehte sich um hundertachtzig Grad und wartete einen kurzen Augenblick. Dann sprang er aus der Mulde und machte einen Schritt nach vorn. Susanne Dombrowski, die zuvor unmittelbar hinter ihm gestanden hatte, konnte gerade noch zur Seite ausweichen. Verdutzt schauten sich die beiden an. Was war passiert? Normalerweise hätte sich Horst in diesem Augenblick im Jahr 1325 befinden müssen und Susanne würde ihm nun folgen, doch weit gefehlt. Ein Blick nach unten in die Mulde brachte die Lösung. Das fluoreszierende rötliche Licht war erloschen, das Portal inaktiv. Enttäuscht verließ die Gruppe die Höhle und ging zurück in den Versammlungsraum. Jetzt hieß es wieder warten. Wie lange, das wusste niemand.

Eine ganze Weile geschah gar nichts. Die Teilnehmer unterhielten sich miteinander über belanglose Dinge. Alle waren niedergeschlagen. Im Geiste hatten sie schon ihre ersten Abenteuer im Mittelalter bestanden, aber nun konnte keiner sagen, wann beziehungsweise ob sie diese Reise überhaupt antreten würden. Wenigstens waren sie in der Nähe des Portals untergebracht und damit immer einsatzbereit.

Die Zeit schien stillzustehen. Im Raum war es ruhig geworden. Die meisten hingen ihren Gedanken nach, nur

Horst und Klaus dösten vor sich hin. Plötzlich ertönte die Stimme von Professor Lorenz aus dem Lautsprecher. Er teilte ihnen mit, dass sie zurück in ihre Zimmer gehen, sich jedoch bereithalten sollten, da das Portal jederzeit wieder aktiv werden konnte.

Klaus, der die letzten Minuten mit geschlossenen Augen am Tisch gesessen hatte, sagte zu Horst: »Ich hau mich mal eine Stunde aufs Ohr. Falls eine Lautsprecheransage kommt und ich nicht reagiere, weck mich bitte.«

Er gähnte herzhaft, stand auf und verließ den Versammlungsraum. Sein Kollege nickte nur, ging in sein Zimmer und legte sich aufs Sofa, da er ebenfalls müde war.

Zehn Minuten später klopfte es zaghaft an der Tür.

Horst, der inzwischen eingenickt war, öffnete mühsam die Augen und murmelte schlaftrunken: »Komm ruhig rein. Es ist nicht abgeschlossen.« Und in Erwartung, dass es Klaus sei, fügte er hinzu: »Ich dachte, du wolltest eine Stunde schlafen.«

»Ich wollte schlafen?«, lachte eine Frauenstimme.

Mit einem Ruck sprang der Polizeioberkommissar auf und staunte nicht schlecht. Vor ihm stand die Professorin.

Während er sie sprachlos und mit offenem Mund anstarrte, fuhr sie fort: »Ich glaube, wir müssen uns mal unterhalten.« Und als er immer noch nicht antwortete, fügte sie schmunzelnd hinzu: »Darf ich mich setzen?«

»Aber bitte! Nur zu. Wo bleiben meine Manieren.«

Susanne machte es sich neben ihm auf dem Sofa bequem und schaute ihn erwartungsvoll an. Er fühlte sich sichtlich unwohl. Zwar freute er sich, dass er hier mit dieser jungen, attraktiven Frau allein war, aber er brachte keinen Ton heraus und kam sich zudem mehr oder weniger überrumpelt vor. Außerdem merkte er, wie sein

Gesicht zu glühen begann. Wahrscheinlich wurde er gerade knallrot, und schon die Vorstellung davon ließ seine Wangen noch heißer werden.

Susanne, die ihn genau beobachtete, konnte sich ein lautes Lachen nicht verkneifen.

»Was ist denn los? Seit wir uns das erste Mal begegnet sind, starrst du mich bei jeder Gelegenheit unentwegt an. Ich darf doch ›du‹ sagen?« Er nickte nur und sie fuhr fort: »Und nun sind wir ungestört und du sagst kein Wort. Ich weiß echt nicht, woran ich mit dir bin.« Da er sie nach wie vor wortlos fixierte, ging sie aufs Ganze und fragte unverblümt: »Willst du etwas von mir?«

Das hatte gesessen. Er versuchte sich irgendwie aus der Affäre zu ziehen.

»Na ja, also ich, ich, ich ... bin ... verheiratet ... und, und ich liebe meine Frau. Wir haben zwei wunderbare Kinder ...«

Sie schaute ihn an. »Und was hat das jetzt damit zu tun? Das beantwortet noch lange nicht meine Frage. Heiraten willst du mich doch bestimmt nicht, oder?«

Jetzt war er völlig neben der Spur. So eine direkte Konfrontation gefiel ihm überhaupt nicht. Zum einen fühlte er sich zu dieser Frau hingezogen, zum anderen dachte er an Ramona, Tanja und Paul. Wenn sie ihn hier so sehen würden! Diesen Gedanken mochte er lieber nicht zu Ende denken.

Susanne ließ nicht locker.

»Also was ist jetzt? Ich bin Single, niemandem Rechenschaft schuldig und finde dich durchaus attraktiv. Wir können Spaß haben oder wir können es lassen. Ganz wie du willst. Ich überlasse dir die Entscheidung.«

Horst, der wie angenagelt auf dem Sofa saß, nickte zögernd. Sie deutete dies als Zustimmung, stand auf und begann sich auszuziehen. Gebannt schaute er ihr dabei zu. Als Letztes zog sie ihren Slip herunter und legte ihn zu den anderen Sachen. Dann sprang sie zurück zu ihm auf die Couch, schlang ihren Arm um seinen Hals, küsste ihn leidenschaftlich und zog ihm die Hose aus. Er fühlte sich wie im siebten Himmel, hatte zugleich aber ein verdammt schlechtes Gewissen, das er erfolglos zu verdrängen versuchte.

Plötzlich ging die Tür auf und Horst hörte Klaus sagen: »Du hast ja gar nicht abgesperrt.«

Erschrocken sprangen die beiden auf und blickten zum Eingang.

Klaus starrte sie entsetzt an und stotterte: »Wwwas s ... soll da ... das denn jetzt?!«

Im selben Moment ertönte aus dem Lautsprecher die Stimme von Professor Lorenz: »Das Portal ist soeben wieder aktiv geworden. Ich bitte um Beeilung. Wir treffen uns in spätestens fünf Minuten am Höhleneingang.«

Auf zur Rossburg

23. November 1325

Uwe räkelte sich im Bett. Im Gegensatz zu Sarah und Erika war er ausgeruht. Die beiden Frauen hatten wegen seines Schnarchkonzerts lange wach gelegen. Draußen war es noch dunkel. Trotzdem standen sie auf und bereiteten das Frühstück zu.

Als der Tisch gedeckt war, erschien Uwe in der Küche. Heute ging es ihm schon ein wenig besser. Die drei dachten an die Ereignisse des gestrigen Tages. Nun hatten sie eine Nacht darüber geschlafen. Vieles war nach wie vor unklar.

Sarah brachte das Thema als Erste zur Sprache: »Ich habe stundenlang gegrübelt. Wer war eigentlich dieser grobschlächtige Kerl? Was ist mit seinem Sohn, denn er sagte ja, dass dieser schwer verletzt sei und ohne Hilfe sterben würde? Und vor allem, wie kommt dieser Typ ausgerechnet auf mich? Ich habe ihn noch nie gesehen.«

Erika zuckte mit den Schultern.

»Ich habe auch schon überlegt, aber ich bin zu keinem Ergebnis gekommen.«

Uwe zögerte kurz, dann meinte er: »Bestimmt hängt das mit den jungen Leuten und ihrer Entführung zusammen. Vielleicht hat sich ihre Situation zugespitzt. Die Männer hätten den bärtigen Kerl nicht töten dürfen. Nun können wir nichts mehr aus ihm herausbekommen.«

Die beiden Frauen mussten ihm recht geben, obwohl sie das ungern zugaben. Danach schwiegen die drei für eine Weile und frühstückten in Ruhe zu Ende.

Nachdem sie fertig waren, räumte Erika das Geschirr weg. Sie beschloss, das Haus heute nicht zu verlassen und sich lieber hier um die Hausarbeit zu kümmern. Außerdem mussten einige Kleidungsstücke ausgebessert werden und mit Nadel und Faden konnte sie hervorragend umgehen.

Uwe hatte sich nochmals hingelegt, als es an der Tür klopfte. Es war Hans Weber, der Müllergeselle. Er wirkte ziemlich aufgeregt und wollte unbedingt mit ihm und den Frauen sprechen, also stand er wieder auf.

Als Hans Platz genommen hatte, begann er ohne Umschweife: »Wisst ihr eigentlich, wen ihr gestern hier getötet habt?«

Sarah antwortete: »Nein, außerdem haben wir ihn nicht getötet. Ein Dorfbewohner brachte ihn mit seiner Armbrust zur Strecke. Übrigens, du warst doch gar nicht dabei. Woher willst du wissen, um wen es sich bei dem Toten gehandelt hat?«

»Das stimmt, ich war nicht dabei. Aber ich habe ihn gesehen, als die Männer seine Leiche im Wald verscharrten. Das war Ulman der Graue.«

Sarah erinnerte sich. Mit diesem Namen hatte sich der Fremde vorgestellt. Vor lauter Aufregung war er ihr wieder entfallen.

Nach einer kurzen Pause meinte Uwe: »Den habe ich schon irgendwo gehört.« Dann starrte er eine ganze Weile vor sich hin und überlegte angestrengt. Plötzlich fiel es ihm ein und er rief: »War das nicht der Anführer einer Räuberbande?«

Die beiden Frauen horchten auf.

»Ja, das war er«, erwiderte Hans, »und noch dazu von einer ganz üblen! Kommt mit! Auf dem Platz vor der Kirche stehen ein paar Händler. Einer von ihnen scheint Ulman den Grauen gekannt zu haben und unterhält sich mit den Dorfbewohnern über ihn.«

Die drei waren neugierig geworden. Zusammen mit dem Müllergesellen machten sie sich sofort auf den Weg.

Sobald sie die Ruine der Kirche von Weitem sehen konnten, eilten Sarah, Erika und Hans voraus. Uwe ging langsam hinterher. Das Laufen fiel ihm immer noch ziemlich schwer. Ein Händler diskutierte gerade lautstark mit einer Gruppe von Dorfbewohnern, die um ihn versammelt waren. Als die beiden Frauen näher herankamen, erkannten sie ihn. Es war Simon, der sie vor zwei Tagen auf seinem Fuhrwerk ein Stück mitgenommen hatte. Auch der Händler erinnerte sich sofort wieder und winkte. Im Moment war es ihm nicht möglich, zu ihnen zu kommen, da die Menschen eine regelrechte Traube um ihn herum bildeten. Den Neuankömmlingen blieb nichts anderes übrig, als sich unter die Leute zu mischen.

Nun hörten sie, was Simon berichtete: »... und von ihm erfuhr ich dann, dass Ulman der Graue und sein Sohn, Wigant der Rote, ihre Männer vorerst zu einer einzigen Bande zusammengeschlossen haben. Außerdem sollen ihnen einige Reisende in die Hände gefallen sein, die sie gegen eine Bezahlung an Florian vom Mühlental aushändigen wollen.«

Uwe horchte auf. Ob es sich bei diesen Gefangenen um die jungen Leute aus dem einundzwanzigsten Jahrhundert handelte? Florian vom Mühlental hatte Kuntz von Hedenthal ebenfalls erwähnt. Wie es schien, war die Sache mit den Hinrichtungen doch ernst gemeint! Er bereute, dass er die Geschichte so lange auf die leichte Schulter genommen hatte. Jetzt mussten sie sich schnellstens etwas einfallen lassen. Gespannt lauschte er weiter.

»... und nun ist Ulman tot und Wigant wird Anführer der Bande.«

»Das wird er bestimmt nicht«, rief Sarah dazwischen, »zumindest nicht sofort. Dieser Ulman wollte mich entführen, damit ich seinem Sohn helfe, der schwer verletzt sein soll.«

Simon wurde hellhörig.

»Soweit ich weiß, gibt es da einen gewissen Hubert von Starkenburg. Er ist die rechte Hand von Wigant dem Roten und damit sein Stellvertreter. Solange dieser nicht dazu in der Lage ist, wird er vermutlich die Bande anführen.«

Die meisten Dorfbewohner gingen inzwischen wieder ihrem normalen Tagwerk nach und auch Hans hatte sich verabschiedet. Sarah, Erika und Uwe konnten sich nun endlich ungestört mit Simon unterhalten. Da dieser einen vertrauenerweckenden Eindruck machte, erzählten sie ihm die ganze Begebenheit. Natürlich verschwiegen sie dabei die Herkunft der Gefangenen. Das Thema Zeitreisen durften sie ihm gegenüber auf gar keinen Fall erwähnen. Als sie geendet hatten, war der Händler neugierig geworden.

Unverhohlen fragte er: »Und was gedenkt ihr nun zu tun? Wollt ihr hingehen und nachschauen, ob sie es sind, und sie dann befreien?«

Die beiden Frauen zögerten, nur Uwe war von dieser Idee begeistert.

Deswegen entgegnete er spontan: »Ja! Aber wie können wir sie finden?«

Simon lächelte vielsagend.

»Das bekommen wir heraus. Ich kenne da so einige Leute.«

Der Schmied zog die Stirn in Falten.

»Wir?«

Nun musste der Händler lauthals lachen.

»Ich bin gewiss dabei! Abenteuer und Gefahren ängstigen mich nicht. Außerdem hat ein fahrender Handelsmann wenig Abwechslung. Man fährt zu einem Ort, verkauft dort auf dem Marktplatz seine Waren, zieht weiter zum nächsten Dorf und kauft verschieden Dinge ein, um sie dann wieder auf einem Markt zu verkaufen, und immer so fort. Ein solches Unterfangen kommt mir da gerade recht.«

Uwe blickte ihn bewundernd an. Er machte keinen Hehl daraus, dass ihn dieses Angebot erstaunte. Nur wenige gingen freiwillig so ein Risiko ein, noch dazu für andere. Doch Unterstützung konnten sie gut gebrauchen.

Langsam wurde es Zeit aufzubrechen. Simon verabschiedete sich. Er wollte, wie er sagte, ein paar wichtige Leute treffen, aber er versprach, sich am nächsten Tag bei ihnen zu melden. Seine Waren hatte er größtenteils verkauft, also packte er zusammen und stieg auf sein Fuhrwerk. Bevor er losfuhr, erklärte Sarah ihm den Weg zu ihrem Haus. Danach traten die drei den Heimweg an. Es war Mittag und Uwe fühlte sich schlapp. Da er noch nicht völlig genesen war, wurde er schnell müde. Aus diesem Grund beeilten sie sich, nach Hause zu kommen, wo er sich sofort wieder hinlegte.

Die beiden Frauen machten sich in der Küche zu schaffen.

Auf einmal fragte Erika: »Was passiert, wenn Ulman seinen Leuten erzählt hat, wohin er reiten wollte? Taucht dann dieser Hubert von Starkenburg hier bei uns auf?«

Sie hatte den Satz gerade zu Ende gesprochen, als es laut an der Tür klopfte.

Sekunden später rief eine Männerstimme: »Ist jemand zu Hause?«

Erschrocken blickten Sarah und Erika zur Tür.

23. November 1325

Als Thomas erwachte, stellte er fest, dass seine Hände gefesselt waren. Sehen konnte er nichts. Sein Kopf steckte noch immer in dem Sack. Er hörte leise Stimmen. Diese stammten von den fremden Männern, die ihn überwältigt hatten. Wo sich seine Freunde aufhielten, wusste er zu diesem Zeitpunkt nicht. Er nahm keinen Laut von ihnen wahr.

Seine Gedanken kreisten. Was stand den Rossburger Rittern bevor? Bestimmt lieferte man sie alle an Florian vom Mühlental aus. Was würde dieser ihnen antun? Thomas hatte Angst. Das Einzige, was ihm Mut machte und ihn daran hinderte, die Fassung zu verlieren, war die Sehnsucht nach Gundhild. Vielleicht würde er sie ja bald wiedersehen.

Während er grübelte, wurde er unsanft an den Schultern gefasst. Einer der Entführer schob ihn vor sich her. Nach wenigen Metern glaubte er die Stimme seiner Schwester zu hören.

Sofort rief er laut: »Claudia, ist alles in Ordnung mit dir?«

»Ruhe!«, zischte der Kerl, der ihn gepackt hatte. Der Griff an seinen Schultern wurde fester. »Halt auf der Stelle dein Maul, sonst stopf ich es dir.«

Thomas erwiderte darauf nichts und hielt lieber den Mund. Nachdem sie weitergegangen waren, erkannte er auch die Stimmen der anderen. Sie redeten leise und schienen mit den Entführern zu diskutieren.

Plötzlich sagte jemand dicht an seinem rechten Ohr: »Ich werde jetzt ganz langsam den Sack von deinem Kopf nehmen. Dabei will ich nichts hören! Wenn du nur den kleinsten Laut von dir gibst, zögere ich nicht, dich zu töten.«

Er fühlte, wie ihm der Hanfsack vom Kopf gezogen wurde. Gleichzeitig spürte er eine Klinge an seinem Hals. Vor Angst wagte er kaum zu atmen. Als der Sack entfernt war, schaute er sich um. Es war stockdunkel. Lediglich zwei der Männer trugen Fackeln, die die Umgebung spärlich beleuchteten. Schemenhaft konnte er seine Freunde erkennen, denen man ebenfalls die Hände gebunden hatte.

Während er noch seine Entführer musterte, trat auf einmal ein stattlicher junger Mann aus der Dunkelheit ins fahle Licht der beiden Fackeln. Er maß mindestens einen Meter siebzig, was für mittelalterliche Verhältnisse relativ groß war, mochte Mitte zwanzig sein und trug eine leichte Lederrüstung sowie einen einfachen Nasalhelm. Sein langes schwarzes Haar und das kantige Kinn verliehen ihm ein verwegenes Aussehen. Besonders gefiel Thomas das kurze, reich verzierte Schwert, das er in der rechten Hand hielt.

Er erstarrte. Sollten sie etwa hier und jetzt getötet werden? Doch er verwarf diesen Gedanken gleich wieder. Aber wer war dieser Mann? Die Antwort ließ nicht lange auf sich warten.

Der Kerl, der ihn gefesselt und geschoben hatte, herrschte ihn an: »Glotz gefälligst Herrn vom Mühlental nicht so dreist an!«

Thomas ließ sich jedoch davon nicht beeindrucken. Das war also Florian vom Mühlental, der Gundhild vom Lerchenberg zur Ehe zwingen wollte. Das durfte nicht sein! Er kochte innerlich vor Wut, doch er bemühte sich, es nicht zu zeigen. Entschlossen blickte er seinem Rivalen weiterhin in die Augen. Dieser wirkte keinesfalls verunsichert, als er es bemerkte. Ganz im Gegenteil.

Er musterte Thomas verächtlich und meinte naserümpfend: »Was fällt Euch ein! Wisst Ihr nicht, wer ich bin?«

Thomas versuchte vergeblich, sich zu beherrschen.

Rasend vor Zorn brüllte er: »Wer Ihr seid? Ich weiß, wer Ihr seid! Ihr seid der Entführer von Gundhild und macht mit ihrem kriminellen Bruder gemeinsame Sache. Und nun habt Ihr auch noch uns gekidnappt. Was soll das? Meint Ihr etwa, wir haben Angst vor Euch? Ihr habt ja nicht mehr alle Latten am Zaun! Ihr seid nichts weiter als ein aufgeblasener Vollpfosten!«

Die anderen hatten erschrocken zugehört. Nun hielten sie den Atem an und richteten ihren Blick ängstlich auf Florian. Sie rechneten fest damit, dass dieser ebenfalls die Beherrschung verlieren würde. Doch wider Erwarten blieb er völlig ruhig und grinste ihn sogar an. Er schob sein Schwert in die Scheide, hob die Arme, begann ganz langsam in die Hände zu klatschen und brach in schallendes Gelächter aus.

Als er sich nach einer Weile wieder beruhigt hatte, meinte er: »Alle Achtung, Mut hast du ja. Aber darüber reden wir später.« Dann wandte er sich an seine Männer und befahl: »Auf die Pferde mit ihnen! Wir müssen los!«

Nun ging alles blitzschnell. Thomas, Claudia, Sven, Mirjam, Karsten, Swenja, Bernd und Holger wurden auf die Tiere gebunden, die schon für sie bereitstanden. Als sie schließlich losritten, war es vermutlich weit nach Mitternacht.

30. Juni 2017

Susanne war die Ruhe selbst. Lächelnd zog sie sich an. Horst dagegen verhielt sich außerordentlich hektisch. Er schaffte es kaum, seine Hose anzuziehen, ohne dabei das Gleichgewicht zu verlieren. Klaus stand wie angewurzelt da und starrte gebannt auf die beiden. Es dauerte eine Weile, bis er die Fassung wiedererlangte.

Schließlich stieß er hervor: »Darüber sprechen wir noch, mein Lieber!«

Dann stürzte er aus dem Zimmer und knallte die Tür hinter sich zu.

Als sein Kollege weg war, setzte sich der Polizeioberkommissar auf die Bettkante und stierte vor sich hin. So kannte er ihn überhaupt nicht. Normalerweise blieb Klaus selbst in schwierigen Situationen immer ruhig und besonnen. Natürlich verstand er ihn insgeheim, denn er war auch mit Ramona befreundet, was ihn jetzt in eine fatale Lage brachte. Einerseits wollte er Horst bestimmt nicht verraten, andererseits hatte er Skrupel, dessen Frau anzulügen.

Polizeioberkommissar Ketzel beschloss, nachher noch einmal in Ruhe mit seinem Kollegen darüber zu reden.

Susanne war längst mit dem Anziehen fertig und riss ihn aus seinen Gedanken.

»Los, beeil dich! Die anderen sind bestimmt schon bei der Höhle. Soll ich auf dich warten?«

Er schüttelte den Kopf.

»Nein. Geh ruhig los. Dann fällt es wenigstens nicht so auf.«

Sie musste lachen.

»Na und? Machst du dir jetzt Sorgen wegen Klaus?«

Sie drehte sich um und stolzierte zur Tür hinaus, ohne eine Antwort abzuwarten. Er beeilte sich und spurtete kurze Zeit später hinterher. Selbstverständlich war er der Letzte. Er hatte fast zehn Minuten gebraucht. Das Portal war vor wenigen Augenblicken wieder inaktiv geworden und nun ärgerten sich alle über ihn, insbesondere Polizeikommissar Schneider. Diesmal hätten sie es schaffen können! Susanne Dombrowski hielt in dieser Situation als Einzige zu ihm, denn sie war an der Verspätung nicht ganz unbeteiligt.

Erwartungsgemäß hatte das Zuspätkommen Konsequenzen. Er musste sich eine halbe Stunde später bei Professor Lorenz melden.

Noch bevor er etwas zu seiner Entschuldigung vorbringen konnte, herrschte dieser ihn an: »Das hätte ich nicht von Ihnen erwartet, Herr Ketzel! Private Dinge haben hier nichts zu suchen! Ich dachte, Sie sind glücklich verheiratet.«

Der Polizeioberkommissar brachte kein Wort heraus. Klaus hatte es anscheinend schon den anderen erzählt. Es hätte also ohnehin nicht viel genützt, sich zu verteidigen. Nachdem ihm der Studienrat eine ordentliche Standpauke gehalten und ihn auf seine Pflichten hingewiesen hatte, durfte er gehen.

Die Vorhaltungen gingen weiter, als er sein Zimmer betrat. Dort wurde er bereits von seinem aufgebrachten Kollegen erwartet.

Kaum hatte er die Tür hinter sich geschlossen, fing dieser sofort an: »Was hast du dir eigentlich dabei gedacht?!«

Er schwieg. Was hätte er denn antworten sollen? Etwa, dass Susanne angefangen hatte? Klaus würde ihm sowieso nicht glauben.

Stattdessen fragte er ihn direkt: »Wirst du es Ramona erzählen?«

»Nein, du sagst es ihr selbst.«

Horst senkte den Blick. Nie würde er das fertigbringen. Die Frau, mit der er zwei Kinder hatte, mit der er so viele Jahre verheiratet war und die er über alles liebte, konnte er nie verletzen. Und überhaupt, was war passiert? Eigentlich gar nichts. Nur ein Kuss. Doch würde sie ihm diesen einen Kuss verzeihen? Er kannte Ramona. Sie war stark, aber auch sehr sensibel. Klar, sie würde sich deswegen nicht gleich scheiden lassen, das Vertrauen wäre jedoch dahin.

Klaus holte ihn aus seinen Gedanken: »Ich hoffe für dich, dass du ehrlich zu ihr bist und einen Arsch in der Hose hast! Sonst ...«

»Sonst was?«

»Das wirst du dann schon sehen.«

»WAS werde ich sehen?«

Klaus blickte ihn streng an und meinte trocken: »Das weißt du ganz genau.«

»Was denn? Was meinst du damit?«, stotterte Horst.

Doch sein Kollege antwortete lediglich: »Es ist alles gesagt.«

Dann ging er.

Horst lag auf dem Sofa und sah zur Decke. Da hatte er sich ja in eine verdammt blöde Lage gebracht. Zufällig fiel sein Blick auf die Wanduhr neben dem Lautsprecher. Es war bereits 21 Uhr. Er musste eingeschlafen sein! Hoffentlich hatte er keine Lautsprecherdurchsage verpasst, aber in diesem Fall hätten sie ihn bestimmt geweckt. Oh Mann, was sollte er nur tun! Würde Klaus ihn verraten, wenn er Ramona nicht die Wahrheit sagte? Am besten wäre es wohl, ihr reinen Wein einzuschenken.

Zaghaft klopfte es. Er richtete sich auf. Die Tür wurde geöffnet und Susanne trat ins Zimmer. Ohne ein Wort zu sagen, ging sie zum Sofa und setzte sich neben ihn.

Als sie versuchte, den Arm um ihn zu legen, wehrte er sie ab.

»Wir dürfen das nicht. Glaub mir, es ist das Beste.«

»Wegen Klaus? Warum stehst du nicht zu deinen Gefühlen?«

»Versteh doch, es ist kompliziert.«

»Nein, das ist es nicht. DU machst es kompliziert!«

Er wusste nicht, wie er sich verhalten sollte. Einerseits begehrte er diese Frau, andererseits wollte er Ramona auf gar keinen Fall verlieren. Aber dann traf er eine Entscheidung.

Er schaute Susanne tief in die Augen, stand langsam auf, ging zur Tür und schloss sie von innen ab. Klaus würde nun nicht mehr unverhofft ins Zimmer platzen. Hoffentlich blieb das Portal die nächsten Stunden inaktiv. Eine Lautsprecherdurchsage war so ziemlich das Letzte, was er jetzt brauchte. Es interessierte ihn nicht, ob sein Kollege und selbsternannter Aufpasser morgen früh herausfand, dass er die Nacht nicht allein verbracht hatte. Ja, es war ein Spiel mit dem Feuer und das gefiel ihm. Er würde nun alles auf eine Karte setzen. Eigentlich war er nicht dieser Typ Mann, doch dem Reiz, den die Professorin auf ihn ausübte, konnte er nicht länger widerstehen. Bestimmt würde die Nacht unvergesslich werden. Susanne war inzwischen vom Sofa aufgestanden, hatte sich ausgezogen und ins Bett begeben. Bevor er sich zu ihr legte, löschte er das Licht.

23. November 1325

Zaghaft ging Sarah zur Haustür und öffnete sie vorsichtig einen Spaltbreit. Draußen stand Hans Weber, der Müllergeselle. Erleichtert machte sie die Tür ganz auf und bat ihn herein.

Kaum hatte er das Haus betreten, begann er zu erzählen: »Entschuldigt, dass ich noch einmal vorbeikomme, aber dieser Simon ist mir nicht geheuer. Seid auf der Hut!«

Erika zog die Stirn in Falten.

»Wie kommst du denn darauf?«

Er zögerte kurz, dann drehte er sich zu Sarah um, schaute sie an und meinte: »Als du vorhin gesagt hast, Mechthild, dass Wigant verletzt und daher im Moment nicht in der Lage sei, die Bande anzuführen, erwähnte der Handelsmann sofort und ohne lange zu überlegen seinen Stellvertreter Hubert von Starkenburg. Wieso kennt er sich in der Rangordnung dieser Räuberbande so gut aus?«

»Ach, als fahrender Händler kommt er herum und lernt viele Leute kennen. Daher wird er auch darüber Bescheid wissen. Deswegen mache ich mir keine Sorgen.«

»Trotzdem, seid vorsichtig. Vielleicht führt er etwas im Schilde.«

Die Kräuterfrau lächelte.

»Das werden wir. Und danke für den Hinweis.«

Hans merkte, dass Mechthild und Helmtraud seine Warnung nicht ernst nahmen. Was sollte er nur tun? Außer abzuwarten und zu beobachten gab es da nicht viel. Morgen wollte dieser Simon zu Mechthilds Haus kommen. Deshalb beschloss er, sich gleich früh in der Nähe auf die Lauer zu legen. Hoffentlich würde Jakob ihn für diese Zeit entbehren können, denn eigentlich wurde er in der Mühle gebraucht. Dann fiel ihm ein, dass morgen ja Sonntag war. Zurzeit fanden ohnehin keine Gottesdienste statt, weil der Pfarrer tot und die Kirche niedergebrannt war. Also hatte er Zeit und konnte seinen Plan problemlos in die Tat umsetzen.

Er verabschiedete sich von den beiden Frauen: »Ich mach mich dann langsam auf den Weg zur Mühle. Jakob braucht mich heute erst später, weil er noch etwas zu erledigen hat. Grüßt den Schmied von mir. Ich wünsche ihm gute Genesung und Gottes Segen.«

Sarah und Erika bedankten sich und versprachen ihm, die Grüße auszurichten.

Am Nachmittag stand Uwe auf. Er fühlte sich wohler und setzte sich an den Tisch. Den Besuch von Hans hatte er nicht mitbekommen, also brachte Sarah ihn auf den neuesten Stand.

Er starrte eine Weile vor sich hin und meinte dann: »Da könnte was Wahres dran sein.«

Sie sah ihn vorwurfsvoll an.

»Jetzt fang du nicht auch damit an. Es reicht schon, wenn Hans Gespenster sieht. Nicht dass Erika und ich von eurer Paranoia angesteckt werden!«

Er schüttelte den Kopf.

»Mit Paranoia hat das nichts zu tun. Ich war anfangs begeistert von ihm, aber im Nachhinein betrachtet erschien mir dieser Simon ausgesprochen neugierig. Er hat so eine offene, freundliche Art, dass man sich ihm sofort anvertrauen und ihm alles erzählen möchte, doch das kann genauso gut eine Taktik sein.«

Dieses Argument war nicht von der Hand zu weisen. Sarah musste ihm recht geben. Uwe ärgerte sich, dass er den Besuch des Müllergesellen verschlafen hatte, aber das war nicht mehr zu ändern.

Nach dem Abendessen räumten die Frauen den Tisch ab und er half beim Abwaschen. Mit der Zeit ging es ihm immer besser. Die drei waren gespannt auf den nächsten Tag. Wann würde Simon bei ihnen aufkreuzen? Auf jeden Fall mussten sie auf der Hut sein.

Kurz nach Mitternacht gingen sie zu Bett. Als sie gerade eingeschlafen waren, wurden sie von einem verdächtigen Geräusch wieder geweckt. Zuerst hörten sie ein lautes Knacken und dann klang es, als hätte jemand einen schweren Sack auf die Erde geworfen. Entsetzt starrten die Frauen zum Fenster.

24. November 1325

Die Augen hatte man den Rossburger Rittern diesmal nicht verbunden. So konnten sie im diffusen Schein der Fackeln die Umgebung wenigstens schemenhaft erkennen. Der Weg war extrem schmal, sodass sie hintereinander reiten mussten. Florian vom Mühlental hatte sich an die Spitze gesetzt. Hinter ihm kam Thomas, dann Claudia. Ihr folgten Herwyg, Sven, Mirjam, Gelfrid, Karsten, Swenja, Olbrecht, Bernd und Holger. Den Schluss bildeten Nicolaus und Theodricus. Sie hatten den kompletten Überblick und wachten darüber, dass keiner zurückblieb oder seitwärts ausbrach.

Auch passten die Männer auf, dass die Gefangenen nicht miteinander redeten. Als Thomas es dennoch versuchte, ertönte von hinten ein barsches »Halt's Maul!« Er gehorchte sofort und hielt lieber den Mund. So ritten sie schweigend durch die Nacht. Nur das gelegentliche Wiehern und das Hufgetrappel der Pferde waren zu hören. Alle hingen ihren Gedanken nach. Eines war jedenfalls klar: Unter diesen Umständen war eine Flucht unmöglich. Die Hoffnung auf Rettung hatten sie aufgegeben. Ebenso unmöglich erschien es ihnen mittlerweile, jemals wieder nach Hause zurückzukehren.

Das Terrain wurde immer schwieriger. Von einem Weg konnte man schon längere Zeit nicht mehr sprechen. Vielmehr handelte es sich um einen ausgetretenen Trampelpfad, der zunehmend gefährlicher wurde. Links ragten gewaltige Felsen fast senkrecht in die Höhe, rechts ging es steil bergab. Zudem begann es leicht zu schneien. Die Reiter mussten höllisch aufpassen, um nicht in die Tiefe zu stürzen.

Sie mochten gut eine Stunde unterwegs sein, als es geschah: Svens Pferd glitt auf einem glatten Stein aus, der auf dem Weg lag, und schlitterte den Abhang hinunter. Zum Glück wuchsen in einer Entfernung von vielleicht zehn Metern kleine Bäume, die von allerlei Gestrüpp umgeben waren. Darin blieben Pferd und Reiter hängen.

Das Tier wieherte ängstlich und versuchte aufzustehen, doch auf dem rutschigen, schrägen Untergrund kam es nicht auf die Beine. Immer wieder fiel es auf die Seite und begrub seinen Reiter, der vor Schmerzen schrie, unter sich. Schließlich blieb es erschöpft liegen. Auch Svens Schreie erstarben. Offenbar hatte er das Bewusstsein verloren.

Nun war guter Rat teuer. Nach einer kurzen Beratung nahmen die Männer mehrere Seile, die sie seitlich an ihren Sätteln befestigt hatten, und knoteten sie zusammen. So entstand ein langes, stabiles Tau. Nicolaus, der sehr durchtrainiert wirkte und den Thomas auf Mitte zwanzig schätzte, nahm das Ende und ließ sich an einem anderen, dünneren Seil zu Pferd und Reiter hinunter. Herwyg und Olbrecht, die beide recht kräftig waren, sicherten ihn.

Unten angekommen, verknotete er das Ende des Taus mit dem Zaumzeug. Nachdem dies geschehen war, zogen die Männer oben am Seil und Nicolaus versuchte das Pferd zum Aufstehen zu bewegen, was erst nach mehreren Anläufen gelang.

Nun band er den Verletzten von dem Tier los. Unterdessen befestigte Herwyg das obere Ende des Taus an den Pferden von Thomas und Claudia. Mit vereinten Kräften schafften sie es, Svens Pferd nach oben zu befördern. Außer einigen Schrammen hatte es keine größeren Verletzungen davongetragen, was an ein Wunder grenzte.

Als sie das Tau wieder hinabgelassen hatten, war Sven an der Reihe. Für ihn sah es wesentlich schlimmer aus. Zwar hatte er mittlerweile das Bewusstsein wiedererlangt, doch sein linkes Bein war bei dem Unfall zuerst eingeklemmt und dann längere Zeit gequetscht worden. Nachdem Nicolaus ihm das Tau unter den Armen durchgezogen und verknotet hatte, zogen ihn Herwyg und Olbrecht hinauf. Oben angekommen, blieb er mit schmerzverzerrtem Gesicht auf der Erde liegen. Jeder

Versuch, allein aufzustehen, schlug fehl. Sein linkes Bein verweigerte den Dienst. Als Thomas ihm helfen wollte, stieß Gelfrid ihn einfach weg.

Dann ging er einen Schritt auf den Verletzten zu, zog sein Messer aus dem Gürtel und sagte gefühllos: »Der ist doch unnötiger Ballast. Er hält uns nur auf. Am besten, ich töte ihn gleich hier.«

Mit diesen Worten bückte er sich, griff mit der linken Hand in Svens Haar, zerrte seinen Kopf nach hinten und setzte ihm die Klinge an die Kehle.

1. Juli 2017

An diese unbeschreibliche Nacht würde Horst wohl noch lange denken. Er schaute Susanne an, die neben ihm lag und fest schlief. Wie schön sie doch war. Gleichzeitig dachte er an Ramona. Seit sie sich damals kennengelernt hatten, war sie die Liebe seines Lebens. Mit ihr hatte er zwei wundervolle Kinder. Und jetzt?

Er erinnerte sich an frühere Zeiten, als die beiden klein waren. Die Gedanken in seinem Kopf formten sich zu Bildern: Weihnachten vor dreizehn Jahren, Paul lag im Stubenwagen und Tanja spielte mit ihrem Puppenhaus. Seine Frau nahm den Jungen auf den Arm, sie sah dabei so glücklich aus. Dann zwei Jahre später der gemeinsame Urlaub an der Nordsee. Die Kinder planschten im Wasser, er und Ramona schauten ihnen zu. Nachmittags gingen sie Eis essen. Am Abend saßen sie vor ihrem Zelt. Später, als ihr Sohn und ihre Tochter bereits schliefen, schlenderten sie zu den Dünen. Dort legten sie sich in den Sand und betrachteten den Sternenhimmel.

Wieder wechselten die Bilder. Tanjas Schulanfang. Die gesamte Familie war versammelt. Krampfhaft hielt die Kleine ihre Zuckertüte fest, die fast so groß war wie sie selbst. Die ganze Zeit gab sie sie nicht mehr her. Dann vier Jahre später das gleiche Bild, nur dass Paul diesmal die Zuckertüte im Arm hatte. Nun liefen die Erinnerungen schneller ab. Er sah viele Wochenendausflüge und wunderschöne gemeinsame Urlaube. Dann mischten sich weniger erfreuliche Szenen darunter. Tanjas schwere Grippe vor vier Jahren. Ramona und er saßen abwechselnd an ihrem Krankenbett und bangten um das Leben ihrer Tochter. So unschön solche Ereignisse auch waren, sie schweißten die Familie fester zusammen. Und jetzt so etwas! Letzte Nacht hatte er seine Frau zum ersten Mal betrogen.

Langsam verblasste die rosarote Brille und machte einem schlechten Gewissen Platz. Er begann sich immer mieser zu fühlen. Schuldgefühle plagten ihn und wurden von Minute zu Minute schlimmer. Unerbittlich wurde ihm bewusst, was er der Frau, die er liebte, angetan hatte. Wie sollte er jemals damit klarkommen? Es hätte nie passieren dürfen, doch nun war es zu spät. Er versuchte diese Gedanken loszuwerden, aber es gelang ihm nicht. Sie darf das nie erfahren, dachte er verzweifelt. Allmählich beruhigte er sich wieder. Wer soll es ihr denn sagen? Klaus! Ihm wurde mulmig. Würde sein Kollege dichthalten? Bestimmt nicht, so wie der momentan drauf war.

Horst schaute auf den Wecker, der neben dem Bett auf dem kleinen Schränkchen stand. Es war kurz nach 7 Uhr. Wie gut, dass der Lautsprecher letzte Nacht geschwiegen hatte. Doch war das wirklich gut? Wäre es nicht besser gewesen, man hätte sie gestört? Nun, da er alles infrage stellte, fiel ihm auch darauf keine Antwort mehr ein.

Langsam zog er sich an. Susanne schlief immer noch tief und fest. Als er sie gerade wecken wollte, hörte er Stimmen vor der Tür. Ein Mann redete mit einer Frau. Er lauschte angespannt. Bei dem Mann handelte es sich definitiv um Professor Lorenz, seine Stimme war unverkennbar. Aber wer war dessen Begleiterin?

Die Stimmen kamen näher. Plötzlich bekam Horst einen gewaltigen Schreck. Ihm wurde heiß und kalt und er begann zu zittern. Ramona, durchfuhr es ihn. Im selben Augenblick klopfte es. Entsetzt starrte er zur Tür.

24. November 1325

Uwe schlich zum Fenster und versuchte angestrengt, draußen irgendetwas zu erkennen. Nach einer Weile hatten sich seine Augen an die Dunkelheit gewöhnt und er erblicke die Umrisse einer Gestalt, die etwa zehn Meter vom Haus entfernt reglos auf der Erde lag. Daneben sah er etwas Unförmiges am Boden liegen.

Er holte zur Sicherheit ein Messer aus der Küche, ging zur Tür und trat ins Freie. Schnurstracks lief er auf die Gestalt zu, die leise stöhnte. Das unförmige Etwas entpuppte sich als großer Ast, der abgebrochen war, und bei der Person handelte es sich um den Müllergesellen Hans Weber. Der Schmied kümmerte sich sofort um den Verletzten, half ihm auf und stützte ihn, während sie langsam zurück zum Haus gingen. Natürlich fragte er ihn, was passiert war. Bereitwillig erzählte Hans ihm alles.

Nach der Arbeit in der Mühle hatte er sich zu Hause hingelegt und ein wenig geschlafen. Kurz vor Mitternacht war er dann zum Haus der Kräuterfrau aufgebrochen, um sich dort auf die Lauer zu legen und auf Simon zu warten. Er wollte herausfinden, was der Händler vorhatte. Schließlich war es möglich, dass er nicht allein kam, sondern Verstärkung mitbrachte, um Mechthild, Helmtraud und Gernot zu entführen. Heute war Sonntag und er musste nicht arbeiten, also konnte er seinen Plan in die Tat umsetzen. Da es kein geeignetes Versteck gab, war er auf den Baum geklettert, der dicht vor dem Haus stand. Dummerweise hatte er nicht bemerkt, dass der Ast, auf den er stieg, morsch war und demzufolge sein Gewicht nicht lange tragen würde. Eine Weile war nichts geschehen und er hatte es sich bereits bequem gemacht, als es plötzlich knackte. Dann ging alles ganz schnell. Der Ast brach ab und er stürzte zu Boden.

Zum Glück passierte dabei nicht allzu viel. Außer einigen Schürfwunden, die Uwe sofort versorgte, hatte er sich den rechten Fuß verstaucht, was zwar nicht gefährlich war, aber höllisch wehtat. Auf alle Fälle würde er am Montag Probleme haben, zur Mühle zu laufen und dort zu arbeiten.

Da es im Haus sonst keinen freien Platz mehr gab, bereitete Sarah ihm auf dem Dachboden ein Nachtlager. Heute musste er erst einmal hierbleiben und morgen würden sie dann weitersehen. Nachdem er mühsam die Leiter nach oben gestiegen war, rieb Uwe den Fuß mit einer Salbe aus Beinwellwurzel ein, um die Schmerzen zu lindern und die Heilung zu beschleunigen. Danach wollten sich alle zur Ruhe begeben. Doch dazu kam es nicht.

Als der Schmied aus dem Fenster blickte, glaubte er eine Gestalt zu sehen, die das Haus beobachtete. Er machte die anderen darauf aufmerksam. Sarah und Erika bemühten sich etwas zu erkennen, aber es gelang ihnen nicht. Wenn dort jemand herumlungerte, war er zu weit entfernt, um gesehen zu werden. Uwe nahm wieder sein Messer in die Hand und ging hinaus.

Eine gute Viertelstunde später machten sich die beiden Frauen allmählich Sorgen. Sie trauten sich jedoch nicht, nach ihm zu schauen, und Hans war nicht in der Lage dazu. Wahrscheinlich schlief er sowieso längst.

Endlich kam Uwe zurück. Er hatte die ganze Umgebung abgesucht, aber niemanden entdeckt. Langsam glaubte er selbst schon, er wäre paranoid, doch Sarah und Erika beruhigten ihn. Wenn man bedachte, was in den letzten Tagen alles geschehen war, hatte seine Vorsicht nichts mit Paranoia zu tun.

Nach einiger Zeit gingen die drei schließlich zu Bett. Sie waren viel zu aufgewühlt, um sofort einschlafen zu können, also lagen sie noch lange wach. Erst als es draußen bereits hell wurde, fanden sie endlich in den Schlaf.

24. November 1325

Mit einem Satz war Florian vom Mühlental bei Gelfrid, schlug ihm die Klinge aus der Hand und schrie ihn an: »Willst du mich um meinen Spaß bringen, du Hund!«

Der Gescholtene steckte zwar das Messer zurück in den Gürtel, konnte seine Wut und Enttäuschung aber nur mit Mühe unterdrücken.

Florian ignorierte dieses Gebaren und wandte sich an seine Leute: »Hebt den Verletzten aufs Pferd und bindet ihn fest. Wir müssen weiter.«

Die Männer taten, wie ihnen geheißen. Kurze Zeit später setzte sich die Gruppe in Bewegung. Langsam wurde es hell.

Sie waren schon mehrere Stunden geritten. Mittlerweile hatte es aufgehört zu schneien. Die Gefangenen konnten sich vor Müdigkeit kaum noch im Sattel halten. Sven ging es immer schlechter. Als sie nach einiger Zeit durch einen dichten Wald kamen, befahl Florian abzusitzen.

Der Verletzte wurde sitzend an einen Baum gelehnt. Er starrte geradeaus ins Leere, atmete schwer und murmelte unverständliche Worte. Mirjam hatte große Angst um ihren Verlobten. Natürlich sorgten sich auch die anderen um ihn. Eigentlich musste er dringend ärztlich versorgt werden, nur war das unter diesen Umständen völlig unmöglich. Thomas vermutete, dass er innere Verletzungen hatte. Schließlich wog ein Pferd nicht gerade wenig und niemand wusste, ob bei dem Absturz nicht auch sein Oberkörper teilweise unter das Tier geraten war.

Zum Glück hatte bisher keiner von Florians Männern bemerkt, dass sich Svens Zustand rapide verschlechterte. Momentan war jeder mit sich beschäftigt. Im Unterholz fühlten sie sich einigermaßen sicher und so versuchten die Gefangenen, ein wenig zu ruhen.

Mirjam, die sich neben ihren Verlobten gelegt hatte, gab ihm schlückchenweise Wasser zu trinken. Mit gefesselten Händen erwies sich das als äußerst schwierig. Sie berührte mit dem Handrücken seine Stirn und erschrak, denn diese war glühend heiß. Er hatte hohes Fieber. Sie versuchte es mit einem nassen Lappen zu senken. Seine Waden zu kühlen wäre natürlich effektiver gewesen, aber sie konnte nicht riskieren, dass Florian mitbekam, wie kritisch Svens Zustand wirklich war.

Nach wenigen Stunden weckten die Männer die Gefangenen und drängten zum Aufbruch. Mirjam hatte es geschafft, das Fieber des Verletzten etwas zu senken. Es ging ihm zwar nicht wesentlich besser, dafür hatte sich sein Zustand aber auch nicht weiter verschlechtert. Gelfrid und Olbrecht hoben ihn in den Sattel und banden ihn fest. Die anderen wurden ebenfalls wieder auf ihre Pferde gebunden. Sobald das erledigt war, setzte sich der Tross in Bewegung.

Bis zum Abend verlief die Reise ohne nennenswerte Zwischenfälle. Sie ritten durch dichten Wald und über ausgedehnte Felder, die um diese Jahreszeit längst abgeerntet waren. Langsam brach die Dunkelheit herein und die Reiter zündeten ihre Fackeln an. Der Weg wurde schmaler. Als sie an einer kleinen Felsengruppe angekommen waren, ließ Florian die Pferde anhalten. Er befahl, hier für die nächsten Stunden zu rasten, denn die imposanten Steine boten eine natürliche Deckung. Die Tiere wurden dahinter an ein paar Bäume gebunden und die Männer schlugen das Lager auf. Vom Weg aus konnte man den Platz nicht sehen, daher war das Risiko eines Überfalls bei Nacht wesentlich geringer. Trotzdem wurde eine Wache aufgestellt.

Als Olbrecht sich anschickte, Sven loszubinden, bemerkte er dessen Zustand. Schlaff hing er im Sattel. Hätte man ihn nicht angebunden, wäre er wahrscheinlich längst heruntergefallen. Er löste seine Fesseln und zog ihn vom Pferd. Dann schleifte er ihn zum nächstgelegenen Felsen, setzte ihn auf die Erde und lehnte ihn dagegen. Der Verletzte hatte die Lider halb geschlossen und redete wirres Zeug. Hilflos musste Mirjam das alles mit ansehen.

Auch diesmal verbrachte sie die wenigen Stunden, die ihnen zum Ausruhen blieben, neben ihrem Verlobten. Als sie seine Stirn kühlen wollte, nahm ihr Gelfrid die lederne Wasserflasche weg.

»Das ist viel zu schade für den da!«, blaffte er sie an.

Wutentbrannt schrie sie zurück: »Du elendes Schwein, er hat Fieber und braucht das Wasser!«

»Ach so, das ist natürlich etwas anderes«, lachte Gelfrid.

Er warf ihr einen höhnischen Blick zu, öffnete die Flasche und goss die Hälfte des Inhalts über Svens Kopf.

»Siehst du, jetzt hat er sein Wasser«, grinste er.

Danach verschloss er die Flasche wieder, warf sie ihr ins Gesicht und ging.

Mirjam war völlig fertig. Sie wusste nicht mehr, wie sie ihrem Verlobten helfen sollte, und dafür hasste sie sich selbst. Er wurde von Stunde zu Stunde schwächer.

Nach der Rast stand fest, dass er einen weiteren Ritt nicht überstehen würde. Florian vom Mühlental packte ihn unter den Armen, stellte ihn auf die Füße und musterte ihn eingehend. Er sprach ihn an, wedelte mit der Hand vor seinen Augen und prüfte seine Reflexe. Doch Sven zeigte keine Reaktion. Er konnte sich kaum noch auf den Beinen halten und ließ alles mit sich geschehen. Reglos stand er da und war so schwach, dass er jeden Moment zusammenzubrechen drohte. Also entschied Florian, ihn einfach zurückzulassen. Er setzte ihn wieder auf die Erde und lehnte ihn mit dem Rücken an den Felsen. Mirjam war am Boden zerstört. Ohne ihn wollte sie auf gar keinen Fall weiterreiten.

»Von mir aus kannst du dich gerne von deinem Freund verabschieden. Immerhin siehst du ihn heute das letzte Mal«, höhnte Florian.

Sie kniete sich neben Sven und nahm ihn in die Arme. Er schmiegte seinen Kopf an ihre Schulter und bewegte mühsam die Lippen. Die Worte, die er sprach, waren sehr leise. Mirjam hatte Mühe, sie zu verstehen.

»Danke, dass ich die letzten fünf Jahre Teil deines Lebens sein durfte. Es war eine wunderschöne Zeit mit dir. Ich habe keinen einzigen Tag bereut.«

Dann verließ ihn die Kraft und er sank in sich zusammen. Sie hielt ihn weiterhin fest.

»Los jetzt!«, drängte Florian. »Wir müssen weiter.«

Gewaltsam wurde sie von ihren Verlobten weggerissen. Sie schrie, schlug um sich und bekam schließlich einen Weinkrampf. Doch die Männer kannten keine

Gnade. Gegen ihren Willen hievten sie sie auf ihr Pferd und banden sie fest. In letzter Sekunde war es ihr noch gelungen, die halbvolle Wasserflasche zwischen Svens Rücken und die Felswand zu schieben. Hoffentlich bekam er sie zu fassen. Aus dem Augenwinkel sah sie, dass er die Lider geschlossen hatte. Sein Kinn war auf die Brust gesunken.

Ehe sie losritten, mussten die Männer Gelfrid ein weiteres Mal zurückhalten. Wieder hielt er Sven das Messer an die Kehle, um ihn zu töten.

Diesmal meinte Florian nur trocken: »Warum willst du es ihm so einfach machen? Lass ihn ruhig ein wenig leiden. Vielleicht lebt er ja noch eine Weile und es finden ihn wilde Tiere, bevor er krepiert.«

Er lachte schallend. Für Mirjam war das zu viel. Voller Wut spuckte sie ihm direkt ins Gesicht. Damit hatte er nicht gerechnet. Mit zusammengekniffenen Augen blickte er sie an. Dann packte er sie plötzlich am Hals, zog sie zu sich herunter und schlug zu. Sein Handrücken traf sie mit voller Wucht. Er schob sie zurück und ließ sie los. Ihre Nase blutete. Das Blut lief über ihre Lippen und tropfte vom Kinn auf die Kleidung. Völlig geschockt starrte sie ihn an, doch er grinste nur. Außer Thomas, der seine Meinung lautstark äußerte und dafür ein barsches »Halt's Maul, sonst setzt es was!« kassierte, hielten sich die anderen ängstlich aus dieser Sache heraus.

Nachdem sie etwa fünfzig Meter zurückgelegt hatten, wollte sich Mirjam ein letztes Mal zu ihrem Verlobten umdrehen, aber die Fesseln hinderten sie daran. Mit Tränen in den Augen entfernte sie sich immer weiter von ihm. Sven bekam von all dem nichts mehr mit. Apathisch lehnte er am Felsen. Er hatte mit seinem Leben abgeschlossen.

Die Sonne stand bereits hoch am Himmel, als es steil bergauf ging. Mirjam schluchzte die ganze Zeit. Die Trennung von ihrem Verlobten schien endgültig zu sein. Lange würde er in seinem Zustand nicht überleben, noch dazu hier draußen. Bestimmt würde sie ihn nie mehr wiedersehen.

Der Pfad war sehr steinig und die Reiter hatten alle Mühe, die Kontrolle über ihre Pferde zu behalten, um nicht zu stürzen. Thomas kam die Gegend seltsam bekannt vor, jedoch konnte er nicht sagen warum. Erst als der Weg immer steiler wurde und links und rechts markante Felsformationen auftauchten, fiel es ihm wie Schuppen von den Augen. Sie hatten ihr Ziel fast erreicht.

Auch ihn schmerzte der Verlust seines Kumpels. Den anderen ging es genauso, aber die momentane Situation ließ solche Gefühle nicht zu. Sie mussten alles daran setzen, in dieser rauen Zeit zu überleben.

Von den Gefangenen war Thomas der Erste, der sie sah, da er an der Spitze hinter Florian vom Mühlental ritt. Majestätisch thronte die Rossburg auf dem Bergsporn. Im Norden ragte der Gipfel des Felsens in den Himmel. Die Burg war von ihrem Erbauer nicht an der höchsten Stelle errichtet worden, dafür aber steil über dem Tal. Sie war somit eine typische Spornburg. Im Westen und im Osten fielen die Wände fast senkrecht nach unten.

Thomas kannte die Ruine der Burg durch sein Training mit den Rossburger Rittern. Schon immer hatte er sich gefragt, wie sie früher ausgesehen hatte. Nun stand er vor dem hochgezogenen Fallgitter. Außer ein paar Handwerkern, die geschäftig hin und her liefen, sah man weit und breit keine Menschenseele. Wachen schien es nicht zu geben.

Sie ritten durch das Tor und er blickte sich erstaunt um. Die Rossburg war höchstens halb so groß wie Burg Liebstein. Die Höhe des Bergfrieds schätzte er auf zwölf bis fünfzehn Meter. In der Mitte der von Zinnen umrandeten Turmspitze ragte eine eiserne Stange empor, an deren Ende eine Fahne im Wind wehte. Darauf war das Wappen von Florian vom Mühlental zu sehen. Auf blauem Grund prangte ein schwarzes Ross. Das Wappenbild war gelb umrandet.

Die anderen zeigten kein Interesse an der Burg. Gedankenversunken starrten sie vor sich hin. Nur Mirjam schluchzte immer noch. Deshalb bekam sie auch nicht mit, dass einige Zimmerleute mitten im Burghof ein riesiges Podest errichteten. Thomas fragte sich, wozu es wohl dienen würde, wenn es fertig war.

Während er es betrachtete, rief Florian seinen Männern zu: »Ihr wisst, was zu tun ist!«

Nachdem sie abgesessen waren, trieben Gelfrid, Herwyg, Nicolaus, Olbrecht und Theodricus die Gefangenen zu einer kleinen Tür, die in ein Nebengebäude führte. Von dort aus ging es nach unten in einen geräumigen Keller mit Kreuzrippengewölbe, von welchem in vier Richtungen Gänge abzweigten. Thomas wurde von Gelfrid in den linken Gang geführt. Sie liefen an mehreren Räumen vorbei. Bestimmt befinden sich hier die Verliese, dachte Thomas. Plötzlich blieb Gelfrid stehen, öffnete eine Tür und beförderte ihn mit einem Tritt hindurch.

Er schaute sich um und fand seine Vermutung bestätigt. Durch ein kleines, rechteckiges Fenster knapp unterhalb der Decke fiel ein wenig Licht in die Zelle, die nach seiner Schätzung etwa zweimal zwei Meter groß war. Auf dem Boden lag ein alter Strohsack, der entsetzlich stank. Er fasste ihn an und stellte fest, dass er feucht und modrig war. In einer Ecke befand sich ein

Loch im Boden, das er als Latrine identifizierte. Sonst war der Raum leer. Er drehte sich zu Gelfrid um und wollte noch etwas sagen, doch genau in diesem Moment fiel die Tür ins Schloss. Er war allein.

Trotz allen Ekels setzte er sich auf sein stinkendes Lager und dachte nach. Wie erging es wohl den anderen gerade? War Gundhild in der Nähe? Gab es eine Möglichkeit, von hier zu fliehen? Er stand auf und untersuchte die Wände. Sie waren gut drei Meter dick. Ein erwachsener Mann passte nicht durch das Fensterloch in der Mauer und ohne Leiter hatte man sowieso keine Chance, dort hinauf zu gelangen. Auch die Tür war solide gebaut. Thomas setzte sich wieder. Seine Hoffnung auf eine Flucht war vergangen. Würden sie die Burg jemals lebend verlassen?

Plötzlich wurde die Tür aufgerissen. Er sprang auf und traute seinen Augen kaum. Vor ihm stand Gundhild vom Lerchenberg.

1. Juli 2017

Horst wurde es flau im Magen. Gleich würde alles vorbei sein und sein Leben sich mit einem Schlag ändern. Bestimmt würde Ramona die Scheidung einreichen, denn dass sie ihm verzieh, glaubte er nicht. Nicht in dieser Situation! Niemals! Die Kinder würden ihn verachten und sich von ihm lossagen. Er atmete tief durch, seufzte kurz, drehte den Schlüssel im Schloss und öffnete zaghaft die Tür.

»Ah, er ist schon wach«, lachte Professor Lorenz. »Dürfen wir reinkommen?«

Ohne die Antwort abzuwarten, drängelte er sich an dem verdutzten Horst vorbei. Dieser starrte die

Begleiterin des Professors an. Es war nicht Ramona, doch ihre Stimme hatte zum Verwechseln ähnlich geklungen.

»Darf ich vorstellen, das ist Frau Klingenberg. Sie hat an unserer Universität studiert. Nun schreibt sie ihre Doktorarbeit und da es dabei unter anderem um die Themen Wurmlöcher, Zeit und Zeitreisen geht, dachte ich, Sie sind der richtige Ansprechpartner für sie. Immerhin haben Sie ja praktische Erfahrung damit.«

Der Polizeioberkommissar reichte der blonden jungen Frau, die er auf Mitte zwanzig schätzte, die Hand.

»Angenehm, mein Name ist Horst Ketzel, aber nennen Sie mich ruhig Horst.«

»Rachel«, antwortete sie und lächelte ihn an.

Rachel Klingenberg, was für ein schöner Name, dachte er und erwiderte ihr Lächeln.

Erst jetzt bemerkten die beiden Susanne Dombrowski, die sich mittlerweile die Bettdecke bis zu den Augen hochgezogen hatte.

»Was ist das denn!«, polterte der Studienrat los. »Ich will Ihnen ja nicht zu nahe treten und es geht mich eigentlich nichts an, aber ich dachte, ich hätte mich gestern klar ausgedrückt. Sie sind erstens verheiratet und zweitens nicht zum Spaß hier, verdammt noch mal!«

Horst presste die Lippen zusammen und schwieg.

Professor Lorenz musterte ihn streng, wandte sich dann an seine Begleiterin, die Susanne wie gebannt anstarrte, und meinte verächtlich: »Kommen Sie, wir gehen. Reden wir ein andermal über Zeitreisen. Herr Ketzel scheint gerade anderweitig beschäftigt zu sein.«

Damit verließ er den Raum ohne einen Gruß. Rachel nickte Horst kurz zu und folgte ihm. Der Polizeioberkommissar atmete erleichtert auf. Seine Frau war es zum Glück nicht gewesen, aber die Ähnlichkeit der Stimmen fand er wirklich verblüffend.

Susanne war aufgestanden und zog sich an. Ihn plagte nach wie vor das schlechte Gewissen. Am liebsten wäre er jetzt zu seiner Familie oder in die Dienststelle geflüchtet. Wenn das alles nur endlich ein Ende hätte! Er konnte hier niemandem mehr in die Augen sehen. Wahrscheinlich wussten alle anderen längst Bescheid und tuschelten hinter seinem Rücken. Bald war Frühstückszeit. Sollte er wirklich hingehen? Würde das nicht eher ein Spießrutenlauf werden?

»Ich bin fertig. Wollen wir nachher gemeinsam frühstücken gehen?«, riss Susanne ihn aus seinen Gedanken.

Er nahm all seinen Mut zusammen.

»Klar. Ich brauche etwa zehn Minuten. Dann können wir los.«

Im Aufenthaltsraum hatte er das Gefühl, dass alle ihn anstarrten. Susanne war zwar der Meinung, dass er sich das nur einbildete, doch es gelang ihr nicht, ihn davon zu überzeugen. Klaus war bisher nicht erschienen und der Professor saß mit Frau Klingenberg an einem anderen Tisch. Der Polizeioberkommissar hatte es vorgezogen, nicht zu fragen, ob dort noch zwei Plätze frei waren.

Nach dem Frühstück ging die Professorin in ihr Quartier. Horst legte sich in seinem Zimmer aufs Sofa und wartete. Worauf, wusste er selber nicht. Wieder waren Stimmen auf dem Gang zu hören, wieder klopfte es.

Er setzte sich auf und rief: »Herein, es ist nicht abgeschlossen.«

Die Tür ging auf und der Professor betrat zusammen mit Rachel den Raum.

Diesmal blickte er sich zuerst kurz um, dann sagte er: »Ich möchte mich für mein Auftreten vorhin entschuldigen, ich hätte nicht so aufbrausen dürfen. Ihr

Privatleben geht mich nichts an.« Leiser fügte er hinzu: »Obwohl ich es nicht in Ordnung finde. Aber das ist Ihre Sache. Passt es Ihnen jetzt, mit Frau Klingenberg über Ihre Zeitreise zu sprechen?«

Der Polizeioberkommissar nickte.

Nachdem er ihr von seinen Erlebnissen berichtet hatte, war sie hellauf begeistert. Sofort fragte sie den Studienrat, ob sie sich der Gruppe anschließen dürfe. Dieser war sich nicht sicher.

»Was ist, wenn etwas Unerwartetes passiert? Wir können nicht einmal mit Bestimmtheit sagen, ob das Portal einigermaßen stabil bleibt und eine Rückkehr in die Gegenwart möglich ist. Das Risiko ist einfach zu groß.«

Die junge Frau war sichtlich enttäuscht und antwortete: »Das Risiko nehme ich auf mich. Ich unterschreibe Ihnen alles! Es wäre unheimlich wichtig für mich. Bitte!«

Dabei sah sie ihn flehend an. Professor Lorenz hasste solche Blicke, da er ihnen nicht widerstehen konnte.

»Also gut. Sie bekommen von mir nachher einen Fragebogen zum Ausfüllen sowie eine Erklärung, die Sie unterschreiben müssen. Das mussten die anderen Mitglieder der Gruppe auch tun. Damit entbinden Sie die Uni von jeglicher Haftung und nehmen das Risiko auf die eigene Kappe.«

Rachel überlegte nicht lange. Sie willigte sofort ein und folgte ihm in sein Büro im dritten Container, um die Formalitäten zu erledigen. Horst legte sich wieder aufs Bett und schlief ein.

Am späten Nachmittag wurde er durch die Stimme des Professors geweckt, die diesmal aus dem Lautsprecher kam. Das Portal war aktiv und das Team sollte sich umgehend am Höhleneingang einfinden. In Windeseile zog er seine Mittelalterkleidung an und rannte zur Höhle. Erstaunlicherweise war er der Erste. Kurz nach ihm traf Rachel ein. Zum Glück hatte man passende Kleidungsstücke gefunden, um sie auszurüsten. Die Sachen waren vorsorglich in einem separaten Raum im dritten Container als Reserve gelagert. Schließlich konnte jederzeit etwas kaputtgehen und niemand hatte Lust, sich dann mit Nadel und Faden hinzusetzen.

Nach und nach trafen auch die anderen ein. Susanne war heute die Letzte. Geordnet liefen sie im Gänsemarsch in Richtung der Mulde. Schon von Weitem sahen sie das rötlich fluoreszierende Licht.

Horst sprang hinein, wartete kurz, drehte sich um und stieg wieder heraus. Diesmal stieß er mit niemandem zusammen. Rachel war die Nächste. Man hatte ihr erklärt, was sie tun sollte, und so stand sie kurze Zeit später neben ihm.

Klaus, der seinen Kollegen bisher gemieden hatte, folgte als Dritter. Er stieg in die Mulde und verharrte einen Moment. Schon beim Herumdrehen fiel ihm auf, dass das Licht zu seinen Füßen erloschen war. Enttäuscht kam er wieder heraus.

Nun hatten sie ein echtes Problem. Horst Ketzel und Rachel Klingenberg befanden sich im vierzehnten Jahrhundert, während der Rest der Gruppe noch in der Gegenwart war. Sie verließen die Höhle und trafen am Eingang auf Professor Lorenz. Frustriert schilderten sie ihm die Situation. Er war wie vom Donner gerührt und bat alle sofort in den Versammlungsraum. Die Mittelalterkleidung sollten sie unbedingt weiterhin tragen. Er hoffte, dass das Portal zeitnah erneut aktiv werden würde.

Einen Trost gab es: Horst hatte Erfahrung, weil er sich dort auskannte, und Rachel war nicht allein. Es hätte wesentlich schlimmer kommen können.

24. November 1325

Sarah wurde durch lautes Hämmern geweckt. Schlaftrunken rieb sie sich die Augen. Es dauerte eine Weile, bis sie realisierte, dass jemand an der Haustür klopfte. Sie stand auf, schlurfte zur Tür und öffnete sie. Es war Simon. Sie bat ihn herein und bot ihm einen Platz in der Küche an. Dann stellte sie ihm einen Krug mit Wein und einen Becher hin und ging die anderen wecken. Es musste schon fast Mittag sein. Da sie erst am frühen Morgen ins Bett gegangen waren, hatten sie den ganzen Vormittag verschlafen. Sie schaute aus dem Fenster und sah, dass es geschneit hatte, zwar nicht viel, aber man konnte deutlich die Spur von Simons Wagen im Schnee erkennen.

Während Erika und Uwe aufstanden und sich anzogen, stieg sie auf den Dachboden, um nach Hans zu sehen. Seinem Fuß ging es heute etwas besser. Er hatte gehört, dass der Händler gekommen war, und wäre am liebsten sofort aus dem Bett gesprungen, um die Kräuterfrau zu begleiten, doch sie beruhigte ihn. Simon war allein und stellte somit keine allzu große Gefahr dar. Trotzdem musste sie Hans versprechen, vorsichtig zu sein und ihrem Gast nicht alle Einzelheiten zu erzählen.

Da der Müllergeselle noch große Probleme beim Laufen hatte, schlug sie vor, dass er liegen bleiben sollte. Morgen würde er dann sehen, ob er in der Mühle arbeiten konnte oder nicht. Er war einverstanden, also brachte sie ihm genug zu essen und zu trinken, sodass er bis zum nächsten Tag ausreichend versorgt war. Dann verabschiedete sie sich von ihm.

Inzwischen hatte der Schmied schon für alle das Frühstück zubereitet, das heute aufgrund der jüngsten Ereignisse etwas später auf den Tisch kam. Simon war natürlich eingeladen. Da seine letzte Mahlzeit etliche Stunden zurücklag, ließ er sich das nicht zweimal sagen und langte tüchtig zu. Dabei erzählte er Sarah, Erika und Uwe, dass er Freunde getroffen hatte, die wussten, wohin die Gefangenen gebracht worden waren. Sie hatten spontan angeboten, bei der Befreiungsaktion mitzumachen. Mit ihnen würden sie sich am Abend treffen.

Nach dem Essen räumte Erika das Geschirr weg, während die Kräuterfrau im Haus herumlief und dies und das einpackte. Weil sie nicht wusste, wie lange sie unterwegs sein würden, sorgte sie für ausreichend Proviant. Der Schmied begutachtete inzwischen das Fuhrwerk des Händlers und unterhielt sich mit ihm über belanglose Dinge.

Als die Frauen fertig zum Aufbruch waren, stiegen alle auf Simons Wagen und fuhren Richtung Osten. Nach wenigen Minuten kamen sie an der Taverne vorbei. Um diese Zeit schien nicht viel los zu sein. Erhardt Schiller, der Wirt, saß auf einer Bank neben der Eingangstür und grüßte freundlich. Sein Sohn Martin blickte gelangweilt aus dem Fenster und winkte ihnen zu.

Nun hatten sie die Dorfgrenze erreicht. Immer weiter folgten sie der schmalen Straße. Links und rechts erstreckten sich große baumlose Flächen. Es war nicht zu erkennen, ob es sich um abgeerntete Felder oder Wiesen handelte, da sie sich unter einer dünnen Schneedecke verbargen.

An der nächsten Kreuzung bog Simon nach rechts ab. Ab da konnte man schon nicht mehr von einer Straße sprechen. Viel eher war es ein holpriger Weg, den sie einschlugen. Er führte durch dichten Wald. Erneut kamen sie an eine Wegkreuzung und wieder bog der Händler rechts ab. Was soll das, dachte Uwe. Wenn er sich nicht täuschte, fuhren sie in einem großen Bogen zurück. Seine Bedenken verflogen jedoch, als Simon kurze Zeit später das Fuhrwerk nach links lenkte. Langsam bin ich wohl doch paranoid, überlegte er.

So ging das bis zum Abend. Immer wieder änderten sie die Richtung. Da sie sich angeregt unterhielten, fiel Uwe zunächst gar nicht auf, dass er längst die Orientierung verloren hatte. Erst nach einer Weile wurde es ihm schlagartig bewusst. Verdammt, dachte er, jetzt sind wir dem Händler ausgeliefert. Aber dann verwarf er den Gedanken wieder. Eigentlich war Simon ein ganz sympathischer Typ, der gewiss nichts Böses im Schilde führte. Hans musste sich irren!

An der nächsten Wegkreuzung hielten sie schließlich an. Geradeaus führte der Weg in einen dichten Nadelwald, links und rechts jedoch am Waldrand entlang.

Der Händler sprang ab und sagte: »Wartet kurz, ich schaue nach, ob meine Freunde schon hier sind. Was Fremde betrifft, sind sie sehr vorsichtig. Bleibt ruhig sitzen, ich bin gleich zurück.«

Dann lief er schnurstracks in den Wald hinein. Uwe war das nicht ganz geheuer.

»Was soll das denn jetzt?«, fragte er misstrauisch.

Sarah beruhigte ihn jedoch.

»Mach dir mal keine Sorgen. Er wird bestimmt seine Gründe haben. Es ist doch gut, wenn sie vorsichtig sind.«

Fünfzehn Minuten später war von Simon immer noch nichts zu sehen. Die drei schwiegen und hingen ihren Gedanken nach.

Plötzlich ging alles sehr schnell. Der Händler kam zusammen mit einem großen breitschultrigen Kerl, der einen schwarzen Vollbart trug, aus dem Dunkel des Waldes hervorgesprungen. Innerhalb weniger Sekunden hatten sie den Schmied und gleich danach die beiden Frauen überwältigt. Sie wurden gefesselt und geknebelt, dann verband man ihnen die Augen. Kurz darauf setzte sich der Wagen in Bewegung.

»Gut gemacht, Simon!«, sprach der große Kerl mit tiefer Stimme. »Diese Leute haben Ulman auf dem Gewissen und wie du mir erzählt hast, wollte die Kräuterhexe auch nicht mitkommen, um Wigant zu helfen. Nun werden sie ihre gerechte Strafe dafür empfangen. Hubert von Starkenburg wird ihnen persönlich die Kehle durchschneiden«.

Sarah, Erika und Uwe waren entsetzt und zitterten am ganzen Körper. Hans hatte sich doch nicht getäuscht, der Händler hatte ihnen eine Falle gestellt.

Eine Hochzeit und sieben Hinrichtungen

25. November 1325

Thomas traute seinen Augen kaum. Doch bevor er etwas sagen konnte, schob Florian vom Mühlental, der hinter ihr stand, Gundhild beiseite und grinste ihn an.

»Willst du uns nicht zur Verlobung gratulieren?«

Diese Frage traf ihn wie ein Schlag. Trotzdem versuchte er sich nichts anmerken zu lassen. Eine solche Genugtuung wollte er Florian keinesfalls geben. Außerdem war klar, dass sich Gundhild niemals freiwillig mit diesem widerlichen Kerl verlobt hatte.

Er sah sie an. Kein Laut kam über ihre Lippen. Sie hatte den Blick gesenkt. In ihren Augen lag tiefe Trauer.

Thomas fing sich sofort wieder und provozierte seinen Kontrahenten nun seinerseits.

»Verlobung?«, entgegnete er höhnisch. »Dass ich nicht lache. Mit einem wie dir würde sich so eine fantastische Frau wohl kaum aus freien Stücken einlassen. Sie leidet doch nicht an Geschmacksverirrung!«

Dabei blickte er den Burgherrn triumphierend an. Der wurde angesichts dieser Respektlosigkeit ärgerlich.

»Deine Arroganz wird dir noch vergehen. Wir werden bald heiraten. Das wird ein großes Fest. Und wir haben schon einen Höhepunkt geplant. Moment, lass mich überlegen.« Er wartete kurz, lachte hämisch und fuhr fort: »Ja, richtig, jetzt fällt es mir wieder ein. Der Höhepunkt werdet ihr sein. An diesem freudigen Tag werdet ihr hingerichtet.«

Mit diesen Worten schloss er die Tür.

Thomas war das Grinsen vergangen. Hinrichtung? Würde Florian das wirklich durchziehen? Bisher hatte er es mehr oder weniger nur als Drohung aufgefasst. Verdammt, die Lage war ernster, als er vermutet hatte! Ein Plan musste her, und zwar schnell. Wie viel Zeit blieb ihnen? Waren es Tage oder nur Stunden? Er merkte, wie seine Knie weich wurden und anfingen zu zittern, aber er konnte nichts dagegen tun. Reiß dich zusammen! Du musst nachdenken, versuchte er sich selbst zu beruhigen. Doch so sehr er auch grübelte, er kam zu keinem Ergebnis. Die Freunde waren bestimmt ebenfalls in einzelnen Zellen untergebracht. So war jeder allein. Eine Kommunikation miteinander war unter diesen Umständen völlig ausgeschlossen.

Thomas überlegte hin und her. Seine Gedanken drehten sich im Kreis. Langsam wurde er müde. Die Augen fielen ihm zu. Obwohl er sich vor dem feuchten, stinkenden Strohsack ekelte, schlief er darauf ein. Allerdings hatte er einen sehr leichten Schlaf. Hin und wieder wachte er auf. Zwischendurch träumte er vom Lager der Räuberbande und wie sich die Rossburger Ritter dort nach längerer Zeit wiedergesehen und miteinander verständigt hatten, bevor sie zusammen in den Verschlag gesperrt worden waren. Plötzlich schreckte er hoch. Das war die Lösung! Warum hatte er nicht gleich daran gedacht!

Bernd beherrschte das Morsealphabet. Im Räuberlager hatte es mit Handzeichen funktioniert, denn sie konnten sich sehen. Hier würde es nur mit Klopfzeichen klappen. Einfach war es jedoch nicht. Die kurzen Punkte ließen sich zwar klopfen, aber was war mit den langen Strichen? Das ging einzig und allein über die Pausen.

Gesagt, getan. Thomas erhob sich von seinem Lager und tastete den Fußboden ab. Er musste lange suchen, doch endlich fand er einen faustgroßen Stein, den er für geeignet hielt. Er trat zur Tür, die einen prima Resonanzkörper abgeben würde, da sie aus Holz bestand. Dann klopfte er mit dem Stein dagegen: dreimal kurz, dreimal lang - hier machte er längere Pausen - und schließlich wieder dreimal kurz. Das hieß SOS und war das bekannte Notsignal. Keine Reaktion. Er wiederholte das Ganze: dreimal kurz, dreimal lang, dreimal kurz. Wieder nichts. Glücklicherweise reagierten Florians Männer nicht auf das nächtliche Klopfen. Er versuchte es mehrere Male, aber es kam keine Antwort. Bestimmt schlief Bernd bereits. Oder war er etwa ganz woanders untergebracht? Das wäre schlimm!

Thomas legte sich wieder hin. Er war gerade beim Einschlafen, als er ein fernes Klopfen vernahm. Dreimal kurz, dreimal lang, dreimal kurz. Freudig sprang er auf. Das musste Bernd sein! Es funktionierte! Die Freude währte jedoch nur kurz.

Schon wenige Sekunden später rief eine tiefe Stimme: »Ruhe dort unten!«

Egal, wenigsten war es überhaupt möglich zu kommunizieren. Nun mussten sie eine Uhrzeit finden, zu welcher die Wachen beschäftigt waren, damit ihr Informationsaustausch niemandem auffiel. Vermutlich war das irgendwann tagsüber.

Er legte sich wieder auf seinen feuchten, stinkenden Strohsack und schlief alsbald ein.

Die Sonne stand schon am Himmel und schickte ein paar wärmende Strahlen durch das kleine Fenster, als plötzlich die Tür der Zelle aufflog und Florian vom Mühlental hereintrat. Thomas erschrak und schaute ihn mit zusammengekniffenen Augen an.

»Es wird Zeit aufzustehen!«, sagte der Herr der Rossburg gut gelaunt. »Heute beginnen wir mit einer kleinen Führung durch den Kerker und ich werde dir ein paar Instrumente vorstellen, mit denen man viel Spaß haben kann.«

Demonstrativ schwenkte er seine rechte Hand. Erst jetzt bemerkte der junge Mann, dass er darin eine ziemlich fies aussehende, spitze Zange hielt.

Dann fuhr er fort: »Deine Freunde sind übrigens gerade dabei, sie auszuprobieren. Du bist doch gewiss schon sehr gespannt darauf, oder?«

Thomas stand auf und sah ihn unsicher an.

Florian zog die Mundwinkel nach oben und lachte.

»Was ist denn jetzt los? Hast du etwa Angst?«

Der Gefangene schüttelte den Kopf, aber er wusste genau, dass der Burgherr ihm nicht glaubte.

1. Juli 2017

Das Abendessen war längst vorbei und die Mitglieder der Gruppe hatten sich in ihre Quartiere begeben. Kurz vor 23 Uhr ertönte die Stimme des Professors erneut aus dem Lautsprecher. Das Portal war soeben wieder aktiv geworden. Nun hofften alle, es diesmal zu schaffen und endlich ins Mittelalter zu reisen.

Polizeikommissar Klaus Schneider kam als Erster bei der Höhle an. Ihm folgten sein Kollege Tobias Grünbaum, die Professorin Susanne Dombrowski und Dr. Udo Frank. Dann erschien Professor Falk Lorenz und zuletzt Dr. Ralph Braumann.

Gerade als der Studienrat etwas sagen wollte, hörten sie im Inneren der Höhle ein Geräusch. Es klang wie ein Stöhnen. Dann vernahmen sie einen panischen Schrei, der jedem der Anwesenden einen eiskalten Schauer über den Rücken jagte. Wenige Sekunden später erschien Rachel Klingenberg am Eingang. Sie bot ein Bild des Schreckens. Ihr Kleid war zerrissen und blutverschmiert, genau wie die Hände und das Gesicht. Sie schaute in die Runde und bewegte die Lippen, als wollte sie sprechen, doch kein Laut kam aus ihrem Mund. Rachel starrte den Professor an, verdrehte plötzlich die Augen und brach zusammen. Ralph Braumann, der sofort auf sie zusprang, versuchte sie aufzufangen. Er erwischte sie noch an den Schultern, aber sie entglitt ihm und fiel auf den steinigen Boden.

Professor Lorenz war der Erste, der einen klaren Gedanken fasste.

»Bringt sie in den letzten Container. Ich alarmiere den Rettungsdienst«, rief er. »Keiner geht durch das Portal, bevor wir wissen, was los ist!«

Zwanzig Minuten später kam der Notarzt und untersuchte die junge Frau. Inzwischen war auch der Rettungswagen eingetroffen. Der Arzt ordnete an, sie sofort ins Krankenhaus zu bringen. Nun hieß es warten, bis sich ihr Zustand verbessert hatte.

In dieser Nacht konnte Klaus absolut nicht schlafen. Ständig dachte er an Horst. Lebte er noch? War er dabei gewesen, als das mit Rachel passierte? Vor allem, was war überhaupt geschehen? Er erinnerte sich an den Moment, als er seinen Kollegen mit Susanne erwischt hatte. Ging es ihn etwas an, was dieser in seiner Freizeit tat? War seine Reaktion zu heftig gewesen? Seine Gedanken kreisten. Alle paar Minuten schaute er auf die Uhr.

Professor Lorenz erging es ebenso. Schließlich hatte er die Verantwortung. Klar, alle Mitglieder der Gruppe waren erwachsene Menschen, die diese Reise freiwillig antreten wollten, aber gerade Rachel Klingenberg hatte es erwischt. Eigentlich gehörte sie nicht einmal zum Team. Er hatte sich einfach von ihr breitschlagen lassen. War es ein Fehler gewesen, nachzugeben? Gut, sie hatte das Papier unterschrieben und damit die volle Haftung für ihr Handeln übernommen, doch trotzdem fühlte er sich irgendwie schuldig.

Auch die anderen grübelten in ihren Quartieren. Was zum Teufel war im vierzehnten Jahrhundert passiert?

* * *

Endlich war die Nacht vorbei. Unmittelbar nachdem er das Bad verlassen hatte, rief der Professor im Krankenhaus an. Rachel ging es den Umständen entsprechend gut. Zwar wurden ihm telefonisch keine konkreten Auskünfte erteilt, aber so viel stand fest: Sie war außer Lebensgefahr und ansprechbar.

Nach dem Frühstück informierte er das Team. Danach hatte er vor, die junge Frau umgehend zu besuchen. Klaus Schneider wollte unbedingt mitkommen, weil er sich Sorgen um Horst Ketzel machte. Doch der Studienrat bestand darauf, erst einmal allein mit ihr zu sprechen, um sie nicht unnötig aufzuregen. Klaus sah das ein und ging in sein Quartier, und der Professor fuhr ohne Begleitung los.

Einige Zeit später erhielt Polizeikommissar Schneider Besuch von Tobias Grünbaum. Sie diskutierten über den Verbleib ihres Kollegen.

»So wie diese Rachel Klingenberg aussah«, sagte Klaus, »steckt Horst bestimmt in ernsten Schwierigkeiten.«

»Stimmt«, antwortete Tobias, »den Gedanken hatte ich auch schon. Es gibt sogar eine Möglichkeit, das zu überprüfen.«

Sein Kollege stutzte und fragte dann: »Und welche?«

»Lass uns einfach hingehen und nachschauen«, entgegnete Tobias.

Dabei zwinkerte er ihm verschwörerisch zu.

»Hingehen? Du meinst, wir sollten ohne die anderen ...?«

»Klar meine ich das. Das Portal ist hoffentlich noch aktiv und ich werde den Teufel tun und hier warten, während Horst dort aller Wahrscheinlichkeit nach in höchster Gefahr ist.«

Klaus gefiel die Idee.

»Na dann los!«, erwiderte er.

Die beiden schafften es tatsächlich, unbemerkt in die Höhle zu gelangen. Sie schalteten ihre Taschenlampen ein und liefen zum Ende des Gangs. Wie Tobias gehofft hatte, war das Portal aktiv. Klaus trat als Erster in die Mulde. Sein Kollege folgte ihm wenige Sekunden später.

Inzwischen war Professor Lorenz im Krankenhaus angekommen. Nachdem er an der Anmeldung gefragt hatte, fand er problemlos das Zimmer, in dem Rachel Klingenberg lag. Er klopfte an und trat ein, ohne ihre Aufforderung abzuwarten.

Die junge Frau bot ihm einen Stuhl neben ihrem Bett an und er setzte sich. Sie sah heute schon wesentlich besser aus. Wie er nun erfuhr, war sie glimpflich davongekommen. Außer einer Stichverletzung am linken Oberarm hatte sie nur einige harmlose Abschürfungen und Hämatome an den Armen, Beinen und Händen.

Der Studienrat wollte natürlich wissen, was passiert war. Rachel fühlte sich ziemlich schwach und hatte den Schock noch nicht ganz verarbeitet. Trotzdem versuchte sie ihm zu berichten, was sich im Jahr 1325 zugetragen hatte:

Beide, sie und Horst Ketzel, gelangten ohne Probleme ins Mittelalter. Sie traten aus der Höhle und schauten sich um. Die Umgebung war menschenleer und sie wähnten sich in Sicherheit. Als sie begannen, das Gebiet zu erkunden, hörten sie ein Geräusch. Im selben Augenblick sprangen zwei Männer, ein älterer und ein jüngerer, aus dem Gebüsch und stürzten sich auf Horst. Da sie auf ihn fixiert waren, gelang es ihr, sich hinter einem Felsen zu verstecken. Von dort aus beobachtete sie, wie er mit den Männern kämpfte. Der Ältere hatte ihn von hinten gepackt und hielt seine Oberarme fest umklammert. Daraufhin zog der Jüngere ein Messer und rammte es ihm mit voller Wucht in die Brust. Als sie sah, wie der Polizeioberkommissar zusammensackte und sich neben ihm eine Blutlache bildete, verließ sie ihr Versteck und rannte, so schnell sie konnte, zurück zur Höhle. Die Angreifer folgten ihr, holten sie kurz vor ihrem Ziel ein und ergriffen sie. Doch sie wehrte sich und schaffte es glücklicherweise, sich loszureißen. Dabei kam es zu der Stichverletzung am linken Oberarm. Sie rannte weiter und erreichte endlich den Eingang. Aus irgendeinem Grund blieben die Verfolger vor der Höhle stehen. Das Portal war aktiv und sie sprang in die Mulde.

Der Professor war erschüttert. Mit bebender Stimme fragte er: »Ist Horst Ketzel etwa ...?«

Er wagte nicht, es auszusprechen.

Unter Tränen antwortete die junge Frau: »Ja, er ist tot.«

24. November 1325

Sie waren schon längere Zeit unterwegs. Wie lange genau, das wussten Sarah, Erika und Uwe nicht, denn sie hatten jegliches Zeitgefühl verloren. Nicht einmal zu den Vorwürfen, Ulman getötet und Wigant nicht geholfen zu haben, konnten sie sich äußern, da Simons Komplizen sie geknebelt hatten.

Uwe zerbrach sich den Kopf darüber, ob es eine Möglichkeit gab, lebend aus dieser Situation herauszukommen, doch es fiel ihm nichts ein. Allein würde er gegen die Entführer nicht viel ausrichten können und auch zusammen mit den Frauen waren die Chancen eher gering. Außerdem wusste niemand, wo sie sich gerade aufhielten. Sie hatten ja selbst keine Ahnung. Der Einzige, der überhaupt von ihrem Aufbruch Kenntnis hatte, war Hans. Und der lag auf dem Dachboden, konnte nicht richtig laufen und würde vor morgen früh nicht herunterkommen. Ihre Lage schien aussichtslos.

Plötzlich blieb der Wagen stehen.

Sie hörten, wie Simon rief: »Dort vorne liegt jemand auf der Straße! Was sollen wir machen?«

Der Kerl mit der tiefen Stimme antwortete: »Fahr hin. Finden wir heraus, ob wir ihn kennen.«

Das Fuhrwerk setzte sich erneut in Bewegung, um bereits nach wenigen Metern wieder anzuhalten.

»Weißt du, wer der Tote ist?«, hörten sie den Händler fragen.

»Nein«, erwiderte der andere. »Ist mir auch egal. Aber ich habe soeben etwas beschlossen.«

»Und was?«

»Ich werde die Gefangenen jetzt und hier töten.«

Simon war außer sich.

»Damit will ich nichts zu tun haben. Wir hatten den Auftrag, sie ins Lager zu Hubert von Starkenburg zu bringen. Dort sollten sie ihre gerechte Strafe von ihm erhalten. Von Mord war nie die Rede.«

»Halt's Maul. Das interessiert mich nicht. Ich habe es mir eben anders überlegt«, schnauzte ihn sein Kumpan an.

»Da mache ich nicht mit!«, schrie der Händler zurück.

Die Antwort war ein dumpfer Schlag. Dann klang es, als würde ein Sack auf den Wagen geworfen. Der Kerl mit der tiefen Stimme lachte laut.

»Das hast du nun davon, du Narr. Und jetzt zu euch.«

Uwes Kopf wurde nach hinten gedrückt und er spürte Metall an seiner Kehle. Es fühlte sich kühl und scharf an.

»Gleich trittst du deinem Schöpfer gegenüber«, hörte er den Mann sagen.

Obwohl seine Augen verbunden waren, schloss er die Lider. Das war's dann wohl, dachte er. Hier würde sein Weg enden.

Auf einmal vernahm er einen lauten Knall. Diesem folgte ein Stöhnen und danach ein dumpfer Aufschlag. Das kalte Metall an seiner Kehle war verschwunden. Den drei Gefangenen wurden die Knebel und die Augenbinden abgenommen. Der Schmied blickte sich um. Simon und der große breitschultrige Kerl mit dem schwarzen Vollbart, der aus einem kleinen Loch in seiner Stirn blutete, lagen hinten auf dem Wagen. Der Händler schien am Leben zu sein, rührte sich aber nicht. Auf dem Bock stand der Mann, der sie von ihren Fesseln befreit hatte. Uwe schätzte ihn auf Mitte vierzig. Er hatte kurze schwarze Haare und einen durchtrainierten Körper.

Wenige Meter vom Fuhrwerk entfernt lag noch jemand. Als der Schmied genauer hinschaute, erkannte er ihn.

»Verdammt, das ist doch Horst Ketzel!«, rief er entsetzt, sprang vom Wagen und rannte hin.

Ein anderer, ziemlich junger Mann mit ebenfalls kurzen schwarzen Haaren und sportlicher Figur stand neben dem Polizeioberkommissar und hielt eine Pistole in der Hand. Er stellte sich ihm in den Weg und wollte ihn daran hindern, den am Boden Liegenden zu untersuchen.

Sein Begleiter sprang vom Wagen, riss ihm die Waffe aus der Hand und schrie ihn an: »Bist du übergeschnappt? Steck das Ding weg!«

Erschrocken schaute Uwe die beiden Männer abwechselnd an. Hatten sie Horst das angetan? Doch es sah nicht danach aus und sie machten keine Anstalten, ihn weiter zu behindern, also begann er mit der

Untersuchung. Kurze Zeit später atmete er erleichtert auf.

»Er lebt! Er hat wahnsinniges Glück gehabt. Die Stichwunde ist nicht lebensgefährlich. Die Klinge hat nur eine Fleischwunde verursacht und er hat ziemlich viel Blut verloren, aber er wird durchkommen. Ich kann ihm helfen.« Dann sah er den jüngeren der beiden Männer an, zeigte auf die Tasche, in die dieser die Pistole gesteckt hatte, und stieß hervor: »Woher ...?«

Die Frage blieb ihm im Hals stecken, als er bemerkte, dass der junge Mann eine Armbanduhr trug. Er blickte auf den Arm des Älteren. Auch dieser hatte eine Uhr. Nun reichte es Uwe endgültig. Es war offensichtlich, dass die beiden aus Horst Ketzels Zeit kamen, dem einundzwanzigsten Jahrhundert! Wütend polterte er los und fragte sie unverblümt, ob sie schon einmal etwas davon gehört hatten, dass keine Gegenstände mit in die Vergangenheit genommen werden durften, die es zu diesem Zeitpunkt noch nicht gab. Sie konnten viel zu leicht den Verlauf der Geschichte beeinflussen. Verdattert starrten sie ihn an und schwiegen zu dieser Zurechtweisung.

Nachdem er sich wieder beruhigt hatte, stellte er fest, dass sie sich nur wenige Meter von der Höhle entfernt befanden. Es war also ein Leichtes, die Neuankömmlinge zusammen mit Horst wieder in ihre Zeit zu schicken. Doch sie winkten ab. Vor wenigen Minuten hatten sie bemerkt, dass das Portal inaktiv geworden war. So blieb Uwe nichts anderes übrig, als die drei Gäste aus der Zukunft vorerst mit nach Hause zu nehmen.

Als sie den Polizeioberkommissar mit vereinten Kräften auf den Wagen gelegt und versorgt hatten, machten sich alle miteinander bekannt. Dabei erfuhren Sarah, Erika und Uwe, dass Tobias Grünbaum und Klaus Schneider Polizisten und Horsts Kollegen waren und dass dieser ihnen schon einiges über seine letzte Reise ins Mittelalter erzählt hatte. Daher wussten sie auch, dass der Schmied eigentlich Arzt war. Die beiden Frauen, die bis dahin schweigsam zugehört hatten, beteiligten sich nun ebenfalls an dem Gespräch.

Simon lag neben Horst im Wagen. Den großen Kerl mit dem schwarzen Vollbart hatten sie, nachdem Uwe seinen Tod festgestellt hatte, notdürftig am Wegrand verscharrt. Jetzt konnten sie die Heimreise antreten. Da der Schmied Erfahrung mit einem Fuhrwerk hatte, lenkte er den Wagen. Zum Glück hatte es nicht erneut geschneit. So kamen sie gut voran.

Der Händler, der unterwegs wieder zu sich kam, wurde von Tobias und Klaus gefesselt. Knebeln mussten sie ihn nicht. Er starrte nur vor sich hin und sagte die ganze Zeit kein Wort. Der verwundete Polizeioberkommissar schlief friedlich. Uwe hatte ihm eine Spritze gegeben. Für den Notfall führte er immer einige Medikamente mit sich.

Sie fuhren die ganze Nacht hindurch. Glücklicherweise war der Himmel nun klar. Das Mondlicht reichte einigermaßen, um den Weg zu beleuchten. Erst früh am Morgen kamen sie zu Hause an. Doch was war das? Die Haustür stand sperrangelweit offen.

26. November 1325

»Na dann los!«

Florian vom Mühlental trat lachend zur Seite. Kaum hatte Thomas die Zelle verlassen, wurde er von Gelfrid unsanft am Arm gepackt.

Während sie den langen Kellergang entlangliefen, meinte der Burgherr: »Die anderen Räume dürften dich wohl weniger interessieren, aber zwei muss ich dir unbedingt zeigen.«

Wieder lachte er.

Sie betraten den ersten Raum. An den Wänden waren Bretter befestigt, auf denen Thomas von der Tür aus jede Menge Teile aus Eisen liegen sah. Als er näher kam und genauer hinschaute, entpuppten sie sich als Zangen, Eisenplatten, Haken, Eisenketten, Bolzen und Schrauben. Folterwerkzeuge, durchfuhr es ihn. Und er sollte recht behalten, denn Florian begann, ihm gängige Foltermethoden zu erläutern. Schon beim bloßen Zuhören drehte sich ihm fast der Magen um. Wie um diese Erklärungen noch zu unterstreichen, waren aus dem Nachbarraum plötzlich Schreie und Stöhnen zu hören. Er zog die Stirn in Falten und lauschte angespannt. Als der Burgherr das bemerkte, grinste er hämisch. Gelfrid packte Thomas wieder am Arm und zog ihn auf den Gang hinaus.

Sobald sie den zweiten Raum betraten, aus dem die Schreie und das Stöhnen kamen, lief ihm ein eiskalter Schauer über den Rücken. Das Bild, das sich ihm bot, würde er wohl nie mehr vergessen. Gegenüber der Eingangstür erblickte er seine Schwester. Sie war mit nach oben gestreckten Armen und gespreizten Beinen an Ösen gekettet, die tief in der Wand verankert waren. Es kostete sie große Anstrengung, in dieser Haltung verharren zu müssen. Ihr Gesicht war gerötet und angsterfüllt. Bei diesem Anblick dachte er unwillkürlich daran, wie man sie auf Burg Liebstein durch die Bodenluke in den Kerker geworfen hatte, nachdem sie von den Wachen vergewaltigt worden war. Er fragte sich, ob Claudia sich in diesem Moment ebenfalls an das traumatische Erlebnis erinnerte.

Neben ihr hatte man Mirjam auf einem Stuhl festgebunden. Ihr Gesicht war schmerzverzerrt. Erst als er genauer hinsah, erkannte er, dass ihre Daumen in Zwingen eingespannt waren, deren durch Gewinde miteinander verbundene Backen schraubenförmig zusammengezogen wurden. Dadurch wurden Ihre Daumen gequetscht, was mit Sicherheit höllisch wehtat. Daumenschrauben, stellte er entsetzt fest.

Er blickte nach rechts. Dort saß Karsten auf einem Hocker, der dicht an der Wand stand. Seine Arme waren wie die von Claudia hochgestreckt und angekettet worden. Das linke Bein hatte man an dem Schemel festgebunden. Der rechte Unterschenkel wurde von zwei massiven Eisenplatten eingeklemmt, die der Form seiner Beine entsprachen. Seitlich waren Gewindestäbe angebracht, die die beiden Platten zusammenpressten. Thomas kannte dieses Folterinstrument aus verschiedenen Museen, die er besucht hatte. Es handelte sich um eine Beinschraube, die später als Spanischer Stiefel bezeichnet wurde. Auch Karsten hatte wahnsinnige Schmerzen, die er durch lautstarkes Stöhnen artikulierte.

Daneben war Swenja an einen Stuhl gefesselt. Theodricus hatte ihren Kopf in den Nacken gelegt und hielt ihn in dieser Position fest. Mit schreckgeweiteten Augen starrte sie nach oben. Aus ihrem weit geöffneten Mund ragte ein Trichter heraus. Neben ihr stand Nicolaus mit einem Krug in der Hand, der mit einer undefinierbaren Flüssigkeit gefüllt war. Als Florian sah, dass Thomas darauf starrte, wies er Gelfrid an, ihn dorthin zu bringen.

Sobald er den Inhalt des Krugs roch, kämpfte er mit einem Würgereiz. Der Gestank brachte ihn fast dazu, sich zu übergeben.

»Das ist eine Mischung aus Kot und Urin«, erklärte der Burgherr und strahlte übers ganze Gesicht. »Sie ist gut abgestanden und schmeckt bestimmt hervorragend.«

Schwedentrunk, dachte Thomas. Er versuchte sich zusammenzureißen und an etwas anderes zu denken, um sich abzulenken. Er durfte auf gar keinen Fall Schwäche zeigen.

An der linken Wand hatte man Bernd auf eine Streckbank geschnallt und seine Füße am unteren Ende festgebunden. Die Arme steckten in einer Schlinge, die mit einer Holzwalze verbunden war. Mithilfe eines Handhebelrades konnte diese gedreht werden. Dadurch wurde das Seil gespannt, was unheimliche Schmerzen verursachte. Olbrecht war gerade dabei, dieses Rad zu bewegen. Bernd hatte Mund und Augen zusammengepresst. Von ihm kam nur ein leises Wimmern.

Neben ihm stand Holger mit dem Gesicht zur Wand. Auch er war angekettet. Dahinter hatte Herwyg Position bezogen und hielt eine Peitsche in der Hand. Als er bemerkte, dass Thomas zu ihm blickte, begann er diese zu schwingen. Holger brüllte wie am Spieß. Auf seinem Rücken bildeten sich in Sekundenschnelle rote Striemen, die schon nach kurzer Zeit anfingen zu bluten, während Herwyg weiter auf ihn einschlug.

Thomas hielt das nicht länger aus. Er riss sich los, rannte zu Florian und fing an, wie von Sinnen auf ihn einzuprugeln. Doch der lachte nur darüber. Nachdem Gelfrid ihn wieder gepackt und seine Hände auf dem Rücken fixiert hatte, nutzte der Burgherr die Gelegenheit und schlug ihm mit voller Wucht die Faust ins Gesicht. Er taumelte zwar, konnte aber nicht umfallen, weil er von Gelfrid gehalten wurde.

»Wie ich sehe, hast du noch immer nicht genug«, meinte Florian trocken. »Dann komm mit.«

Sie verließen den Raum und liefen den Gang entlang. Die Schreie und das Stöhnen hinter ihnen wurden immer leiser, je weiter sie sich entfernten.

Wieder wurde der Gefangene in eine Kammer geschoben. Die Wände waren völlig kahl, nur in der Mitte stand ein nach oben keilförmig geformter Bock, der mit scharfen Metallspitzen bestückt war. Links und rechts von diesem lagen kurze Seile und schwere Feldsteine, um die man Schlingen gebunden hatte.

Er begann zu zittern, als der Burgherr sagte: »Du bekommst jetzt deine erste Reitstunde, mein Lieber.«

Dabei klopfte er ihm freundschaftlich auf die Schulter. Thomas' Knie wurden weich, denn auch dieses Gerät kannte er. Es war ein sogenannter Spanischer Bock. Mit gespreizten Beinen wurde der Delinquent daraufgesetzt. Oftmals band man ihm zusätzlich Gewichte in Form von Steinen an die Füße. Dass dies extrem schmerzhaft war und verheerende Verletzungen im Genitalbereich nach sich zog, verstand sich von selbst.

Gelfrid packte den jungen Mann und schickte sich an, ihn auf den Bock zu setzen, doch im letzten Moment rief Florian: »Halt! Ich will die anderen und vor allem meine zukünftige Frau nicht um ihren Spaß bringen.«

Enttäuscht setzte Gelfrid den Gefangenen wieder ab.

»Aber Moment«, fuhr der Burgherr fort, »ich habe noch etwas Besonderes für dich.«

Vielsagend nickte er seinem Gehilfen zu. Dieser schien den Plan sofort zu erraten. Er grinste und schob Thomas aus der Kammer. Wieder liefen sie den Gang entlang und kamen schließlich an eine Tür, die ins Freie führte. Gelfrid, der ihn immer noch am Arm festhielt, bugsierte ihn nach draußen und trat ebenfalls hinaus. Florian folgte ihnen.

Der Platz, auf dem sie sich nun befanden, lag hinter dem Hauptgebäude der Burg. In der Mitte lag ein nackter Mann auf dem Boden, dessen ausgestreckte Arme und Beine an vier Pflöcke gebunden waren. Unter seine Gliedmaßen hatte man Hölzer geschoben und im Mund steckte ein Knebel. Mit angstgeweiteten Augen starrte er nach oben. Thomas folgte seinem Blick. Auf einem

Gerüst standen zwei Kerle, die ein großes Rad festhielten, welches an einem langen Seil hing.

Der Burgherr schaute hinauf und rief ihnen zu: »Los, fangt endlich an!«

Auf sein Kommando hin ließen die beiden das Rad niederkrachen. Thomas hörte ein lautes Knacken und sah, wie das linke Schienbein des Mannes wie ein Streichholz zerbrach. Dieser zerrte an seinen Fesseln und versuchte sich zu krümmen, was ihm natürlich nicht gelang. Sein Gesicht war schmerzverzerrt. Schreien konnte er nicht, weil ihn der Knebel daran hinderte. Dafür stöhnte er umso lauter.

Die Männer zogen das Rad wieder hoch und ließen es kurze Zeit später auf seinen rechten Oberschenkel fallen. Auch diesmal war das Brechen von Knochen deutlich zu vernehmen. Wieder stöhnte er, warf den Kopf zur Seite und starrte Thomas an. Dieser blickte in das Gesicht des Gefolterten. Plötzlich lief ihm ein kalter Schauer über den Rücken, denn er erkannte Ulrich, einen der Musiker der Schandgeigen. Verdammt, wie war er hierhergekommen? Befanden sich etwa Günther und Karl-Heinz ebenfalls in der Burg? Ob Ulrich ihn auch wiedererkannt hatte, konnte er nicht mit Gewissheit sagen. Aufgrund der Schmerzen, die er erlitt, war das eher unwahrscheinlich.

Als das Rad erneut herunterkrachte, wurde Thomas aus seinen Gedanken gerissen. So gerne hätte er Ulrich geholfen, doch das war unmöglich. Schon lange hatte er sich nicht mehr so hilflos und allein gefühlt.

Immer wieder knallte das Rad herab. Er versuchte wegzuschauen, doch Gelfrid packte seinen Kopf, drehte ihn in die Richtung des Geschehens und hielt ihn fest. Ein letztes Mal wurde das Rad nach oben gezogen. Diesmal zertrümmerte es beim Herunterfallen Ulrichs Schädel. Anschließend stiegen die Männer von dem Gerüst herunter und flochten die gebrochenen Glieder des Toten in die Speichen. Dann luden sie das Rad mit dem Leichnam auf einen bereitstehenden Karren und schafften es weg.

Florian schaute Thomas an und lachte spöttisch.

»Ich hoffe, du hast gut aufgepasst. Nun weißt du, was ich jederzeit auch mit dir machen kann.«

Dieser erwiderte nichts. Zu tief saß der Schock. Er konnte einfach nicht fassen, wie brutal die Menschen im Mittelalter waren. Durch die Tür wurde er zurück ins Innere der Burg geschoben. Wieder ging es durch lange Gänge, bis sie endlich seine Zelle erreicht hatten. Diesmal war er froh, als sich die Tür hinter ihm schloss.

Nach einer Weile brachte Gelfrid ihm das kärgliche Mittagessen, doch Thomas war der Appetit vergangen. Den Anblick von Ulrichs geschundenem Körper und des zertrümmerten Schädels würde er nie mehr vergessen können. Zwar versuchte er, dieses Bild aus seinem Gedächtnis zu verbannen, doch es gelang ihm nicht.

Den ganzen Nachmittag über hörte man Hammerschläge, Stimmen und allerlei andere Geräusche aus dem Burghof. Anscheinend wurde dort weiter gebaut. Sicher waren das schon die Hochzeitsvorbereitungen und bestimmt bereitete man außerdem ihre Hinrichtung vor. Ihn schauderte bei dem Gedanken.

Erst am Abend versuchte er, ein wenig trockenes Brot zu essen. Sein Magen war leer und tat bereits weh. Dazu trank er einen Krug Wasser und legte sich anschließend auf sein stinkendes Lager, an das er sich mittlerweile gewöhnt hatte. Er lag noch einige Stunden wach. Seine Gedanken kreisten umher, doch irgendwann übermannte ihn endlich der Schlaf.

2. Juli 2017

Professor Lorenz war fassungslos. Stimmte das wirklich? Hatte Horst Ketzel die letzte Reise ins Mittelalter mit seinem Leben bezahlt? Er konnte kaum glauben, was er eben gehört hatte. Nachdenklich und stumm sah er Rachel Klingenberg an. Auch ihr fehlten nun die Worte. Sie presste die Lippen zusammen und starrte zur Wand.

Nach einer ganzen Weile brach er das Schweigen: »Wie fühlen Sie sich überhaupt? Dürfen Sie das Zimmer verlassen?«

Sie nickte und sagte leise: »Es geht mir etwas besser.«

Er schlug vor, die Cafeteria zu besuchen. Sie hatte nichts dagegen, stand auf und verschwand im Bad. Als sie zurückkam, sah sie viel frischer aus. Was so ein bisschen Make-up doch ausmacht, dachte er lächelnd, behielt diesen Gedanken jedoch für sich.

Die Cafeteria war recht gut gefüllt, was um diese Uhrzeit kein Wunder war. Die beiden fanden einen leeren Tisch und setzten sich.

»Möchten Sie einen Kaffe?«, fragte er sie, wurde aber im selben Moment von einer jungen Frau abgelenkt, die am Nachbartisch saß. Sie hatte Tränen in den Augen und schluchzte vor sich hin.

Er schaute sie an, stutzte und flüsterte: »Die kenne ich, das ist Bettina Heilmann. Sie studiert bei uns an der Universität.«

Rachel blickte hinüber, überlegte kurz und erwiderte: »Ja, ich habe sie an der Uni schon öfter gesehen. Was sie wohl hat?«

»Bestimmt ist es wegen ihrer Mutter«, antwortete er mit gedämpfter Stimme. »Soviel ich weiß, hat es sie beim Brand ihres Hauses ziemlich schlimm erwischt. Bisher war Frau Heilmann eine unserer besten Studentinnen, momentan geht es mit ihren Leistungen jedoch steil bergab.«

»Das ist bedauerlich«, meinte Rachel, »aber ich kann das durchaus verstehen. Als mein Vater starb, wäre ich um ein Haar durch die Abschlussprüfung gerasselt.«

Er nickte. Nur zu gut erinnerte er sich noch daran.

Mittlerweile hatte Bettina mitbekommen, dass über sie gesprochen wurde, und schaute zu ihnen herüber. Professor Lorenz grüßte freundlich und lud sie ein, sich mit an ihren Tisch zu setzen. Sie nahm dankend an. Da in der Cafeteria Selbstbedienung war, stand er auf und fragte, was sie trinken und essen wollten.

Zehn Minuten später hatten alle eine Tasse Kaffee und ein Stück Kuchen vor sich. Sie ließen es sich schmecken und unterhielten sich. Die beiden jungen Frauen verstanden sich auf Anhieb. Rachel und der Professor erfuhren unter anderem, dass man bei Bettinas Mutter Dagmar den Hirntod festgestellt hatte. Allerdings waren die Geräte bisher nicht abgestellt worden, da man ihren Ehemann, Stefan Heilmann, nicht erreichte. Auch Bettinas Bruder Mario schien spurlos verschwunden zu sein. Sie hatte keine Ahnung, ob den beiden irgendetwas zugestoßen war, und machte sich natürlich große Sorgen. Bezüglich ihrer Mutter hatte sie nach wie vor Hoffnung, auch wenn das, wie sie selbst zugeben musste, völlig unlogisch war. Jeden Tag ging sie ins Krankenhaus, um sie zu besuchen. Sie sprach mit ihr und streichelte ihre Hand, obwohl sie in ihrem tiefsten Inneren wusste, dass sie definitiv nichts mehr fühlte.

Inzwischen waren die Kuchenteller leer gegessen und der Kaffee ausgetrunken. Professor Lorenz wollte Rachel zu ihrem Zimmer begleiten, also brachen sie auf. Bettina schlug dieselbe Richtung ein, da sie eine Tasche mit Kleidungsstücken aus Dagmars Krankenzimmer mitnehmen musste. Sie hatte diese dort abgestellt, weil sie in der Cafeteria gestört hätte.

Auf dem Weg stellten sie fest, dass die beiden Räume fast nebeneinander lagen. Zuerst kamen sie an Dagmar Heilmanns Zimmer vorbei und ihre Tochter huschte schnell hinein, um die Tasche zu holen. Rachel war neugierig und steckte den Kopf zur Tür herein.

Als Bettina das mitbekam, meinte sie nur: »Komm ruhig näher. Du musst keine Angst haben.«

Rachel zögerte nicht lange und trat ein. Der Professor folgte, blieb aber im Türrahmen stehen.

Dagmar lag allein in diesem Raum. Ihren Körper hatte man über mehrere Schläuche und Kabel mit verschiedenen Geräten verbunden, die neben dem Bett aufgereiht waren. Auf der anderen Seite befanden sich ein Stuhl und ein kleiner Tisch mit einer Schublade für ein paar persönliche Dinge. Auf dem Tischchen standen ein Blumenstrauß und ein gerahmtes Foto. Da Rachel auf der gegenüberliegenden Seite des Betts war, machte sie einen langen Hals, um das Bild genauer in Augenschein zu nehmen.

Bettina bemerkte dies, nahm es und reichte es ihr mit den Worten: »Das sind mein Vater, meine Mutter, mein Bruder und ich. Es wurde vor einem Jahr aufgenommen. Da war noch alles in Ordnung.«

Sie fing an zu weinen. Behutsam ergriff Rachel das Foto und betrachtete es. Plötzlich stieß sie einen spitzen Schrei aus und begann zu zittern. Der Rahmen fiel auf den Boden und die Glasscheibe zersplitterte. Professor Lorenz eilte zu ihr und legte seine Hand auf ihre Schulter. Sie bebte noch immer und rang nach Luft. Bettina war so erschrocken, dass sie aufgehört hatte zu weinen.

»Was ist passiert?«, fragte der Studienrat besorgt.

Rachel deutete auf das zerstörte Bild und antwortete bestürzt: »Diese beiden Männer haben Horst Ketzel getötet!«

25. November 1325

Vorsichtig betrat Uwe das Haus. Er bemühte sich, leise zu sein. Die beiden Polizeikommissare Klaus Schneider und Tobias Grünbaum folgten in geringem Abstand. Sarah und Erika warteten sicherheitshalber draußen. Horst schlief noch im Wagen. Simon hatten sie wohlweislich an der Rückseite des Kutschbocks festgebunden.

Die Männer durchsuchten jedes Zimmer. Nach einer Weile stellten sie fest, dass niemand anwesend war. Auch Hans hielt sich nicht mehr auf dem Dachboden auf. Hatte er sich etwa versteckt? Als sie das Haus verließen, um den Frauen Bescheid zu geben, kam ihnen der Müllergeselle entgegen.

Kurz bevor sie kamen, hatte er ein Klopfen gehört. Daraufhin war er nach unten gestiegen, was ziemlich lange dauerte, denn das Treppensteigen fiel ihm noch sehr schwer. Er öffnete die Haustür und sah sich um, konnte jedoch niemanden entdecken. Deswegen humpelte er einmal um das Gebäude herum, was ihm wie eine Ewigkeit vorkam. Letztendlich fand er keine Menschenseele. Wahrscheinlich hatte er sich das Klopfen nur eingebildet oder war kurz eingenickt und hatte geträumt.

Klaus und Tobias trugen Horst ins Haus. Uwe, Sarah und Erika folgten ihnen. Den Schluss bildete Hans. Simon ließen sie draußen, nachdem sie vorsichtshalber seine Fesseln kontrolliert hatten.

Zuerst kümmerte sich der Schmied um den Polizeioberkommissar. Dieser hatte zum Glück nur eine Fleischwunde, die allerdings sehr tief war. Aufgrund dessen hatte er ziemlich viel Blut verloren. Im Haus bewahrte Uwe allerlei Medikamente und medizinische Geräte auf. Natürlich beinhaltete diese Ausrüstung einige Dinge, die es im vierzehnten Jahrhundert noch nicht gab. Obwohl er strikt dagegen war, Gegenstände aus der Neuzeit mit ins Mittelalter zu nehmen, weil dadurch der Verlauf der Geschichte verändert werden konnte, machte er hier eine Ausnahme. Schließlich ging es um ihre Gesundheit. Er suchte zusammen, was er brauchte, und versorgte Horsts Wunde.

Zwischenzeitlich begab sich Hans auf den Weg zur Mühle. Zwar hatte er nach wie vor Probleme beim Laufen und würde dafür ziemlich lange brauchen, doch er wollte unbedingt zu Jakob und die Schmerzen waren erträglich. Somit konnten sie den Verletzten auf dem Dachboden unterbringen.

Später saßen die Frauen, der Schmied und die beiden Polizisten zusammen in der Küche und beratschlagten, wie es jetzt weitergehen sollte. Uwe war diesmal absolut ratlos. Klaus und Tobias hatten sichtlich mit der Tatsache zu kämpfen, dass sie sich wirklich im Jahr 1325 befanden. Erika zuckte nur mit den Schultern und Sarah starrte vor sich hin.

Nach einer Weile brach sie das Schweigen: »Überlegen wir zuerst einmal, was wir mit Simon machen. Da er uns in diesen Hinterhalt gelockt hat, arbeitet er definitiv mit der Räuberbande zusammen. Er weiß mit Sicherheit, wo sich dieses Gesindel im Moment aufhält und ob Thomas und seine Freunde bei ihnen sind.«

Klaus dachte kurz nach und meinte dann: »Also müssen wir ihn zum Reden bringen.«

Dabei hob er die rechte Hand in Brusthöhe, ballte sie zur Faust und schlug damit in die Luft. Uwe schüttelte den Kopf.

»Mit Gewalt kommst du hier nicht weiter. Ich schätze, dass der Händler ein harter Brocken ist. Man müsste ihn wirklich foltern, aber als Arzt lehne ich das kategorisch ab. Es gibt bestimmt einen anderen Weg.«

Tobias schaute ihn lange an und antwortete schließlich: »Du lehnst Gewalt ab? Gut, das akzeptieren wir. Aber als Arzt hast du fundiertes medizinisches Wissen. Garantiert weißt du wesentlich mehr als die Weißkittel in unserem Jahrhundert. Ich habe mal gehört, dass die Geheimdienste hin und wieder ein sogenanntes Wahrheitsserum einsetzen, um an Informationen zu gelangen.«

Alle blickten gespannt zu Uwe.

Der zog die Stirn in Falten und erwiderte schon fast barsch: »Damit kenne ich mich kaum aus. Außerdem habe ich hier keine Medikamente zur Verfügung, die eine solche Wirkung erzielen.«

»Warum regst du dich jetzt so auf?«, schaltete sich Erika in das Gespräch ein. »Sicher existieren dafür entsprechende Kräuter. Sag du auch mal was dazu, Sarah.«

Diese lehnte sich zurück und erklärte: »Selbstverständlich. Es gibt jede Menge Pflanzen, die Alkaloide wie Aconitin, Coniin, Solanin, Scopolamin, Atropin, Hyoscyamin und Morphin enthalten und somit das Bewusstsein verändern können. Eisenhut, Schierling, Tollkirsche, Bilsenkraut, Stechapfel, Alraune und Schlafmohn habe ich hier. Und wenn man die in Wein gibt, lösen sich die wirksamen Substanzen heraus.«

Uwe sah sie interessiert an und sagte nachdenklich: »Scopolamin, das unter anderem in Stechapfel enthalten ist, wurde meines Wissens als Wahrheitsdroge von diversen Geheimdiensten bei Befragungen verwendet. Später erfand man synthetische Stoffe, wie etwa die

Barbiturate. Ich kann mir gut vorstellen, dass es in Kombination mit Alkohol ein wirksames Wahrheitsserum ergibt. Schließlich wirkt dieser ja selbst enthemmend. Ob Hyoscyamin aus Tollkirsche oder Bilsenkraut auch dafür taugt, kann ich nicht mit Sicherheit beurteilen. Es wäre aber sehr gut möglich.«

»Okay«, antwortete Tobias, »dann nehmen wir doch das Scolampolin.«

»Scopolamin«, verbesserte ihn der Schmied lachend.

Die Kräuterfrau stand auf.

»Ich hole Stechapfel.«

Sie ging zum Schrank und öffnete ihn. Auch Uwe erhob sich und verließ das Zimmer. Nach einiger Zeit kam er mit einem Krug Wein zurück. Sarah nahm das getrocknete Kraut, die Wurzelstückchen und die Samen und gab alles zusammen hinein. Anschließend rührte sie mit einem langen Holzstab kräftig um.

»Lassen wir das Ganze nun bis zum Abend ziehen. Ich hoffe, dass bis dahin ausreichend Wirkstoffe im Wein gelöst sind.«

Und der Schmied fügte hinzu: »Vorerst bekommt Simon nichts zu essen und zu trinken und heute Abend kriegt er nur den Wein auf nüchternen Magen. Durst wird er dann ohnehin reichlich haben.«

Um sicherzugehen, dass der Gefangene von den Dorfbewohnern in den nächsten Stunden nicht gesehen wurde, sperrten sie ihn in den kleinen Schuppenanbau am Haus, in dem sich allerlei Gerätschaften befanden.

Kurz nach Mittag legten sich alle hin. Sie hatten dringend Ruhe nötig, also schliefen sie bis zum Abend durch.

Als sie aufstanden, war es bereits dunkel. Die Kräuterfrau versorgte Horst, dem es schon wieder etwas besser ging, und die beiden Polizisten holten Simon ins

Haus. Sie setzten ihn in der Küche auf einen Stuhl und banden seine Beine und sein linkes Handgelenk daran fest. Nur den rechten Arm konnte er noch frei bewegen, denn schließlich brauchte er ihn zum Trinken. Der Händler, der wie ein Hund fror und Hunger und Durst hatte, ließ alles mit sich geschehen. Danach setzten sie sich an den Tisch und Uwe stellte ihm den Krug mit dem Wein und einen Becher hin. Sarah hatte zuvor das Kraut, die Wurzelstückchen und die Samen entfernt und den Sud außerdem durch ein feines Sieb gegossen. Wortlos ergriff Simon den Krug mit seiner rechten Hand, füllte den Becher und leerte ihn in einem Zug. Der Wein schien ihm zu schmecken, denn er schenke sich sofort nach und trank weiter.

Klaus und Tobias hatten sich angeboten, seine Befragung zu übernehmen. Also warteten sie eine gute Viertelstunde, bevor sie begannen. Der Händler hatte schon fast ein Drittel des Weins getrunken, als Tobias ihn fragte, ob er zu dieser Räuberbande gehöre.

Er lachte und erwiderte trocken: »Natürlich gehöre ich dazu. Ulman und Wigant waren meine Freunde.« Mit zusammengekniffenen Augen deutete er auf Sarah und sagte hasserfüllt: »Die Kräuterhexe hat Ulman auf dem Gewissen, weil sie die Dorfbewohner auf ihn gehetzt hat, und seinen Sohn auch, denn sie wollte ihm nicht helfen. Und nun ist dieser Hubert von Starkenburg unser Anführer. Er ist ein aufgeblasener Angeber, sonst nichts.«

Plötzlich begann er hemmungslos zu weinen, beruhigte sich aber sofort wieder. Die Droge wirkte.

Nun fragte Klaus: »Was ist mit den jungen Leuten passiert, die ihr gefangen habt?«

Simon nahm einen weiteren Schluck aus dem Becher und antwortete: »Florian vom Mühlental hat sie in der Nacht entführt. In wenigen Tagen findet auf der Rossburg seine Vermählung mit Gundhild vom

Lerchenberg statt. An diesem Tag will er die Gefangenen zur Belustigung vor den Augen der gesamten Hochzeitsgesellschaft hinrichten lassen. Und nun schuldet dieser Hund uns das Lösegeld.«

Klaus hatte genug gehört.

»Wenn wir sie retten wollen, müssen wir zur Rossburg, und zwar so schnell wie möglich!«

Simon lachte schallend und lallte: »Und wie wollt ihr sie befreien?« Dann schaute er in die Runde und fuhr fort: »Drei Kerle und zwei Weiber gegen wenigstens zwanzig Bewaffnete. Wie das wohl ausgehen wird? Oder meint ihr etwa, Florian gibt euch sein Spielzeug freiwillig?«

Uwe entgegnete gelassen: »Das soll nicht deine Sorge sein.«

Sarah gähnte.

»Lasst uns morgen früh weiterreden. Ich bin hundemüde und heute können wir ohnehin nichts mehr ausrichten.«

Der Schmied deutete auf den Gefangenen.

»Und was machen wir mit dem da?«

Tobias antwortete: »Lassen wir ihn doch einfach hier. Selber befreien kann er sich nicht.« Er zeigte auf den Krug, der mittlerweile zur Hälfte geleert war, und grinste. »Verdursten wird er auch nicht.«

Die anderen waren einverstanden. Zur Sicherheit holte Uwe einen Hammer und nagelte die Seile, mit denen Simons linkes Handgelenk und seine Beine gefesselt waren, am Stuhl fest. So hatte dieser nun keine Möglichkeit mehr, sich mit der freien rechten Hand loszubinden, obwohl er dafür sowieso schon viel zu betrunken war. Danach ließen sie ihn allein in der Küche zurück und gingen schlafen.

27. November 1325

Thomas zuckte zusammen und wurde schlagartig wach. Was war geschehen? Ganz langsam kam die Erinnerung und ihm wurde bewusst, dass er nur geträumt hatte. Er reckte und streckte sich und schüttelte den Kopf. Mann, war das ein komischer Traum gewesen! Noch einmal lief dieser vor seinem inneren Auge ab: Er war zu Hause bei seinen Eltern. Sie tranken gerade Kaffee, als plötzlich die Tür aufging und seine Schwester zusammen mit Florian vom Mühlental hereinkam. Sie hielten sich an den Händen und Claudia stellte ihn der Familie als ihren neuen Freund vor. Seine Mutter war hoch erfreut und himmelte ihn geradezu an, doch der Vater blieb skeptisch. Wortlos verließ er das Wohnzimmer und ging in die Küche.

Thomas folgte ihm und sagte: »Vertraue diesem Kerl nicht. Er hat uns entführt und will uns umbringen!«

Sein Vater war außer sich.

Wutentbrannt rannte er zurück in die Stube und brüllte: »Unsere Tochter bekommst du nicht! Verlass augenblicklich diese Wohnung!«

Florian schaute ihn mit großen Augen an.

Da mischte sich Thomas' Mutter ein und schrie ihren Mann an: »Das hast du nicht alleine zu entscheiden! Der junge Mann bleibt hier!«

Während Bernhard Meiselbach seine Frau mit offenem Mund anstarrte und unfähig war, darauf etwas zu erwidern, ging sie plötzlich zu Florian, stieß ihre Tochter zur Seite und fing an, ihn zu küssen. Thomas konnte nicht glauben, was er da sah.

Entsetzt schrie er aus voller Kehle: »NEIN!«

Davon war er schließlich aufgewacht. So ein Käse, dachte er.

Das Stimmengewirr und die Hammerschläge, die vom Burghof in seine Zelle drangen, holten ihn schlagartig in die Realität zurück. Sofort musste er wieder an die Folterwerkzeuge und an seine Freunde denken. Wie ging es ihnen wohl gerade? Ihm blieb keine Zeit, sich weiter mit diesen Gedanken zu beschäftigen, denn Gelfrid öffnete die Tür und Florian trat in den Raum. In seinen Händen hielt er ein Tablett. Darauf standen eine Schüssel Suppe und ein Krug mit Wasser. Zwischen den beiden Gefäßen lag ein Kanten Brot. Er stellte das Essen neben den Gefangenen, der auf seinem stinkenden Strohsack saß, und grinste ihn provozierend an.

»Genieß den heutigen Tag, mein Lieber. Es wird dein letzter sein.«

Dieser holte tief Luft, aber bevor er etwas erwidern konnte, legte Florian den Finger auf den Mund und fuhr fort: »Psst! Hör mal genau hin. Wir bereiten euren großen Auftritt für morgen schon vor.«

Thomas lauschte. Das Hämmern war lauter geworden. Irgendjemand schrie unverständliche Kommandos. Er vermochte sich beim besten Willen nicht vorzustellen, was dort gebaut wurde, doch alles deutete darauf hin, dass es etwas Gewaltiges sein musste.

Mit zusammengekniffenen Augen schaute der Burgherr auf ihn herab. Es schien, als wollte er versuchen, seine Gedanken zu lesen.

Nach einer Weile meinte er: »Übrigens, ich habe mir für eure Hinrichtung morgen etwas ganz Besonderes einfallen lassen. Mit dem Rad werdet ihr keine Bekanntschaft schließen, das würde zu schnell gehen. Ihr sollt viel länger leiden.«

Lachend verließ er die Zelle. Obwohl Thomas der Appetit vergangen war, zwang er sich, etwas zu essen. Egal, was den Rossburger Rittern bevorstand, solange noch ein Funken Leben in ihm war, würde er kämpfen.

Draußen ging es nach wie vor extrem laut zu. Ihn interessierte brennend, woran die Männer arbeiteten. Er stieg auf sein Strohlager und versuchte sich zu strecken, doch das kleine Loch in der Mauer war viel zu weit oben. Nun stellte er den Strohsack aufrecht an die Wand und kletterte darauf, aber auch das brachte keinen Erfolg. Durch sein Körpergewicht wurde das verrottete Material zusammengedrückt und der Sack fiel letztendlich um. Leider gab es nichts in der Zelle, was er hätte benutzen können, um hinaufzugelangen.

Plötzlich wurde die Tür aufgerissen und Florian platzte herein.

»Du kannst es wohl gar nicht erwarten?«, fragte er lachend. »Na dann komm mal mit.«

Gelfrid trat zu Thomas, packte ihn wie beim letzten Mal am Arm und schob ihn durch die Tür hinaus in den Gang. Diesmal ging es in die andere Richtung und nach kurzer Zeit standen sie im Burghof.

Nun sah er auch, woher der Lärm rührte. Auf dem Platz waren sechs Galgen kreisförmig angeordnet. Fünf hatte der Bautrupp bereits fertiggestellt, am letzten wurde noch gearbeitet. Unter jedem Ausleger war ein eiserner Käfig platziert worden, von dessen Dach ein Seil über eine Umlenkrolle wieder hinunterlief, die man am dazugehörigen Querbalken befestigt hatte. So konnten die Käfige einzeln hochgezogen werden. Nun ja, Thomas fand das jetzt nicht so angsteinflößend, denn es gab definitiv Schlimmeres. Klar, bequem war es bestimmt nicht, in einem solchen Kasten zu hocken. Er war sehr klein, darin aufrecht zu stehen war unmöglich. In der Mitte des Kreises stand ein Podest. Daran hatten die Zimmerleute gerade gearbeitet, als er und seine Freunde hier ankamen. Es war gut zwei Meter hoch. Sechs Holzstufen führten hinauf. Im Zentrum des Podests hatte man einen gewaltigen Holzklotz platziert. War das etwa …? Er stellte sich vor, wie er diese Bühne betrat und seinen Kopf auf den Klotz legte. Ein eiskalter Schauer lief ihm über den Rücken und er versuchte, dieses Bild aus seinem Gedächtnis zu verbannen.

Dann blickte er wieder auf die Galgen und stutzte. Wieso gab es hier nur sechs Käfige? Okay, Sven war nicht mehr bei ihnen und wahrscheinlich längst tot. Bei dem Gedanken musste er schlucken. Aber sie waren doch trotzdem sieben Personen. Irritiert schaute er Florian an.

Der bemerkte den Blick und fragte barsch: »Was ist?«

»Warum sechs Käfige, wir sind sieben?«

»Ihr seid nur sechs. Ein Weibsbild ist gestern verreckt«.

Thomas begann zu zittern. Sofort dachte er an seine Schwester.

Mit bebender Stimme fragte er: »Wer?«

»Was weiß ich denn. Ich habe keine Ahnung, wie die hieß.«

»Aber …«

»Nichts aber, du wirst morgen schon sehen, wer fehlt. Und jetzt geht's wieder zurück in die Zelle. Genieße die Zeit, die dir noch bleibt.« Er deutete auf einen der Käfige und fügte hämisch lachend hinzu: »Glaub mir, die Dinger sind bei Weitem nicht so harmlos, wie sie aussehen. Vielleicht schaffen wir dich auch gleich in die Mitte. Dort bist du auf alle Fälle verdammt schnell kopflos.«

Auf dem Rückweg ins Verlies blieb Thomas plötzlich wie angewurzelt stehen. Gelfrid, der ihn vor sich herschob, wäre beinahe über ihn gestolpert.

»Ich will jetzt sofort wissen, welche der Frauen gestorben ist«, sagte er trotzig.

Es wäre ein Leichtes gewesen, ihn zum Schweigen zu bringen und ihn sofort in die Zelle zu schaffen, doch Florian entgegnete: »Nun denn, wenn es dich glücklich macht. Schließlich soll man Todgeweihten den letzten Wunsch nicht abschlagen.«

Gelfrid drängte ihn weiter. Sie bogen in einen anderen Gang ab. Dort blieben sie vor einer Holztür stehen. Der Raum schien keine Kerkerzelle zu sein. Vermutlich handelte es sich um eine Art Lager. Der Burgherr öffnete die Tür und sein Gehilfe stieß den Gefangenen hinein.

»Aber beeil dich«, rief Florian, »wir haben nicht den ganzen Tag Zeit.«

Dann wurde die Tür geschlossen. Thomas ging zur gegenüberliegenden Wand, wo eine zusammengekrümmte Person mit dem Rücken zu ihm auf dem Boden lag. Vorsichtig drehte er sie um und erkannte Mirjam. Kopf, Hals und Arme waren voller Blut. Mit leerem Blick und schmerzverzerrtem Mund starrte sie zur Decke. Sie musste unter großen Qualen gestorben sein. Tränen schossen ihm in die Augen. Er kniete neben ihr nieder und betrachtete sie minutenlang.

Unmerklich schüttelte er den Kopf und flüsterte immer wieder: »Warum? Warum nur?«

Nach einer Weile stand er auf. Unaufhörlich liefen ihm die Tränen übers Gesicht. Er merkte nicht, wie die Tür geöffnet wurde und Gelfrid den Raum betrat.

Als er Thomas weinen sah, fing er an zu lachen.

»Ein Weibsbild bringt dich zum Heulen? Du solltest dich schämen!«

Er packte ihn am Arm und schob ihn zurück in den Gang. Willenlos ließ der Gefangene alles mit sich geschehen. Nun ging es auf direktem Weg zu seiner Zelle.

Nachdem sich die Tür hinter ihm geschlossen hatte, sank er auf sein Lager. Zwar versuchte er stark zu bleiben, doch er schaffte es nicht. Als er an Mirjam dachte, brach es aus ihm heraus. Er begann hemmungslos zu schluchzen.

Auch nach dem Abendbrot ging es ihm nicht besser. Immer wieder liefen ihm Tränen über die Wangen. Er fühlte sich hilflos und allein. Vor wenigen Stunden wollte er noch kämpfen, aber das war nun vorbei. Schließlich hatte er vorhin nicht gewusst, dass ein weiteres Mitglied der Rossburger Ritter getötet worden war.

Abermals schluchzte er, diesmal jedoch laut: »Warum? Warum nur?«

Er versuchte sich zu beruhigen und für kurze Zeit gelang ihm das sogar, aber dann dachte er daran, wie ihre Entführer Sven an einen Felsen gelehnt sterbend zurückließen. Bestimmt hatte er ein qualvolles Ende gefunden. Aus der Trauer wurde Wut und aus dieser ein unbändiger Groll. Ihm war, als müsste er gleich platzen. Erneut brach es aus ihm heraus, doch diesmal waren es keine Tränen, sondern blanker Hass auf Florian vom Mühlental. Er tobte, schrie aus Leibeskräften und hämmerte mit den Fäusten gegen die Tür. Jedes Schimpfwort, jede Beleidigung, die ihm einfiel, schleuderte er hinaus.

Nach einer Weile wurde die Tür aufgerissen und der auf diese Weise Gedemütigte stürzte herein. Bevor Thomas etwas sagen konnte, spürte er dessen Faust mitten im Gesicht. Er flog über seinen Strohsack und krachte mit dem Kopf gegen die Wand. Florian sprang hinterher. Thomas hatte keine Chance. Wieder holte der Angreifer aus und zum zweiten Mal traf ihn die Faust im Gesicht, nur ging er diesmal gleich zu Boden. Inzwischen war auch Gelfrid in die Zelle gestürmt. In der Hand hielt er zwei eiserne Ketten. Er riss den Gefangenen hoch und drückte ihn auf den Strohsack. Florian nahm die Ketten, fesselte damit seine Füße und Hände und befestigte die Enden an einem Haken an der Wand. Hasserfüllt funkelte er ihn an.

»So, du Narr, das war zu viel! Beleidigen lasse ich mich von dir nicht. Deine Freunde können sich bei dir bedanken. Auch wenn ich mir nun selbst den Spaß verderbe, werde ich euch nicht in die Käfige sperren, sondern dem Scharfrichter übergeben und du wirst der Erste sein. Bei Sonnenaufgang wird dein Kopf vom Rumpf getrennt.«

Kraftlos, aber ungebrochen blickte Thomas auf.

»Du hast überhaupt nicht das Recht dazu, uns hinzurichten. Kein Scharfrichter der Welt würde für dich diese Drecksarbeit erledigen. Das ist ungesetzlich und das weißt du auch!«

Der Burgherr ließ sich davon nicht beeindrucken.

»Du hältst dich wohl für besonders schlau? Erstens ist das keine öffentliche Hinrichtung, und zweitens lass dir eins gesagt sein: Das Gesetz hier bin ich!«

Die beiden Männer gingen hinaus, schlugen die Tür zu und ließen ihn allein. Gefesselt wie er war, konnte er nicht mehr randalieren. Sein Kopf tat weh und ihm war übel. Im Moment war es ihm unmöglich, einen klaren Gedanken zu fassen. In seinem ganzen Leben hatte er sich noch nie so hilflos gefühlt wie jetzt. Irgendwann wich dieses Gefühl und Gleichgültigkeit machte sich breit. Von nun an würde er alles hinnehmen, ohne sich zu wehren, denn sein Schicksal war entschieden. Er begann, mit seinem Leben abzuschließen. Darüber schlief er ein.

Tief in der Nacht erwachte Thomas wieder. Sein Kopf schmerzte noch immer, aber das störte ihn nicht. Er schaute nach oben und starrte durch das schmale, rechteckige Fensterloch in der Mauer in den pechschwarzen Himmel. Bewegen konnte er sich ohnehin nicht. Seine Füße und Hände waren mit den eisernen Ketten gefesselt. An den Gestank des feuchten Strohsacks unter ihm hatte er sich gewöhnt. Morgen früh, gleich nach Sonnenaufgang, würde er zusammen mit seinen Freunden dem Scharfrichter übergeben werden und das war allein seine Schuld. Warum hatte er sich vorhin nicht im Griff? Seine Gefühle fuhren Achterbahn und um ihn herum drehte sich alles. Er begann zu husten. Der Husten wurde immer heftiger. Schließlich musste er sich neben seinem Lager übergeben.

2. Juli 2017

Bettina und der Professor konnten nicht glauben, was Rachel gerade gesagt hatte. Wieso um alles in der Welt sollten Stefan Heilmann und sein Sohn Polizeioberkommissar Ketzel töten? Und vor allem, warum hatten sie eine Zeitreise gemacht? Aber wenn das stimmte, war es natürlich kein Wunder, dass die junge Frau ihren Vater und ihren Bruder nicht erreichte.

Professor Lorenz bat sie mitzukommen. Er wollte unbedingt Klaus Schneider und Tobias Grünbaum hinzuziehen. Frau Klingenberg durfte das Krankenhaus vorerst nicht verlassen, also wäre es wohl das Beste, wenn die beiden Polizisten sie dort besuchen würden.

Sie brachten Rachel zu ihrem Zimmer und Bettina ging noch einmal kurz zurück zu ihrer Mutter.

Unterwegs sagte sie zu dem Studienrat: »Wieso warten wir nicht einfach hier und Sie rufen Herrn Schneider und Herrn Grünbaum an, damit sie herkommen?«

Er nickte und griff zum Handy. Doch es war wie verhext, bei beiden meldete sich nur die Mailbox. Entweder hatten sie ihre Telefone ausgeschaltet oder die Akkus waren leer. Vielleicht befanden sie sich in einem Funkloch, obwohl das eigentlich nicht sein konnte, denn der Empfang bei den Containern unterhalb der Höhle war ausgezeichnet. Komisch war das schon, also versuchte er es bei seinen Leuten. Dr. Udo Frank erreichte er sofort. Dieser versprach, Klaus und Tobias zu suchen. Der Professor und Bettina Heilmann warteten inzwischen in der Lobby des Krankenhauses. Die Zeit verging extrem langsam.

Endlich rief Udo Frank zurück. Die beiden Polizeikommissare waren unauffindbar. Es wurde immer seltsamer. Eigentlich sollten alle ständig erreichbar sein. Was, wenn das Portal plötzlich aktiv werden würde? Man konnte ja die Gruppe nicht erst zusammensuchen! Professor Lorenz war sauer. Aber es half nichts, sie mussten zur Höhle fahren. Als sie gerade zum Auto gehen wollten, kam Rachel angerannt.

Völlig außer Atem rief sie: »Ich habe eben mit dem Chefarzt gesprochen. In drei Tagen werde ich entlassen. Ich melde mich dann umgehend bei der Polizei und mache meine Aussage. Können Sie dort bitte Bescheid sagen?«

Der Studienrat nickte.

»Ich hoffe, Sie sind mir nicht böse«, fuhr sie fort, »beim nächsten Mal werde ich nicht dabei sein. Mein Bedarf an Zeitreisen ist vorerst gedeckt.«

Natürlich hatte er vollstes Verständnis dafür und war erleichtert. Er und Bettina wünschten ihr alles Gute und verließen das Krankenhaus.

Professor Lorenz und die übrigen Gruppenmitglieder durchsuchten alle drei Container und die Höhle. Bettina Heilmann schloss sich ihnen an. Anschließend durchkämmten sie die nähere Umgebung, jedoch ohne Erfolg. Die beiden Polizisten waren wie vom Erdboden verschluckt. Den Studienrat überkam eine schlimme Ahnung. Waren sie etwa im Alleingang in die Höhle gegangen und während einer kurzen aktiven Phase des Portals ins Mittelalter gereist? Das wäre schrecklich. Sie hatten ja keine Ahnung, was dort alles passieren konnte, wenn sie auf sich gestellt waren.

Am späten Nachmittag bat er die verbliebenen Mitglieder des Teams in den Versammlungsraum. Bettina äußerte den Wunsch mitzukommen. Er hatte nichts dagegen. Die Gruppe bestand mittlerweile nur noch aus Dr. Udo Frank, Dr. Ralph Braumann und der Professorin Dr. Susanne Dombrowski.

Die Besprechung dauerte nicht lange. Der Studienrat erklärte, dass im Moment keine Reise stattfinden würde, auch wenn das Portal aktiv war. Das Team sollte sich trotzdem bereithalten.

Alle blickten ihn erstaunt an und Susanne fragte: »Hat das etwas damit zu tun, dass Klaus und Tobias verschwunden sind?«

Er sammelte sich einen Augenblick, holte tief Luft und sagte: »Ja, aber nicht nur. Ich muss Ihnen eine traurige Mitteilung machen. Vorhin im Krankenhaus habe ich von Rachel Klingenberg erfahren, dass Horst Ketzel nicht mehr am Leben ist. Er wurde allem Anschein nach von Stefan Heilmann und seinem Sohn Mario erstochen.«

Eine Weile herrschte Schweigen. Udo Frank, Ralph Braumann und Bettina Heilmann blickten betreten zu Boden. Die Professorin versuchte sich nichts anmerken zu lassen, doch es war offensichtlich, dass sie mit den Tränen kämpfte.

Der Professor beendete die Versammlung. Er selbst wollte sich nun mit dem Dienststellenleiter der Polizei in Blankental kurzschließen, um mit ihm die weitere Vorgehensweise zu besprechen. Außerdem musste dieser unverzüglich über den Tod von Polizeioberkommissar Ketzel und das Verschwinden seiner beiden Kollegen in Kenntnis gesetzt werden. Er bat Bettina, ihn zur Polizeidienststelle zu begleiten. Da es sich bei Horsts Mördern mit großer Wahrscheinlichkeit um ihren Vater und ihren Bruder handelte, war es besser, wenn sie mitkam.

Anstatt vorher anzurufen, fuhren sie sofort los, doch leider hatten sie Pech. Polizeihauptkommissar Siegfried Schmidt war vor etwa dreißig Minuten nach Hause gefahren. So blieb ihnen nichts anderes übrig, als unverrichteter Dinge zurückzukehren. Auf dem Rückweg zur Höhle wollte der Professor seine Begleiterin bei Ramona Ketzel absetzen, da sie dort vorübergehend wohnte, aber sie bat ihn inständig, bei der Gruppe bleiben zu dürfen. Nach allem, was heute passiert war, wollte sie nicht allein sein. Außerdem konnten sie dann gleich morgen früh gemeinsam zur Dienststelle fahren. Er überlegte nicht lange. In den Containern waren Zimmer frei und es war ohnehin besser, wenn er sie morgen nicht erst abholen musste.

Als sie ankamen, saßen die anderen bereits beim Abendessen. Von den beiden Polizisten fehlte immer noch jede Spur, aber es machte wenig Sinn, weiter nach ihnen zu suchen. Inzwischen war davon auszugehen, dass sie sich im Mittelalter aufhielten. Der Professor zeigte Bettina zuerst ihr Zimmer, dann gesellten sie sich zum Rest des Teams.

Nach dem Essen wünschte die junge Frau allen eine gute Nacht und ging in ihr Quartier. Die Ereignisse des Tages hatten sie geschafft. Sie war müde und hatte Kopfschmerzen, also nahm sie eine Tablette und legte sich schlafen. Auch die anderen blieben heute nicht mehr lange sitzen. Die gedrückte Stimmung veranlasste sie, sich schon wenige Minuten später in ihre Zimmer zurückzuziehen.

Kurz nach Mitternacht hörte Bettina ein Geräusch. Sie öffnete die Augen. Vor ihrem Bett stand ihr Vater. Sein Hemd war blutverschmiert. In der Hand hielt er ein riesiges Messer. Sie sprang auf und schrie aus Leibeskräften.

26. November 1325

Sarah betrat am frühen Morgen als Erste die Küche, um nach Simon zu sehen. Der Krug war heruntergefallen und in mehrere Teile zerbrochen. Die wenigen Tropfen Wein auf dem Boden ließen darauf schließen, dass der fahrende Händler ihn ausgetrunken hatte.

Er selbst lag mit dem Oberkörper halb auf dem Tisch. Sein am Stuhl festgebundener linker Arm hinderte ihn daran, vollends vornüber zu kippen. Er hatte die Augen geschlossen und atmete nicht. Erschrocken versuchte sie seinen Puls zu ertasten, doch es war vergeblich. Schockiert eilte sie in den Flur und rief die anderen.

Fast gleichzeitig stürzten Uwe und Erika in die Küche. Der Schmied eilte zu Simon. Auch er konnte keinen Puls fühlen. Obendrein war der Körper des Händlers bereits kalt. Der Tod musste unmittelbar eingetreten sein, nachdem sie ins Bett gegangen waren. Anscheinend hatte er den restlichen Wein in kürzester Zeit getrunken. Die Dosis der Droge, die er an diesem Abend zu sich genommen hatte, war für ihn einfach zu hoch. Uwe machte sich heftige Vorwürfe.

»Ich hätte es besser wissen müssen«, sagte er mehrere Male leise zu sich selbst.

Sarah versuchte ihn zu beruhigen, doch es gelang ihr nicht. Inzwischen waren auch Klaus und Tobias in der Küche angekommen. Betroffen blickten sie auf den Toten.

Tobias fing sich ziemlich schnell.

»Der hat es nicht besser verdient. Gut, dass das Schwein verreckt ist.«

Der strafende Blick der anderen ließ ihn jedoch sofort wieder verstummen.

»Was er verdient hat oder nicht, können nicht wir entscheiden«, erwiderte Erika. »Dieses Recht haben wir nicht. Fakt ist, dass wir ihn auf dem Gewissen haben.«

Und Uwe stöhnte: »Damit haben wir den Verlauf der Geschichte erneut verändert.«

Tobias schwieg lieber dazu.

Stattdessen versuchte er die anderen abzulenken: »Es nützt alles nichts, wir müssen zur Rossburg, und zwar so schnell wie möglich. Wir wissen nicht, wann dieser Florian vom Mühlental die Gefangenen hinrichten will. Höchstwahrscheinlich haben sie nicht mehr lange zu leben.«

Uwe pflichtete ihm bei: »Richtig, uns läuft die Zeit davon. Das eigentliche Problem ist aber, dass wir zu wenig Leute sind. Ihr beide und ich«, er zeigte auf die Polizisten, »das macht gerade einmal drei Männer. Die Frauen werden sowieso hierbleiben. Schließlich sollte sich jemand um Horst und das Haus kümmern.«

Erika und Sarah schauten ihn enttäuscht an.

Doch bevor sie etwas sagen konnten, meinte Klaus: »Außerdem ist das viel zu gefährlich für euch zwei.« Dann fügte er hinzu: »Übrigens, ich nehme auf jeden Fall meine Pistole mit. Sicher ist sicher.«

Tobias stimmte ihm zu: »Na klar, denkst du etwa, ich lass meine hier? Ich habe außerdem genug Munition dabei.«

»Ich auch«, entgegnete sein Kollege und lächelte vielsagend.

»Seid ihr wahnsinnig! Das kommt überhaupt nicht infrage!«, mischte sich der Schmied ein. »Euch muss klar sein, dass das nicht geht. Ihr könnt hier keine modernen Waffen einsetzen. Mal abgesehen davon: Wisst ihr, was passiert, wenn eine der Pistolen in falsche Hände gerät?«

»Was denn?«, fragte Tobias provozierend. »Derjenige ballert das Magazin leer, falls er es überhaupt schafft, und dann ist Schicht im Schacht. Oder meinst du, die nehmen das Ding sofort auseinander, bauen es nach und in ein paar Monaten produzieren sie im vierzehnten Jahrhundert automatische Handfeuerwaffen? So ein Blödsinn! Ohne Pistole gehe ich nicht mit. Da kannst du dir einen anderen Dummen suchen.«

»Genau«, gab Klaus ihm recht, »ich schließe mich an. Wir sind doch keine Selbstmörder!«

Die Diskussion war ermüdend. Letztendlich gab Uwe nach. Die beiden Polizisten mussten ihm in die Hand versprechen, ihre Waffen nur im äußersten Notfall einzusetzen, was sie auch taten. Schließlich war »äußerster Notfall« ein sehr dehnbarer Begriff.

Nachdem das geklärt war, bestand immer noch das Problem, dass sie nur zu dritt waren. Uwe hatte jedoch eine Idee. Er wollte zum Platz vor der Kirche fahren, wo die Händler ihre Waren feilboten. Dort würde er versuchen, ein paar Dorfbewohner für die Befreiungsaktion zu rekrutieren. Viel Hoffnung hatte er nicht, aber ihm fiel nichts Besseres ein. Klaus und Tobias erklärten sich bereit, in der Zwischenzeit Simon zu beerdigen. Sie verstauten den Leichnam in einem Sack und legten diesen auf eine hölzerne Schubkarre, die neben dem Schuppen an der Wand lehnte. Dann machten sie sich auf den Weg. Der Schmied spannte seinen Wagen an, Erika kümmerte sich um die Küche und Sarah ging zu Horst, um seine Wunde zu versorgen. Am späten Vormittag kamen die beiden Polizisten zurück. Sie hatten den Händler in einem Waldstück in der Nähe des Dorfs begraben. Nun warteten alle auf Uwe.

Es war bereits Mittag, als er mit seinem Fuhrwerk vor dem Haus hielt. Die Frauen traten ins Freie und staunten nicht schlecht. Ein Dutzend Dorfbewohner waren dem Aufruf des Schmieds gefolgt. Zwölf kräftige Männer standen da bereit und konnten kaum erwarten, dass es endlich losging. Sie hatten die verschiedensten Waffen dabei. Manche trugen Schwerter, einer hatte eine Armbrust an den Packtaschen seines Pferdes befestigt. Bei fast allen steckte ein Messer im Gürtel. Einige wenige waren nur mit einer einfachen Eisenstange bewaffnet. Sarah und Erika kannten jeden Einzelnen und begrüßten sie der Reihe nach: den Bäcker Wolff Nunnemann, den Metzger Veit Gelzenleichter, den Bürstenbinder Sewolt Bierschneider, den Bierbrauer Kilian Gölzer, den Böttcher Auberlin Leichter, den Papiermacher Ewalt Berenstecher, den Seifensieder Wernlin Nabholz, den Seiler Bestlin Stauber, den Steinmetz Hug Hartnagel, den Weber Karel Meyer, den Schneider Alba Schulz und den Sattler Hennsel Bernschneider. Wie hatte Uwe das nur geschafft?

Die Antwort lag auf der Hand: Er hatte ihnen die Ereignisse der letzten Zeit erklärt und wie diese mit den Raubrittern Florian vom Mühlental und Arnulf vom Lerchenberg sowie der Räuberbande und Kuntz von Hedenthal, der für die Feuersbrunst verantwortlich war, zusammenhingen. Außerdem erwähnte er, dass Sarah entführt werden sollte, was einige jedoch schon wussten, und dass sich die jungen Leute, die sie beherbergt hatten, mittlerweile auf der Rossburg in Lebensgefahr befanden, weil man sie hinrichten wollte. Darüber hinaus genoss er als Schmied und Heiler ein gewisses Ansehen, was ihn in den Augen mancher sogar zu einer Art Führungspersönlichkeit aufsteigen ließ.

Das Dorf war zu großen Teilen zerstört und die Bewohner machten nun einerseits die Räuber und andererseits die Raubritter und Kuntz von Hedenthal dafür verantwortlich. So war ihre freiwillige Hilfe in diesem Fall nichts anderes als nackte Rache. Uwe war das egal. Hauptsache, die Männer kamen mit.

Jetzt gab es allerdings ein weiteres Problem. Er wollte eigentlich weder sein Fuhrwerk noch Simons Wagen mitnehmen, weil sie dadurch langsamer waren und nicht überall durchkommen würden. Aber konnten Klaus und Tobias überhaupt reiten? Diese Frage war schnell geklärt. Beide hatten eine Ausbildung bei einer Reiterstaffel der Polizei hinter sich. Diese lag bei Klaus zwar schon einige Zeit zurück, doch er nutzte jeden längeren Urlaub, um wenigstens ein paar Tage im Jahr zu reiten. Und sein jüngerer Kollege spielte sowieso mit dem Gedanken, in einen Reitsportverein einzutreten. Nun hatten sie die Gelegenheit, ihr Können unter Beweis zu stellen. Erika ging in die Küche, um Proviant für den Schmied und die Polizisten zu holen. Die zwölf Dorfbewohner hatten ihre Wegzehrung bereits dabei.

Am frühen Nachmittag ritten sie los. Sie hofften, die Rossburg rechtzeitig zu erreichen, um die Gefangenen retten zu können. Als sie weg waren, setzten sich die Frauen an den Tisch, um sich kurz auszuruhen. Sarahs Blick wanderte umher.

Auf einmal sprang sie auf und rief: »Verdammt, Uwe hat seinen Beutel mit den Medikamenten vergessen. Hoffentlich passiert unterwegs niemandem etwas!«

28. November 1325

Thomas lag auf seinem Strohsack und starrte zur Decke. Bald musste es so weit sein und sie würden kommen, um ihn zu holen. Bestimmt war der Scharfrichter schon bereit.

Plötzlich hörte er Stimmen. Es klang nach einem Streit. Die Personen kamen näher und nun erkannte er sie auch. Es waren Gundhild vom Lerchenberg und Florian vom Mühlental.

Sie schrie ihn an: »Ich hasse dich, du Scheusal!«

Seine Reaktion war ein lautes Lachen, dann wurde die Tür der Zelle aufgerissen. Gelfrid kam herein und zerrte den Gefangenen hinaus. Draußen im Gang stand der Burgherr. Er hatte seine Braut am Handgelenk gepackt und man sah ihren Augen an, dass er ihr wehtat. Sein Gehilfe schleifte Thomas weiter auf den Burghof. Florian folgte ihnen. Gundhild versuchte sich loszureißen, doch sie hatte nicht den Hauch einer Chance.

Im Hof warteten Herwyg, Nicolaus, Olbrecht und Theodricus. Zwischen ihnen standen die anderen Mitglieder der Rossburger Ritter. Sie waren entweder gefesselt oder wurden an den Armen festgehalten. Florian befahl Gelfrid, den Gefangenen auf das Podest in der Mitte zu bringen.

Oben wurde er bereits vom Scharfrichter erwartet. Er erkannte ihn sofort wieder. Es war einer der Männer, die Ulrich gerädert hatten. Als Thomas das scharfe, in den ersten Strahlen der Morgensonne blitzende Schwert in dessen Händen sah, fing er an zu zittern. Er hörte, wie ihm seine Freunde etwas zuriefen, doch er begriff nicht, was sie sagten. Sein Verstand begann auszusetzen und sein Körper schaltete automatisch in einen Modus, der ihm vermutlich das Sterben erleichtern würde.

Gelfrid band ihm mit einem Strick die Hände auf dem Rücken zusammen. Dann drückte er seinen Kopf auf den großen Holzklotz, den er schon gestern gesehen hatte. Er war nahe daran, ohnmächtig zu werden.

Unvermittelt rief Gundhild: »Ich bin mit der Hochzeit einverstanden! Bitte gewähre ihm Gnade!«

Der Henker hatte sein Schwert erhoben und war im Begriff, es auf Thomas‘ Hals niedersausen zu lassen, als Florian im letzten Moment befahl: »Haltet ein!«

Enttäuscht ließ er die Klinge wieder sinken und äußerte seinen Unmut, indem er etwas Unverständliches murmelte. Wahrscheinlich war er sauer, weil ihn der Burgherr um seinen Lohn gebracht hatte.

Dem Gefangenen wurden die Fesseln abgenommen und Florian brüllte: »Sperrt alle in die Käfige!«

Gelfrid packte ihn, zerrte ihn von dem Podest herunter und stopfte ihn in einen Käfig. Den anderen erging es ebenso. Nacheinander wurden Claudia, Karsten, Swenja, Bernd und Holger eingesperrt. Anschließend zogen Herwyg, Nicolaus, Olbrecht und Theodricus die Eisenkäfige langsam hoch. Nach einer Weile baumelten sie gut vier Meter über dem Boden. Als das erledigt war, verließen der Burgherr, seine Braut und die Wachen den Hof.

Kurz bevor er in der Burg verschwand, rief Florian Thomas lachend zu: »Jetzt wird sie meine Frau und du kannst nichts dagegen tun.«

Wütend rüttelte dieser an den Eisenstäben, aber die bewegten sich keinen Millimeter. Schließlich gab er auf.

Wenig später kam Florian zurück und legte noch einen drauf: »Weißt du eigentlich, wie sehr ich mich schon auf die Hochzeitsnacht freue!«

Dann ging er endgültig.

Thomas war kurz vorm Explodieren.

»Du elende Drecksau, ich bring dich um!«, schrie er wutentbrannt.

Doch außer seinen Freunden, die sich in der gleichen Lage befanden wie er, schenkte ihm niemand Gehör. Deswegen beruhigte er sich nach einiger Zeit. Es war ja ohnehin sinnlos.

Nun waren die Rossburger Ritter unter sich und keiner konnte ihnen verbieten, miteinander zu reden. Trotzdem dauerte es eine ganze Weile, bis Karsten das Schweigen brach.

Betrübt meinte er: »Sven und Mirjam sind tot. Wer wird wohl der Nächste sein? Wenn ihr mich fragt, sind wir erledigt.«

»Dich fragt aber keiner«, entgegnete Claudia barsch. »Wir müssen kämpfen!«

»Ach Schwesterchen«, mischte sich Thomas ein, »dein Optimismus in allen Ehren, doch Karsten hat recht. Wir kommen hier nicht mehr lebend raus.«

Zornig meldete sich Swenja zu Wort: »Was seid ihr Kerle bloß für Weicheier. Ich für meinen Teil werde kämpfen und wenn es das Letzte ist, was ich tue. Irgendwann müssen sie uns schließlich wieder hier rauslassen.«

»Das müssen sie nicht und werden es mit ziemlicher Sicherheit nicht«, entgegnete ihr Verlobter. »Und selbst wenn, was würde es uns bringen? Bisher haben uns weder Pfefferspray noch Elektroschocker geholfen und diese Dinge werden uns auch weiterhin nichts nützen. Sie sind einfach zu viele. Sie können mit uns machen, was sie wollen, und wir sind ihnen auf Gedeih und Verderb ausgeliefert. Und übrigens, wir sind keine Weicheier, sondern Realisten.«

Die nervenaufreibende Diskussion dauerte nun schon mehrere Stunden, doch sie drehten sich letztendlich nur im Kreis. Einen Plan gab es nicht und würde es nie geben. Am Ende waren sie sich einig: In ihrer Situation blieb ihnen nichts anderes übrig, als abzuwarten.

Allmählich wurde es dunkel, als Thomas feststellte, dass sie bisher weder Essen noch Wasser bekommen hatten. Was sollte das? Wollte man sie auf diese Weise langsam umbringen? Als es im Burghof schon fast stockfinster war, erschienen auf einmal Gelfrid, Herwyg und Olbrecht.

Sie schwankten verdächtig und Herwyg lallte: »Glücklicherweise habe ich nur Bier getrunken, sonst könnte ich jetzt bestimmt nicht mehr laufen.«

»Geht mir au ... auch so«, stammelte Olbrecht.

Gelfrid, dem man den Alkohol am wenigsten anmerkte, lachte und meinte: »Von der hässlichen Swanhilda hätte ich definitiv keinen Wein genommen. Mir kommt schon das Kotzen, wenn ich die Alte nur von Weitem sehe.«

Die beiden anderen stimmten ihm lauthals zu und Olbrecht nuschelte: »Wa ... warum ... war sie ei ... eigentlich ... so erpicht darauf, uns ... m ... mit W ... Wein zu bewirten?«

Gelfrid zuckte mit den Schultern und Olbrecht stotterte: »Lo ... los jetzt! La ... lasst uns end ... endlich an ... anfangen!«

Gelfrid platzierte ein Gestell mit einer brennenden Fackel in unmittelbarer Nähe an der Mauer. Seine beiden Begleiter, die so betrunken waren, dass sie sich kaum auf den Beinen halten konnten, trugen allerlei Reisig und trockenes Holz herbei und begannen es unter den Käfigen aufzuschichten. Als Thomas das bemerkte, fing er an zu schreien. Auch die anderen folgten seinem Beispiel und machten sich lautstark bemerkbar.

Olbrecht lachte und lallte nur: »Schreit, soviel ihr w ... wollt. Hier h ... hört euch niemand und das Br ... Brautpaar und die G ... Gäste sind ohnehin gerade be ... beschäftigt.«

»Was soll das!«, rief Thomas. »Warum lässt Florian uns nun töten?«

»Der weiß davon nichts«, entgegnete Herwyg mit schwerer Zunge, »die junge Frau hat ihn angefleht, euch zu verschonen, und er ist darauf eingegangen. Ihr zuliebe ist er weich geworden, doch das darf nicht sein. Was soll er denn später mit euch machen? Wenn er euch weiterhin einsperrt, kostet das nur unnötig Geld. Und freilassen kann er euch erst recht nicht. Also nehmen wir ihm die Entscheidung ab.«

Thomas konnte nicht glauben, was er da hörte. Aus Leibeskräften rief er Gundhilds Namen. Ungerührt nahm Gelfrid die Fackel aus dem Gestell, wankte damit zu den Holzhaufen und entzündete sie. Schon kurze Zeit später begann das Feuer zu knistern.

Rettung naht

3. Juli 2017

Bettina Heilmann zitterte wie Espenlaub. Im gleichen Augenblick flog die Tür auf und Professor Lorenz stürzte in den Raum. Sein Zimmer befand sich unmittelbar neben ihrem und er war durch ihr Schreien aufgewacht. Schnell schaltete er das Licht ein. Mit weit aufgerissenen Augen sah sie ihn an. Auch der Professor zitterte, so sehr hatte er sich erschrocken.

»Was ist passiert?«, fragte er mit bebender Stimme.

Noch völlig neben sich antwortete sie: »Er ist hier.«

»Von wem reden Sie?«

»Von meinem Vater. Er ist hier.«

Der Studienrat blickte sich im Raum um. Es gab darin nichts, wo sich ein erwachsener Mann hätte verstecken können.

»Sie müssen geträumt haben«, entgegnete er mitfühlend.

»Ja, das muss ich wohl«, erwiderte sie gedankenverloren.

Er nickte und schaute auf seine Armbanduhr, die er nur zum Duschen abnahm und sogar nachts trug. Es war zehn Minuten nach Mitternacht.

Nachdem sich Bettina einigermaßen beruhigt hatte, wünschte er ihr eine gute Nacht und ging in sein Zimmer in der Hoffnung, bis zum Morgen ungestört schlafen zu können. So aufgewühlt wie er war, würde es sowieso länger dauern, wieder zur Ruhe zu kommen. Also beschloss er, noch ein paar Minuten zu lesen. Die junge Frau war jedoch so erschöpft, dass sie trotz der Aufregung sofort einschlief.

Erst durch lautes, anhaltendes Klopfen wurde sie geweckt. Sie blickte zur Uhr. Es war genau um acht.

»Sind Sie wach? Ich wollte Sie zum Frühstücken abholen. Wir haben heute einiges zu tun«, hörte sie den Professor rufen.

»Ich komme gleich. Gehen Sie schon mal vor«, antwortete sie.

Zwanzig Minuten später betrat sie den Aufenthaltsraum, wo Professor Lorenz sein Frühstück schon fast aufgegessen hatte, und setzte sich neben ihn an den Tisch. Sie waren heute die Ersten. Die anderen schliefen anscheinend noch.

Nach dem Essen fuhren sie gleich zur Dienststelle. Diesmal hatten sie Glück. Polizeihauptkommissar Siegfried Schmidt saß an seinem Schreibtisch und war höchst erstaunt, als er die beiden sah. Freundlich begrüßte er sie und bot ihnen einen Kaffee an, den sie aber dankend ablehnten.

Stattdessen begann der Studienrat sofort damit, dem Dienststellenleiter alles haarklein zu berichten. Dieser war fassungslos.

»Ich kann nicht glauben, dass Horst nicht mehr am Leben ist«, murmelte er immer wieder. Er stand auf und lief im Zimmer hin und her. »Wir müssen diese Reisen unverzüglich einstellen!«, sagte er schließlich betroffen.

Professor Lorenz widersprach: »Das können wir nicht machen! Ihre beiden Kollegen halten sich noch im Mittelalter auf. Außerdem sind zwei Mörder aus unserer Zeit dort unterwegs.«

Ob er wollte oder nicht, der Polizeihauptkommissar musste ihm recht geben. Bettina Heilmann hatte bisher still zugehört. Erst nachdem der Professor ihren Vater und ihren Bruder als Mörder bezeichnet hatte, räusperte sie sich und schluckte hörbar. Er bemerkte dies und entschuldigte sich für seine Wortwahl, korrigierte sich jedoch nicht.

Nun war guter Rat teuer. Einerseits mussten Klaus und Tobias zurückgeholt werden, andererseits durfte Polizeihauptkommissar Schmidt nicht das Leben weiterer Kollegen aufs Spiel setzen. Darüber hinaus hatte er keine Mitarbeiter mehr, die er für den Einsatz zur Verfügung stellen konnte. Die Dienststelle war notorisch unterbesetzt.

Nachdem er sich eine Weile mit der jungen Frau unterhalten hatte, wollte er auf jeden Fall das Foto sehen, das am Bett ihrer Mutter stand. Außerdem beabsichtigte er, zum Camp mitzukommen, um dort mit dem Rest der Gruppe zu sprechen. Deshalb fuhren sie zuerst gemeinsam zum Krankenhaus, wo der Dienststellenleiter das Bild kurzerhand mit dem Handy abfotografierte. Anschließend ging es zu den Containern bei der Höhle.

Es war gerade 12 Uhr und die verbliebenen Teammitglieder saßen beim Mittagessen, als die drei den Aufenthaltsraum betraten. Da sie auch hungrig waren, setzten sie sich dazu. Nach der Mittagspause stand der Polizeihauptkommissar auf und bat kurz um Gehör. Also blieben alle sitzen und lauschten gespannt seinen Worten. Er fasste erst einmal zusammen, was passiert war, obwohl die Anwesenden bereits darüber Bescheid wussten.

Danach informierte er sie über den Personalmangel in der Dienststelle und fügte hinzu: »Deswegen kann ich Ihnen keine weiteren Kollegen zur Verfügung stellen. Ich werde Ihnen zwar nicht verbieten weiterzumachen, aber wenn Sie es tun, dann seien Sie sich darüber im Klaren, dass niemand Sie beschützen wird.«

Professor Lorenz schüttelte langsam den Kopf, doch er sagte nichts. Hatte der Dienststellenleiter nicht vorhin bestätigt, dass sie ihre Mission fortsetzen mussten?

Siegfried Schmidt schaute ihn an und meinte: »Tut mir leid, aber es geht nicht anders.«

Mit gesenktem Blick verließ er den Raum, ohne sich zu verabschieden.

Der Professor war ratlos. Wie sollte es jetzt weitergehen? Die gleiche Frage stellte sich auch der Rest der Gruppe. Eine heiße Diskussion begann. Die Professorin Dr. Susanne Dombrowski bestand darauf, die Aktion fortzuführen. Ihr ging es vor allen darum, die Mörder von Horst Ketzel zu fassen. Dr. Udo Frank und Dr. Ralph Braumann waren dagegen. Sie wollten keine weiteren Menschenleben riskieren. Dass die Rossburger Ritter noch am Leben waren, glaubte mittlerweile niemand mehr. Der Studienrat hielt sich aus dieser Diskussion heraus. Er beschloss, erneut mit dem Polizeihauptkommissar unter vier Augen zu sprechen, also fuhr er am Nachmittag wieder zur Dienststelle.

Susanne saß auf ihrem Bett und grübelte. Sie konnte nicht glauben, dass Horst tot war.

»Das ist unmöglich. Ich weiß, dass er lebt«, murmelte sie leise vor sich hin.

Um den Kopf freizubekommen, verließ sie den Container und lief Richtung Höhle. Dr. Udo Frank, der gerade aus dem Fenster schaute, sah sie und wunderte sich, was sie dort draußen machte. Wollte sie etwa zum Portal?

Wieder einmal hatte Professor Lorenz Pech. Der Dienststellenleiter war schon weg, also fuhr er unverrichteter Dinge zurück. Er hatte den Container kaum betreten, als Dr. Frank auf ihn zukam und ihm seine Beobachtung bezüglich der Professorin mitteilte. Der Studienrat wurde blass.

»Um Himmels Willen, sie wird doch nicht etwa auch ...! Wir müssen zur Höhle!«

Und schon rannte er los. Udo Frank hatte Mühe, ihm zu folgen.

26. November 1325

Nachdem sie etwa eine Stunde geritten waren, gab es die ersten Probleme. Klaus hatte zwar versichert, ein guter Reiter zu sein, doch mit einem Sattel aus dem vierzehnten Jahrhundert kam er absolut nicht zurecht. Dieser war kleiner und ihm tat jetzt schon der Hintern weh. Zu allem Überfluss stellte Uwe fest, dass er seinen Medizinbeutel vergessen hatte.

Und als schließlich Tobias fragte: »Was machen wir eigentlich, wenn es Verletzte gibt? Wie transportieren wir die dann?«, entschied er, dass sie noch einmal umkehren mussten.

Sarah und Erika waren erstaunt, als die Männer am späten Nachmittag wieder zurückkamen. Bevor die Kräuterfrau nach dem Grund fragen konnte, erklärte ihr Uwe die Situation. Dann nahm er seinen Medizinbeutel und spannte sein Fuhrwerk an. Tobias riet, zusätzlich das von Simon mitzunehmen.

»Mit zwei Wagen sind wir auch nicht langsamer als mit einem. Und was passiert, falls unterwegs ein Rad bricht oder das Gefährt stecken bleibt? Wenn wir beide mitnehmen, können wir im Notfall eins zurücklassen und uns später darum kümmern.«

Das leuchtete ein. Doch wer sollte den zweiten Wagen lenken? Die Leute aus dem Dorf konnten zwar reiten, hatten jedoch keine Erfahrung mit einem Pferdefuhrwerk.

»Nun ja«, meinte Klaus, »ich habe zugegebenermaßen Probleme beim Reiten wegen des Sattels, aber mein Vater hatte früher eine Kutsche und als junger Mann bin ich ab und zu damit gefahren. Ich möchte es versuchen.«

Uwe war einverstanden und der Polizeikommissar nahm auf dem Bock Platz. Wenig später setzte sich die Gruppe wieder in Bewegung. Da es bereits dunkel wurde, zündeten einige der Reiter Fackeln an und erleuchteten den Weg vor ihnen. Die Wagen hatten sie in die Mitte genommen. Dadurch war es dem Schmied, der das erste Fuhrwerk lenkte, möglich, sich an den vorderen Pferden zu orientieren. Klaus folgte mit dem zweiten Wagen. Den Schluss bildeten die übrigen Reiter. Die Männer hatten geplant, bis Mitternacht zu reisen und dann das Nachtlager aufzuschlagen. Doch es sollte anders kommen.

Sie kamen durch einen dichten Wald. Der Weg war so schmal, dass die Wagen mit Mühe darauf fahren konnten. Immer öfter hörte Uwe ein Rascheln, das aus dem Unterholz zu kommen schien. Dieses Geräusch beunruhigte ihn zusehends. Hoffentlich wurde es nur von einer Horde Wildschweine verursacht, die neben ihnen herliefen. Als der Wald lichter wurde, war das Rascheln schlagartig verschwunden. Der Schmied atmete erleichtert auf. Nun schien Klaus Probleme zu haben, denn er wurde allmählich langsamer. Der Abstand der Wagen vergrößerte sich immer mehr. Gerade als sie den Waldrand passierten, sah Uwe, dass eine Wildschweinrotte sie tatsächlich die ganze Zeit begleitet hatte. Jetzt nutzten die Tiere die Lücke zwischen den beiden Fuhrwerken, um die Seite zu wechseln. Unvermittelt brachen acht Schweine aus dem Dickicht und kreuzten den Weg. Der Polizeikommissar erschrak und riss am Zügel. Sein Pferd scheute und ging durch, ehe er reagieren konnte. Es zog scharf nach rechts auf eine angrenzende Wiese. Dabei machte es einen Satz über den Seitengraben und galoppierte eine kleine Böschung hinauf. Klaus hielt sich so gut wie möglich fest. Wie durch ein Wunder schaffte er es, den Wagen unbeschadet durch den Graben zu manövrieren, aber als das Gefährt den Hang schräg hinaufgezogen wurde, kippte es um. Der Polizeikommissar hatte Glück im Unglück. Er sprang im letzten Moment ab. Außer einigen Hautabschürfungen und blauen Flecken blieb er unverletzt. Nun hatten die Männer alle Hände voll zu tun, Simons Wagen, der extrem schwer war, wieder aufzurichten und zurück auf den Weg zu bugsieren. Er war unbeschädigt geblieben und auch dem Pferd ging es gut. Nach einer Weile hatte es sich wieder beruhigt.

Inzwischen war es längst Mitternacht. Hier an dieser ungeschützten Stelle konnten sie unmöglich lagern, also mussten sie weiter. Doch selbst zwei Stunden später hatten sie noch keinen passenden Lagerplatz gefunden.

Langsam wurden die Männer mürrisch. Sie vermochten sich kaum mehr im Sattel zu halten. Tobias, der vorausgeritten war, schaute sich nach einem geeigneten Ort um. Endlich wurde er fündig. Er hielt an und wartete auf den Rest der Gruppe. Die Stelle war zwar nicht optimal, aber mit ein paar Einschränkungen durchaus akzeptabel.

Links des Wegs wuchs dichter Wald, rechts dagegen erstreckte sich eine große Wiese mit ein paar vereinzelten Bäumen. Die Reiter waren müde und auch die Pferde mussten unbedingt ausruhen, doch hier war das nicht ganz ungefährlich.

»Lasst uns einfach Wachen aufstellen«, meinte Klaus.

Er griff in die Tasche und holte seine Uhr heraus. Als Uwe das sah, schüttelte er verständnislos den Kopf, sagte aber nichts, um die Dorfbewohner nicht auf den fremdartigen Gegenstand aufmerksam zu machen.

Der Polizeikommissar fuhr fort: »Jetzt ist es halb drei. Wenn wir uns mit dem Nachtlager beeilen und um 8 Uhr weiterreiten, haben wir fünf Stunden zur Verfügung. Wir sind insgesamt fünfzehn Leute. Wenn also immer drei Mann eine Stunde lang Wache schieben, können wir alle wenigsten vier Stunden ruhen. Die meisten zwar nicht am Stück, aber immerhin. Und die Pferde haben fünf Stunden, um wieder zu Kräften zu kommen.«

Alle waren damit einverstanden. Da es hier weder einen Seitengraben noch eine Böschung gab, konnten sie mit beiden Wagen ohne Probleme auf die Wiese fahren. Unmittelbar am Rand standen einige Bäume, an die sie die Tiere banden. Nun trugen die Männer Holz aus dem gegenüberliegenden Wald zusammen und zündeten es mithilfe der Fackeln an, die mittlerweile schon fast niedergebrannt waren. Zum Glück lagen genug davon auf Uwes Fuhrwerk. Nachdem das Feuer brannte und ordentlich Hitze abgab, wickelten sie sich in Decken und versuchten zu schlafen.

Die erste Wache hatten der Schmied, der Bäcker Wolff Nunnemann und der Sattler Hennsel Bernschneider. Außer dem Bewachen der Gruppe bestand ihre Aufgabe darin, immer genügend Brennholz herbeizuschaffen. Das Lagerfeuer durfte auf keinen Fall erlöschen. Zum einen wärmte es und zum anderen hielt es wilde Tiere auf Abstand, die hier mit Sicherheit nachts aktiv waren.

Hennsel war gerade damit beschäftigt, am Waldrand trockene Äste zu sammeln, als es hinter ihm im Dickicht knackte. Erschrocken drehte er sich um, doch da war nichts. Ängstlich entfernte er sich von dem Geräusch. Er lief einige Meter am Saum des Waldes entlang und verschwand dann zwischen den Bäumen.

Uwe und der Bäcker patrouillierten um das Lager, beobachteten die Umgebung und unterhielten sich leise. Wolffs Bäckerei war bei dem Überfall auf das Dorf größtenteils niedergebrannt. Zum Glück hatte seine Familie Unterschlupf bei Verwandten gefunden, die am Ortsrand wohnten. Diese waren mit dem Schrecken davongekommen, ihr Haus blieb unbeschädigt.

Plötzlich wurde ihr Gespräch durch einen markerschütternden Schrei unterbrochen.

Sie sahen sich an und riefen gleichzeitig: »Hennsel!«

3. Juli 2017

Völlig abgehetzt kamen Professor Lorenz und Dr. Udo Frank bei der Höhle an und rannten sofort hinein. Schon von Weitem sahen sie das rötlich fluoreszierende Licht. Das Portal war gerade aktiv.

Fragend schaute Dr. Frank den Professor an: »Ob sie ...?«

Weiter kam er nicht, weil dieser ihm barsch ins Wort fiel: »Woher soll ich das wissen? Was in dieser Frau vorgeht, ist mir ein Rätsel. Leider kann ich nicht in ihren Kopf schauen!«

Udo Frank erschrak. So genervt hatte er den Studienrat noch nie erlebt. Normalerweise war der eher sanft und zurückhaltend. Auch bei seinen Studenten galt er als Diplomat, der in jeder Situation deeskalierend handelte. Momentan war er das ganze Gegenteil. Es sah so aus, als wäre er mit der derzeitigen Sachlage völlig überfordert. Wahrscheinlich fühlte er sich darüber hinaus ziemlich hilflos.

»Entschuldigung«, der Professor sah ihn verzweifelt an, »ich weiß nur langsam nicht mehr weiter. Die Lage wird immer auswegloser, deswegen ...«

Diesmal fiel ihm Dr. Frank ins Wort: »Kein Problem, Entschuldigung angenommen. Ich schlage vor, wir suchen draußen weiter. Oder wollen Sie etwa durch das Portal gehen?«

Professor Lorenz wehrte entschieden ab: »Das wäre unverantwortlich und würde alles nur verschlimmern.«

Die beiden Männer verließen die Höhle und folgten dem schmalen Pfad hoch zur Ruine. Ständig blickten sie suchend nach links und rechts, bis sie auf der hölzernen Brücke angelangt waren, die über den Burggraben führte. Von Susanne war weit und breit nichts zu sehen. Sie gingen durch den Torbogen und betraten die Burganlage. Der Studienrat rief immerzu laut ihren Namen, doch es kam keine Antwort. Sie schauten sich in der Ruine um, umrundeten die Reste des Bergfrieds und standen zu guter Letzt wieder am Torbogen. Unverrichteter Dinge liefen sie zurück, an den Containern vorbei und suchten nun den Rand der Wiese ab, während sie abwechselnd nach ihr riefen. Gut zwei Stunden später gaben sie auf und kehrten um.

Mittlerweile war es Zeit fürs Abendessen. Professor Lorenz und Dr. Frank betraten den dritten Container. Dr. Braumann war bereits da und ließ es sich schmecken. Sie setzten sich zu ihm an den Tisch und erzählten von ihrer Suche nach der Professorin. Anschließend stellten sie besorgt fest, dass Bettina Heilmann bisher nicht zum Essen erschienen war. Der Professor machte sich ihretwegen sowieso Gedanken, doch Ralph Braumann konnte seine Bedenken zerstreuen. Sie hatte ihre Portion mitgenommen und ihm Bescheid gesagt, dass sie noch ein wenig lesen wollte. Der Studienrat war erleichtert und schlug vor, nach dem Abendbrot eine Krisensitzung abzuhalten, was insofern kein großes Problem darstellte, da sie ohnehin nur zu dritt waren.

Nachdem sie gegessen hatten und der Tisch abgeräumt war, begannen sie zu diskutieren. Aber es war egal, welche Argumente sie vorbrachten, ihre Debatte kam nicht voran. Die Lage schien aussichtslos. Horst Ketzel war tot, Klaus Schneider und Tobias Grünbaum befanden sich aller Wahrscheinlichkeit nach im Jahr 1325 und nun war auch Susanne Dombrowski verschwunden. Vermutlich hatte sie das Portal ebenfalls illegal benutzt und war ins Mittelalter gereist. Polizeihauptkommissar Siegfried Schmidt wollte keine Kollegen mehr in Gefahr bringen und lehnte weitere Unterstützung ab, obwohl es hier darum ging, Menschenleben zu retten. Außerdem konnte niemand mit Bestimmtheit sagen, wo sich die Rossburger Ritter momentan aufhielten beziehungsweise ob sie überhaupt noch am Leben waren.

»Hat jemand eine Idee?«

Professor Lorenz schaute seine beiden Kollegen hilfesuchend an, aber es kam keine Antwort. Enttäuscht senkte er den Kopf und blickte zu Boden.

Dann murmelte er leise: »Ich fürchte, das war's, meine Herren. Unsere Mission ist gescheitert. Wir können keine Hilfe mehr erwarten, also geben wir auf.«

»Nein!«, Udo Frank schlug mit der Faust auf den Tisch. »Das kann und darf nicht sein. Denken wir doch mal an unsere Forschungen. Wie oft wussten wir nicht, wie es weitergehen sollte, aber haben wir jemals aufgegeben? Nein! Wir haben immer eine Lösung gefunden. Und so wird es auch diesmal sein. Morgen früh fahren wir gemeinsam in die Dienststelle zu diesem Polizeihauptkommissar Schmidt.«

Und Ralph Braumann ergänzte: »Es muss einen Weg geben. Von mir aus soll er das SEK einschalten!«

Der Professor lächelte. Das waren seine Leute! Auf sie war in jedem Fall Verlass. Aufgeben war für sie selbst in brenzligen Situationen keine Option.

Sie wollten gerade aufstehen, als die Tür aufging und Susanne Dombrowski den Raum betrat. Die Männer sahen sie überrascht an.

27. November 1325

So schnell sie konnten, rannten Uwe und Wolff Nunnemann in die Richtung, aus der sie den Schrei vernommen hatten. Doch weit und breit war von Hennsel nichts zu sehen. Stattdessen hörten die beiden ein leises Stöhnen. Er musste hier ganz in der Nähe sein. Vorsichtig tasteten sie sich weiter. In der Eile hatten sie die Fackeln vergessen. Außer einem Messer, das der Schmied sowieso immer an seinem Gürtel trug, hatten sie keine Waffen dabei, was mehr als leichtsinnig war.

Nach ein paar Metern wurde der Wald dichter. Da sie nicht wussten, was sie erwartete, versuchten sie sich so geräuschlos wie möglich zu bewegen. Plötzlich fiel ihnen auf, dass das Stöhnen leiser wurde. Wie konnte das sein? Waren sie an Hennsel vorbeigelaufen? Sie kehrten um und das Jammern wurde wieder lauter. Auf einmal trat Uwe mit einem Fuß ins Leere. Wolff schaffte es gerade noch, ihn festzuhalten. Sie blickten zu Boden und stellten fest, dass sie vor einer gut getarnten Grube standen. Vorhin waren sie hier schon einmal vorbeigekommen und hatten diese nicht entdeckt. Waren hier Fallensteller am Werk oder hatte die Grube einen natürlichen Ursprung? Deutlich hörten sie aus der Tiefe das Stöhnen.

Der Schmied beugte sich über den Rand und rief: »Hennsel, bist du da unten?«

Einen Moment lang blieb es still, dann vernahmen sie eine gequälte, kraftlose Stimme: »Hilfe ... bitte ... holt mich hier raus.«

Danach verstummten die Hilferufe augenblicklich wieder.

»Bleib ganz ruhig und halte durch. Wir helfen dir«, versprach Wolff. Dann wandte er sich an Uwe: »Los, wir brauchen wenigstens noch zwei oder drei Männer und ein paar Seile.«

So gut es ging, versuchten sie sich die Stelle im Wald zu merken und machten sich auf den Weg zurück zum Lager. Dort angekommen, lief der Schmied zu seinem Fuhrwerk, wo neben mehreren alten Decken, allerlei Eisenstangen und Holzknüppeln auch drei Seile lagen. Da er nicht genau wusste, wie lang diese waren und sie die Tiefe der Grube nicht kannten, nahm er kurzerhand alle mit. Als er zu Wolff zurückkehrte, warteten bereits Klaus Schneider und Tobias Grünbaum auf ihn. Die beiden Polizisten konnten nicht einschlafen. Dadurch hatten sie mitbekommen, dass er das Lager zusammen mit dem Bäcker fluchtartig verließ. Nachdem dieser ihnen die Situation geschildert hatte, waren sie selbstverständlich sofort bereit zu helfen. Zu viert gingen sie zurück zur Grube, die sie ohne Weiteres wiederfanden.

Nun überlegten sie, wer von ihnen hinunterklettern sollte. Da Tobias der Sportlichste war, fiel die Wahl auf ihn. Sicherheitshalber knoteten sie zuerst alle drei Seile zu einem einzigen zusammen. Er nahm das Ende und trat an den Rand. Problemlos schaffte er es, sich zu Hennsel abzuseilen. Jetzt gab es allerdings ein Problem. Es war nicht ganz einfach, das Seil an dem Verletzten zu befestigen, denn durch den Sturz hatte er einige Blessuren davongetragen, die ihm starke Schmerzen bereiteten.

Als es Tobias endlich gelungen war, das Seil so an ihm festzubinden, dass er es einigermaßen aushalten konnte, zogen ihn Uwe, Klaus und Wolff nach oben. Anschließend warfen sie das Ende des Seils wieder hinunter und der Polizeikommissar kletterte hinauf.

Der Schmied untersuchte Hennsel, so gut es unter diesen Umständen möglich war. Beim Abtasten stellte er erleichtert fest, dass nichts gebrochen war. Dafür hatte sich der Sattler beide Füße verstaucht. Außerdem wies sein Körper mehrere Prellungen und Schürfwunden auf. Gemeinsam brachten ihn die Männer zurück ins Lager.

Bei ihrer Ankunft waren die anderen bereits auf den Beinen. Da Hennsel wegen seiner Verletzungen weder stehen noch gehen konnte, wurde ihm mit den Decken auf Uwes Fuhrwerk ein halbwegs bequemes Lager bereitet. Sein Pferd band man am Wagen fest. Dann wurde zusammengepackt. Sie mussten unbedingt weiter. Das Ärgerliche war, dass der Sattler längere Zeit nicht einsatzfähig sein würde. Im Gegenteil: Sollte es zu einem Kampf kommen, würde er sogar Schutz brauchen.

»Schmied«, sagte Hennsel leise, »bitte gib mir etwas gegen die Schmerzen. Wenn meine Füße nicht mehr wehtun, kann ich auch kämpfen.«

»Ich glaube nicht, dass du dann schon wieder in der Lage sein wirst, auf ein Pferd zu steigen«, entgegnete dieser. »Aber ich werde dir etwas geben, damit es dir besser geht.«

Er suchte ein wenig in seiner Tasche, entnahm ihr eine Spritze, ohne dass die anderen es sahen, näherte sich dem Verletzten von hinten und spritzte ihn in die linke Wade. Der Sattler zuckte zusammen. Uwe zog die Nadel wieder heraus, beruhigte ihn und injizierte ihm den restlichen Inhalt in den rechten Unterschenkel.

Erneut erschrak Hennsel, doch der Schmied beschwichtigte ihn: »Du hast es überstanden, die Medizin wird gleich ihre Wirkung entfalten.«

Endlich ging es weiter. Uwe saß bereits auf seinem Fuhrwerk. Die Pferde zogen gerade an, als sich Hennsel Bernschneider aufbäumte, die Augen verdrehte und röchelnd zurück auf die Ladefläche fiel. Klaus, der hinter ihm den zweiten Karren lenkte und dies mitbekam, schrie auf. Der Schmied brachte die Tiere zum Stehen, drehte sich um und sah sofort, was geschehen war. Kreidebleich sprang er nach hinten zu seinem Patienten.

3. Juli 2017

»Ich hoffe, ihr habt mir etwas übrig gelassen«, sagte Susanne Dombrowski lächelnd, als sie die verdutzten Gesichter sah.

Die drei Männer waren perplex. Schließlich hatten sie wirklich gedacht, sie wäre durch das Portal ins Jahr 1325 gereist. Natürlich wollte der Professor wissen, wo sie gesteckt hatte. Wie sich herausstellte, war sie etwa eine Dreiviertelstunde lang am Rand der Wiese spazieren gegangen, während Professor Lorenz und Dr. Udo Frank sie zur selben Zeit in der Ruine suchten. Anschließend war sie zurückgelaufen, hatte sich in ihrem Zimmer aufs Bett gelegt und gegrübelt. Dabei war sie eingeschlafen und erst vor wenigen Minuten aufgewacht. Sie musste sich beeilen, um einigermaßen rechtzeitig zum Abendessen zu kommen.

Udo konnte sich ein Lachen nicht verkneifen. Sie hatten zwar die gesamte Umgebung nach ihr abgesucht, aber auf die Idee, einmal in ihrem Quartier nachzuschauen, war keiner gekommen.

Während sie aß, blieben die anderen aus Höflichkeit am Tisch sitzen. Kurze Zeit später betrat Bettina Heilmann den Raum. Auch sie war beim Lesen eingeschlafen und erst jetzt wach geworden. Zwar hatte sie in ihrem Zimmer gegessen, war aber immer noch hungrig und holte sich einen Nachschlag. Sie war mittlerweile wieder munter und wollte ein wenig weiterlesen. Bevor sie den Raum verließ, wünschte sie allen eine gute Nacht.

Nachdem Susanne mit dem Essen fertig war, unterhielt sie sich eine Weile mit den anderen. Danach gingen alle in ihre Quartiere. Während sich Susanne, Udo und Ralph gleich schlafen legten, saß Professor Lorenz auf dem Sofa und sah fern. Von Zeit zu Zeit zappte er durch die Kanäle. Nach zwanzig Minuten gab er auf. Nichts von dem, was heute kam, interessierte ihn auch nur annähernd. Er schaltete den Fernseher aus und das Radio ein. Da ihm der Sinn nicht nach klassischer Musik stand, suchte er einen Sender, der Oldies brachte, und legte sich aufs Bett. Die Titel versetzten ihn zurück in seine Jugendzeit. Er schwelgte in Erinnerungen und döste vor sich hin.

Als plötzlich das Telefon klingelte, schreckte er hoch. Es war Polizeihauptkommissar Schmidt. Aufgeregt erzählte er ihm, dass er vor wenigen Minuten einen Anruf von Bernhard Meiselbach erhalten hatte, dem Vater der vermissten Geschwister Thomas und Claudia. Dieser informierte ihn, dass sich die Eltern der Rossburger Ritter zusammengeschlossen hatten und morgen in die Dienststelle kommen würden. Sie konnten nicht verstehen, was mit ihren Kindern geschehen war und warum die Polizei nichts Konkretes unternahm. Der Polizeihauptkommissar hatte sich mit ihm auf 13 Uhr geeinigt und bat nun den Professor, bei dem Gespräch anwesend zu sein.

»Und was soll ich dazu sagen?«, fragte dieser erstaunt.

»Wir müssen den Eltern dieser Mittelaltergruppe endlich reinen Wein einschenken«, antwortete der Dienststellenleiter. »Ich weiß, das wird schwierig. Aber wenn jemand das schafft, dann Sie. Herr Meiselbach meinte sogar, sie würden sich verarscht vorkommen. Wir sollten unbedingt etwas dagegen unternehmen.«

»Wollen Sie den Leuten allen Ernstes erzählen, dass sich ihre Kinder momentan im Jahr 1325 aufhalten?«

»Ja, natürlich. Das wird sich unter diesen Umständen nicht vermeiden lassen. Die Eltern haben ein Recht darauf, dass wir sie auf den aktuellen Stand bringen.«

Professor Lorenz überlegte kurz, dann sagte er zu. Polizeihauptkommissar Schmidt war erleichtert.

»Es ist schön, dass Sie mich in dieser Angelegenheit nicht im Stich lassen. Schlafen Sie gut. Bis morgen.«

Der Professor wünschte dem Dienststellenleiter ebenfalls eine gute Nacht, legte auf und blickte zur Uhr. Es war fast Mitternacht. Er würde zu dem Treffen nicht allein erscheinen, die anderen waren bestimmt bereit mitzukommen. Allerdings wollte er sie jetzt nicht damit konfrontieren, denn sie schliefen garantiert längst. Morgen beim Frühstück würde er sie fragen.

27. November 1325

Uwe untersuchte Hennsel. Der Puls war fühlbar, wenn auch sehr schwach. Er atmete flach und hatte die Augen geschlossen. Sein Kreislauf war kurz davor zu versagen.

»Verdammt! Er reagiert allergisch auf das Medikament und jetzt hat er einen anaphylaktischen Schock«, murmelte er.

»Was hat er?«, fragte Tobias, der unmittelbar neben dem Fuhrwerk auf seinem Pferd saß.

Der Schmied ging nicht auf die Frage ein.

Stattdessen rief er: »Bringt mir etwas, was ich unter seine Beine packen kann. Ich muss sie hochlegen.«

Tobias ritt los und kam einen Augenblick später mit einem Bündel Decken zurück. Uwe schob es unter Hennsels Unterschenkel. Dann griff er in seine Medizintasche und holte einen Autoinjektor mit

Adrenalin heraus. Schnell gab er ihm die Spritze so unauffällig, dass die anderen es nicht sehen konnten.

Allmählich kam der Sattler wieder zu sich. Fragend schaute er den Schmied an.

»Was war denn los mit mir? Zuerst haben meine Hände und Füße gekribbelt. Dann habe ich keine Luft bekommen. Danach wurde es schwarz und ich weiß nichts mehr.«

»Es war wohl so etwas wie eine Kreislaufschwäche«, log dieser.

»Und was hast du mir dagegen gegeben?«

Wieder musste er lügen.

»Nur eine Essenz aus Kräutern.«

Hennsel war mit der Antwort zufrieden und fragte nicht weiter.

Inzwischen umringten die anderen das Fuhrwerk. Jeder wollte wissen, was mit dem Sattler passiert war, doch der Schmied gab keine Auskunft mehr. Er scheuchte die Männer weg mit der Begründung, dass der Verletzte unbedingt Ruhe brauchte. Dadurch verzögerte sich der Aufbruch um weitere drei Stunden.

Es war längst hell, als sich die Gruppe endlich in Bewegung setzte. Hennsel Bernschneider ging es schon bedeutend besser. Wieder kamen sie an endlosen Wiesen vorbei, auf denen stellenweise noch Schnee lag. Ab und zu ging es durch ein kleines Wäldchen. Der Weg war relativ gut passierbar, sodass sie zügig vorankamen. Als es Abend wurde, lagerten sie auf einer Lichtung. Hier wuchsen einige junge Bäume, an denen sie die Pferde festbinden konnten.

Die erste Wache übernahmen Uwe und Tobias. Mit Fackeln in den Händen patrouillierten sie um das Lager.

Plötzlich rief der Polizeikommissar: »Schau mal, hier sind Fußspuren und die sind definitiv nicht von uns.«

4. Juli 2017

Es war genau 8 Uhr, als Professor Lorenz die Augen öffnete und auf seinen Wecker blickte. Er brauchte einen kurzen Moment, bis er realisierte, dass dieser klingelte. Nachdem er ihn abgestellt hatte, dehnte er sich, gähnte herzhaft, stand auf und ging ins Bad. Dann lief er zum Aufenthaltsraum, um zu frühstücken. Heute war er der Erste. Die anderen trudelten nach und nach ein. Während sie aßen, berichtete er vom nächtlichen Anruf des Dienststellenleiters. Nachdem sie eine Weile darüber debattiert hatten, waren sich alle einig: Sie wollten mitkommen. Er hatte nichts anderes erwartet und freute sich insgeheim auf das Gesicht von Polizeihauptkommissar Schmidt, der nur mit ihm rechnete. Da das Treffen erst um 13 Uhr stattfinden sollte, hatten sie noch etwas Zeit. Professor Lorenz schlug vor, sich um 11 Uhr vor dem ersten Wohncontainer einzufinden und sofort loszufahren. So hatten sie genug Vorlauf, um vor dem Eintreffen der Eltern alles Nötige mit dem Dienststellenleiter zu besprechen. Das Team war einverstanden. Als sie sich trennten, war es kurz vor zehn. Momentan lag nichts Wichtiges an, also blieb ihnen gut eine Stunde Freizeit.

Bettina Heilmann ging in ihr Zimmer. Wie so oft wollte sie ein wenig lesen. Die Professorin Dr. Susanne Dombrowski beschloss dagegen, einen Spaziergang zu machen. Sie versprach, pünktlich wieder zurück zu sein. Dr. Udo Frank wusste nicht so recht, was er mit der freien Zeit anfangen sollte. Dr. Ralph Braumann lud ihn ein, eine Partie Schach mit ihm zu spielen. Er stimmte zu.

Der Professor ging in sein Zimmer, legte sich aufs Sofa und grübelte. Wie würde das Treffen nachher enden? Wie sollten sie den Eltern schonend und vor allem glaubhaft beibringen, was geschehen war? Womit konnten sie sie beruhigen? Was, wenn sie fragten, ob sie ihre Kinder je wiedersehen würden? Gab es überhaupt Hoffnung? Würde Polizeihauptkommissar Schmidt Hilfe organisieren können? Wen konnte man außerdem einweihen? Vor allem: Wie würden die Eltern beim Thema Zeitreise reagieren? Würden sie diese für Spinnerei oder gar für eine Ausrede halten? All diese Fragen schwirrten ihm durch den Kopf. Seine Gedanken waren an einem toten Punkt angelangt. Antworten darauf würde er frühestens nachher während des Treffens finden.

Kurz vor 11 Uhr stand der Studienrat beim ersten Wohncontainer. Lange musste er nicht warten. Fünf Minuten später waren die anderen eingetroffen. Zum Glück hatte man dem Team von Anfang an einen Kleinbus zur Verfügung gestellt, der jedoch bisher nicht genutzt worden war. Darin fanden nun alle Platz. Professor Lorenz meldete sich freiwillig als Fahrer.

Überpünktlich kamen sie in der Dienststelle an. Da das Treffen in einer Stunde und fünfzehn Minuten stattfinden würde, waren sie bestimmt die Ersten. Doch sie hatten sich geirrt. Als sie das Büro von Polizeihauptkommissar Siegfried Schmidt betraten, trafen sie dort auf ein Ehepaar, das der Professor auf Anfang fünfzig schätzte.

Der Dienststellenleiter, der sich keineswegs darüber wunderte, dass die gesamte Gruppe angerückt war, kam gleich auf sie zu, gab jedem die Hand und sagte: »Darf ich vorstellen, das sind Herr und Frau Meiselbach, die Eltern von Thomas und Claudia.«

»Sehr angenehm.«

Professor Lorenz begrüßte sie mit Handschlag.

Bettina Heilmann, Susanne Dombrowski, Udo Frank und Ralph Braumann stellten sich ebenfalls vor. Leider bestand nun keine Möglichkeit mehr, mit dem Polizeihauptkommissar allein zu sprechen.

Der Dienststellenleiter bat die kleine Gruppe in einen anderen Raum, der wesentlich größer war als sein Büro und für Schulungen genutzt wurde. Die Tische waren u-förmig angeordnet. Jeder suchte sich einen Platz. Dann warteten sie. Gesprochen wurde kaum. Die Zeit verging sehr langsam.

Endlich erschienen ein Mann und eine Frau, beide Mitte vierzig. Sie gaben allen Anwesenden die Hand und stellten sich mit Kruschinsky vor.

Bevor Polizeihauptkommissar Schmidt fragen konnte, ergänzte die Frau: »Wir sind die Eltern von Sven.«

Kaum hatten sie sich gesetzt, betrat Familie Birkner den Raum. Sie gehörten zu Mirjam. Ihnen folgten Pierre und Katharina Kluge, Karstens Eltern. Nun geschah eine Weile gar nichts. Erst um 13 Uhr trafen drei weitere Personen ein. Nachdem sie sich mit Pfeil vorgestellt hatten, wusste der Dienststellenleiter, dass es sich um Swenjas Eltern und ihre sechzehnjährige Schwester handelte. Er schaute auf seine Liste, auf der er alle Namen abgehakt hatte. Nun fehlten nur noch die Häkchen bei Fürbringer und Fügmann, den Eltern von Bernd beziehungsweise Holger. Vermutlich würden sie sowieso nicht kommen. Schließlich waren sie nicht mehr die Jüngsten. Klara Fürbringer, Bernds Mutter, war schon dreiundachtzig Jahre alt, sein Vater zweiundneunzig.

Der Polizeihauptkommissar wartete ein paar Minuten, dann sagte er: »Es wird wohl niemand mehr kommen. Ich würde sagen, wir fangen an.« Er holte tief Luft und fuhr fort: »Bestimmt möchten Sie wissen, was mit Ihren Kindern passiert ist. Darauf kann ich Ihnen leider keine genaue Antwort geben. Ich weiß nicht, wo sie sich gerade aufhalten. Eins ist jedoch ziemlich sicher.« Er hielt kurz inne, um den folgenden Worten mehr Gewicht zu verleihen, und sprach dann weiter: »Sie befinden sich im Moment aller Wahrscheinlichkeit nach im Jahr 1325.«

Wieder machte er eine Pause.

Zuerst herrschte absolute Stille. Polizeihauptkommissar Schmidt schaute in entsetzte, erstaunte und teils recht ungläubige Gesichter.

»Ich weiß, es ist kaum zu glauben und noch schwerer zu verstehen, und doch ist es wahr«, ergänzte er abschließend.

Das Schweigen wurde unerträglich.

Schließlich meldete sich Herr Pfeil, ein schlanker, muskulöser Mann mit schwarzen schulterlangen Haaren zu Wort: »Bei allem Respekt, unsere Kinder sind spurlos verschwunden und ich lass mich doch hier nicht zum Narren halten! Na klar, sie sind mal eben in die Vergangenheit gereist! Wie soll so etwas bitte funktionieren?«

Der Dienststellenleiter antwortete zögernd: »Wie das genau passiert ist, wissen wir nicht. Wir haben dafür keine Erklärung, aber es ist nun mal so.«

Dieser letzte Satz bewirkte, dass die Stimmung endgültig kippte.

»Es ist nun mal so! Ist das etwa Ihre Begründung? Wollen Sie uns hier verarschen?«, rief Frau Pfeil aufgebracht.

Nach und nach mischten sich nun auch die anderen Eltern ein. Alle redeten durcheinander. Dem Polizeihauptkommissar war es nicht möglich, mit irgendwelchen Fakten zu arbeiten, da er schlicht und ergreifend keine hatte, und die Leute wollten nicht akzeptieren, dass ihre Kinder unfreiwillig in der Zeit gereist waren.

Als der Streit - denn von einer Diskussion konnte längst keine Rede mehr sein - in vollem Gange war, klopfte es zaghaft an der Tür. Der Dienststellenleiter hätte es beinahe überhört, so laut war es gerade im Raum.

Bevor er reagierte, wurde die Tür vorsichtig geöffnet und ein betagter Herr trat herein. Er hatte einen Krückstock in der rechten Hand, auf den er sich stützte. In der linken hielt er eine kleine lederne Tasche.

Ganz langsam ging er auf Polizeihauptkommissar Schmidt zu und sagte: »Guten Tag, mein Name ist Willy Fürbringer. Ich bin wegen meines Sohnes Bernd hier. Entschuldigen Sie bitte, dass ich mich verspätet habe. Ich war noch bei einem guten Freund, der hier gleich um die Ecke wohnt. Wir haben alte Fotoalben angeschaut und darüber wohl die Zeit vergessen.«

»Kein Problem«, antwortete der Dienststellenleiter. »Nehmen Sie bitte Platz.«

Willy Fürbringer grüßte in die Runde und setzte sich zwischen Bettina Heilmann und die Professorin Dr. Susanne Dombrowski.

Nachdem er seinen Stock hinter sich an die Wand gelehnt hatte, blickte er sich kurz um, lächelte und fragte: »Und? Habe ich schon viel verpasst?«

»Allerdings«, erwiderte Bernhard Meiselbach. »Unsere Kinder sind versehentlich in eine Zeitmaschine gestiegen, haben einen Ausflug ins Mittelalter gemacht und stecken jetzt dort fest.«

Herr Fürbringer wurde hellhörig.

»Aha, das ist ja interessant. Und wo befindet sich diese ... äh ... Zeitmaschine?«

Diese Frage konnte ihm Herr Meiselbach nicht beantworten. Schulterzuckend schaute er zu Polizeihauptkommissar Schmidt.

Dieser war heilfroh, sich endlich wieder konstruktiv an dem Gespräch beteiligen zu können, und sagte: »Das Zeitportal befindet sich in einer Höhle unterhalb der Burgruine Liebstein.«

Willy Fürbringers Augen wurden groß.

Fasziniert raunte er: »Dann ist es also wahr. Und die alte Anlage funktioniert noch immer!«

Erstaunt fragte der Dienststellenleiter: »Wissen Sie etwa darüber Bescheid?«

»Natürlich!«, lachte er. »Es war Ende 1941. Ich war damals sechzehn Jahre alt und in der Hitlerjugend. Unsere Einheit hatte die Aufgabe, allerlei Geräte, Kabel, Schränke und dergleichen in diese Höhle zu schaffen. Die Wehrmacht war auch dabei. Sie haben das Gelände bewacht und uns geholfen. An einen Offizier kann ich mich besonders gut erinnern. Das war ein ganz fieser Typ. Wie hieß der noch mal? Sekunde, ich hab's gleich ...« Er überlegte kurz, dann fiel es ihm wieder ein. »Oberleutnant Gustav Franke! Oh ja, das war ein richtiges ... äh ... nein, das sage ich jetzt nicht.«

Polizeihauptkommissar Schmidt musste lachen, aber bevor er etwas sagen konnte, murmelte Herr Fürbringer: »Moment, ich habe doch ...« Er wühlte in seiner kleinen ledernen Tasche, brachte ein Fotoalbum zum Vorschein und sagte laut: »Wie ich bereits erwähnt habe, war ich vorhin bei einem guten Freund. Wir sind zusammen aufgewachsen. Er ist ein Jahr älter als ich. Da wir gemeinsam Fotos anschauen wollten, habe ich ein Album aus dieser Zeit dabei.« Er hielt es hoch und fuhr fort: »Hier sind sogar Bilder von der Höhle drin.«

Alle schwiegen und beobachteten gespannt, wie er die Seiten umblätterte.

Nach einiger Zeit räusperte er sich und sagte: »Hier habe ich eine Fotografie. Sie zeigt die Höhle und unsere Einheit. Sogar dieser Oberleutnant Franke ist mit drauf.«

Dabei zog er ein Gesicht, als müsste er sich jeden Moment übergeben.

Bettina, die neben ihm saß, lachte. Sie beugte sich zu ihm und betrachtete das Bild intensiv.

Plötzlich zuckte sie zusammen, zeigte auf den Oberleutnant und stammelte: »Der ... der ... sieht ... genau ... so ... au ... aus wie mein V ... Vater!«

»Das kann doch gar nicht sein, Mädchen«, versuchte Willy Fürbringer die junge Frau zu beruhigen. »Das Foto wurde 1941 aufgenommen. Da war Ihr Vater vermutlich noch nicht einmal geboren. Das könnte bestenfalls Ihr Großvater sein.«

»Nein!« Sie schüttelte den Kopf. »Mein Großvater war, soweit ich weiß, nie hier in der Gegend. Er lebte in Warnemünde. Außerdem heißen wir Heilmann und nicht Franke. Aber die Ähnlichkeit ist verblüffend. Ich bin jetzt wirklich erschrocken.«

Mittlerweile drängten sich alle anderen hinter den beiden. Jeder wollte einen Blick auf das Foto werfen.

Gegen 15 Uhr bat Polizeihauptkommissar Schmidt die Anwesenden in die Kantine, wo Kaffee und Kuchen bereitstanden. Allmählich lockerte sich die Atmosphäre ein wenig. Als alle gegessen hatten, ging es zurück in den Schulungsraum. Dort wurde die Diskussion fortgesetzt.

»Wie soll das eigentlich passiert sein? Also, ich meine, sind unsere Kinder einfach so in die Höhle hineinspaziert und mit dieser Zeitmaschine ins Mittelalter gereist, oder wie muss ich mir das vorstellen?«, fragte Herr Kruschinsky.

»Das wissen wir nicht genau«, antwortete Professor Lorenz. »In dieser Höhle gibt es eine Mulde im Boden, die rötlich leuchtet, wenn das Portal aktiv ist. So viel ist uns bekannt. Wie die Rossburger Ritter dort hineingeraten sind, können wir nicht sagen.«

»Vermutlich ist dieses Portal mit einer Art Wurmloch verbunden«, ergänzte Dr. Udo Frank. »Sie müssen sich das wie einen riesigen Schlauch vorstellen. Es wäre durchaus denkbar, dass sich das Ende, das sich normalerweise in der Höhle befindet, verselbstständigt und den Ort gewechselt hat.«

»Und was bedeutet das?«, wollte Herr Birkner wissen.

»Das bedeutet, dass sich das Portal in dem Moment, als Ihre Kinder hineingelangt sind, eventuell außerhalb der Höhle befunden hat«, erklärte die Professorin Dr. Susanne Dombrowski.

»Zeitreisen, Wurmlöcher ... sind wir hier bei Raumschiff Enterprise?«, rief Herr Kluge lachend. »Das ist doch alles Humbug!«

»Nein, das ist es nicht«, erwiderte Dr. Ralph Braumann. »Schon Albert Einstein hat bewiesen, dass ...«

Pierre Kluge fiel ihm ins Wort: »Jetzt bringen Sie auch noch Einstein ins Spiel! Sorry, aber ich höre mir den Mist hier nicht länger an.«

Er war im Begriff aufzustehen, als ihm seine Frau etwas ins Ohr flüsterte. Wütend blieb er sitzen, lehnte sich zurück und verschränkte demonstrativ die Arme vor der Brust.

Nun trat erst einmal Ruhe ein. Professor Lorenz sah seine Chance gekommen.

Er wollte versuchen, die erhitzten Gemüter zu beschwichtigen, also erhob er sich und sagte zu den Eltern: »Ich weiß, dass es nicht einfach ist, dies alles zu verstehen. Ich möchte Sie jedoch bitten, die Nerven zu behalten. Selbst wir als Wissenschaftler stehen erst am Anfang und müssen noch viel drüber lernen. Ich persönlich habe mich bisher kaum mit Zeitreisen beschäftigt. Zwar war mir schon sehr lange bekannt, dass sie in der Theorie funktionieren, da auch namhafte Gelehrte bereits Beweise erbracht haben. Was aber die Praxis betrifft, dafür fehlt mir im Moment das Wissen und ich denke, meinem Team geht es ebenso.«

Susanne, Ralph und Udo nickten zur Bestätigung und der Professor fuhr fort: »Bitte vertrauen Sie uns. Ich weiß, das sagt sich so leicht, aber wir haben keine andere Chance, als uns nach und nach in diese Materie einzuarbeiten. Natürlich werden wir versuchen, dies so schnell wie möglich zu tun.«

Er blickte aufrichtig in die Runde, dann setzte er sich wieder.

Nachdem die Eltern noch eine Weile diskutiert hatten, wendete sich das Blatt. Bernhard Meiselbach ergriff das Wort.

Anscheinend glaubte er die Geschichte mit der Zeitreise langsam, denn er fragte: »Okay, nehmen wir einfach mal an, Sie haben recht und unsere Kinder befinden sich wirklich im Jahr 1325. Was gedenken Sie zu tun, um sie zurückzubringen?«

Der Dienststellenleiter schluckte. Die ganze Zeit hatte er auf diese Frage gewartet, sich allerdings auch vor ihr gefürchtet.

Er holte tief Luft und antwortete: »Das Problem ist, dass ich zu wenig Leute habe. Ich kann also niemanden zur Verfügung stellen.«

Natürlich verschwieg er in diesem Zusammenhang, was mit Polizeioberkommissar Horst Ketzel und den Polizeikommissaren Klaus Schneider und Tobias Grünbaum geschehen war. Es würde nichts bringen, es zu erwähnen und damit bei den Eltern zusätzliche Ängste zu schüren.

Er fuhr fort: »Aber ich werde mich bemühen, Kollegen für die Suche zu rekrutieren.«

Nun mischte sich Katharina Kluge ein. Mit zusammengekniffenen Augen schaute die füllige Endvierzigerin den Polizeihauptkommissar an.

»Und wenn Sie Leute bekommen, helfen Sie dann unseren Kindern?«

Der Dienststellenleiter nickte.

»Ach so«, fuhr sie fort, »Sie können also ebenfalls in der Zeit reisen?«

Polizeihauptkommissar Schmidt fühlte sich unbehaglich und in die Enge getrieben, denn die große Frau mit den kurzen braunen Locken musterte ihn feindselig.

Schließlich riss er sich zusammen und antwortete mit fester Stimme: »Ja, aber wir können diese Reisen nicht beeinflussen. Das Zeitportal ist nicht ständig aktiv. Es macht sozusagen, was es will.«

Wieder begann eine angeregte Diskussion. Mittlerweile hatten die Eltern verstanden, wo das Problem lag. Irgendwann sahen auch die Letzten ein, dass die Polizei zwar alle ihr zur Verfügung stehenden Ressourcen nutzte, es jedoch nicht immer möglich war, in der Zeit zu reisen.

Es war bereits später Nachmittag. Der Dienststellenleiter blickte zum letzten Mal in die Runde.

»Sie können sich auf mich verlassen. Ich werde mich morgen früh gleich ans Telefon setzen. Bitte drücken Sie mir die Daumen, dass wir Kollegen anderer Dienststellen finden, die uns helfen. Aber ich betone es noch einmal: Diese Leute müssen das freiwillig machen. Keiner kann zu einem solchen Einsatz gezwungen werden!«

Dann beendete er das Treffen. Während einige Eltern im Grunde enttäuscht waren, weil Polizeihauptkommissar Schmidt nichts Konkretes gesagt hatte, zeigten sich Professor Lorenz und sein Team mit dem Ergebnis halbwegs zufrieden. Zugegeben, es gab keinen richtigen Plan, aber immerhin würde der Dienststellenleiter versuchen, Hilfe anzufordern. Zumindest konnten sie hoffen, dass er Erfolg haben würde. Mit gemischten Gefühlen fuhren sie zurück in ihre Unterkunft.

Es war ziemlich spät und ihnen blieb gerade genug Zeit, sich vor dem Abendessen ein wenig frischzumachen. Heute hatten sie im Anschluss daran keine

Lust, länger sitzen zu bleiben, um sich zu unterhalten. Bettina Heilmann ging in ihr Zimmer und widmete sich wieder ihrem Buch, Susanne Dombrowski entschied sich für einen Fernsehabend, Dr. Udo Frank und Dr. Ralph Braumann wollten ihre Partie Schach zu Ende spielen und dem Professor stand der Sinn nach klassischer Musik. Schnurstracks ging er in sein Quartier, setzte seine Kopfhörer auf und legte sich aufs Bett.

Er hatte die Augen geschlossen, als er spürte, dass sein Handy in der Hosentasche vibrierte. Nachdem er die Kopfhörer abgesetzt hatte, hörte er auch das Klingeln. Es war der Dienststellenleiter. Da er um diese Zeit anrief, musste es wichtig sein.

Polizeihauptkommissar Schmidt war sehr ernst. Er sprach langsam und wirkte nachdenklich. Es ging um Ramona Ketzel, die immer noch nichts vom Schicksal ihres Mannes wusste. Er würde sie am nächsten Tag gegen Mittag besuchen, um mit ihr zu sprechen. Allerdings wollte er nicht allein hinfahren und bat den Professor mitzukommen. Dieser überlegte hin und her. Abschlagen konnte er die Bitte eigentlich nicht, also willigte er schweren Herzens ein. Der Polizeihauptkommissar war erleichtert und schlug vor, ihn morgen gegen 11 Uhr abzuholen. Dann wünschten sich die Männer eine gute Nacht und legten auf.

Professor Lorenz war nun nicht mehr nach klassischer Musik zumute. Stattdessen grübelte er und stellte sich für den nächsten Tag die schlimmsten Szenarien vor. Wie würde Ramona Ketzel reagieren, wenn sie vom Tod ihres Mannes erfuhr? Er lag noch lange wach. Erst gegen 4 Uhr schlief er ein, wachte jedoch schon zwei Stunden später nach einem Albtraum schweißgebadet auf. Die Diskussion mit den Eltern der Rossburger Ritter hatte ihn stärker mitgenommen, als er erwartet hatte, und nun kam das bevorstehende Gespräch mit Frau Ketzel hinzu. An erholsamen Schlaf war nicht mehr zu denken.

27. November 1325

Uwe eilte zu Tobias und untersuchte die Fußspuren, die sich deutlich in den Schneeresten abzeichneten. Sie stammten von einer einzelnen Person, kamen von links und führten dann nach rechts vom Lager weg über die Lichtung zum Waldrand. Was sollten die Männer tun? War es ratsam, den Fußabdrücken zu folgen?

Der Schmied entschied hierzubleiben, dafür aber um so wachsamer zu sein. Zwar musste der Verursacher der Spuren sehr groß und schwer sein, denn sie waren entsprechend tief und nicht gerade klein, doch welche Gefahr würde von einem einzelnen Menschen ausgehen? Vielleicht handelte es sich sogar nur um einen Landstreicher, der ein Nachtlager suchte.

Während der Wache vernahm Uwe mehrmals in unmittelbarer Nähe ein Knacken. Waren das wilde Tiere oder wurden sie von dem mysteriösen Fremden beobachtet? Tobias hörte das Geräusch zwar auch, war sich aber sicher, dass es nicht von einem Menschen verursacht wurde.

Nach zwei Stunden übernahmen der Seifensieder Wernlin Nabholz und der Seiler Bestlin Stauber den Wachdienst. Der Schmied und der Polizeikommissar legten sich hin. Die restliche Nacht verlief ohne Störungen.

Im Morgengrauen setze sich die Gruppe in Bewegung. Weit konnte es nun nicht mehr sein. Hennsel ging es zum Glück wesentlich besser. Er saß hinten auf dem Fuhrwerk, ließ die Füße baumeln und schaute sich die Umgebung an.

Den ganzen Weg über fühlte sich Uwe beobachtet. Er vermochte nicht zu sagen warum, aber es störte ihn gewaltig. Gegen Mittag wurde der Pfad wieder schmaler. Rechts sahen sie eine kleine Felsengruppe.

Als sie schon fast daran vorbei waren, rief Hennsel: »Dort hinten liegt doch jemand!«

Sie hielten an. Der Schmied sprang von seinem Fuhrwerk und rannte zu der Stelle.

Ein großer schlanker Mann mit dunklen Haaren lag bäuchlings auf der Erde. Uwe drehte ihn vorsichtig um, blickte in sein Gesicht und erstarrte. Es war Sven. Er fühlte seinen Puls, doch der junge Mann war tot. Er konnte nichts mehr für ihn tun.

Kopfschüttelnd stand er auf. Nie hätte das passieren dürfen! Sie sollten die unfreiwilligen Zeitreisenden beschützen, und nun das! Sie hatten versagt. Wie ging es wohl den anderen? Gab es vielleicht mehr Tote? Er bückte sich und schloss Svens Augen.

Dann wandte er sich an seine Begleiter: »Wir können ihn hier nicht so liegen lassen. Ich will nicht, dass er von wilden Tieren gefressen wird.«

Es blieb ihnen nichts weiter übrig, als Sven zu begraben. Der Boden war hart und es dauerte ziemlich lange, eine ausreichend tiefe Grube auszuheben. Als das erledigt war, wickelten sie den Leichnam in eine Decke, legten ihn in das Grab und schaufelten es wieder zu. Zum Schluss steckte Uwe am Kopfende einen langen Stock in die Erde und band einen kürzeren Ast mit einem Stück Schnur quer daran fest. So entstand ein Kreuz. Obwohl er nicht besonders gläubig war, sprach er ein kurzes Gebet. Andächtig standen die anderen dabei. Nach dem gemeinsamen »Amen« blieben sie noch eine Weile, dann ging es jedoch zügig weiter.

Der Weg wurde immer steiler. Da er außerdem sehr schmal und steinig war, kamen sie mit den Wagen nur langsam vorwärts. Erst nach Einbruch der Dunkelheit hatten sie ihr Ziel erreicht. Vor ihnen auf dem Bergsporn thronte die Rossburg. Das Tor stand offen und wurde links und rechts durch Fackeln spärlich beleuchtet. Aber wo waren die Wachen?

Als sie das Burgtor passierten, wehte ihnen beißender Rauch entgegen, der das Atmen erschwerte. Irgendwo ganz in der Nähe musste es brennen, denn es war ein Knistern und Knacken zu hören. Gleichzeitig vernahmen sie Hilfeschreie.

Sie trieben die Pferde an und preschten in den Burghof, der sich hinter einer leichten Rechtskurve erstreckte. Was sie dort sahen, machte sie fassungslos. In gut vier Metern Höhe hingen Eisenkäfige an Galgen. Darunter waren Holzhaufen aufgestapelt, die lichterloh brannten. In den Käfigen befanden sich Personen, die husteten und verzweifelt versuchten, durch Schaukeln den nach oben züngelnden Flammen für einen kurzen Moment zu entgehen. Zwischen den Feuern liefen Männer, die vermutlich das Reisig angezündet hatten, mit brennenden Fackeln hin und her.

Uwe zögerte keine Sekunde. Als er die Lage sondiert hatte, sprang er von seinem Fuhrwerk und rannte laut schreiend zu einem der Fackelträger, der wenige Meter von ihm entfernt stehen geblieben war. Die anderen folgten ihm und stürzten sich auf die übrigen Kerle.

5. Juli 2017

Pünktlich um 11 Uhr holte Polizeihauptkommissar Schmidt Professor Lorenz ab, um mit ihm gemeinsam Ramona Ketzel aufzusuchen. Die beiden hatten ein zutiefst mulmiges Gefühl bei dem Gedanken daran, wie sie reagieren würde, wenn sie vom Tod ihres Mannes erfuhr. Hoffentlich war sie überhaupt zu Hause. Der Polizeihauptkommissar hatte ihren Besuch bewusst nicht angekündigt. So konnte sie wenigstens nicht schon im Vorfeld spekulieren und sich Sorgen machen. Jetzt bereute er diese Entscheidung, aber es war nicht mehr zu ändern.

Kurz nach 12 Uhr kamen sie bei der Wohnung von Familie Ketzel an. Der Dienststellenleiter klingelte. Sie warteten eine ganze Weile, doch niemand öffnete die Tür. Insgeheim atmete er erleichtert auf. Frau Ketzel war nicht zu Hause. Leider war dieser schwere Gang damit nur aufgeschoben. Nun würde er sie anrufen, um seinen Besuch anzumelden. Am Telefon durfte er ihr natürlich nicht sagen, worum es ging. Wenigstens war diese Sache vorläufig vom Tisch.

»Wollen Sie zu mir?«, unterbrach eine weibliche Stimme seine Gedanken.

Es war Ramona, die gerade die Treppe heraufkam. Die beiden Männer nickten.

»Worum geht es denn?«, fragte sie argwöhnisch, nachdem sie die Besucher ins Wohnzimmer gebeten und ihnen einen Platz angeboten hatte.

»Es geht um Ihren Mann«, antwortete Polizeihauptkommissar Schmidt unsicher.

Seine Stimme zitterte leicht.

»Was ist mit ihm?«

Sie war sichtlich angespannt.

Es folgte eine kurze Pause, dann nahm der Dienststellenleiter all seinen Mut zusammen und sagte: »Horst ist tot.«

Für einen Moment herrschte vollkommene Stille. Ramona Ketzel hatte die Augen weit aufgerissen.

Plötzlich schrie sie: »Nein! Das ist nicht wahr! Horst lebt! Ich weiß es!« Ihre Stimme überschlug sich. »Er kann nicht tot sein! Vor genau einer Woche war er doch noch hier!« Dann sank sie in ihrem Sessel in sich zusammen und fügte kaum hörbar hinzu: »Wir haben uns gestritten. Ich wollte nicht, dass er sich wieder in Gefahr begibt. Aber er war stur und ich habe schließlich nachgegeben.«

Unvermittelt sprang sie hoch, baute sich vor den Männern auf und sagte mit einer kraftvollen, festen Stimme, die ihr in dieser Situation keiner zugetraut hätte: »Und nun, meine Herren, möchte ich Sie bitten zu gehen. Ich will allein sein.«

Polizeihauptkommissar Schmidt und Professor Lorenz standen auf und begaben sich zur Tür. Ramona öffnete sie und trat zur Seite, um Platz zu machen. Bevor sie jedoch die Wohnungstür hinter ihnen schließen konnte, schwankte sie kurz, verdrehte die Augen und fiel rückwärts auf den Boden. Sofort machte der Dienststellenleiter auf dem Absatz kehrt und leistete Erste Hilfe, während Professor Lorenz den Notruf wählte.

Zehn Minuten später war der Notarzt zur Stelle. Er gab Frau Ketzel, die inzwischen das Bewusstsein wiedererlangt hatte, ein Beruhigungsmittel. Die Rettungssanitäter, die mittlerweile auch eingetroffen waren, wollten sie mitnehmen, doch sie weigerte sich. Sie bestand darauf, wegen ihres Sohnes, der bald von der Schule kommen würde, zu Hause zu bleiben. Gegen ihren Willen konnten die Männer nichts machen, zumal es ihr wieder besser ging.

Nachdem sie ins Auto gestiegen waren, sah Polizeihauptkommissar Schmidt den Professor an und sagte nachdenklich: »Wie wird sie den Verlust verarbeiten?«

Der zuckte mit den Schultern.

»Ich weiß es nicht. Hoffentlich geht das gut.«

Der Dienststellenleiter brachte ihn zurück zu seinem Team und fuhr anschließend zum Büro.

Am späten Nachmittag bekam Professor Lorenz einen Anruf von Polizeihauptkommissar Schmidt. Ramona Ketzel war ins Krankenhaus eingeliefert worden. Sie hatte versucht, sich das Leben zu nehmen.

28. November 1325

Beißender Rauch stieg in die Höhe. Thomas begannen die Augen zu tränen. Dann bekam er einen Hustenanfall. Den anderen erging es ebenso. Wie von Sinnen rüttelte er an der eisernen Käfigtür, doch die war fest verschlossen. Der Boden, der nur aus einem Gitter bestand, wurde immer heißer. Er bekam kaum Luft. Alles um ihn herum fing an zu verschwimmen. Er war kurz davor, das Bewusstsein zu verlieren. Plötzlich hörte er Schreie und das Wiehern von Pferden. Was passierte hier? Erkennen konnte er nichts, der dichte Qualm hinderte ihn daran.

Erneut vernahm er Stimmen. Unter seinem Käfig wurde das Holz weggetreten. Die Hitze ließ sofort nach und es wurde ein wenig erträglicher. Nur der Rauch war immer noch sehr dicht. Er erschwerte das Atmen, brannte in den Augen und hüllte den Burghof in undurchdringlichen Dunst.

Nachdem Uwe Gelfrid, der die Fackel hielt, niedergeschlagen hatte, rannte er zu Thomas' Käfig. Mithilfe eines langen Stocks, der unmittelbar neben dem Holzhaufen lag, zog er das brennende Reisig auseinander. Als schließlich auch der Stecken Feuer fing, warf er ihn in hohem Bogen von sich, trat ein paar glühende

Holzstücke mit den Füßen weg und machte sich an dem Seil zu schaffen.

Nach kurzer Zeit hatte er es geschafft und der eiserne Käfig, in dem Thomas steckte, stand auf der Erde. Doch während der Schmied den Riegel beiseiteschieben und ihn befreien wollte, rappelte sich Gelfrid wieder auf. Noch immer hielt er die lodernde Fackel in der Hand und ging damit auf Uwe los. Geistesgegenwärtig warf der sich auf den Boden, rollte sich dabei zur Seite ab und bekam ein brennendes Holzscheit zu fassen. Dann sprang er sofort wieder auf die Füße und wich geschickt einem weiteren Schlag seines Gegners aus. Bevor dieser erneut zuschlagen konnte, drehte er sich gekonnt, täuschte mit dem Scheit kurz an, holte mit dem rechten Fuß aus und trat ihm mit voller Wucht gegen das linke Schienbein. Gelfrid schrie auf, stolperte, bückte sich und fasste instinktiv mit der Hand an die schmerzende Stelle. Diesen Augenblick nutzte Uwe und zog ihm das Holzscheit über den Kopf. Mit schmerzverzerrtem Gesicht sank Gelfrid auf die Knie. Ein letztes Mal hob der Schmied den rechten Fuß und kickte nach vorn. Es gab ein knackendes Geräusch, als das Nasenbein seines Kontrahenten brach. Ein Schwall Blut schoss aus seiner zerschmetterten Nase, während er mit dem Kopf auf den Boden krachte und regungslos liegen blieb.

Uwe warf das Holzscheit, das nur noch leicht glimmte, weg, ging zu Thomas‘ Käfig, schob den Riegel beiseite und wollte ihm gerade beim Herausklettern helfen, als auf einmal Herwyg hinter ihm auftauchte. In der Hand hielt er eine Eisenkette. Bevor Uwe reagieren konnte, schwang er diese und schlug damit zu. Der Schmied schrie auf, als sie seinen rechten Unterarm traf und sich darum wickelte. Verzweifelt bemühte er sich, den Arm zu befreien, doch sein Gegner ließ nicht locker. Ganz im Gegenteil, er riss mit voller Kraft daran und Uwe flog nach vorn.

Unvermittelt traf ihn Herwygs Faustschlag mitten im Gesicht. Als er rückwärts taumelte, versuchte er dem nächsten Treffer auszuweichen, aber die Kette, die der Angreifer nun ganz kurz hielt, hinderte ihn daran. Der zweite Schlag traf noch härter. Der Schmied schmeckte Blut. Seine Oberlippe war aufgeplatzt. Lange würde er wohl nicht mehr auf den Beinen stehen. Er drehte den Kopf leicht zur Seite, um den dritten Hieb wenigstens nicht direkt abzubekommen.

Plötzlich sah er aus dem Augenwinkel etwas Helles blitzen. Gleichzeitig schrie Herwyg wie am Spieß, ließ die Kette los und schlug beide Hände vors Gesicht. Uwe sprang zur Seite und erblickte Thomas, der in der einen Faust einen brennenden Ast und in der anderen Gelfrids Fackel hielt. Damit hatte er Herwyg geblendet.

Der Schmied bückte sich und hob eine kurze, schwere Eisenstange auf, die neben ihm auf dem Boden lag. Mit voller Wucht ließ er sie auf den Kopf seines Gegners krachen. Ohne einen weiteren Laut von sich zu geben, brach dieser zusammen und rührte sich nicht mehr.

Inzwischen hatten der Bäcker Wolff Nunnemann, der Seifensieder Wernlin Nabholz und der Seiler Bestlin Stauber auch die anderen Mitglieder der Rossburger Ritter aus ihren Käfigen befreit. Sie kümmerten sich um die Geretteten und entzündeten einige Fackeln, um die Sicht zu verbessern. Karsten, Bernd und Holger waren schon wieder einigermaßen fit. Nur Swenja und Claudia bekamen immer noch keine Luft und husteten ständig. Als Uwe das hörte, eilte er herbei, untersuchte die beiden und begleitete sie schließlich in eine Ecke des Burghofs, die von der Rauchentwicklung weitestgehend verschont geblieben war. Dort setzten sie sich hin. Langsam ließ der Hustenreiz nach.

Der Steinmetz Hug Hartnagel, der Weber Karel Meyer und der Schneider Alba Schulz waren damit beschäftigt, die Überreste der sechs auseinandergezogenen Holzhaufen zu löschen. Hennsel saß nach wie vor hinten auf dem Fuhrwerk und schaute dem Treiben aus sicherer Entfernung zu. Kämpfen konnte er mit seiner Verletzung nicht.

Die Auseinandersetzung war jedoch längst nicht vorüber. Zwar waren Gelfrid und Herwyg besiegt, doch Olbrecht, Nicolaus und Theodricus schlugen sich wie die Berserker. Der Metzger Veit Gelzenleichter, der Bürstenbinder Sewolt Bierschneider, der Bierbrauer Kilian Gölzer, der Böttcher Auberlin Leichter und der Papiermacher Ewalt Berenstecher hatten zu fünft mit ihren Holzknüppeln und Schwertern alle Hände voll zu tun, sie in Schach zu halten. Sie waren im Kämpfen weit weniger geübt als die drei Halunken. Aus diesem Grund kam es zu einer brenzligen Situation: Nicolaus und Theodricus war es gelungen, die Dorfbewohner auseinanderzutreiben. Während sie Veit, Sewolt, Kilian und Ewalt zurückdrängten, prügelte Olbrecht wie ein Wilder auf Auberlin ein. Der schaffte es kaum, seine Deckung wirkungsvoll zu halten. Plötzlich glitzerte im Schein der Fackeln die blanke Klinge eines Dolchs. Ohne Skrupel stach Olbrecht zu. Geistesgegenwärtig sprang der Böttcher zur Seite und konnte gerade noch rechtzeitig ausweichen. Sein Gegner nutzte die Gelegenheit, zielte kurz und trat ihm seinen Knüppel aus der Hand. Auberlin war einen Moment unschlüssig, ergriff dann aber die Flucht. Gegen diesen kampferprobten Gegner hatte er ohne Waffe erst recht keine Chance. Doch Olbrecht war schneller. Er holte ihn ein und stellte ihm ein Bein. Der Böttcher stürzte und der Angreifer ließ sich auf ihn fallen. Im nächsten Moment hatte er ihn auf den Rücken gedreht und versuchte ihm den Dolch in die Brust zu stoßen. Mit beiden Händen umklammerte Auberlin die rechte Faust seines Widersachers, in der dieser die Waffe hielt, aber Olbrecht hatte Bärenkräfte. Wie in Zeitlupe bewegte sich die spitze Klinge auf den am Boden Liegenden zu. Sie berührte seine Haut über dem Herzen und bohrte sich langsam ins Fleisch. Die Wunde begann zu bluten und der Böttcher hatte schon mit dem Leben abgeschlossen, als er plötzlich einen dumpfen Schlag hörte. Die Hand seines Feindes erschlaffte, die Augen wurden starr und er sackte nach vorn. Auberlin rollte sich seitwärts ab und konnte so dem leblosen Körper ausweichen. Dann sah er Thomas, der hinter Olbrecht gestanden hatte. In der Faust hielt er einen schweren Stein, dessen Spitze voller Blut war.

Inzwischen waren auch Nicolaus und Theodricus besiegt worden. Beide lagen in einer Blutlache und bewegten sich nicht mehr. Auf der Seite der Dorfbewohner gab es zum Glück keine Verluste zu beklagen. Außer ein paar Prellungen und einigen kleineren Schnitt- und Schürfwunden waren alle unversehrt.

Thomas schaute sich um. Wo waren eigentlich Florian vom Mühlental und Arnulf vom Lerchenberg? Auch Gundhild fehlte. Wenn die Hochzeit vor Kurzem stattgefunden hatte, mussten sie doch in der Burg sein. Dann fiel ihm der Scharfrichter ein. Er hatte nicht gesehen, dass dieser die Rossburg verlassen hatte. Folglich musste er noch irgendwo stecken.

Plötzlich war ein schriller Schrei zu hören. Erschrocken blickte er zur Eingangstür des Hauptgebäudes. Dort stand Gundhild, jedoch nicht allein. Florian hatte sie von hinten umklammert und hielt ihr ein Messer an die Kehle.

Mit zornigem Blick starrte er zu Thomas herüber und drohte: »Die Gefangenen bleiben hier, der Rest verschwindet, oder sie ist tot!« Dann rief er seine Männer: »Herwyg! Gelfrid! Olbrecht! Nicolaus! Theodricus!«

Er wartete kurz. Als er keine Antwort erhielt, blickte er sich um und sah sie alle am Boden liegen. Wut stieg in ihm auf.

Er stieß Gundhild weg, ließ das Messer fallen, zog sein Schwert, rannte auf Thomas zu und brüllte: »Das habe ich nur dir zu verdanken! Du elender Hund! Du bist des Todes!«

Dieser stand etwas abseits von den anderen. Er wich seitlich aus und schaute sich bestürzt um. Hennsel war mittlerweile auf dem Fuhrwerk aufgestanden und hatte einen langen Knüppel in der Hand.

»Obacht«, rief er laut und warf ihn Thomas zu.

Der fing ihn geschickt, drehte sich um und konnte Florian, der inzwischen bei ihm angekommen war, gerade noch abwehren. Geistesgegenwärtig duckte er sich und das Schwert seines Rivalen rauschte knapp über seinen Kopf hinweg. Dann drehte er sich erneut, holte dabei aus und verpasste dem Burgherrn einen Schlag gegen die Stirn. Der taumelte zwar zurück, fing sich jedoch sofort und griff abermals an. Diesmal hatte Thomas weniger Glück. Das Schwert teilte seinen Knüppel in zwei Hälften. Entsetzt starrte er auf seine Hand. Mit dem restlichen Holzstück würde er nicht mehr viel ausrichten können, also warf er es wütend weg. Wieder holte Florian mit dem Schwert aus.

Gundhild, die das alles mit ansehen musste, schrie aus Leibeskräften. Thomas wusste, dass es aus war. Er kniff die Augen zusammen und wartete auf den finalen Hieb. Da krachte unvermittelt ein Schuss. Tödlich getroffen sank Florian vom Mühlental auf die Knie. Das Schwert rutschte aus seiner Hand und fiel klirrend in den Dreck. Dann schlug sein Oberkörper auf dem Boden auf.

Uwe, der sich instinktiv in Richtung des Knalls umgedreht hatte, schüttelte verwundert den Kopf. Tobias

Grünbaum war gerade dabei, seine Pistole wieder einzustecken.

Bevor der Schmied etwas sagen konnte, meinte dieser trocken: »Sollte ich etwa zusehen, wie Thomas stirbt?«

Uwe sagte nichts dazu. Tobias hatte recht.

Nachdem sich Thomas von seinem Schrecken erholt hatte, rannte er zu Gundhild. Endlich konnte er sie in die Arme schließen! Doch bevor er sie erreicht hatte, erschien ihr Bruder, Arnulf vom Lerchenberg, in der Tür. Er hob das Messer auf, das Florian fallen lassen hatte, war mit einem Schritt bei seiner Schwester und hielt es ihr an die Kehle.

Trotzig blickte er in die Runde und rief: »Lasst mich durch, dann geschieht ihr nichts!«

Langsam ging er mit ihr zu einem der Pferde, die in einer entfernten Ecke des Hofs angebunden waren. Sein Blick wanderte unruhig umher, keine Bewegung entging ihm. Aber niemand wagte es, ihn aufzuhalten. Alle standen wie erstarrt da und waren völlig überrascht von dieser Geiselnahme. Uwe bemerkte aus dem Augenwinkel, wie Klaus immer wieder abwechselnd Arnulf und dann seine Tasche ansah. Dort steckte die Pistole. Er versuchte den Polizeikommissar auf sich aufmerksam zu machen, indem er sich mehrmals räusperte. Als dieser es endlich registrierte, deutete er mit einer kaum wahrnehmbaren Kopfbewegung auf die Pistolentasche und schüttelte dann ganz langsam den Kopf, was heißen sollte: Lass es! Klaus tat so, als verstünde er die Geste nicht.

Inzwischen war Arnulf auf das Pferd gestiegen und nun im Begriff, Gundhild hinaufzuziehen. Dabei war er natürlich nicht in der Lage, ihr gleichzeitig das Messer an die Kehle zu halten. Für einen kurzen Moment vergrößerte sich der Abstand zwischen den beiden und genau diesen Augenblick nutzte Klaus. Als Arnulf seine

Schwester am Arm packte und sich zu ihr beugen wollte, zog er unvermittelt seine Pistole. Bevor Arnulf auch nur ansatzweise reagieren konnte, krachte ein Schuss. Tödlich getroffen stürzte er aus dem Sattel und riss Gundhild mit sich zu Boden. Blut rann aus einem kleinen Loch in seiner rechten Schläfe.

Die Männer erschraken. Was waren das für komische Dinger, die Klaus und Tobias da benutzt hatten, um Arnulf und Florian zu töten? Unruhe machte sich breit.

Thomas rannte zu Gundhild, half ihr auf und nahm sie in seine Arme. Nun hatte dieser Albtraum ein Ende. Er blickte ihr tief in die Augen. Sie war so wunderschön. Er konnte nicht anders, zog sie an sich und küsste sie innig. Endlich waren sie wieder vereint.

Uwe hatte das Ganze aus gebührender Entfernung beobachtet.

Nun rief er: »Lasst uns keine Zeit verlieren und zurückreiten.«

»Moment«, antwortete Thomas, »ich bin gleich wieder da.«

Er eilte zum Eingang und verschwand in der Burg. Fragend blickte ihm der Schmied hinterher. Nach wenigen Minuten kam er zurück und hielt eine Frau in den Armen. Es war Mirjam.

Uwe rannte ihm entgegen, doch er sagte nur: »Du kannst ihr nicht mehr helfen, sie ist tot. Ich möchte sie aber nicht hier zurücklassen.«

»Das werden wir nicht«, erwiderte der Schmied. »Wir legen sie auf das zweite Fuhrwerk und begraben sie draußen neben ihrem Freund.«

Erschüttert fragte Thomas: »Ihr habt Sven gefunden?«

Uwe nickte traurig.

Als Mirjam auf dem Fuhrwerk lag, meinte Gundhild: »Können wir bitte meinen Bruder auch mitnehmen? Ich weiß, ihr mögt ihn gewiss nicht leiden. Er war oft ein richtiges Scheusal. Früher, als kleiner Junge, war er ganz anders. Er wurde erst so, seit er mit Florian und dessen Gefolgsleuten verkehrte. Ich will ihn in unserer Familiengruft beisetzen. Er gehört nicht hierher auf die Rossburg.«

Uwe war einverstanden. Wie hätte er ihr diesen Wunsch abschlagen können. Klaus und Tobias hoben Arnulfs Leichnam auf und legten ihn neben Mirjam.

»Was machen wir mit den anderen Toten?«, fragte Thomas.

»Die gehen uns nichts an. Sollen sie die Geier fressen«, entgegnete der Schmied.

Als er gerade auf den Bock steigen wollte, stieß Thomas unvermittelt hervor: »Warte mal! Das können doch nicht alle gewesen sein. Wo sind die ganzen Hochzeitsgäste?«

Uwe zuckte mit den Schultern.

»Woher soll ich das wissen?«

Wieder lief Thomas zum Eingang und rief: »Wir müssen es herausfinden. Sobald sie merken, was hier passiert ist, haben wir den nächsten Ärger an der Backe.«

»Und was willst du machen, nachdem du sie gefunden hast? Was, wenn es mehr als zwanzig Männer sind?«, fragte der Schmied.

Thomas drehte sich um und sah ihn an.

»Erst einmal müssen wir sie finden. Wir gehen leise rein und suchen den Saal, wo sie feiern. Dann sehen wir ja, wie viele es sind. Danach entscheiden wir, was zu tun ist. Wenn wir einfach abhauen, werden sie uns verfolgen und jagen.«

Das leuchtete ein. Er öffnete die Tür und betrat das Gebäude. Uwe, Klaus und Tobias folgten ihm. Bestimmt befand sich der Festsaal in einer der oberen Etagen. Die vier schlichen die Treppe hinauf und lauschten. In der Burg war es ungewöhnlich ruhig.

»Teilen wir uns auf«, schlug Thomas vor, doch seine Begleiter verneinten.

»Das wäre zu gefährlich«, erwiderte Tobias. »Wir müssen zusammenbleiben. Sich zu trennen ist glatter Selbstmord.«

Die anderen pflichteten ihm bei.

Sie wollten schon weiter nach oben in die nächste Etage, als Thomas stehen blieb.

»Psst, seid mal leise.«

Alle lauschten angestrengt. Aus dem Gang vor ihnen hörten sie ein Geräusch. Es klang wie das Lachen einer Frau.

Thomas zeigte nach rechts und flüsterte: »Hier entlang.«

Vorsichtig ging er voraus. Die anderen drei folgten ihm. Das Lachen wurde lauter. Vor einer Tür, die nur angelehnt war, blieben sie stehen. Er lugte durch den Türspalt und erstarrte. Der Anblick, der sich ihm bot, war grauenerregend. Zwischen verstreuten Essensresten, Erbrochenem und zerborstenen Krügen lagen überall tote Männer. Das Tischtuch der Tafel war mitsamt den Speisen und Getränken heruntergerissen worden. An der Stirnseite stand eine Frau. Sie war klein, rundlich und hatte einen Buckel. In der rechten Hand hielt sie einen prächtigen Kelch. Mit irrem Blick starrte sie auf die Toten und lachte hysterisch.

Da von ihr offensichtlich keine Gefahr ausging, betraten die Männer den Saal. Die Frau schaute sie an. In ihren Augen spiegelte sich das blanke Entsetzen.

»Was wollt ihr hier?«, fragte sie mit schriller Stimme.

Ohne darauf einzugehen, entgegnete der Schmied barsch: »Was ist hier geschehen?«

»Sie haben es nicht besser verdient«, kreischte sie und musterte die vier mit verstörtem Blick.

»Wer seid Ihr?«, wollte Thomas wissen.

»Mein Name ist Swanhilda vom Mühlental.«

Er überlegte. Den Namen hatte er doch schon einmal gehört. Plötzlich fiel es ihm wie Schuppen von den Augen. Er kannte ihn von dieser Sage. Swanhilda war Florians Schwester. Sie hatte die Hochzeitsgäste vergiftet. Prompt stellte er sie vor diese Tatsache. Wieder lachte sie hysterisch.

»Jawohl. Nur schade, dass Florian und diese Gundhild noch am Leben sind und Arnulf auch, weil er mich verschmähte. Aber das lässt sich gewiss ändern. Ich werde ...«

Uwe unterbrach sie schroff: »Arnulf und Euer Bruder sind tot und die junge Frau hat es bestimmt nicht verdient zu sterben.«

Daraufhin schaute sie ihn lange an, ohne ein Wort zu sagen. Ihre Mundwinkel zuckten. Mit zitternden Händen führte sie den Kelch langsam an die Lippen und trank ihn in einem Zug leer.

Eine Weile geschah gar nichts.

Schließlich hauchte sie leise: »Arnulf, ich liebe dich.«

Plötzlich krümmte sie sich und hielt sich den Bauch. Sie schien starke Schmerzen zu haben. Laut schreiend brach sie zusammen. Für einen kurzen Moment wälzte sie sich stöhnend am Boden, dann wurde ihr Blick starr und sie regte sich nicht mehr. Uwe, der hinzugeeilt war, konnte nur noch ihren Tod feststellen.

Thomas war zuerst erschrocken, doch auf einmal huschte ein Lächeln über sein Gesicht.

Unvermittelt rief er freudig: »Die Sage ... verdammt, sie ist wahr! Ich bin der junge Bursche, in den sich Gundhild verliebt hat!«

Dabei sprang er herum und klatschte in die Hände. Uwe, Klaus und Tobias sahen ihn entsetzt an. War er jetzt vollends übergeschnappt? Als er die Blicke seiner

Begleiter bemerkte, riss er sich zusammen und erzählte ihnen die Sage von Raubritter Florians Ende.

Nachdem sie sich ein letztes Mal im Festsaal umgeschaut hatten, meinte Klaus: »Ich denke, es gibt hier nichts mehr für uns zu tun. Lasst uns gehen.«

Die anderen stimmten ihm zu.

Sobald sie wieder im Burghof angelangt waren, rief Uwe laut: »Los, hauen wir ab!«

»Wollen wir nicht lieber warten, bis es hell wird? Wir könnten doch die Nacht hier verbringen«, meldete sich auf einmal Hennsel zu Wort.

Der Schmied schüttelte den Kopf.

»Wir haben genug Fackeln und je früher wir hier wegkommen, desto besser ist es.«

Also stiegen alle auf ihre Pferde. Gundhild, Claudia und Thomas machten es sich neben Hennsel hinten auf dem ersten Fuhrwerk bequem. Uwe saß bereits auf dem Bock. Karsten, Swenja, Bernd und Holger mussten sich mit dem zweiten Wagen begnügen und ihren Platz mit den beiden Leichen teilen. Klaus übernahm wieder seinen Posten als Kutscher. Die Fuhrwerke setzten sich in Bewegung und die Reiter folgten.

Plötzlich war ein scharfes Zischen in der Luft zu hören. Mit einem Schrei fiel Gundhild vom Wagen. Ein Bolzen steckte in ihrem Rücken. Thomas hatte keine Chance, sie festzuhalten. Voller Entsetzen schaute er in die Richtung, aus der das Geschoss gekommen sein musste. Mitten auf dem Hof stand der Scharfrichter. Er hatte gerade seine Armbrust erneut gespannt und war im Begriff, mit einem hämischen Grinsen einen weiteren Bolzen einzulegen.

Abschied

5. Juli 2017

Professor Dr. Falk Lorenz war erschüttert. Natürlich wollte er wissen, was passiert war. Polizeihauptkommissar Siegfried Schmidt erzählte ihm, dass sich Ramona Ketzel in der Badewanne im warmen Wasser die Pulsader am linken Arm aufgeschnitten hatte. Ihr Sohn Paul hatte sie zuvor angerufen, um ihr zu sagen, dass er nach der Schule zu seinem Kumpel gehen würde. Sie war allein zu Hause und hatte vermutlich gehofft, dass sie niemand rechtzeitig finden würde. Was passiert wäre, wenn Paul sie leblos in der Badewanne entdeckt hätte, hatte sie wahrscheinlich nicht bedacht. Allerdings konnte sie nicht vorhersehen, dass Tanja, die normalerweise die meiste Zeit bei ihrem Freund verbrachte und nur recht selten ihre Eltern besuchte, kurz zu Hause vorbeischaute. Sie befand sich gerade in der Nähe und musste dringend auf die Toilette. Im Bad fand sie ihre Mutter in der Wanne. Zum Glück reagierte sie vorbildlich und behielt die Nerven. Zuerst band sie ihr den Arm ab und wählte anschließend den Notruf. Jedoch hatte Frau Ketzel zu diesem Zeitpunkt bereits sehr viel Blut verloren und es war nicht sicher, ob sie durchkommen würde. Der Professor wollte wissen, ob sie einen Abschiedsbrief geschrieben hatte, doch diese Frage konnte ihm der Dienststellenleiter nicht beantworten. Er wusste es nicht.

Professor Lorenz hatte vor, umgehend zum Krankenhaus zu fahren, aber der Polizeihauptkommissar hielt ihn zurück. Er meinte, das wäre keine so gute Idee. Ramona lag momentan auf der Intensivstation und war ohnehin nicht ansprechbar.

Beim Abendessen informierte der Studienrat natürlich die anderen. Das Entsetzen war groß. Bettina Heilmann dachte sofort an ihre eigene Mutter und fing an zu weinen. Susanne Dombrowski versuchte sie zu beruhigen, was ihr schließlich einigermaßen gelang.

Auch Dr. Udo Frank und Dr. Ralph Braumann waren bestürzt, doch sie reagierten keineswegs emotional. Sie hatten eher eine pragmatische Einstellung und konnten eine solche Handlungsweise absolut nicht nachvollziehen. Im Gegenteil: Udo war der Meinung, es sei verantwortungslos ihren Kindern gegenüber, was ihm einige unfreundliche Blicke einbrachte. Susanne griff ihn für diese Worte sogar verbal an und nannte ihn »grob«, »ungehobelt« und »kaltherzig«, was er nicht auf sich sitzen lassen wollte. Vor allem wehrte er sich gegen das letzte Attribut, denn schließlich machte er sich Sorgen um die Kinder.

Bevor die Lage eskalierte, beschwichtigte der Professor die erhitzten Gemüter. Er würde am nächsten Tag auf jeden Fall ins Krankenhaus fahren, ob es dem Dienststellenleiter nun passte oder nicht. Bettina wollte unbedingt mitkommen und bei dieser Gelegenheit ihre Mutter besuchen. Sie konnte nach wie vor nicht akzeptieren, dass diese nie mehr aufwachen würde. Professor Lorenz hatte nichts gegen ihre Begleitung einzuwenden.

Nach dem Abendessen ging jeder in seine Unterkunft. Keiner hatte mehr Lust, über diesen Suizidversuch zu diskutieren und die Stimmung erneut anzuheizen.

28. November 1325

Glücklicherweise kam der Scharfrichter nicht dazu, ein zweites Mal zu schießen, denn Tobias zog seine

Dienstwaffe, zielte kurz und drückte ab. Tödlich getroffen brach der Henker zusammen.

Nun gab es kein Halten mehr. Die Unruhe unter den Männern hatte den Höhepunkt erreicht. Der Schmied versuchte sie zu besänftigen, doch solche Pistolen kannten sie nicht. Obwohl Vorderladerwaffen im vierzehnten Jahrhundert bereits existierten, hatten die meisten von ihnen noch keine Bekanntschaft damit gemacht. Selbst mit Schwarzpulver waren sie bisher nie in Berührung gekommen. Automatische Waffen würde es sogar erst viele hundert Jahre später geben. Heute hatte es schon zum dritten Mal laut geknallt und immer war ein Mann tot umgefallen. Die Dorfbewohner verhielten sich sichtlich nervös, aber Uwe gelang es nach einer Weile, sie davon zu überzeugen, dass keine Magie im Spiel war. Da sie ihm vertrauten, kehrte danach langsam wieder Ruhe ein.

Anschließend kümmerte sich der Schmied um Gundhild. Zum Glück sah die Verletzung schlimmer aus, als sie tatsächlich war. Der Bolzen steckte unterhalb ihrer rechten Schulter. Er konnte ihn mühelos entfernen. Zwar war die Wunde nicht lebensbedrohlich, doch sie blutete stark. Er gab ihr ein Schmerzmittel und legte einen Verband an. Kurze Zeit später war die Blutung gestoppt. Da er kein Risiko eingehen wollte und es außerdem schon auf Mitternacht zuging, schlug er vor, die Nacht nun doch in der Rossburg zu verbringen. Alle waren damit einverstanden.

Sie betraten das Hauptgebäude und schauten sich um. Überall brannten Fackeln. Links und rechts zweigten Gänge ab. Geradeaus führte eine breite Treppe in die nächste Etage. Sie gingen nach oben, öffneten die erste Tür und traten ein.

Der Raum bot viel Platz, war aber bei Weitem nicht so groß wie der für die Hochzeit eingerichtete Festsaal. An den Wänden standen Holzbänke. In der Mitte befanden sich lange Tische, an denen Stühle aufgestellt waren.

»Hier bleiben wir«, meinte der Schmied. »Die toten Hochzeitsgäste sind zwar auf der anderen Seite dieser Etage, doch die können uns ohnehin nichts mehr tun.«

Sie zündeten die Fackeln an, die an den Wänden angebracht waren. Danach suchten sich alle einen Platz für die Nacht. Uwe, Karsten, Thomas, Claudia und Gundhild setzten sich an einen der Tische. Endlich hatten sie ein wenig Zeit zum Reden. Thomas brannte natürlich darauf zu erfahren, wie es seiner Liebsten in der Zwischenzeit ergangen war. Da sie jedoch wegen ihrer Verletzung noch recht schwach war, verschoben sie diese Unterhaltung auf ein anderes Mal. Der Schmied wollte unbedingt wissen, was die Rossburger Ritter erlebt hatten. Vor allem interessierte er sich für Thomas' Schicksal.

Dieser versuchte sich einigermaßen kurz zu fassen. Sehr viel war in den letzten Tagen passiert und so erzählte er von der Zeit im Lager der Räuber, von Wigant dem Roten, Ulman dem Grauen und Hubert von Starkenburg. Uwe wurde hellhörig. Er berichtete nun seinerseits von ihrem Erlebnis mit Ulman, auch davon, dass dieser seinen Sohn Wigant erwähnt hatte. Dann sprach er über ihre Begegnung mit Simon, dem fahrenden Händler. Thomas hörte gespannt zu. Langsam fügte sich alles zu einem Gesamtbild zusammen. Er schilderte ihre Entführung aus dem Räuberlager durch Florian vom Mühlental und anschließend die Ereignisse hier in der Rossburg. Dabei erwähnte er außerdem Ulrichs Hinrichtung mit dem Rad und dass sich Günther und Karl-Heinz eventuell irgendwo in der Burg befinden könnten. Der Schmied war außer sich. Die nächsten Personen aus dem einundzwanzigsten Jahrhundert waren urplötzlich aufgetaucht und keiner hatte ihre Ankunft bemerkt. Es dauerte eine ganze Weile, bis er sich wieder beruhigte.

Nachdem er erfahren hatte, was ihnen im Lager und in der Rossburg widerfahren war, wurde er neugierig und wollte den Kerker sehen, in dem sie die letzten Tage verbracht hatten. Thomas war bereit, ihm alles zu zeigen.

Als sie aufbrachen, rief Karsten: »Halt, wartet auf mich! Ich würde gerne mitkommen.«

Die beiden hatten natürlich nichts dagegen, also begaben sie sich zu dritt auf Erkundungstour.

Sie betraten den Burghof und liefen zu der kleinen Tür im angrenzenden Nebengebäude. Thomas ging voran und zeigte ihnen den Weg. Sie stiegen die Treppe hinunter, erreichten das geräumige Kreuzgewölbe, von dem Gänge in alle vier Himmelsrichtungen abzweigten, und folgten ihm in den linken Gang. Dort kamen sie an mehreren Türen vorbei, bis er plötzlich stehen blieb und eine davon öffnete.

Er trat hindurch und sagte: »Das war meine Zelle.«

Uwe und Karsten schauten sich um. Dieser kleine, enge Raum mit der winzigen Fensteröffnung in der Mauer und dem modrigen Strohsack als Lager machte den Schmied beklommen.

»Schon von dem Gedanken, hier gefangen zu sein, bekomme ich Bauchschmerzen. Lasst uns weitergehen.«

Sie verließen die Zelle und liefen den Kellergang entlang, der endlos zu sein schien.

Vor einer der Türen meinte Karsten: »Hier war ich eingesperrt.«

Er öffnete sie und die drei traten ein. Das Verlies hatte etwa die gleiche Größe wie Thomas‘ Zelle. Auch hier gab es einen feuchten, stinkenden Strohsack, der als Lager diente. Allerdings hatte dieser Raum nicht einmal eine Fensteröffnung. Sie gingen hinaus.

Karsten zeigte auf die Türen gegenüber und sagte: »Und dort waren die anderen untergebracht.«

Thomas öffnete nacheinander die Zellen. Sie waren alle identisch. In jeder fungierte ein alter Strohsack als Lager, Fensteröffnungen gab es keine.

»Da hatte ich ja richtigen Luxus«, kommentierte er ironisch.

Sie liefen weiter. An der nächsten Tür blieb er stehen und öffnete sie.

»Hier liegen die Folterinstrumente, die mir Florian gezeigt hat.«

Sie traten ein. Karsten und Uwe starrten fassungslos auf die Regale an den Wänden, in denen Zangen, Eisenplatten, Haken, Bolzen und Schrauben lagen.

Der Schmied schüttelte angewidert den Kopf und Karsten meinte: »Ich muss hier raus!«

Sie verließen diesen Raum und gingen eine Tür weiter.

Thomas schaute seinen Kumpel an und sagte: »Und hier hat man euch gefoltert.«

Sie betraten die Folterkammer.

»Das war echt schlimm«, erwiderte dieser. »Zuerst hat Florian uns eingeredet, dass das alles nur ein Spiel und nicht sonderlich schmerzhaft wäre. Wir sollten mitspielen, da er dich sonst sofort töten würde, und dabei den Anschein erwecken, als würden wir leiden.«

Erstaunt fragte Thomas: »Warum?«

»Er wollte dich am Boden sehen, denn er dachte, dass er dich so brechen kann.«

»Und ihr habt da mitgemacht?«

»Wir hatten keine andere Wahl und außerdem wurde es dann verdammt ernst. Dieser fiese Kerl hat uns angelogen. Von wegen, es wäre nur ein Spiel. Claudia hatte höllische Schmerzen, als sie da drüben angebunden war.«

Er deutete auf die Ösen in der Wand gegenüber. Dort stand auch der Stuhl, auf dem sie Mirjam festgebunden hatten.

»Und die Daumenschrauben haben ihr verdammt wehgetan«, setzte er fort.

»Aber die haben sie doch bestimmt nicht umgebracht«, vermutete Uwe.

»Nein. Sie war traurig und hatte wegen Sven große Wut. Nach der Aktion mit den Daumenschrauben hat sie Florian angespuckt und einen Wärter in die Hand gebissen. Sie hat wie am Spieß geschrien und um sich geschlagen. Da haben sie sie weggebracht. Danach haben wir sie nicht mehr gesehen. Übrigens, der Spanische Stiefel da drüben, in den sie mein Bein gesteckt haben, war auch kein Zuckerschlecken.«

Thomas blickte nach rechts. Dort stand noch der Hocker. Die Eisenplatten mit den Gewindestäben lagen daneben. Der Stuhl, an den sie Swenja gefesselt hatten, befand sich in unmittelbarer Nähe. Darauf lag der Trichter, mit dem sie ihr diese eklige Flüssigkeit einflößen wollten. An der linken Wand war die Streckbank aufgestellt, auf der Bernd gelegen hatte. Daneben waren die Eisenringe in der Wand befestigt, an denen Holger angekettet war. Die Peitsche, mit der sie ihn geschlagen hatten, lag auf dem Boden.

»Die blutigen Striemen auf Holgers Rücken waren echt«, sagte Karsten bitter.

Thomas antwortete nicht. Natürlich hatte sein Kumpel recht. Die Rossburger Ritter hatten extreme Schmerzen ertragen müssen. Es war absolut kein Fake gewesen.

Wieder auf dem Gang angekommen, liefen sie weiter. Nach einer Weile blieb Thomas stehen und öffnete eine Tür. In der Mitte stand der keilförmige Bock mit den scharfen Metallspitzen. Links und rechts daneben lagen die kurzen Seilstücke und die schweren Feldsteine.

»Und hier wollten sie mir die erste Reitstunde geben«, erklärte er.

»Ein Spanischer Bock!«, entfuhr es Uwe. »Die waren doch echt krank.«

»Stimmt, das waren sie«, entgegnete Karsten mit einem grimmigen Lächeln, »aber jetzt sind sie tot.«

Der Schmied nickte zustimmend.

»Gibt es noch mehr zu sehen?«, fragte er.

»Wenn wir hier weitergehen, kommen wir an eine Tür, die auf einen kleinen Hof führt. Dort haben sie Ulrich gerädert«, erwiderte Thomas.

»Nein, das muss ich mir nicht antun«, wehrte er ab. »Wo hast du eigentlich Mirjam gefunden?«

»Gefunden habe ich sie nicht, sie haben mich zu ihr gebracht. Kommt mit.«

Sie liefen den ganzen Weg zurück bis zum Kreuzgewölbe. Dort bogen sie in den nächsten Gang ab und gingen ein paar Meter bis zu einer Holztür. Thomas öffnete sie und zeigte auf die gegenüberliegende Wand.

»Da lag sie zusammengekrümmt mit dem Rücken zu mir. Als ich sie umdrehte, habe ich in ihre toten Augen geblickt.«

Ihm kamen die Tränen.

Uwe legte die Hand auf seine Schulter und meinte: »Lasst uns gehen. Die anderen warten bestimmt schon.«

Als sie den Rückweg antreten wollten, vernahmen sie ganz in der Nähe ein leises Stöhnen. Sie folgten dem Geräusch. An der übernächsten Tür blieben sie stehen. Es schien aus diesem Raum zu kommen. Nachdem Thomas die Tür geöffnet hatte, betraten sie die fensterlose Zelle und fanden unmittelbar neben dem Eingang zwei Männer, die auf dem Boden lagen.

Sobald er sie sah, rief er bestürzt: »Hier sind sie!«

Fragend schaute Uwe ihn an.

»Günther und Karl-Heinz, die anderen Mitglieder der Schandgeigen«, ergänzte Thomas.

Der Schmied beugte sich zu den beiden hinunter. Günther war tot. Karl-Heinz lebte, aber er war sehr schwach.

Uwe wollte ihn untersuchen, doch er schüttelte kaum merklich den Kopf und flüsterte: »Es hat keinen Sinn. Ich weiß, dass ich sterben werde.«

Thomas schossen die Tränen in die Augen.

»Wie seid ihr überhaupt hierhergekommen?«, fragte er mit erstickter Stimme.

Karl-Heinz hob ein wenig den Kopf und begann leise und immer wieder stockend zu erzählen: »In der Nacht vom Samstag zum Sonntag haben wir ordentlich einen gebechert. Und wie das beim Biertrinken eben ist, bekamen wir auf einmal ziemlichen Hunger. Ulrich hat am lautesten über seinen leeren Magen geklagt. Nun ja, immer wenn er Hunger hat, ist er unerträglich. Wir hatten nichts mehr in unserem Zelt und so kam Günther auf die Idee, zum Versorgungszelt der Larp-Gruppe Legio Aurea zu gehen. Wir wollten uns einfach etwas zu essen holen. Am nächsten Tag hätten wir das natürlich bezahlt. Also sind wir so gegen 2 Uhr losgezogen, es könnte auch ein bisschen später gewesen sein. Wir hatten erst ein paar Schritte zurückgelegt, als es einen heftigen Knall gab. Dann haben wir in der Ferne ein rötliches Licht gesehen. Nachdem wir angekommen waren, haben wir nicht lange gezögert und sind gleich reingegangen. Nach einer Weile haben wir etwas zu essen gefunden. Ulrich hat es kaum noch ausgehalten und ein Glas mit Bockwürsten geöffnet, und ich habe ein paar Brötchen entdeckt. Es war einfach perfekt. Wir haben alle zugegriffen und uns den Bauch vollgeschlagen. Einige Zeit später, wir waren fast fertig, hat draußen alles rötlich geleuchtet. Da wir nicht wussten, was das zu bedeuten hatte, haben wir abgewartet, bis der Spuk vorbei war, und sind dann rausgelaufen. Günther war der Erste, der bemerkt hat, dass der ganze Markt weg war. Nur ein paar Zelte am vorderen Rand der Wiese, wo es hoch zur Ruine ging, standen noch. Das waren wahrscheinlich eure.«

Thomas nickte. Karl-Heinz schloss erschöpft die Augen und machte eine Pause.

Nach geraumer Zeit fuhr er fort: »Aber anstatt zu euch sind wir zum Parkplatz gegangen. Ulrich wollte unbedingt zu seinem Auto. Doch als wir ankamen, gab es dort keinen Parkplatz und erst recht keine Autos. Das war merkwürdig. Wir blickten uns suchend um und stellten fest, dass die Hochspannungsleitung ebenfalls fehlte. Eigentlich war mir klar, dass wir uns nicht mehr in unserer Zeit befanden, denn schon als Kind habe ich Bücher über Zeitreisen regelrecht verschlungen und mich später weiter mit diesem Thema beschäftigt. Ich teilte meine Vermutung den anderen mit. Zuerst gab es eine heftige Diskussion, schließlich konnte niemand einfach mal eben in der Zeit reisen. Nach langem Hin und Her haben wir uns darauf geeinigt, auf alle Fälle vorsichtig zu sein und unser Umfeld genau zu beobachten. Wir haben uns umgeschaut und Günther hat im Osten in einiger Entfernung eine kleine Hütte entdeckt, in der Licht brannte. Zu dieser sind wir dann gegangen. Wir mussten sehr oft klopfen, bis uns endlich ein junger Mann aufgemacht hat. An seiner Kleidung war unschwer zu erkennen, dass wir uns nicht mehr im einundzwanzigsten Jahrhundert befanden. Ich habe ihm gesagt, wir seien Wanderer und suchten ein Nachtlager. Wir konnten ihm ja nicht erzählen, was wirklich passiert war. Der Mann war sehr freundlich. Er bat uns herein und wir durften in der Küche schlafen. Es war zwar eng, aber wir waren froh, überhaupt eine Bleibe gefunden zu haben.

Am nächsten Morgen haben wir dann auch seine Frau kennengelernt. Sie hat uns etwas Suppe und einen Kanten Brot gegeben. Später sind wir losgezogen. Wir wollten zurück zu den Zelten. Als wir dort ankamen, war von ihnen nicht mehr viel übrig. Alles war verbrannt. Etwas Schreckliches musste geschehen sein. Wir wussten nicht, was wir machen sollten, und sind schließlich weitergelaufen. Als wir nach einer Weile durch einen Wald wanderten, galoppierten plötzlich vier Reiter auf uns zu und ehe wir es uns versahen, hatten sie uns überwältigt und gefesselt.

Wir mussten sehr lange neben den Pferden herlaufen. Irgendwann hatten wir jegliches Zeitgefühl verloren. Letztendlich sind wir hier angekommen. Ulrich wurde von uns getrennt. Ich weiß nicht, wo er ist und wie es ihm geht. Wir haben die ganze Zeit nur sehr wenig zu essen und noch weniger zu trinken bekommen. Seit gestern spricht Günther nicht mehr mit mir. Ich fürchte, er ist tot. Und auch ich werde bald sterben, das fühle ich.«

Nachdem Karl-Heinz geendet hatte, sank sein Kopf zurück. Er atmete schwer und begann zu husten.

»Er braucht schnellstens etwas zu trinken«, rief Uwe.

Karsten wollte gerade losrennen, als der Sterbende aufhörte zu husten.

Ein letztes Mal hob er den Kopf und flüsterte: »Ich weiß ja nicht einmal, was passiert ist und wo wir überhaupt sind.«

Dann fing er an zu röcheln.

»Wir sind hier auf der Rossburg und befinden uns im Jahr 1325«, antwortete Thomas. »Das rötliche Licht, das ihr gesehen habt, war ...«

Der Schmied legte ihm die Hand auf die Schulter und unterbrach ihn: »Lass es gut sein, er kann dich nicht mehr hören.«

Erst jetzt sah Thomas, dass alles Leben aus Karl-Heinz gewichen war. Zurückgesunken starrte er mit leeren Augen zur Decke und hatte den Mund leicht geöffnet.

Uwe schloss seine Lider und sagte: »Schaffen wir die beiden raus und legen sie vor die Tür, damit wir sie später leichter wiederfinden. Morgen laden wir sie auf und begraben sie gemeinsam mit Mirjam draußen bei Sven.«

Nachdem sie Karl-Heinz und Günther in den Gang gebracht hatten, fiel Karsten auf, dass die Nachbartür nur angelehnt war. Neugierig öffnete er sie ganz und betrat den Raum.

Plötzlich rief er: »Hier ist noch einer!«

Uwe und Thomas stürmten hinterher. In einer Ecke lag ein Mann mit dem Gesicht zur Wand auf dem Boden. Seine Arme und Beine waren seltsam verdreht.

Thomas schaute nur kurz hin und sagte: »Das ist Ulrich.«

Der Schmied drehte ihn herum, erschrak und murmelte: »Diese verdammten Barbaren!«

Das Gesicht des Toten war völlig entstellt.

»Legen wir ihn zu Karl-Heinz und Günther?«, fragte Thomas.

Uwe nickte.

Als das erledigt war, liefen sie zurück zu dem kleinen Saal im Hauptgebäude, in dem sie den Rest der Nacht verbringen würden. An den Wänden brannten die Fackeln. Die anderen hatten sich schon in Decken gehüllt und auf Tischen, zusammengestellten Stühlen, Bänken und auf dem Fußboden zur Ruhe begeben. Karsten und Uwe streckten sich in der Nähe des Eingangs auf dem Boden aus. Thomas schaute sich um. Er suchte Gundhild. Sie lag auf einer Bank auf der rechten Seite. Neben ihr hatte es sich Claudia auf einer anderen Bank bequem gemacht. Beide schlummerten bereits. Er suchte sich eine Decke und legte sich vor Gundhild auf den kalten Steinboden. Es dauerte nicht lange und er schlief ein.

* * *

Am zeitigen Morgen, es war noch dunkel, holten sie die Leichen von Ulrich, Günther und Karl-Heinz, luden sie auf und fuhren los. Gundhilds Wunde tat nach wie vor weh, doch die Blutung war glücklicherweise vollständig zum Erliegen gekommen. Thomas, der auf dem ersten Fuhrwerk neben ihr saß, kümmerte sich rührend um sie. Claudia und Hennsel, die ebenfalls auf dem Wagen mitfuhren, unterhielten sich mit ihr und versuchten sie dadurch ein wenig von ihren Schmerzen abzulenken.

Gegen Mittag erreichten sie die kleine Felsengruppe. Hier befand sich Svens Grab. Sie machten Halt und der Metzger Veit Gelzenleichter hob zusammen mit dem Bürstenbinder Sewolt Bierschneider unmittelbar daneben eine zweite Grube aus, was aufgrund des harten Bodens einige Zeit in Anspruch nahm. Mirjam wurde in ein großes Tuch gewickelt und hineingelegt. Dann standen sie alle davor und schwiegen. Erst jetzt wurde den Rossburger Rittern wirklich bewusst, was in den letzten Tagen geschehen war. Sie hatten zwei ihrer Mitglieder für immer verloren. Hier lag ihr Chef zusammen mit seiner Verlobten.

Nach einer Weile brach Thomas das Schweigen: »Eigentlich wollte ich ein paar Worte sagen, aber sorry, ich kann gerade nicht sprechen. Sven und Mirjam waren meine Freunde, sie fehlen mir einfach so sehr.«

Er wischte sich die Tränen aus den Augen und verstummte.

Nun sprang Uwe ein: »Ich habe euch erst vor ein paar Tagen kennengelernt, und doch haben wir schon so viel zusammen erlebt. Leider waren das größtenteils sehr negative Ereignisse, die uns aber trotzdem zusammengeschweißt haben. Auch ich habe zwei gute Freunde verloren, deren Tod vollkommen sinnlos war. Zwei junge Menschen, die ihr ganzes Leben noch vor sich hatten, wurden brutal ermordet. Zwar konnten wir ihren Tod rächen, doch das macht sie nicht wieder lebendig. Ich bin traurig und zornig zugleich. Dennoch können wir froh sein, dass wir wenigstens euch gerettet haben.« Er schaute in die Runde zu Gundhild, Thomas, Claudia, Karsten, Swenja, Bernd und Holger und fuhr fort: »Wir müssen jetzt nach vorne blicken. Was passiert ist, lässt sich nicht mehr ändern. Wir können nur das Beste daraus machen und versuchen positiv zu denken, auch wenn das verdammt schwerfällt.«

Claudia hatte die ganze Zeit geweint. Selbst jetzt schluchzte sie und brachte kein Wort hervor. Veit und Sewolt schaufelten die Grube wieder zu, und wie bei Svens Grab kennzeichnete Uwe die Stelle mit einem kleinen Kreuz aus zwei zusammengebundenen Ästen.

Inzwischen hatten der Bierbrauer Kilian Gölzer, der Böttcher Auberlin Leichter, der Seifensieder Wernlin Nabholz und der Steinmetz Hug Hartnagel begonnen, drei weitere Gräber auszuheben. Nachdem sie fertig waren, legten sie Ulrich, Günther und Karl-Heinz hinein und bedeckten sie wieder mit Erde. Der Schmied steckte jeweils ein kleines Holzkreuz ans Kopfende. Nun war auch diese traurige Arbeit getan

Am Nachmittag ging es weiter. Als es langsam dunkel wurde, fühlte sich Uwe wieder beobachtet. Seit gestern hatte er dieses Gefühl erfolgreich ausgeblendet, doch nun kam es zurück. Bestimmt bildete er sich das alles nur ein. Die letzten Tage waren extrem hart gewesen, da konnten einem die Nerven schon mal einen Streich spielen. Oder wurde er jetzt wirklich langsam paranoid?

Sie ritten gerade durch einen dichten Wald. Der Weg war ziemlich schmal, aber die Fuhrwerke kamen gut durch. Erneut hatte der Schmied den Eindruck, dass sie beobachtet wurden. Dann ging alles sehr schnell. Man hörte ein Zischen in der Luft und in der nächsten Sekunde steckten drei Pfeile in seinem Wagen. Er stoppte das Gefährt sofort. Thomas, Claudia, Gundhild und Hennsel waren zu Tode erschrocken. Instinktiv sprang Uwe auf, griff nach hinten, nahm sein Schwert und riss es hoch. Im selben Augenblick tauchte ein schlanker junger Mann mit langen schwarzen Haaren und Vollbart auf einem Pferd vor ihm auf.

Barsch fragte er: »Bist du der Schmied Gernot?«

Forsch antwortete Uwe: »Wer will das wissen?«

»Ich bin Hubert von Starkenburg. Bist du der Schmied?«

»Ja, der bin ich.«

»Nun, dann haben wir noch eine Rechnung offen.«

Hubert von Starkenburg stieg vom Pferd und zog sein Schwert. Der Schmied sprang vom Fuhrwerk und griff sofort an. Einige der Männer wollten ihm zu Hilfe eilen, doch plötzlich erschienen weitere acht Reiter, die augenblicklich ihre Schwerter zückten. Innerhalb von Sekunden entbrannte ein heftiges Gefecht.

Uwe, der kräftig war und außerdem sehr gut kämpfen konnte, hatte alle Hände voll zu tun, denn sein Gegner war ausdauernder und stärker als er. In erster Linie war der Schmied damit beschäftigt, auszuweichen und die Schläge zu parieren. Lange würde er diesen Kampf nicht durchhalten. Wenn er überleben wollte, musste er ihn so schnell wie möglich zu seinen Gunsten entscheiden.

Klaus, der ebenfalls angegriffen wurde, hatte nicht einmal mehr Zeit, seine Pistole zu ziehen. Er hielt eine kurze Eisenstange in der Hand, die ihm Holger gerade noch rechtzeitig zugeworfen hatte, und verteidigte sich damit gegen einen berittenen Schwertkämpfer.

Tobias, der im Moment keinen Gegner hatte, zog in aller Ruhe seine Pistole und zielte auf Hubert von Starkenburg. Doch bevor er abdrücken konnte, galoppierte ein Reiter heran und riss ihm die Waffe aus der Hand. Nun war guter Rat teuer. Keinesfalls durfte eine Pistole aus dem einundzwanzigsten Jahrhundert im Mittelalter verbleiben. Das konnte die Geschichte ein für alle Mal gravierend ändern! Aber sie hatten Glück im Unglück. Der Reiter, der die Schusswaffe an sich genommen hatte, entfernte sich gute fünfzig Meter. Dann untersuchte er das ihm unbekannte Ding erst einmal ausgiebig. Er zielte damit abwechselnd auf die vor ihm kämpfenden Männer, auf Pferde und Bäume. Danach drehte er die Waffe herum und blickte interessiert in den Lauf. Seine Finger spielten dabei mit dem Abzug. Plötzlich löste sich ein Schuss. Es gab einen ohrenbetäubenden Knall. Tödlich getroffen stürzte er aus dem Sattel. Blut quoll aus seiner Augenhöhle und am Hinterkopf trat graue Hirnmasse aus. Das aus nächster Nähe abgefeuerte Projektil hatte einen Teil seiner Schädeldecke abgesprengt.

Hubert von Starkenburg und seine Gefolgsleute waren durch den unerwarteten Knall abgelenkt und deswegen für einen Augenblick unaufmerksam. Das nutzten Uwe und seine Männer natürlich aus. Es gelang ihm, mit einem wohlgezielten Hieb Huberts Kehle durchzuschneiden, bevor dieser reagieren konnte. Blutüberströmt sackte er in sich zusammen. Klaus schaffte es im gleichen Augenblick, seine Pistole zu ziehen und seinen Gegner zu erschießen. Karsten war vom zweiten Fuhrwerk gesprungen und hatte sich zu der Stelle geschlichen, wo Tobias‘ Waffe lag. Er hob sie schnell auf und brachte sie ihm zurück. Gemeinsam schossen die beiden Polizisten auf die restlichen Räuber. Die preschten davon, als wäre der Teufel hinter ihnen her.

»Sollen wir ihnen folgen?«, fragte Tobias laut.

»Das ist nicht nötig«, antwortete Uwe, »die bringen sich jetzt erst einmal in Sicherheit und werden uns nicht mehr behelligen. Sie haben nun keinen Anführer mehr.«

»Und was wird mit den Toten?«, wollte Klaus wissen.

»Lassen wir sie einfach liegen. Die wilden Tiere werden sich freuen. Wenn sie satt sind, greifen sie uns dafür nicht an«, erwiderte Uwe pragmatisch. »Und nun reiten wir weiter«.

Es war schon spät, als sie an eine kleine Wiese kamen.

»Lasst uns hier Rast machen«, entschied der Schmied.

Alle waren einverstanden, also schlugen sie ihr Lager auf und bestimmten die Wachposten. In der Nähe heulten Wölfe, was den Rossburger Rittern eine Gänsehaut bescherte. Hoffentlich griffen die Tiere nicht an. Uwe und Thomas, die die erste Wache übernahmen, entzündeten ein Feuer und setzten sich dicht daneben. In zwei Stunden würden sie abgelöst werden. Thomas pfiff vor sich hin. Er hatte gute Laune. Sie waren gerettet und er freute sich auf ein Leben mit Gundhild. Mittlerweile war er sich zu einhundert Prozent sicher, dass er im vierzehnten Jahrhundert bleiben wollte. Aber wie sollte er das seiner Schwester beibringen und vor allem, wie würde Claudia darauf reagieren? Er musste es ihr so schonend wie möglich sagen. Wenn es so weit war, würde ihm schon etwas einfallen. Grübelnd starrte er ins Feuer.

6. Juli 2017

Gleich nach dem Frühstück fuhren Professor Lorenz und Bettina Heilmann zum Krankenhaus. Während die junge Frau sofort zu ihrer Mutter eilte, begab sich der Studienrat auf die Intensivstation. Dort wollte man ihm jedoch keine Auskunft erteilen. Er war mit Ramona Ketzel nicht verwandt, deshalb weigerte sich der Chefarzt, ihm Einzelheiten anzuvertrauen. Auch eine längere Diskussion brachte nichts. Er verabschiedete sich und war im Begriff zu gehen, als die Tür zur Intensivstation geöffnet wurde und Polizeihauptkommissar Schmidt vor ihm stand.

Jetzt, da der Dienststellenleiter auf der Station war, sah es für den Professor schon besser aus. Die Polizei erhielt natürlich in solch einem Fall alle nötigen Informationen. Doch es gab nicht wirklich viel Neues. Ramonas Zustand war weiterhin äußerst kritisch. Ein Bluttest in der Nacht ergab, dass sie eine größere Menge Schlaftabletten mit Alkohol eingenommen hatte, kurz bevor sie sich die Pulsader aufschnitt. Daraufhin wurde ihr zwar sofort der Magen ausgepumpt, jedoch war bereits der größte Teil des Medikaments im Blut angelangt, was ihren ohnehin schon geschwächten Zustand nicht gerade verbesserte.

Professor Lorenz und Polizeihauptkommissar Schmidt wollten die Station soeben wieder verlassen, als Tanja Ketzel zusammen mit ihrem Bruder Paul erschien. Der Chefarzt konnte den beiden allerdings auch nicht mehr sagen. Ganz im Gegenteil, er verheimlichte wegen des Jungen sogar den Alkohol und die Schlaftabletten.

Es hatte keinen Sinn, länger auf der Intensivstation zu bleiben, also schlug der Studienrat vor, gemeinsam mit den Geschwistern in die Cafeteria zu gehen. Der Polizeihauptkommissar fand den Vorschlag ausgezeichnet. Er hatte sowieso vorgehabt, nachher irgendwo einen Kaffee zu trinken. Sie machten sich auf den Weg und holten unterwegs Bettina ab, die traurig im Zimmer ihrer Mutter saß und sie anstarrte.

Es war bereits früher Nachmittag, als sie gesättigt die Cafeteria verließen. Bei einem Kaffee war es nicht geblieben, denn das Speiseangebot erwies sich als vielfältig und sehr verlockend. Hungrig waren sie ohnehin, deshalb hatten sie ordentlich zu Mittag gegessen. Bevor sie gingen, verdrückten Paul und Tanja je ein Eis und der Professor bezahlte alles aus eigener Tasche.

»Ganz schön spendabel«, bemerkte der Dienststellenleiter und lächelte.

Auf dem Rückweg mussten sie wieder an der Intensivstation vorbei. Als sie dort ankamen, waren die Ärzte in heller Aufregung. Alle liefen durcheinander. Professor Lorenz hatte ein komisches Gefühl. Deswegen suchten er und Polizeihauptkommissar Schmidt den Chefarzt, um zu erfahren, was passiert war. Sie sahen ihn, als er hektisch den Gang entlang rannte, und folgten ihm. Nachdem sie ihn eingeholt hatten, wollte der Studienrat ihn ansprechen, aber er winkte ab.

»Jetzt nicht!« Und wesentlich unfreundlicher fügte er hinzu: »Sie sehen doch, dass wir hier Stress haben.«

Dann eilte er weiter.

Professor Lorenz, der Dienststellenleiter, Bettina, Tanja und Paul warteten eine gefühlte Ewigkeit vor der Intensivstation. Sie sprachen kaum ein Wort. Es war bereits später Abend, als ein Arzt herauskam, den sie zuvor noch nie gesehen hatten.

Schnurstracks ging er zu Tanja und sagte mit gedämpfter Stimme, jedoch ohne jegliches Taktgefühl: »Es gab Probleme. Ihre Mutter ist ins Koma gefallen. Ich kann Ihnen zu diesem Zeitpunkt nicht sagen, ob sie es schaffen wird. Ihre Chancen stehen nicht gut. Wir halten Sie auf dem Laufenden.«

Bevor die junge Frau etwas erwidern konnte, grüßte er und ging. Tanja holte tief Luft.

Ihre Knie zitterten, doch ihre Stimme klang völlig normal, als sie meinte: »Ich schlafe heute zu Hause bei meinem Bruder. Mein Freund wird hoffentlich Verständnis dafür haben. Die Ärzte haben ja meine Handynummer. Komm, Paul, es ist schon spät.«

Die Geschwister verabschiedeten sich und verließen das Krankenhaus. Bettina entschuldigte sich, um die Toilette aufzusuchen.

Sobald sie weg war, nutzte Polizeihauptkommissar Schmidt die Gelegenheit und sagte zu Professor Lorenz: »Ach so, beinahe hätte ich es vergessen. Rachel Klingenberg hat heute ihre Aussage in der Dienststelle gemacht und dabei Stefan Heilmann und seinen Sohn schwer belastet.«

Der Studienrat nickte nur.

Nach einer Weile kam Bettina zurück. Nun verabschiedete sich auch der Dienststellenleiter. Als Letzte verließen der Professor und die junge Frau das Krankenhaus und fuhren zu den Wohncontainern bei der Höhle. Mittlerweile war Bettina dort fest untergebracht, was ihr gut gefiel. Schließlich war sie nun in Gesellschaft, hatte Ablenkung und konnte nicht mehr so viel grübeln.

30. November 1325

Sie brachen auf, bevor der Morgen dämmerte. Der Rest der Rückreise verlief ohne nennenswerte Ereignisse. Erst spät am Abend kamen sie im Dorf an. Der Metzger Veit Gelzenleichter, der Bürstenbinder Sewolt Bierschneider, der Bierbrauer Kilian Gölzer und der Böttcher

Auberlin Leichter verabschiedeten sich und ritten gleich weiter nach Hause.

Der Papiermacher Ewalt Berenstecher, der Seifensieder Wernlin Nabholz, der Seiler Bestlin Stauber, der Steinmetz Hug Hartnagel und der Weber Karel Meyer sprachen noch eine Weile mit den anderen über den Wiederaufbau des Dorfs. Dann verabschiedeten auch sie sich und ritten heim.

Der Bäcker Wolff Nunnemann, der Schneider Alba Schulz und der Sattler Hennsel Bernschneider, dem es glücklicherweise schon wesentlich besser ging, blieben längere Zeit vor Sarahs Haus stehen. Sie unterhielten sich mit Uwe, Klaus, Tobias, Gundhild und den Rossburger Rittern über ihre Erlebnisse. Besonders nahe ging Letzteren der Verlust ihrer Freunde Mirjam und Sven.

Inzwischen waren Sarah, Erika und Horst Ketzel dazugekommen. Sie hatten im Haus das Gespräch größtenteils mitbekommen und waren nun neugierig darauf, alle Einzelheiten zu erfahren. Als sie hörten, was mit Mirjam und Sven geschehen war, reagierten sie betroffen. Erika hatte Tränen in den Augen. Sie sagte die ganze Zeit kein Wort mehr. In sich gekehrt und in Gedanken versunken starrte sie ins Leere. Anders dagegen Sarah. Sie wollte genau wissen, was passiert war, und regte sich danach gewaltig auf. Uwe hatte alle Mühe, sie zu beruhigen. Dann gingen die beiden Frauen ins Haus.

Die Reaktion der Kräuterfrau war natürlich verständlich, nur konnte niemand die Ereignisse der letzten Tage rückgängig machen. Auch Horst war traurig. Er hatte die Rossburger Ritter ins Herz geschlossen und nun hatten zwei ihrer Mitglieder die unfreiwillige Zeitreise mit dem Leben bezahlt. Trotz aller Trauer gab es etwas Positives: Klaus und Tobias freuten sich, dass ihr Kollege wieder auf dem Damm war.

Nachdem sich Ewalt, Wernlin, Bestlin, Hug und Karel verabschiedet hatten, waren von den Männern aus dem Dorf nur noch Hennsel, Wolff und Alba anwesend. Einige Zeit später gingen schließlich auch die beiden Letzteren. Uwe bot Hennsel an, ihn nach Hause zu fahren, denn das Laufen bereitete dem Sattler nach wie vor Probleme. Dankend nahm dieser das Angebot an.

Just in dem Moment, als der Schmied zurückkehrte, kam die Kräuterfrau heraus und bat alle ins Haus. Allerdings war es nicht einfach, eine so große Anzahl von Leuten zu beherbergen. Sarah, Erika und Uwe hatten natürlich ihre Schlafplätze. Thomas und Gundhild wurden in der Küche untergebracht, Klaus, Tobias, Karsten, Swenja, Bernd und Holger auf dem Dachboden bei Horst einquartiert. Den toten Arnulf vom Lerchenberg ließen sie draußen auf dem Fuhrwerk liegen. Gundhild und Thomas wollten ihn am nächsten Tag zur Burg Liebstein bringen.

Da alle noch ziemlich aufgekratzt waren und Sarah, Erika und Horst unendlich viele Fragen hatten, saßen sie eine ganze Weile beisammen. Erst weit nach Mitternacht legten sie sich zum Schlafen nieder.

7. Juli 2017

Noch während sie frühstückten, klingelte das Handy des Professors. Es war Polizeihauptkommissar Schmidt. Das Krankenhaus hatte ihn informiert, dass es Ramona Ketzel extrem schlecht ging. Durch das Aufschneiden der Pulsader hatte sie sich eine Sepsis zugezogen, die sich nun lawinenartig ausbreitete. Ihre Organe begannen zu versagen. Professor Lorenz versprach, sofort zu kommen. Er unterbrach sein Frühstück und fuhr los. Bettina Heilmann begleitete ihn diesmal nicht.

Als er auf der Intensivstation ankam, waren der Dienststellenleiter und Tanja Ketzel schon da. Ihr Bruder hielt sich in der Schule auf. Die Ärzte und Schwestern liefen durcheinander, der Chefarzt war nirgendwo zu sehen. Es blieb ihnen nichts weiter übrig, als wieder einmal zu warten. Nach einer Weile kam der Chefarzt den Gang entlang und ging zielstrebig auf die junge Frau zu.

Er begrüßte sie und sagte: »Ihre Mutter hat durch ihren Suizidversuch eine Sepsis bekommen. Nun müssen wir mit allen Mitteln versuchen, den Entzündungsprozess zu stoppen, damit die lebenswichtigen Organe nicht komplett den Dienst versagen. Wir geben ihr hochdosierte Antibiotika und neben einer schnellen intravenösen Flüssigkeitszufuhr hochwirksame Medikamente zur Stabilisierung des Herz-Kreislauf-Systems. Da ihre Lungen bereits angegriffen sind, werden wir sie außerdem zur Unterstützung künstlich beatmen, um die Sauerstoffversorgung sicherzustellen. Und jetzt entschuldigen Sie mich bitte. Ich habe zu tun.«

Mit diesen Worten entfernte er sich.

Tanja war nun völlig neben der Spur. Sie wollte unbedingt vor der Intensivstation warten. Professor Lorenz und der Dienststellenleiter konnten das natürlich verstehen. Allerdings hatte Letzterer keine Zeit, er musste wieder zurück in sein Büro. Der Studienrat jedoch versprach, mit ihr zusammen die Stellung zu halten. Sie war dankbar für diese Unterstützung und den seelischen Beistand.

Die Zeit verging schleppend. Auf dem Korridor waren keine Ärzte mehr zu sehen. Nur ab und zu huschte eine

Krankenschwester vorbei. Am späten Vormittag kam plötzlich der Chefarzt den Gang entlang gerannt.

Als er Tanja Ketzel sah, stutzte er kurz, lief zu ihr hin und sagte: »Ein Glück, dass Sie noch da sind. So kann ich es Ihnen gleich persönlich mitteilen. Wir müssen Ihre Mutter notoperieren. Der Entzündungsherd muss umgehend entfernt werden.«

Dann eilte er weiter. Kurze Zeit später wurde die Tür des Krankenzimmers geöffnet, in dem Frau Ketzel lag. Zwei Pfleger schoben Ramona auf einer Trage heraus, den Gang entlang und verschwanden mit ihr im angrenzenden OP.

Die junge Frau machte sich nun noch größere Sorgen um ihre Mutter. Die ganze Zeit über sprach sie kein einziges Wort mit dem Professor. Der hatte vollstes Verständnis und schwieg ebenfalls. Um die Mittagszeit kam Polizeihauptkommissar Schmidt zurück. Er war gerade in der Nähe und wollte wissen, ob es bereits Neuigkeiten gab. Professor Lorenz berichtete ihm, was in den letzten Stunden passiert war. Der Dienststellenleiter hatte im Moment keine wichtigen Termine. Er konnte eine Weile bleiben und den beiden Gesellschaft leisten. Doch ein Gespräch wollte aufgrund der angespannten Situation nach wie vor nicht aufkommen.

Gegen 13 Uhr wurde die Tür des Operationssaals geöffnet. Der Chefarzt kam heraus. Während er auf die Wartenden zuging, nahm er den Mundschutz ab.

Sein Gesicht war ernst, als er sich an Tanja wandte. »Es tut mir leid, Frau Ketzel. Wir haben alles Menschenmögliche getan, um das Leben Ihrer Mutter zu retten, doch sie war zu sehr geschwächt. Die Kombination aus Tabletten und Alkohol hat zu Herzversagen geführt. Die Reanimation war erfolglos. Wir machen die Papiere fertig und besprechen nachher alles Weitere.«

Dann entfernte er sich.

Tanja war am Boden zerstört. Ihre Augen füllten sich mit Tränen und sie begann heftig zu schluchzen. Der Professor ging zu ihr und nahm sie in die Arme. Seine Nähe tat ihr gut. Nach einer Weile beruhigte sie sich etwas.

Sie sah ihn an und sagte leise: »Ich muss jetzt stark sein und mich um Paul kümmern. Bis mein Vater wiederkommt, werde ich bei ihm bleiben. Warum hat sie das nur gemacht?«

Der Polizeihauptkommissar und Professor Lorenz sahen sich betroffen an. Sie wusste ja gar nicht, dass ihr Vater tot war! Der Dienststellenleiter fasste sich ein Herz.

»Wir waren am Mittwoch bei Ihrer Mutter, um ihr mitzuteilen, dass ihr Mann höchstwahrscheinlich ermordet wurde.«

Der Studienrat konnte die junge Frau gerade noch festhalten, sonst wäre sie auf den harten Boden gestürzt. Zum Glück stand ein Stuhl in der Nähe. Er stützte sie und brachte sie dorthin.

»Es tut mir leid. In letzter Zeit ist so viel passiert und wir haben kurzzeitig vergessen, dass Sie davon gar keine Kenntnis haben können«, sagte er mitfühlend.

Der Chefarzt kam eben aus dem Zimmer und sah, wie es Tanja Ketzel ging. Er wollte ihr eine Beruhigungsspritze geben, doch sie lehnte energisch ab.

»Außer mir hat Paul nun niemanden mehr«, sagte sie. »Ich werde wieder zu Hause einziehen. Mein Freund wird das bestimmt verstehen. Ich rufe ihn kurz an.«

Sie nahm ihr Handy und ging damit ins Treppenhaus.

Nach zwanzig Minuten kam sie wieder. Zorn und Trauer lagen in ihrem Blick.

»So ein Arschloch! Er hat mich vor die Wahl gestellt: Entweder ich bleibe bei ihm oder er macht Schluss. Natürlich habe ich mich für meinen Bruder entschieden. Der Kerl kann mich mal ...«

Der Professor und der Dienststellenleiter schüttelten gleichzeitig verständnislos den Kopf.

Polizeihauptkommissar Schmidt meinte: »Wenn Sie Hilfe brauchen, können Sie sich jederzeit an mich wenden.«

Tanja nickte und bedankte sich.

Professor Lorenz verabschiedete sich und bot der jungen Frau an, sie zu Hause abzusetzen. Sie nahm das Angebot gerne an. Der Polizeihauptkommissar verließ ebenfalls das Krankenhaus und fuhr auf direktem Weg zu seiner Wohnung.

Bettina Heilmann und die anderen waren entsetzt über die Nachricht, die ihnen der Studienrat brachte. Am meisten bedauerten sie Tanja Ketzel, die nun fast auf einen Schlag beide Eltern verloren hatte und auf die ab sofort jede Menge neue Aufgaben zukommen würden. Hoffentlich war sie dieser Situation gewachsen. Die Reaktion ihres Freundes verstand jedoch niemand. Wie egoistisch konnte ein Mensch eigentlich sein!

1. Dezember 1325

Als Sarah und Erika, die immer sehr früh aufstanden, die Küche betraten, waren Gundhild und Thomas schon wach. Schließlich hatten sie heute viel vor. Gundhilds toter Bruder Arnulf sollte zur Burg Liebstein gebracht und am Abend in der Gruft beigesetzt werden. Also bereiteten sie schnell das Frühstück vor.

Inzwischen waren auch die anderen aufgestanden. Uwe dachte darüber nach, die beiden zu begleiten. Er hatte Bedenken, sie allein fahren zu lassen, da Thomas keine Erfahrung mit einem Fuhrwerk hatte. Außerdem interessierte ihn die Gruft. Klaus und Tobias fanden das alles sehr interessant und überlegten, eventuell ebenfalls mitzukommen. Nachdem sich sogar Karsten, Swenja, Bernd und Holger anschließen wollten, schlug Thomas vor, dass sie doch alle zusammen fahren sollten. In der Burg war genügend Platz und außerdem hatten sie dort die Möglichkeit, gemeinsam ein wenig zu feiern. Gründe dafür gab es genug. Zum einen waren die Rossburger Ritter und Gundhild befreit worden, auch wenn ihre beiden Freunde Sven und Mirjam das leider nicht mehr erleben durften. Zum anderen mussten sie allmählich an die Heimreise denken. Voraussetzung war natürlich, dass das Portal funktionierte. Aus diesem Grund war eine Abschiedsfeier durchaus passend und dafür bot sich die Burg geradezu an. Sarahs Haus hingegen war für ein solches Fest viel zu klein.

Erika, Sarah und Horst waren selbstverständlich bereit mitzukommen, da sie die Feier keinesfalls verpassen wollten, also beeilte sich die Gruppe mit dem Essen. Anschließend packten die Frauen ein wenig Proviant für unterwegs ein. Dann nahmen alle auf den beiden Fuhrwerken Platz. Uwe und Klaus stiegen wie gehabt jeweils auf den Kutschbock. Es war noch dunkel, als sie losfuhren.

Am Abend kamen sie an. Die Burg Liebstein lag verlassen da. Als sie das Tor passierten, war es längst stockfinster. Sie stellten die Wagen im Hof unmittelbar neben dem Bergfried ab. Da Erika einige Zeit als Magd in der Burg gedient hatte, wusste sie, wo Kerzen und Fackeln aufbewahrt wurden. Sie holte eine ganze Ladung davon und verteilte sie in der Gruppe. Uwe hatte Streichhölzer und zwei Feuerzeuge eingesteckt, also war das Anzünden kein Problem. Nur einen Moment später waren der Eingangsbereich und der breite Treppen-aufgang ausreichend erleuchtet. Gundhild kannte sich in der Burg aus und ging voran, um den anderen den Weg zu weisen.

Sie stiegen die Treppe hinauf. Am Ende eines langen Gangs befand sich auf der rechten Seite der Festsaal. Hier würden sie nachher ein wenig feiern. Sarah und Erika hatten kein Interesse an Arnulfs Beisetzung in der Gruft. Sie wollten inzwischen das Feuer in der Küche anheizen, Getränke holen und das Fest vorbereiten. Erika war sich sicher, dass die Vorratskammer der Burg prall gefüllt war.

Die anderen kehrten zur Treppe zurück. An deren unterem Ende gab es auf der linken Seite eine kleine Tür. Von dort führten steile Stufen hinab in die Gruft.

Nachdem sie in dieser angelangt waren, meinte Thomas: »Wir müssen wieder hoch. Arnulf liegt doch noch draußen auf dem Fuhrwerk.«

Gundhild, die keineswegs um ihren Bruder trauerte, antwortete lachend: »Als du das erste Mal hier warst, sind wir da mit dir durch die Burg gelaufen? Das wäre doch viel zu gefährlich gewesen.«

»Woher soll ich das denn wissen?«, erwiderte er und griff sich demonstrativ an die Stelle auf seinem Kopf, auf der damals Erikas alias Helmtrauds Knüppel eingeschlagen hatte. »Schließlich war ich bewusstlos.«

Das leuchtete ein und sie erklärte grinsend: »Da hinten in der Ecke ist eine Tür, die direkt nach draußen führt. Es wäre schön, wenn ihr meinen Bruder holen könntet.«

Dabei blickte sie in die Runde. Klaus und Tobias waren sofort dazu bereit und gingen zu der besagten Tür. Kurze Zeit später kamen sie mit Arnulfs Leichnam zurück.

Gundhild deutete auf einen leeren Sarkophag, der neben ihr an der Wand stand.

»Hier könnt ihr ihn hineinlegen. Der Deckel steht dahinter.«

Thomas war ziemlich erstaunt.

»Willst du ihm nicht wenigstens andere Sachen anziehen? Er ist immerhin dein Bruder.«

Schnippisch antwortete sie: »Nein, das will ich nicht. Ob Bruder oder nicht, das ist egal, weil auch ich ihm egal war. Hätte ich nicht eingewilligt, Florian zu heiraten, hätte Arnulf mich getötet. Sein letzter Wunsch war es, nach seinem Tod in der Gruft genau in diesem Sarkophag beigesetzt zu werden. Er hat ihn extra anfertigen lassen, um selbst im Tod seinem heidnischen Götzen zu dienen. Seht ihr die Inschrift? Da steht: Von Perun gesandt. Diesen Wunsch respektiere ich und erfülle ihn nun. Also legt ihn dort hinein und schließt den Deckel!«

So wie sie den letzten Satz gesagt hatte, duldete Gundhild in diesem Fall keine Widerrede. Klaus und Tobias bugsierten den Toten in den Sarkophag. Um diesen zu verschließen, benötigten sie jedoch Hilfe. Der Deckel war massiv und extrem schwer, also mussten Uwe und Karsten mit zupacken. Selbst zu viert hatten die Männer alle Mühe, die wuchtige Steinplatte auf den Sarkophag zu befördern. Nachdem das endlich erledigt war, ging Gundhild zum Altar des Gotts Perun, den ihr Bruder errichtet hatte. Sie nahm die dort liegende Axt, zerstörte alle übrigen Kultgegenstände, die sich darauf befanden, und anschließend den Altar selbst. Dann warf sie sie achtlos in eine Ecke.

Erleichtert atmete sie auf und rief laut: »Es ist vorbei! Perun hat nun keine Macht mehr über uns!«

Man sah, dass ihr ein Stein vom Herzen gefallen war.

Freudestrahlend umarmte sie Thomas und sagte: »Und nun lasst uns feiern.«

Als sie im Festsaal ankamen, waren Sarah und Erika damit beschäftigt, die Getränke auf den Tischen zu verteilen.

Letztere, die sich wunderte, dass die Beisetzung so schnell vorbei war, bemerkte nur: »Das Essen dauert aber noch eine Weile. Ich habe gerade erst das Feuer angeschürt.«

Es war längst nach Mitternacht, als das Essen auf den Tisch kam. Es schmeckte allen ausgezeichnet. Auch der Wein floss in Strömen. Sie waren ausgelassen, lachten viel und redeten durcheinander. Plötzlich bat Thomas um Ruhe. Er stand auf und räusperte sich. Zuerst druckste er ein wenig herum. Der Alkohol machte ihm zu schaffen.

Er hatte Probleme, die richtigen Worte zu finden, aber dann fing er sich und begann: »Liebe Freunde, ich will hier keine große Rede halten. Ich möchte nur sagen, wie dankbar ich bin, dass ihr uns gerettet habt. Leider hatten Mirjam und Sven nicht solches Glück. Ich denke, dass sich dieser Ausflug ins vierzehnte Jahrhundert bald dem Ende zuneigt. In Kürze geht es wieder zurück in unsere Zeit. Nun, es fällt mir nicht leicht, aber ich möchte euch an dieser Stelle sagen, dass ich nicht mitkommen werde.«

Er verharrte kurz. Ein Raunen war zu hören.

Nach einer Weile ergriff er die Hand seiner Liebsten, die am Tisch neben ihm saß, und fuhr fort: »Einige werden es bereits bemerkt haben. Ich habe mich in diese wunderschöne Frau verliebt und werde hier bei ihr bleiben. Bitte versucht nicht, mich umzustimmen. Es hat keinen Zweck.«

Gundhild stand auf und legte ihren Arm um ihn. Sie schauten sich tief in die Augen und küssten sich zärtlich.

Claudia, die ihnen gegenüber Platz genommen hatte, war wie vom Donner gerührt.

»Du kannst doch nicht ...«, rief sie völlig außer sich.

Ihre Augen füllten sich mit Tränen und sie begann zu schluchzen. Bernd, der neben ihr saß, versuchte sie zu trösten.

Thomas sah seine Schwester an und sagte mitfühlend: »Bitte versteh mich doch. Ich habe es mir nicht ausgesucht, es ist einfach passiert. Ich habe mich in Gundhild verliebt und will nicht mehr ohne sie leben.«

Claudia nickte traurig und beruhigte sich langsam wieder. Auch die anderen Mitglieder der Rossburger Ritter hatten zuerst heftig diskutiert, letztendlich akzeptierten sie Thomas‘ Entscheidung aber. Zum Schluss stießen sie mit den beiden an und wünschten ihnen alles Glück dieser Welt.

Der Morgen begann bereits zu dämmern, als die ausgelassene Feier ihr Ende fand. Gundhild zeigte den Gästen ihre Zimmer, die sich auf dem gleichen Gang befanden.

Nachdem alle in ihren Gemächern verschwunden waren, sagte Uwe leise zu Sarah: »Ich muss noch mal kurz weg. Macht euch keine Sorgen, es könnte eine Weile dauern, bis ich wiederkomme.«

Erschrocken antwortete sie: »Ist etwas passiert?«

»Nein, beruhige dich bitte. Es ist alles in Ordnung. Wenn wir Glück haben, kann ich unsere Freunde bald in ihr Jahrhundert zurückschicken.«

»Aber sie brauchen doch nur in die Höhle zu gehen«, erwiderte sie und zog die Stirn in Falten.

»Ja und nein. Das Portal ist in letzter Zeit sehr oft inaktiv und es wird immer schlimmer. Wenn wir das nicht in den Griff bekommen, haben unsere Gäste ein Problem.«

»Und dein frühmorgendlicher Ausflug hat damit zu tun?«

»Ja, und jetzt geh schlafen«, lachte er.

Sarah verschwand daraufhin wortlos in ihrem Zimmer. Uwe lief die Treppe hinunter und verließ die Burg.

8. Juli 2017

Professor Lorenz dehnte und streckte sich in seinem Bett. Heute war Samstag und er würde den Tag etwas gemächlicher angehen. Die letzte Zeit war aufregend genug gewesen. Um halb neun stand er auf, ging ins Bad und anschließend zum Frühstück. Susanne Dombrowski saß bereits im Aufenthaltsraum, als er eintrat. Er setzte sich zu ihr. Während sie aßen, trafen nach und nach die anderen ein. Alles ging sehr ruhig und gelassen vonstatten.

Sie waren gerade mit dem Frühstück fertig, als die Tür aufging und Polizeihauptkommissar Schmidt den Raum betrat. Er wünschte den Anwesenden einen guten Morgen und kam ohne Umschweife zur Sache. Eigentlich hatte er den Professor anrufen wollen, sich dann aber entschieden, persönlich vorbeizukommen, um allen die freudige Nachricht zu überbringen. Heute früh war er zur Dienststelle gefahren, um ein paar Dinge zu erledigen. Als er seine E-Mails abrief, fand er die Mitteilung eines ehemaligen Kollegen, der Leiter einer anderen Polizeidienststelle war und den er auch angeschrieben hatte. Dieser informierte ihn, dass sich fünf Leute aus seinem Team bereit erklärt hatten, ins Mittelalter zu reisen, um die Rossburger Ritter und die verlorenen Kollegen zu suchen sowie den Leichnam von Horst Ketzel zurückzubringen. Möglich wäre das aber frühestens nächsten Mittwoch.

Professor Lorenz war erleichtert. Endlich würde die Suche weitergehen. Mit etwas Glück wäre diese Rettungsaktion dann schon bald erledigt. Bettina Heilmann, Dr. Udo Frank, Dr. Ralph Braumann und die Professorin Dr. Susanne Dombrowski waren ebenfalls froh darüber. Der Dienststellenleiter war im Begriff, sich zu verabschieden, als sein Handy klingelte. Er entschuldigte sich und nahm den Anruf entgegen. Es war Tanja Ketzel. Völlig aufgelöst erzählte sie ihm, dass Paul verschwunden war. Vermutlich hatte er sich bereits in der Nacht aus der Wohnung geschlichen, denn sein Bett war unberührt. Der Polizeihauptkommissar versprach, sich umgehend darum zu kümmern und tätigte zwei weitere Anrufe, nachdem er aufgelegt hatte. Zwar beabsichtigte er zum Frühstück, das am Wochenende selten vor halb zehn stattfand, zu Hause zu sein, aber daraus wurde nun nichts. Schließlich hatte er Tanja versprochen, ihr zu helfen, wann immer sie Unterstützung brauchte. Außerdem fühlte er sich ein klein wenig verantwortlich. Horst war immerhin ein Kollege gewesen, der sein Leben bei dieser Zeitreise verloren hatte. Also ging er zum Auto und fuhr zurück ins Büro.

Professor Lorenz und Bettina machten sich große Sorgen. Hoffentlich tat Paul nichts Unüberlegtes. Den Rest des Teams schien das weniger zu interessieren. Eigentlich wollte der Professor mit zur Dienststelle fahren, doch der Polizeihauptkommissar hatte abgelehnt und ihm dafür versprochen, ihn auf dem Laufenden zu halten.

Am späten Nachmittag saß der Studienrat gerade in seiner Unterkunft, als der erlösende Anruf kam. Die Polizei hatte Paul gefunden. Er war von zu Hause weggelaufen und kam auf die Idee, unterwegs ein wenig Proviant mitzunehmen. Geld hatte er natürlich nicht. Weil er hungrig war, hatte er im Einkaufszentrum Schokolade gestohlen und war dabei erwischt worden. Tanja wusste bereits Bescheid. Professor Lorenz fiel ein Stein vom Herzen. Klar, es war Diebstahl und das gehörte sich nicht, aber einerseits hatte der Junge Hunger und andererseits hätte alles viel schlimmer kommen können. Er eilte sofort zu Bettina, um ihr die gute Nachricht zu überbringen.

Beim Abendessen erzählten sie es dann den anderen, die wiederum kaum Interesse zeigten. Dem Professor war eine solche Gleichgültigkeit zwar ein Rätsel, doch er ließ es auf sich beruhen. Die Menschen waren eben verschieden und durch den Aufenthalt in den Containern stumpften einige vermutlich ab. Nach dem Essen gingen alle in ihre Zimmer. Heute hatte niemand mehr Lust auf irgendwelche Gespräche.

2. Dezember 1325

Thomas streckte sich und gähnte herzhaft. Wie spät mochte es sein? Draußen war es längst hell. Er schaute nach rechts. Gundhild, die neben ihm lag, hatte die Augen geöffnet. Sie lächelte ihn an.

»Guten Morgen, Schatz.«

Er beugte sich über sie und küsste sacht ihre Lippen.

Auf dem Gang waren Schritte zu hören. Die anderen schienen schon auf den Beinen zu sein.

»Wir sollten auch langsam aufstehen«, meinte Gundhild.

Thomas hielt sie an den Schultern fest.

»Nur noch diesen einen Kuss.«

»Na gut, aber danach stehen wir wirklich auf.«

Wie versprochen küsste sie ihn und sprang dann mit einem Satz aus dem Bett. Er folgte ihr lachend.

Erika und Sarah hatten den Festsaal bereits aufgeräumt und die Tische neu gedeckt. Nach und nach trudelten alle dort ein. Nun wurden die Speisen aufgetragen. Thomas überlegte, ob es sich hierbei um das Frühstück oder das Mittagessen handelte, fand jedoch keine Antwort.

Schließlich war es schon Mittag, aber sie hatten ja die ganze Nacht gefeiert.

Als sie gerade beim Essen waren, betrat der Schmied den Festsaal. Sarah ging zu ihm und sie flüsterten eine Weile miteinander. Dann setzte er sich an einen Tisch. Thomas wunderte sich, doch er konnte nicht wissen, dass Uwe unterwegs gewesen war. Nachdem sie gespeist hatten, stand dieser auf und bat um ihre Aufmerksamkeit. Es schien, als wollte er eine Ansprache halten, und so war es dann auch.

»Die wenigsten von euch werden bemerkt haben, dass ich die letzte Nacht nicht in der Burg verbracht habe. Ich war nicht einmal im vierzehnten Jahrhundert.« Er hielt kurz inne, lächelte vielsagend, wartete das leise Raunen im Festsaal ab und fuhr dann fort: »Ich war in meiner Zeit und habe Hilfe geholt. Das Portal funktioniert im Moment nur sehr unzuverlässig und ich möchte, dass ihr alle sicher im einundzwanzigsten Jahrhundert ankommt. Meine Kollegen haben sich in meiner Zeit bereits um das Portal gekümmert und sind jetzt mitgekommen, um es auch hier etwas zu modifizieren. Ich werde sie euch kurz vorstellen.«

Er lief zur Tür und öffnete sie. Zwei Frauen und ein Mann betraten den Saal.

Die erste Frau war ziemlich groß. Thomas schätzte sie auf gut einen Meter achtzig. Sie mochte Anfang vierzig sein, hatte dunkelblonde Haare und eine schlanke, sportliche Figur.

Uwe räusperte sich und sagte: »Darf ich vorstellen, Professorin Dr. Margitta Brecht. Ihr Spezialgebiet ist Geschichte und sie forscht am Institut für Zeitreisen. Ins vierzehnte Jahrhundert ist sie gekommen, da einige offene Fragen geklärt werden müssen. Wir wissen zum Beispiel nach wie vor nicht, was unsere Leute, die sich Florian vom Mühlental angeschlossen hatten, hier wirklich wollten. Außerdem ist immer noch nicht sicher, wie drastisch wir den Lauf der Geschichte beeinflusst haben.«

Nach diesen Worten ging er zu der anderen Frau.

»Das ist Dr. Saskia Roth. Sie ist Programmiererin am Institut für Zeitreisen und wird uns helfen, das Portal wieder zu aktivieren.«

Thomas schaute sie an. Sie hatte blonde, schulterlange Haare, war sehr hübsch, höchstens Anfang dreißig und wesentlich kleiner als ihre Kollegin.

Uwe war inzwischen zu dem Mann getreten und stellte nun auch ihn vor: »Kommen wir zum Dritten im Bunde, Dr. Eric Bauer. Er ist ebenfalls Programmierer am Institut für Zeitreisen und wird Dr. Saskia Roth bei der Aktivierung des Portals unterstützen.«

Dr. Bauer war etwa Mitte dreißig, hatte kurze schwarze Haare und wirkte sehr sportlich. Er war äußerst aufgeschlossen und begann sofort ein Gespräch mit den Rossburger Rittern.

Nach einer guten Stunde verließen Dr. Saskia Roth und Dr. Eric Bauer den Festsaal. Sie wollten hinunter zur Höhle, um dort mit ihrer Arbeit zu beginnen. Claudia setzte sich zu Gundhild und Thomas. Sie sah traurig aus. Er schaute seine Schwester an.

»Nun guck nicht so. Ich bin doch nicht aus der Welt.« Und scherzhaft fügte er hinzu: »Höchstens aus der Zeit.«

Schluchzend erwiderte sie: »Hast du dir das wirklich gut überlegt?«

Bevor er antworten konnte, mischte sich Uwe in die Unterhaltung ein: »Es ist gut, wie sich Thomas entschieden hat, denn das musste so sein. Aber sonst ist leider einiges schiefgelaufen. Die Sache mit Clewin von Grumbach ist tragisch und ich habe keine Ahnung, wie wir dieses Problem lösen können. Der Pfarrer hätte nicht getötet werden dürfen. Außerdem sollte dringend geklärt werden, welche Auswirkungen der Brand im Dorf auf die Zukunft haben wird. Und was eure beiden Freunde betrifft, auch ihr Tod hätte nie passieren dürfen.«

Er lächelte Claudia an.

»Sei nicht traurig. Vielleicht seht ihr euch ja eines Tages wieder.«

Dabei zwinkerte er ihr vielsagend zu. Sie nickte niedergeschlagen.

»Und wie geht es bei euch jetzt weiter«, wollte Thomas wissen und sah ihn gespannt an.

»Unsere Aufgabe ist weitestgehend erfüllt. Deine Freunde und deine Schwester kommen wohlbehalten ins einundzwanzigste Jahrhundert zurück. Somit wird in diesem Fall die Zukunft nicht verändert. Unsere Leute, die sich illegal im Jahr 1325 aufhielten, haben ihre gerechte Strafe erhalten. Sie sind alle tot. Nun müssen wir eben herausfinden, was sie wirklich vorhatten. Eines steht zumindest schon fest: Sie waren nicht hinter Claudia her, wie wir zuerst dachten. Sie wollten verhindern, dass Friedrich der Schöne und Ludwig der Bayer zusammen regieren. In den Augen von Jürgen Petzold alias Theodricus von den Eichen war ein Doppelkönigtum nie gut, erst recht nicht die gemeinsame Herrschaft eines Wittelsbachers und eines Habsburgers. Darüber hat er sich mehrfach verächtlich geäußert.«

Claudia schluchzte immer noch. Trotzdem gelang es ihr, sich zu sammeln und an dem Gespräch zu beteiligen.

»So viel ich weiß, bleibt diese Doppelherrschaft doch politisch sowieso weitgehend wirkungslos. Zwar wird es jede Menge Gegner geben, jedoch verläuft sie ziemlich reibungslos. Ludwig wird zwischen 1327 und 1330 in Italien sein. Dann kommt er im Februar zurück ...«

»... weil Friedrich im Januar 1330 sterben wird«, fiel Uwe ihr ins Wort und zog dabei die Stirn in Falten.

»Trotzdem muss es da etwas geben, das verdammt wichtig ist. Unsere Leute hielten sich zum Beispiel am 28. September 1322 im Kloster Fürstenfeld auf. Dort wollten sie verhindern, dass die habsburgischen Boten abgefangen werden. Zum Glück ging das schief und sie griffen nicht in die Geschichte ein.«

Da Claudia nun ihrerseits die Stirn in Falten legte, was ein Zeichen dafür war, dass sie darüber rein gar nichts wusste, erklärte er: »Das Kloster hat durch das Abfangen der Boten zum Sieg Ludwigs und zur Verhaftung Friedrichs beigetragen. Vermutlich war das sogar kriegsentscheidend.«

Sie hatte verstanden und nickte zur Bestätigung.

Unbemerkt war Sarah hinter Claudias Stuhl getreten, hatte den Arm um sie gelegt und schweigend zugehört.

Nun meldete sie sich zu Wort: »Bei euch klingt es, als wäre das alles relativ glatt gelaufen. Dem war aber bei Weitem nicht so. Von einer Doppelherrschaft war anfangs nämlich absolut nicht die Rede. Ludwig entschloss sich aufgrund des Widerstands der Habsburger und des Papstes für einen Ausgleich mit Friedrich. Es gab mehrere geheime Treffen und Friedrich verzichtete am 13. März dieses Jahres auf die Krone und die habsburgischen Reichslehen. Dafür wurde ein Sühnevertrag aufgesetzt und da die Verhandlungen in Trausnitz stattfanden, wird dieses Ereignis als Trausnitzer Sühne in die Geschichte eingehen. Laut Vertrag musste Friedrich auch im Namen seiner Brüder Ludwigs Herrschaft akzeptieren. Daraufhin wurde er freigesprochen. Das Problem war jedoch, dass die Brüder den Trausnitzer Vertrag keineswegs anerkannten.«

Thomas musste erst einmal seine Gedanken sortieren: Ludwig, Friedrich der Schöne, Gefangennahme ... ach ja, davon hatte ihm Gundhild in der Gruft erzählt, als er dort wieder zu sich gekommen war, nachdem Helmtraud alias Erika ihn niedergeschlagen hatte.

»Und wie ging es dann weiter?«, fragte er.

»Nun«, antwortete Sarah, »es folgten weitere geheime Verhandlungen, Ludwig rückte schließlich von seinem Anspruch auf Alleinherrschaft ab und am 5. September dieses Jahres wurde der Münchner Vertrag besiegelt. Somit war die Doppelherrschaft beschlossene Sache, was bis dahin übrigens für das Mittelalter einmalig war und auch später nie mehr praktiziert werden wird, soweit mir bekannt ist. Eine Doppelkrönung gab es nicht, darauf verzichteten beide Herrscher. Allerdings wurden für die Repräsentation der Doppelherrschaft neue Siegel erstellt. Jeder König führt sein eigenes Siegel, jedoch muss der Name des Mitkönigs vor dem eigenen Namen erscheinen.«

»Dann sind sie sich also einig. Na, das klingt doch alles ziemlich gut«, entgegnete Thomas.

»Das ist richtig«, erwiderte sie. »Sie vertrauen einander, bezeichnen sich gegenseitig als König, speisen und trinken gemeinsam und teilen sich sogar ein Bett.«

Er staunte.

»Na ja, warum nicht.«

Dann musste er lachen, doch sie ging darauf nicht ein und fuhr unbeirrt fort: »Die Möglichkeiten, diese Doppelherrschaft zeremoniell angemessen zum Ausdruck zu bringen, werden allerdings leider sehr begrenzt sein. Es handelt sich, wie bereits erwähnt, um ein neues, unbekanntes Herrschaftsgefüge. Außerdem enthält der Münchner Vertrag keinerlei konkrete Bestimmungen zur Umsetzung dieser Art der Herrschaft. Der Papst erkennt ihn ohnehin nicht an, für ihn ist er ungültig. Dieses Doppelkönigtum wird ja auch nur kurze Zeit dauern. Sofern es keine weiteren Eingriffe in die Geschichte gibt - und davon gehe ich aus, da wir die Sache mittlerweile im

Griff haben - wird sich Ludwig am 7. Januar nächsten Jahres in Ulm erstmals bereit erklären, auf das Königtum zu verzichten, falls Friedrich bis zum 26. Juli die päpstliche Approbation erhält. Der Papst wird diese Frist verstreichen lassen. Letztendlich gilt er dann als hartherzig und unversöhnlich, und Friedrich und seine Untertanen stehen hinter Ludwig und solidarisieren sich mit ihm. Von Ludwig wird das Angebot zu verzichten natürlich ein genialer taktischer Schachzug sein.«

»Dann ist doch alles Friede, Freude, Eierkuchen«, bemerkte Thomas.

»Nun, nicht ganz«, mischte sich Uwe wieder ein. »Im Februar übernächsten Jahres, also 1327, wird es zum erneuten Bruch mit Friedrich kommen. Die beiden Könige werden sich zum letzten Mal in Innsbruck begegnen. Wahrscheinlich wird es Spannungen wegen der Doppelherrschaft geben. Ich frage mich nur, was geschehen wäre, wenn unsere abtrünnigen Leute das Abfangen der habsburgischen Boten im Kloster Fürstenfeld verhindert hätten und Friedrich deswegen als Sieger aus der Schlacht hervorgegangen wäre. Hätte er dann einer Doppelherrschaft zugestimmt? Ehrlich gesagt zweifle ich daran.«

Thomas schaute ihn nachdenklich an und meinte: »Das alles erklärt jedoch nicht, warum eure Leute hier versucht haben, den Lauf der Geschichte zu verändern.«

»Das ist natürlich richtig«, antwortete er, »aber vielleicht suchen wir an der falschen Stelle oder besser gesagt im falschen Jahrhundert. Was wäre, wenn sie ein Ereignis sabotieren wollten, das erst viel später stattfinden wird? Unsere Leute kommen fast alle aus Bayern. Möglicherweise geht es ja um die Bayerischen Kriege. Schließlich wird ein Nachfahre von Ludwig IV., also unserem Ludwig hier, Befehlshaber sein.«

»Daran hatte ich auch schon gedacht«, warf Sarah ein, »aber die Bayerischen Kriege werden 1420 beginnen. Bei dem Nachfahren handelt es sich um Ludwig VII., den Urenkel Ludwigs III. Der Sohn Ludwigs III., Stephan II., also der Großvater von Ludwig VII., wurde bereits 1319 geboren. Die Schlacht bei Mühldorf fand allerdings erst 1322 statt. Zu dieser Zeit war er demzufolge schon auf der Welt. Natürlich wäre alles anders gekommen, wenn Friedrich gesiegt hätte. Aber was soll's. Das müssen unsere Experten klären.«

Dabei zwinkerte sie der Professorin Dr. Margitta Brecht zu, die neben ihr stand, sich jedoch bisher nicht an der Diskussion beteiligt hatte.

»Eines würde mich noch interessieren«, sagte Gundhild unsicher. »Ich kenne nur Ludwig IV. Wer ist Ludwig der Bayer?«

»Das ist genau derselbe«, antwortete Thomas lachend.

»Das wusste ich nicht«, erwiderte sie verblüfft.

»Kein Wunder«, schaltete sich nun Margitta Brecht ein. »So wird er erst in drei Jahren genannt werden.«

»Darf ich fragen, warum?«

»Natürlich«, entgegnete die Professorin. »Ludwig wird in zwei Jahren nach Italien aufbrechen, obwohl Johannes XXII alles daransetzen wird, dies zu verhindern. 1328 wird er in Rom die Kaiserkrone empfangen. Der Papst wird ihn von da an abwertend Bavarus nennen, weil er ihn nicht als Kaiser oder König ansprechen will. Daraus entsteht im Laufe der Zeit Ludwig der Bayer. Wie du siehst, kannst du das heute noch gar nicht wissen.« Und lachend fügte sie hinzu: »Friedrich III. und Friedrich der Schöne sind übrigens auch ein und dieselbe Person.«

Sie zwinkerte Gundhild zu, stand auf und verließ den Festsaal.

Auch Uwe erhob sich und sagte: »Ich gehe hinunter zur Höhle. Mal schauen, wie weit die Kollegen sind.«

Alle waren gespannt, als er etwa zwei Stunden später zurückkam.

»Dr. Roth und Dr. Bauer sind der Meinung, dass sie auf jeden Fall bis morgen Mittag brauchen werden. Wir müssen uns leider noch ein wenig gedulden.«

Später aßen alle gemeinsam zu Abend und gingen dann in ihre Zimmer. Jeder wollte heute früher ins Bett. Morgen würde ein aufregender Tag werden.

9. Juli 2017

Am Sonntagmorgen wurde Bettina Heilmann sehr zeitig geweckt, weil ihr Handy klingelte. Während sie danach griff, schaute sie zur Uhr. Es war fünf Minuten vor sechs. Wer um alles in der Welt rief heute so früh an? Zögernd nahm sie das Gespräch entgegen. Es war das Krankenhaus. Sie wurde gebeten, schnellstmöglich zu erscheinen. Worum es ging, wollte man ihr am Telefon nicht sagen.

Nachdem sie aufgelegt hatte, saß sie ratlos auf dem Bettrand. Ihre Knie zitterten. Wie sollte sie um diese Zeit zum Krankenhaus kommen? Die Bushaltestelle war zwar nur etwa zwei Kilometer entfernt, doch der erste Bus fuhr normalerweise kurz nach 8 Uhr. Sie war sich nicht einmal sicher, ob er sonntags überhaupt verkehrte. Eine Möglichkeit wäre, den Professor zu wecken. Sie überlegte hin und her und kam schließlich zu dem Schluss, dass ihr wohl nichts anderes übrig blieb.

Vorsichtig klopfte sie an seine Tür. Dann wartete sie eine Weile, aber nichts geschah. Sie pochte erneut. Wieder nichts. Du musst heftiger klopfen, dachte sie, jetzt stell dich nicht so an. Sie atmete tief durch, nahm allen Mut zusammen, hämmerte diesmal wesentlich stärker gegen die Tür und lauschte. Als sie ein weiteres Mal klopfen wollte, hörte sie drinnen ein Geräusch und danach ein leises »Moment bitte.« Es dauerte eine Weile, bis Professor Lorenz verschlafen die Tür öffnete. Überrascht schaute er die junge Frau an.

»Was ist passiert?«

Sie erzählte ihm von dem Telefonat mit dem Krankenhaus. Er bat sie hinein.

»Einen Augenblick, setzen Sie sich erst einmal.«

Sie nahm auf einem Stuhl Platz und er verschwand im Bad. Wenige Minuten später war er fertig und sie fuhren gemeinsam zum Krankenhaus. Dort wurde sie bereits erwartet.

Während Professor Lorenz draußen wartete, bat einer der behandelnden Ärzte sie in sein Büro und bot ihr einen Platz an.

Dann setzte er sich selbst und begann: »Frau Heilmann, wir haben Sie heute hierher bestellt, weil es Komplikationen gibt. Allerdings waren diese früher oder später zu erwarten. Wie Sie wissen, ist Ihre Mutter hirntot. Sie wird demzufolge nie wieder aufwachen. Bisher konnten wir die Durchblutung und die Sauerstoffversorgung ihrer Organe aufrechterhalten. Doch leider kommt es immer irgendwann trotz aller intensivmedizinischen Maßnahmen zum Zusammenbruch des Herz-Kreislauf-Systems beziehungsweise zum Herzstillstand. Manchmal passiert das nach mehreren Wochen, manchmal nach Tagen und manchmal sogar schon nach Stunden. Und nun betrifft dieses Problem Ihre Mutter.«

Die junge Frau wagte kaum zu atmen. Wieder zitterten ihre Knie. Hieß das etwa ...?

Sie konnte den Gedanken nicht zu Ende denken, denn der Arzt fuhr fort: »Ihr Herz ist letzte Nacht innerhalb kurzer Zeit zweimal stehengeblieben. Es ist uns beide Male gelungen, sie zu reanimieren. Heute früh hat es dann endgültig versagt. Unmittelbar danach haben wir Sie angerufen. Ich möchte Sie davon in Kenntnis setzen, dass wir die Geräte abgeschaltet haben. Wollen Sie sie noch einmal sehen?«

Sie nickte traurig. Zwar war ihr bewusst, dass ihre Mutter nie mehr die Augen öffnen würde, doch solange sie sie im Krankenhaus besuchen konnte, hatte sie diesen Gedanken immer wieder beiseitegeschoben. Wie sollte es nun weitergehen?

»Dann kommen Sie bitte mit«, sagte er und verließ das Büro.

Sie liefen den Gang entlang zum Zimmer von Dagmar Heilmann. Der Professor folgte in einigem Abstand.

Als der Arzt kurz darauf das Krankenzimmer wieder verlassen hatte, blickte sie immer noch wie in Trance auf ihre Mutter, die mit geschlossenen Lidern im Krankenbett lag. Außer dass die Geräusche der Geräte verstummt waren und sich ihr Brustkorb nicht mehr hob und senkte, war alles wie immer. Nur stand Bettina heute zum letzten Mal vor diesem Bett.

Zögernd trat sie näher heran und nahm vorsichtig die Hand ihrer Mutter, die bereits kalt war. Sie küsste ihre Wange, dann konnte sie nicht mehr an sich halten. Ihr Kopf sank auf die Brust der Toten und sie begann hemmungslos zu weinen. Dass hinter ihr leise die Tür aufging und Professor Lorenz den Raum betrat, merkte sie nicht. Regungslos blieb er im Türrahmen stehen. Sie sollte sich für den Abschied alle Zeit nehmen, die sie brauchte.

Es dauerte lange, bis sich die junge Frau beruhigt hatte. Sie stand auf und wischte sich mit dem Handrücken die Tränen ab. Dann zog sie ein Taschentuch hervor und putzte sich die Nase. Den Studienrat sah sie erst, als sie sich zur Tür umdrehte.

Auf der Rückfahrt sprachen sie kein Wort. Bestimmt saßen die anderen jetzt beim Mittagessen, doch weder Bettina noch Professor Lorenz hatten Hunger. Sie gingen in ihre Zimmer. Heute würde hoffentlich nichts mehr passieren. Die letzten Stunden hatten gereicht.

3. Dezember 1325

Nachdem sie im Festsaal gefrühstückt hatten, liefen alle geschlossen zur Höhle. Uwe ging als Erster hinein, um nach seinen Kollegen zu sehen. Kurze Zeit später kam er wieder heraus und strahlte übers ganze Gesicht.

»Leute, sie haben es geschafft!«, rief er. »Das Portal funktioniert jetzt zuverlässig. Falls es euch interessiert, könnt ihr die Technik vor eurer Reise gerne einmal anschauen.«

Natürlich interessierte es sie, also folgten sie ihm in die Höhle.

An der Mulde angekommen, staunte Thomas nicht schlecht. Bisher dachte er, dass der Gang dort zu Ende wäre. Heute klaffte ein großes Loch in der Wand dahinter. Beim näheren Hinsehen erkannte er, dass es sich um eine Art Geheimtür handeln musste. Wenn sie geschlossen war, passte sie sich der Umgebung exakt an, da sie aus Felsgestein bestand. Man konnte keine Übergänge erkennen, somit war sie praktisch unsichtbar. Hinter dieser Tür verlief der Gang noch etwa zwanzig Meter weiter. Links und rechts gab es jeweils zwei Türen.

Uwe öffnete die erste Tür auf der rechten Seite. Die Luft in dem Raum war nicht besonders gut, es roch muffig. Außerdem war es extrem heiß. Die Hitze schien von den hunderten Elektronenröhren zu kommen, die sich in einem riesigen Eisengestell an der rechten Wand befanden und das Herzstück der Anlage bildeten. Von diesem führte ein sehr dickes Kabel zur benachbarten Wand und verschwand dort. Thomas mutmaßte, dass die Stromversorgung der Apparatur wohl im Nachbarraum sein musste. In der Mitte standen ein uralter hölzerner Tisch und zwei nicht minder alte Stühle. Darauf saßen Dr. Eric Bauer und Dr. Saskia Roth. Auf der Tischplatte war eine Art Laptop aufgebaut, der über eine dünne Leitung mit der Anlage verbunden war. Neugierig schaute sich Thomas alles an.

Dr. Bauer, dem dieses Interesse nicht entging, erhob sich und versuchte, den Umstehenden mit einfachen Worten das System zu erklären: »Wir sind hier in der Steuerzentrale. Die Stromversorgung und weitere Hauptteile befinden sich in den anderen Räumen und der Wurmloch-Generator ist direkt unter der Mulde platziert. Diese Anlage wurde in den neunzehnhundertvierziger Jahren zu Versuchszwecken in Betrieb genommen. Damals konnte man die Zeit, in die man reisen wollte, exakt einstellen. Seit einigen Jahren war das mit dem eigentlichen System nicht mehr möglich. Es funktionierte nur noch zwischen 1325 und dem einundzwanzigsten Jahrhundert, wenn es denn überhaupt aktiv war. Für das einundzwanzigste Jahrhundert waren die einzelnen Jahre allerdings nach wie vor frei wählbar. Um in unsere Zeit zu gelangen, verwendeten wir bisher unsere eigene Technologie, die jedoch nicht vollständig ausgereift ist. Wir können momentan nur zwischen 1325 und 2198 reisen. Gäbe es diese Einschränkung nicht, hätten wir euch mit unserer Technik schon längst nach 2017 zurückgebracht, aber das nur am Rande.«

Er wartete einen Augenblick und fuhr dann lächelnd fort: »Kommen wir nun zu einem Highlight. Es ist uns nämlich gelungen, die Anlage mit modernem Know-how ein wenig zu modifizieren. Wir sind jetzt in der Lage, mithilfe unserer Technologie die genaue Zielzeit zu programmieren, und zwar nicht nur den Tag, nein, auch die Stunde, die Minute und sogar die Sekunde. Und bei dieser Einstellung ist das Jahrhundert völlig egal. Alles ist möglich! Selbst in unsere Zeit können wir nun reisen.«

Dabei sah er die anderen an und grinste breit. Dass er stolz darauf war, konnte und wollte er nicht verbergen.

»Nun, dann würde ich sagen, ab ins einundzwanzigste Jahrhundert!«, rief Uwe erfreut. »Wer macht den Anfang?«

Zuerst meldete sich niemand.

Schließlich meinte Klaus lachend: »Okay, die Polizei zuerst.« Er schaute die Rossburger Ritter der Reihe nach an und sagte: »Wir warten dann im einundzwanzigsten Jahrhundert auf euch.«

»Übrigens, ihr werdet am 10. Juli 2017 ankommen. Das ist ein Montag«, ergänzte Uwe.

Die Programmierer überprüften ein letztes Mal den Zielzeitpunkt, anschließend standen sie auf. Gemeinsam verließen alle den Raum und traten durch die Geheimtür in die Höhle. Uwe verschloss sie und schon sah es wieder so aus, als wäre der Gang hinter der Mulde zu Ende.

Vorsichtig gingen alle um die Vertiefung herum, in der wieder das rötliche Licht fluoreszierte. Klaus, Tobias und Horst verabschiedeten sich und blieben unmittelbar dahinter stehen. Die anderen warteten in einiger Entfernung. Als Erster betrat der Polizeioberkommissar die Mulde. Es dauerte höchstens eine Sekunde, dann war er weg. Ihm folgte Tobias. Als Letzter stieg Klaus hinein.

»So«, lachte Uwe, »nun sind die Rossburger Ritter an der Reihe.«

Karsten, Swenja, Bernd und Holger sahen sich an. Claudia fiel Thomas um den Hals und begann wieder zu weinen.

»Nicht so schnell«, meinte dieser. Er schaute Gundhild in die Augen. »Ich muss noch einmal kurz in meine Zeit. Dort möchte ich mich wenigstens von meinen Eltern verabschieden.«

Traurig senkte sie den Blick.

»Es ist doch nur für ein paar Stunden. Dann komme ich ganz schnell zurück«, fügte er rasch hinzu.

Sie nickte erleichtert.

»Ich habe eben gemerkt, dass ich ein paar Klamotten vergessen habe, die ich mitnehmen will«, meldete sich Karsten zu Wort. »Ich muss noch mal hoch zur Burg.«

»Das geht nicht, wir müssen uns beeilen«, meinte Bernd. »Die Polizisten warten auf uns.«

»Keine Sorge«, schaltete sich Dr. Eric Bauer ein. »Der Zielzeitpunkt ist programmiert. Egal, ob ihr jetzt oder erst in ein paar Stunden reist, ihr werdet immer kurz nach ihnen aus der Mulde steigen.«

Erika, die schon wieder Angst hatte, dass jemand zwischendurch verhungern könnte, sagte: »Dann lasst uns alle hoch zur Burg gehen und gemeinsam ein letztes Mittagessen einnehmen, damit ihr anschließend gestärkt in euer Jahrhundert zurückkehrt.«

Niemand hatte etwas dagegen. Nur die beiden Programmierer verabschiedeten sich. Ihre Aufgabe war vorerst erledigt, die Verbindung zwischen den Jahren 1325 und 2017 stand stabil. Sie mussten wieder zurück in ihre Zeit, da es für sie auch dort jede Menge zu tun gab.

Kurz bevor das Essen fertig war, rief Swenja plötzlich: »Seht mal, was ich hier habe! Sie waren beide noch in meiner Tasche.«

In der Hand hielt sie zwei völlig verbeulte Sprayflaschen.

»Ist das etwa dein Pfefferspray?«, feixte Thomas.

Sie nickte. Nun mussten auch die anderen lachen.

»Nimm es bitte mit in dein Jahrhundert«, sagte Uwe. »Hier im Mittelalter hat es nichts verloren.«

Swenja steckte die Flaschen wieder ein.

Thomas dachte laut nach: »Wo sind eigentlich meine Sachen?«

Fragend schaute Uwe ihn an und er ergänzte: »Also mein Schwert und meine Umhängetasche?«

»Was ist denn da drin?«, wollte Claudia wissen.

»Eine Taschenlampe, Schnur, eine Schere und diverser Kleinkram«, erwiderte er.

»Deine Sachen liegen hinten in der Küche«, murmelte Erika, die gerade mit dem ersten Tablett hereinkam.

Er war erleichtert.

»Das Schwert bleibt hier, die Tasche nehme ich mit. Ich werde sie bei meinen Eltern lassen. Der Inhalt hat in diesem Jahrhundert nichts zu suchen«, sagte er.

»Wir werden gut auf dein Schwert aufpassen«, schmunzelte Uwe.

»Super«, antwortete Thomas. »Ach, da fällt mir ein, am Rand der Wiese, in der Nähe der Höhle steht eine Kiste mit Edelsteinen.«

Er beschrieb ihm den genauen Standort und Uwe versprach, sich auch darum zu kümmern.

»Meine Streitaxt habe ich übrigens verloren«, ergänzte Thomas.

»Wann und wo?«, fragte Uwe.

»Gleich nach unserer Ankunft hier im Jahr 1325. Ich wollte ganz früh am Morgen die vermeintliche Ruine erkunden und habe sie mitgenommen, um ein Vorhängeschloss zu knacken.«

»Ob wir die noch finden, bezweifle ich. Zumindest werden wir es versuchen.«

Thomas bedankte sich. Dann lief er in die Küche und kam mit seiner Tasche zurück. Er griff in die Innentaschen seiner Kleidung, holte beide Messer, den Elektroschocker und die Reservebatterien heraus und verstaute alles in der Umhängetasche.

Inzwischen hatte Erika die Speisen aufgetischt. Nun sprach niemand mehr. Man hörte nur noch das Klappern der Teller und Bestecke.

Eine gute Stunde später waren sie mit dem Essen fertig. Die Rossburger Ritter machten sich wieder auf den Weg zum Portal. Uwe begleitete sie. Vor dem Eingang verabschiedete er sich und wünschte ihnen alles Gute. Dann betraten sie die Höhle im Gänsemarsch. Die Spitze bildete Karsten. Ihm folgte Swenja. Danach kamen Bernd, Holger und Claudia. Den Schluss machte Thomas. Nacheinander stiegen sie in die Mulde und verschwanden.

Schließlich war Thomas an der Reihe. In dem Moment, als er die Vertiefung betreten wollte, wunderte er sich. Es schien, als wäre die Geheimtür nicht richtig verschlossen. Ein Spalt klaffte oben und unten sowie an einer Seite. Vielleicht waren Dr. Bauer und Dr. Roth zurückgekehrt, um noch etwas zu überprüfen? Doch er maß der Sache keine weitere Bedeutung bei. Bald würde er seine Eltern in die Arme schließen, sich von ihnen später offiziell verabschieden und wieder zu Gundhild zurückkehren. Mit diesem Gedanken stieg schließlich auch er in die Mulde.

Welches Jahr haben wir?

10. Juli 2017

Nachdem er gefrühstückt hatte, machte sich Professor Lorenz auf den Weg zur Höhle. Er hatte schon längere Zeit nicht mehr nach dem Portal gesehen. War es hin und wieder aktiv? Bereits übermorgen würden, wenn alles wie besprochen klappte, die Kollegen der anderen Dienststelle kommen, die Polizeihauptkommissar Schmidt angefordert hatte. Dann sollte hier alles so reibungslos wie möglich ablaufen. Hoffentlich funktionierte das Portal überhaupt noch.

Er betrat die Höhle und lief sofort zur Mulde. Schon von Weitem sah er das rötlich fluoreszierende Licht. Ihm fiel ein Stein vom Herzen. Nun konnten sie nur hoffen, dass das Portal eine Weile aktiv blieb.

Er überlegte: Was wäre, wenn er in die Vertiefung steigen würde? Er könnte doch einfach schnell einmal schauen, wie es im vierzehnten Jahrhundert aussah. Anschließend würde er umgehend zurückkehren. Die Versuchung war enorm groß, aber er verwarf diesen Gedanken sofort wieder. Das Portal konnte jederzeit inaktiv werden. Dann wäre er letztendlich auch noch weg. In aller Ruhe spazierte er zurück in seine Unterkunft.

Beim Mittagessen erzählte er den anderen von seinem Kontrollgang. Dr. Udo Frank, Dr. Ralph Braumann und die Professorin Dr. Susanne Dombrowski waren hellauf begeistert. Am liebsten wären sie gleich zur Höhle gelaufen, um ins Mittelalter zu reisen.

Professor Lorenz versuchte sie zu bremsen, aber Susanne meinte: »Wir gehen dabei kein allzu großes Risiko ein. Nach dem Essen begeben wir uns zum Portal. Wir drei reisen ins Jahr 1325 und sehen uns in der Umgebung der Höhle nur ganz kurz um. Anschließend kommen wir sofort zurück. Länger als fünfzehn Minuten sind wir bestimmt nicht unterwegs und ich verspreche hoch und heilig, dass wir wirklich in der Nähe bleiben. Die Gefahr ist doch minimal. Wenn das Portal nachher noch aktiv ist, wird es auch weitere fünfzehn Minuten durchhalten.«

Der Studienrat überlegte hin und her. Natürlich hatte sie recht. Vielleicht machten sie ja eine Entdeckung, die von Bedeutung sein könnte. Wenn allerdings etwas schiefging, müsste er den Kopf dafür hinhalten. Und das wäre für ihn mit Sicherheit ziemlich hart, denn Polizeihauptkommissar Schmidt würde garantiert nicht gerade zimperlich reagieren. Aber egal, er gab sich einen Ruck und erklärte sich mit dieser Aktion einverstanden. Er entschied sich, diesen Kurztrip auf seine eigene Kappe zu nehmen.

Bettina Heilmann hatte keine Lust mitzukommen. Sie wollte allein sein, was ihr natürlich niemand übel nahm.

Gleich nach dem Mittagessen brachen sie zur Höhle auf. Dort angekommen, ging Professor Lorenz hinein, um festzustellen, ob das Portal immer noch funktionierte. Das rötlich fluoreszierende Licht nahm er schon aus großer Entfernung wahr. Doch was war das? Ihm stockte der Atem. Er sah, wie plötzlich eine Gestalt aus der Mulde stieg. Kurz darauf erblickte er eine zweite, dann eine dritte. Um wen es sich handelte, konnte er nicht sehen. Es war so dunkel, dass sich die Umrisse nur schemenhaft abzeichneten. Außerdem war er zu weit vom Portal entfernt. Er drehte sich um und verließ eilig die Höhle. Dann wartete er gespannt. Die anderen wussten nicht, was geschehen war und wunderten sich, dass der Professor so schnell wieder herausgekommen war. Nun stand er vor dem Eingang und starrte in die Dunkelheit. Es dauerte nicht lange und Horst Ketzel trat ins Freie. Sekunden später folgte Tobias Grünbaum. Den Schluss bildete kurz darauf Klaus Schneider.

?

In der gleichen Reihenfolge, in der sie in die Mulde gestiegen waren, kamen sie wieder heraus. Am Eingang angelangt, stutzten sie. Wieso befand sich hier anstatt des Gitters eine große hölzerne Tür? Karsten drückte dagegen. Zum Glück war sie nicht abgeschlossen und ließ sich problemlos öffnen.

Als sie ins Freie traten, sagte Claudia fröstelnd: »Komisch, am 10. Juli müsste es doch eigentlich wärmer sein.«

»Nun ja, ich schätze, das sind fünf oder maximal sieben Grad«, antwortete Thomas. »Vielleicht ist es in diesem Sommer so kalt. Wir können es nicht wissen, da wir die ganze Zeit nicht hier waren.«

Das leuchtete natürlich ein.

Sobald die Rossburger Ritter bei der Wiese ankamen, staunten sie. Von einem Mittelaltermarkt war logischerweise nichts mehr zu sehen, denn er war längst vorbei. Jedoch wuchs am Hang dichtes, etwa mannshohes Gebüsch, an dem zarte Blättchen sprossen.

»Daran kann ich mich gar nicht erinnern. Stand das schon immer da?«, wunderte sich Karsten. »Es scheint gerade die ersten Blätter zu bekommen. Und das im Juli? Überhaupt sieht es hier irgendwie anders aus.«

»Moment, ich hab was im Schuh«, meinte Claudia und blieb stehen.

Thomas wartete kurz bei ihr, eilte dann aber seinen Freunden nach, die zügig weitergegangen waren. Seine Schwester indes balancierte auf einem Bein und versuchte vergeblich, ihren Schuh auszuziehen. Suchend schaute sie sich um und entdeckte am Hang einen Baumstumpf, auf den sie sich setzen konnte. Sie löste die Schnürung, streifte den Schuh ab und schüttelte ein Steinchen heraus. Anschließend zog sie ihn wieder an und band ihn zu. Als sie damit fertig war, hatten sich die anderen schon ziemlich weit entfernt.

Gerade als sie zu ihnen aufschließen wollte, sah sie, dass mehrere Armeefahrzeuge in schnellem Tempo über die Wiese auf die Gruppe zu preschten und unmittelbar vor Karsten, Swenja, Bernd, Holger und Thomas scharf bremsten. Irgendetwas stimmte hier nicht und weil sie ein vorsichtiger Mensch war, versteckte sie sich rasch in den Büschen und beobachtete von Weitem, was passierte.

Eine Fahrzeugtür flog auf und ein Mann sprang heraus.

Sie hörte, wie Karsten erstaunt fragte: »Nanu, was machen Sie denn hier, Herr Heilmann? Und was haben Sie für eine Uniform an? Wird hier ein Film gedreht?«

Doch dieser antwortete nicht.

Er lief einfach an ihm vorbei zu Thomas, zeigte auf ihn und befahl: »Passt gut auf den hier auf. Er ist der Wichtigste!«

Soldaten verließen die übrigen Wagen und packten die Rossburger Ritter. Da alles sehr schnell ging, hatten diese keine Chance, sich zu wehren. Einer nach dem anderen wurden sie in die Autos verfrachtet.

Stefan Heilmann spähte in alle Richtungen, dann rief er: »Mario, los, komm her! Eine fehlt noch. Hilf suchen! Wir müssen sie unbedingt finden!«

Eine Fahrzeugtür wurde geöffnet und ein junger Mann in Uniform stieg aus.

»Bin schon unterwegs, Vater!«, erwiderte er.

Stefan Heilmann und sein Sohn, durchfuhr es Claudia. Was zum Teufel war hier los! Instinktiv wusste sie, dass sie tiefer ins Gebüsch kriechen musste, wenn sie nicht entdeckt werden wollte. An der Stelle, wo sie jetzt hockte, würde man sie viel zu leicht finden. Bis zur Wiese waren es höchstens zwei Meter. Vorsichtig arbeitete sie sich weiter in die Büsche hinein. Dabei versuchte sie sich so leise wie möglich zu bewegen.

Die beiden Männer suchten die gesamte Umgebung ab. Sie spähten auch in das Gebüsch, doch wie durch ein Wunder entdeckten sie die junge Frau nicht.

»Vielleicht war sie gar nicht dabei, sondern kommt erst später«, vermutete Mario.

»Das kann ich mir eigentlich nicht vorstellen. Lass uns in der Höhle nachsehen.«

Stefan und Mario liefen zum Eingang und verschwanden darin.

Ich muss warten, bis sie wirklich weg sind, dachte Claudia.

Dann sagte sie zu sich selbst: »Sei bloß leise und geh kein unnötiges Risiko ein.«

Ihr war klar, dass nun alles von ihr abhing.

Die Zeit verging schleppend.

Endlich kam Stefan Heilmann zurück, ging schnurstracks zu den Fahrzeugen und rief: »Auf nach Berlin! Mario bleibt erst mal hier und bewacht die Höhle. Er wird später abgeholt.«

Als er einstieg, fiel etwas aus dem Wagen. Er bemerkte es nicht und schlug die Tür zu. Der Konvoi setzte sich in Bewegung und war kurz darauf verschwunden.

Langsam kroch Claudia aus ihrer Deckung.

»Ich muss vorsichtig sein«, ermahnte sie sich, »dieser Mario ist noch in der Nähe.«

Als sie die Wiese erreicht hatte und ihren Blick kurz in die Runde schweifen ließ, fiel es ihr plötzlich wie Schuppen von den Augen. Etwas fehlte hier - die Hochspannungsleitung! Wie war das möglich? Doch sie hatte im Moment keine Zeit, weiter darüber nachzudenken. Sie musste sich beeilen. Schnell rannte sie zu dem Gegenstand, der aus dem Auto gefallen war. Es handelte sich um eine Zeitung. Claudia hob sie auf und eilte damit wieder zu den Büschen zurück. Erst als sie sich in Sicherheit glaubte, schaute sie auf die Titelseite, las das Datum und wurde blass. Hoffentlich ist das nicht die aktuelle Tageszeitung, dachte sie zitternd. Noch einmal blickte sie darauf, um sich zu vergewissern, und schüttelte ungläubig den Kopf. Es war eine Ausgabe der Deutschen Allgemeinen Zeitung vom 2. Mai 1942.

Epilog

So kurz vor ihrem Ziel waren sie also gescheitert. Nach ihrer unfreiwilligen Zeitreise mussten sie in den vergangenen Wochen viele gefährliche und unschöne Erlebnisse überstehen, die zwei ihrer Freunde sogar mit dem Wertvollsten - ihrem Leben - bezahlten. Ebenso erging es den drei Musikern der Schandgeigen. Auch sie gerieten ohne ihr Zutun auf mysteriöse Weise ins vierzehnte Jahrhundert und überlebten diese Reise nicht.

Die Rossburger Ritter bestanden nun nur noch aus sechs Personen. Durch ihren Aufenthalt im Jahr 1325 lernten sie viel über das Mittelalter, passten sich den Gegebenheiten weitestgehend an und schafften es dadurch, einigen Ärger zu umgehen. Doch das gelang nicht immer zu einhundert Prozent. Hinzu kam, dass aufgrund ihrer Anwesenheit der Lauf der Geschichte massiv verändert wurde. Das war natürlich nicht allein ihre Schuld, jedoch war der so entstandene Schaden im Moment nicht überschaubar. Sie konnten nur hoffen, dass es Uwe und seinen Kollegen aus dem Jahr 2198 gelingen würde, die Auswirkungen der Ereignisse zu begrenzen.

Unter anderem wurde ein Dorf angegriffen und zum großen Teil durch einen Brand zerstört. Der Pfarrer dieser Ortschaft, der im Laufe seiner Amtszeit viele gute Taten hätte vollbringen müssen, war tot. Auch einige andere Dorfbewohner überlebten den Überfall nicht. Deshalb würden in der Zukunft ganze Familien gar nicht erst existieren.

Doch die Rossburger Ritter und vor allem Claudia haben im Moment andere Sorgen: In der Nacht vom 2.

zum 3. Mai 1942 steht sie nun allein auf der Wiese in der Nähe der Höhle. Ihre Freunde und ihr Bruder wurden mit Armeefahrzeugen nach Berlin abtransportiert. Eigentlich hatten sie erwartet, ins Jahr 2017 zu gelangen, um endlich wieder bei ihren Familien zu sein, doch das hat nicht funktioniert.

Wurde das Portal manipuliert? Welche Rolle spielt Stefan Heilmann zusammen mit seinem Sohn Mario im Jahr 1942? Hat er vielleicht sogar einen Anteil am Bau des Zeitportals? Schließlich ist es im Dritten Reich entstanden. Auf diese Fragen muss Claudia eine Antwort finden, auch wenn sie zum jetzigen Zeitpunkt beim besten Willen nicht weiß, wie sie das anstellen soll.

Sie kann die Rossburger Ritter nur retten, wenn sie schnellstens nach Berlin fährt. Allerdings hat sie kein Geld und weiß nicht, wie sie dorthin kommen soll. Nun ist guter Rat teuer. Die Zeit drängt, denn sie hat keine Ahnung, was mit ihrem Bruder und ihren Freunden in Berlin geschehen wird.

Claudia steht vor großen Herausforderungen. Schon jetzt ist ihr bewusst, dass sie in viele unbekannte Situationen geraten wird, die sie meistern muss. Durch ihre Erlebnisse im Mittelalter wurde sie gestärkt. Ihre Persönlichkeit hat sich weiterentwickelt und sie ist fest entschlossen, die vor ihr liegende gigantische Aufgabe zu bewältigen.

Wird es ihr gelingen, die Rossburger Ritter zu retten und zusammen mit ihnen ins Jahr 1325 zu entkommen, wo sie Hilfe erwarten können? Und werden Uwe und seine Techniker es schaffen, die Gruppe endlich wieder ins Jahr 2017 zurückzuschicken?

Diese Fragen werden in Band 2 der Reihe »Die unfreiwilligen Zeitreisen der Rossburger Ritter - Flucht ins Mittelalter« beantwortet, in dem die Protagonisten weitere spannende Abenteuer erleben und sich in schwierigen Situationen bewähren müssen.

Danksagung

Mein besonderer Dank geht an meine Lektorin Jana Färber, die mich auch bei der Recherche zu diesem Buch unterstützt und immer wieder ermuntert hat, weiterzumachen und mein Projekt letztendlich zu veröffentlichen.

Weiterhin bedanke ich mich bei meinen Testleserinnen und Testlesern, die sehr gründlich gearbeitet, ihre Meinung zum Inhalt und zur Covergestaltung offen gesagt und geholfen haben, einige Logiklöcher zu stopfen und die letzten Fehler zu eliminieren.